柳春新 著

汉末晋初之际政治研究

增订本

产品合格证

检验员：020
厂　名：山西人民印刷有限责任公司
厂　址：山西省孝义市新义街 525 号
此产品若发现印装质量问题，请
将合格证及问题反馈给我公司，以便
查找原因，及时处理。
联系电话：0358-7641044

出版传媒集团
山西人民出版社

图书在版编目（CIP）数据

汉末晋初之际政治研究 / 柳春新著. — 增订本.
太原：山西人民出版社，2024. 9. — ISBN 978-7-203
-13475-6

Ⅰ. K230.7
中国国家版本馆CIP数据核字第2024KW1998号

汉末晋初之际政治研究

著　　者：柳春新
责任编辑：崔人杰　张志杰
复　　审：魏美荣
终　　审：梁晋华
装帧设计：陈　婷

出 版 者：山西出版传媒集团·山西人民出版社
地　　址：太原市建设南路21号
邮　　编：030012
发行营销：0351-4922220　4955996　4956039　4922127（传真）
天猫官网：https://sxrmcbs.tmall.com　电话：0351-4922159
E - m a i l：sxskcb@163.com　发行部
　　　　　　sxskcb@126.com　总编室
网　　址：www.sxskcb.com

经 销 者：山西出版传媒集团·山西人民出版社
承 印 厂：山西出版传媒集团·山西人民印刷有限责任公司

开　　本：720mm×1020mm　1/16
印　　张：26.75
字　　数：400千字
版　　次：2024年9月　第1版
印　　次：2024年9月　第1次印刷
书　　号：ISBN 978-7-203-13475-6
定　　价：118.00元

如有印装质量问题请与本社联系调换

序

  柳君春新撰写的《汉末晋初之际政治研究》一书即将出版，邀我写个序言，这是件好事，我欣然应允。

  春新君的这本书，包括博士学位论文在内，共计十四篇论文，分为上、下两篇。上篇分论汉末曹氏的治国思想、政策和有关政治事件，而以曹操"霸府政治"为终结，计论文七篇；下篇分论曹魏文、明二帝以及此后司马氏主政时的政治倾向、政策和相关事件，而以晋武帝治国方略为终结，计论文六篇。另附"汉晋之际的北地傅氏家族"研究一篇。

  从汉末桓、灵天下大乱，到西晋武帝重归统一，只不过一百多年，在漫长的中国古代史中只能算短短一瞬。但是，它确是历史的转折时期，社会繁杂纷乱。汉晋之际，从政权来说，最少应包括魏、蜀、吴三国鼎立。春新君这部书没有谈东吴，也没有写蜀汉，而以曹操、曹丕代汉，到司马氏父子代魏为主线，只写了曹魏、司马晋的历史，颇有受东晋襄阳史家习凿齿"以晋继汉"思想影响之嫌，我想这大概是另有道理的。在当时，从历史发展的脉络来看，以洛阳为中心的中原地区，一个较成熟的阶级占据政治统治地位，由豪强、大族建立起来的曹魏、司马晋两代王朝，大概正代表着这种历史的走向。豪强也好，大族也好，其统治集团的家门政治和家门意念，不仅在当时占据主导地位，而且影响深远，随着东晋、南朝诸王朝的此伏彼起，这种政治和理念占据统治地位，尤其是新、旧门阀士族阶层是这样。

　　"政在家门"这一口号，不仅道出了汝南袁氏政治活动的关键内涵，而且也是当时政治军事诸集团的利益趋向。当时以及此后的一段时间内，各武装割据集团的政治、军事、经济以及文化诸方面的利益，往往是以"家门"利益作为最高利益来考虑的，无论是汝南袁氏、河内司马氏，还是谯沛曹氏、夏侯氏几乎无一例外，这大概可以看作以宗族乡里为基础形成的割据势力的共同特性。春新君正是以此为线索来勾画分析这段历史所发生的政治、军事、文化诸方面的变化及其特点，多能从繁杂纷乱之中得到澄清。这种分析，从根本上讲是以阶级、阶层剖析为基础的，也自然是顺理成章、符合客观事实的。该书以《论汉晋之际的北地傅氏家族》一文作为结尾，大概正是力图以个案分析来表达作者的写作主题吧。

　　春新君还提出了一个颇有趣味、值得研究的问题，即汉末曹操建立的"霸府政治"。曹操的"霸府政治"是魏晋南北朝时期的一个具有历史特点的政治模式。曹操把他的丞相府置于黄河以北的邺城，用以遥控建都黄河南岸的许县汉献帝的朝廷。在二十多年的精心经营中，逐步形成一套既可以与汉朝廷官府机构对接，又能够熟悉并掌握汉朝政的丞相僚佐体系；形成一套既能够操纵朝政，又能够在形式上维持汉朝廷的政权运转机制；通过"挟天子以令诸侯"的政治权术，最后水到渠成，达到取汉献帝而代之的目的。曹操的这种政治思维和实践影响十分深远，成为此后三百年中频繁改朝换代的政局变化中的极为常见的一种。我们看到北朝后期怀朔镇豪强高欢在掌握军政大权后，他和他的丞相府长期西据晋阳，遥控太行山东麓、漳水河南岸邺城的魏孝静帝，最后以高齐取代了东魏。高欢的诸多作为效法的正是曹操。这当然不是一种偶然的巧合，而是在封建割据势力形成之后，各种武装集团争夺皇权合乎历史进程的重要形式的一种。

　　春新君勤于思考，刻苦钻研，初步树立了朴素务实的良好学风。这种学风的形成，除了春新君自身的努力之外，与他有良好的学习环境、接受了良好的教育有关。春新君毕业于武汉大学历史系，先后在武汉大学中国三至九世纪研究所攻读并取得硕士、博士学位。这个研究所是在史学前辈唐长孺教授领导下的，所内外各位老师对春新君的硕士、博士论文，从写作提纲到论文撰写、答辩，都进行过系统的帮助和严肃的指导，因而他深受研究所朴素务实学风的影响。在这里，特别应该注意的是春新君实际上也曾受益于北大史学学风的熏陶，在撰写博士论文的阶段，何德章同志的认真指点是春新君所念念不忘的。

作为近十年的辛勤劳动成果，现在有机会公开发表，大家都很欣慰。听说春新君又有新的计划，准备花更多时间、精力，对唐修《晋书》进行系统、全面的研究、整理。这是一件繁重的、有益于后学的工作，是我多年梦想而未做成的事。借此机会，我预祝计划成功，给古代史研究在资料建设方面留下传世之作。

黄惠贤
二○○五年十二月一日于武昌珞珈山南麓

中古史求索（代前言）

——我的读书、治学经历

（一）

我出生在湖北省黄陂县。黄陂是武汉市的北大门，境内有风景秀美的木兰山和木兰湖，我上大学本科和攻读硕士、博士学位，都是在武汉市度过的。1983年，我考到武汉师范学院（不久改名为湖北大学）历史系学习，自此开始，人生掀开了新的一页。之所以选择历史学专业，最初的想法很简单。20世纪80年代初期的中国，在经历"文化大革命"之后，百业复苏，社会结构相对简单；相对应地，大学里面学科、专业的设置也比较少，可供选择的面不大。当时的想法，就是以自己的老师作为参照，将来也当一名中学老师，而历史课是自己比较喜爱的，所以就选择了历史学专业。

大学一年级，主要是适应新的生活环境，摸索、转变学习方式，在这个过程中，有一些迷茫和酸涩——这样的体验，想必大家都有过。到了大二以后，就不得不思考一些问题了：我将来到底准备干什么？毕业后会在哪个地方工作？像这一类的问题，需要尽早做出回答。在当时的环境下，做出回答并不难，对我做出判断有决定性影响的因素有两个。第一，那个时候的大学校园，包括整个社会上，崇尚知识的氛围很浓，再加上老师的引导、示范作用，我明显地感到自己已经不能满足于当一个中学老师，做一个学问家的愿望在心里滋长起来。第二，当时还有一层很现实的考虑：如果不能考上研究生，留在大学里面深造，毕业后基本上只能回原籍教书。所以，两个因素重合在一起，我很快就明确了自己的选择，决定考研。

既然决定考研，就需要明确具体的方向。在这方面，我花费了一番心思，经历了一些曲折。那个时候我已经阅读了一些专业书籍，了解到中国与西欧封建社会形态存在很大差异，并且这种差异直接影响到近代以后中国与西方社会发展的道路，因此，对于封建社会历史即所谓"中世纪史"产生了比较大的兴趣。由于英语成绩一直比较突出（至少应付各种考试不用担心），所以最早是打算报考世界史方向的。但是，在接下来读书的过程中遇到一些问题，专业方向也随之发生改变。主要的问题是，在经历"文化大革命"的学术低潮之后，图书资料比较匮乏，世界史方面的资料尤其稀缺，很难见到能够特别吸引人的论著。相比之下，中国古代史方面的图书资料要丰富一些，特别是这个领域集中了一批史学大师，他们的论著，能够给予初学者多方面的启示和教益，无形中具有强大的吸引力。由于上述原因，我的专业方向很自然地转到了中国古代史方面。

选定专业方向之后，接下来就是埋头读书。在此顺便介绍一下当时大学生读书、学习的一般情况。那时的情况基本上可以分为两种类型。第一种类型，就是学生上课时认真听讲，拼命地做笔记，课堂之下又不断地背笔记，总之是以对付考试为目标；其结果可想而知，这些学生往往考试能得高分，这对于毕业分配是大有帮助的。还有一类，就是不太看重平时考试成绩，在自己的兴趣范围之内，广泛地阅读各种学术著作，实实在在地积累知识，夯实史学理论和方法的基础。我本人就属于后一类，跟我有同样趣向的同学还有好几位，虽然我们不属于主流，但是几个志同道合的同学在一起，也能够形成一个"小气候"。可以不谦虚地说，在我们同年级的两个班（70人）中，我读书虽然不是最多的，但也是最多的其中之一。

读书，当然也是有讲究的。我在上中国古代史课时经常跟大家讲，要充分理解教材上的知识，就必须扩大阅读范围。首先需要扩充阅读的，就是每个时代或者朝代的断代史；进一步拓展阅读范围，就要阅读各种学术论著。那个时候，我对于大部分时代或者朝代的断代史，都是认真读过的，这里就不具体讲了。当时重点阅读的学术论著，以及少量原始文献，我先列一份清单，再讲一点自己的读书体会。

大学时代重点阅读书目：

1. 马克垚：《西欧封建经济形态研究》，人民出版社1985年版

2. 王国维：《观堂集林》，中华书局1984年版

3. 吴泽主编：《王国维学术研究论集》第一辑，华东师范大学出版社1983年版

4. 郭沫若：《郭沫若全集》历史编第一卷（含《中国古代社会研究》《青铜时代》），人民出版社1982年版

5. 郭沫若：《郭沫若全集》历史编第三卷（含《奴隶制时代》《史学论集》），人民出版社1982年版

6. 林甘泉等：《中国古代史分期讨论五十年》，上海人民出版社1982年版

7. 侯外庐：《中国封建社会史论》，人民出版社1979年版

8. 唐长孺：《魏晋南北朝史论丛》，生活·读书·新知三联书店1955年版

9. 唐长孺：《魏晋南北朝史论丛续编》，生活·读书·新知三联书店1959年版

10. 唐长孺：《魏晋南北朝史论拾遗》，中华书局1983年版

11. 缪钺：《读史存稿》，生活·读书·新知三联书店1963年版

12. 何兹全：《读史集》，上海人民出版社1982年版

13.周一良：《魏晋南北朝史札记》，中华书局1985年版

14.汪篯：《汪篯隋唐史论稿》，中国社会科学出版社1984年版

15.漆侠：《求实集》，天津人民出版社1982年版

16.赵俪生：《寄陇居论文集》，齐鲁书社1981年版

17.赵俪生：《中国土地制度史》，齐鲁书社1984年版

18.朱大渭主编：《中国农民战争史》（魏晋南北朝卷），人民出版社1985年版

19.陈寿撰，裴松之注：《三国志》，中华书局1982年版

说明一：陈寅恪《王静安先生遗书序》称许王国维为"大师巨子"，说他"能开拓学术之区宇，补前修所未逮"，"其著作可以转移一时之风气，而示来者以轨则"（按照李学勤先生的说法，就是由"疑古"转向"释古"，见李学勤著《走出疑古时代》）。陈寅恪还对王氏著作的"学术内容和治学方法"做了三个方面的概括（王国维本人在《古史新证》中，将其治学方法归纳为"二重证据法"）。

郭沫若《中国古代社会研究·自序》："在中国的文化史上实际上做了一番整理工夫的要算是以清代遗臣自任的罗振玉，特别是在前两年跳水死了的王国维。""王国维，研究学问的方法是近代式的，思想感情是封建式的。……他遗留给我们的是他知识的产品，那好像是一座崔巍的楼阁，在几千年来旧学的城垒上，灿然放出了一段异样的光辉。"

说明二：《中国古代社会研究》初版于1930年，是最早运用唯物史观深入研究中国历史的一部史学名著。郭沫若在该书《自序》中说："本书的性质可以说是恩格斯《家庭、私有制和国家的起源》的续篇。研究的方法便是以他为向导，而于他所知道了的美洲的印第安人、欧洲的古代希腊、罗马之外，提供出来了他未曾提及一字的中国的古代。"由这段自我表白可以看出，郭沫若对这部著作的学术创造价值是相当自负的。

说明三：《汉末晋初之际政治研究·后记》："还在湖北大学读本科的时候，我就接触到唐长孺先生的论著，像《魏晋南北朝史论丛》《魏晋南北朝史论丛续编》《魏晋南北朝史论拾遗》之类，其中的不少篇章，我都囫囵吞枣地读过，当时只感到文中论证逻辑之严密，分析所得结论之精当，颇耐咀嚼回味；当然这些感受都是零碎的，因为读起来很费力，也就谈不上很深的和整体上的理解。"这段记述，是我当时阅读唐先生著作的真实写照。

（二）

1987年秋，我通过研究生入学考试，顺利地进入武汉大学历史系攻读魏晋南北朝隋唐史专业。武汉大学魏晋南北朝隋唐史研究室（又称中国三至九世纪研究所）是由史学大师唐长孺先生创办的、在国内外学界享有盛誉的一个学术机构，能够在这里学习深造，对青年学子来说是一种荣幸。当年正遇上考研的第一个高潮期，竞争压力很大，同时报考的大约有20人，最终录取了4人（成绩差距拉开得很大）。我们的指导老师，是黄惠贤、朱雷、陈国灿三位教授。硕士研究生三年，我们受到了系统的学术训练：包括提示阅读、钻研的范围，通过课堂教学传授知识，通过课程作业的撰写训练专业论文写作能力，等等。其中，课堂教学是学术训练的中心环节，给我们讲授专业课程的，都是在这个领域颇有造诣的专家，特别是唐长孺先生亲自给我们授课，更是一件可遇不可求的事情。当时学习的专业课程，我也列一份清单，然后做一些说明。

硕士研究生阶段专业课程：

1.唐长孺：魏晋南北朝隋唐史概论

2.黄惠贤、朱雷：魏晋南北朝隋唐史史料学

3.陈仲安：汉唐职官制度研究

4.陈国灿：敦煌吐鲁番文书研究

5.黄惠贤：中国文化史

说明一：在我们进入武汉大学学习时，正逢唐长孺先生步入晚年，需要对魏晋南北朝隋唐史的学术研究做一个系统的总结。历史系对这项工作本来有一个安排，由唐先生口授，学术助手进行记录、整理。但是唐先生讲：自己一辈子都在给学生讲课，现在只对学术助手讲述，很不习惯，不如仍然采用课堂教学的形式，对研究生讲授。如此一来，当时在校的三届研究生就有了亲聆大师教诲的机会。当时听课的，除了中国古代史专业的全体研究生之外，中国古代史专业差不多所有的老师也都参加了，这些老师多半是唐先生的弟子或者受到唐先生的学术影响。唐先生这次授课的内容，后来经过整理、加工，形成了一部学术名著——《魏晋南北朝隋唐史三论》。

唐先生讲课，给我们留下了两个方面的突出印象。第一个印象：引证广博，记忆力惊人。第二个印象：从大处着眼，从小处着手，即"以小见大"的学术路径（例如《〈晋书·赵至传〉中所见的曹魏士家制度》）。

说明二：史料学课程，黄惠贤老师主讲魏晋南北朝部分，朱雷老师主讲隋唐部分，讲授的内容包括：史书的作者与撰述经过、史书的内容和特点、史书的流布情况和版本现状，以及阅读史书需要注意的问题等。熟悉史料，是从事史学研究的一个初级门径，所以这门课是很重要的基础课。

汉唐职官制度研究课程，由陈仲安先生主讲。陈先生在职官制度方面造诣很深，有学术专著《汉唐职官制度研究》出版，里面有不少个人独到的创见。我后来从事政治史和政治制度史方面的研究，在政治制度方面有一些个人的心得，在很大程度上是得益于陈先生最初的传授。

敦煌吐鲁番文书研究，由陈国灿老师主讲。陈老师是敦煌学和吐鲁番学方面的名家，著述相当丰厚，他在吐鲁番文书方面的研究，尤其备受学界关注。陈老师讲课相当生动，给我们留下了深刻的印象。

黄惠贤老师主讲的中国文化史课程，给我们介绍了中国古代文化方面的一些知识。

三年的硕士研究生生涯，我们有不少的收获。当然，这三年也留下了一点遗憾。主要的问题是，在读研的后半段，商品经济大潮兴起，整个中国大地仿佛就是一片商海，社会的价值观也随之发生倾斜（知识贬值，一切向钱看），比如"穷教授，傻博士"的说法，一时间成为流行语。这种大环境的影响是可想而知的，其结果就是我们浪费了不少宝贵的时间。

（三）

从1990年到1994年的四年时间，我在武汉市的一所中专学校工作，工作的内容与学术研究完全不相干，算是走了一段弯路。1994年秋天，我再次考回武汉大学历史系，继续攻读中国古代史专业博士学位，导师仍然是黄惠贤教授。如果说攻读硕士学位主要是打好专业基础，并不强调发表学术论文的话，那么攻读博士学位就必须在学术研究上做出成绩来，所以当时读博的压力是挺大的，自己一直在提醒自己要加倍用功。经过一段时间的摸索之后，我选定了博士学位论文的题目，即"汉末晋初之际政治研究"（论文完稿后，实际定名为"汉末曹魏政治研究"）。之所以选择这个题目，是有一些机缘的。首先，我在20世纪80年代末读到了田余庆先生的名著《东晋门阀政治》，这是中国古代政治史研究方面具有里程碑意义的一部史学著作，它在宏观把握问题和微观考辨史实方面都创造了政治史研究的新高度，为年轻学者昭示了政治史研究的路径。其次，我读博时，田先生的弟子何德章博士正好来到武汉大学工作，他的博士论文是研究北朝政治史，于是黄老师请他以"北朝政治研究"为题，讲授了一门课程；从他的讲授中，我得到了不少研究思路和方法的直接启示。所以说，我的学术研究，"实际上也曾受益于北大史学学风的熏陶"（《汉末晋初之际政治研究·序言》）。

博士研究生三年，我在治学的道路上跨越了一大步，学位论文以良好的成绩通过了评审和答辩，顺利地获得博士学位。1997年7月，我进入湖南师范大学文学院（后分离为历史文化学院）工作。在接下来近10年的时间里，仍然继续着汉末晋初之际政治研究的课题。2002年，该课题获得湖南省教育厅科研课题立项资助。作为最终成果的《汉末晋初之际政治研究》一书，2005年获得湖南师范大学社科出版基金资助（遴选排名第2），2006年由岳麓书社出版。下面，把我在学术研究方面的代表作列一份清单，然后做一点说明。

学术代表作：

1.《汉末晋初之际政治研究》，岳麓书社2006年版

2.《曹操立嗣问题考辨》，《中国史研究》1997年第4期，人大复印报刊资料《魏晋南北朝隋唐史》1998年第1期转载，《新华文摘》1998年第3期摘编

3.《"正始党争"探赜》，《文史》1999年第1辑

4.《曹操霸府述论》，《史学月刊》2002年第8期，人大复印报刊资料《魏晋南北朝隋唐史》2002年第6期转载

5.《东西曹考述》，《史学月刊》2005年第9期，人大复印报刊资料《魏晋南北朝隋唐史》2006年第1期转载，《中国学术年鉴》2005年卷收录

6.《论汉晋之际的北地傅氏家族》，《史学集刊》2005年第2期

7.《〈魏略〉考论》，《中国典籍与文化论丛》第11辑，全国高等院校古籍整理研究工作委员会主办，凤凰出版社2008年版

8.《陆机〈晋纪〉与晋史的修撰起源》，《魏晋南北朝隋唐史资料》第32辑，上海古籍出版社2015年版

说明：这部专著探讨从汉末王纲解纽到西晋重归统一这一时段的政

治，包括主要政治集团的构成及其兴衰存亡，统治者的治国方针及其利弊得失，统治集团内部不同派别或势力之间的复杂斗争。通过一组相互衔接的专题研究，勾画出汉末晋初之际政治运动的基本线索和面貌，揭示这个时期政治演变的特征。

这个课题的难度很大。从研究现状看，汉末晋初之际政治向来号称研究热门，前人成果相当丰富，名家鸿篇也不鲜见；然而，这些成果出自众人之手，相当零散，长时段的系统研究又是比较缺乏的。正因如此，这一课题要取得创新成果，相当不容易。北京大学祝总斌教授有一个评价："柳君敢于选取这一课题，这本身就反映了作者的学术勇气和执着精神。"（博士论文评阅书）

回顾20年来的学术研究工作，早期主要是研究政治史和政治制度史，最近几年，重心逐渐转向历史文献学和史学史方面。2009年，我申报的国家社科基金项目"晋书集注"获得立项，这个课题的研究，是一项繁重的、值得投入毕生精力去做的工作。

（四）

从1997年进入湖南师大，我在高校任教已经有近20年。依照我的体验，课堂教学的过程，实际上是一个不断探索、实践、反思和改进的过程，其中的甘苦酸甜，只有自己清楚。我最初对于本科教学的设计，较多地依据我自身读书、求学所获得的体验，比较注重学生专业素质的培养，强调不仅要了解一般的历史知识，还要多思考一些史学问题；因为偏重于问题的发掘和探究，难免照顾不周，生动性、趣味性有所欠缺。随着教学实践的增多和经验的积累，我逐渐熟悉了大学生的认知特点，丰富和深化了对本科教学的理解。最近一些年，主要从几个方面对课堂教学进行改进：根据大学生的认知特点，合理地安排教学内容，深入浅出，注重增加趣味性；注重启发学生的思维活动，合理地把握课堂教学节奏；针对大一新生的特点，进行专业思想教育和学习方法引导，等等。

我在1999年晋升为历史学副教授，接下来在2001年遴选为硕士研究生导师，开始指导中国古代史专业研究生。2006年，又增列为历史文献学专业硕士生导师，同时指导该方向研究生。从2001年到2009年，我指导了9届共15名研究生，到我离开湖南师大时，已有7届共11人顺利毕业，获得硕士学位。2010年，我从湖南师大来到岭南师范学院（当时名为湛江师范学院），同年晋升为历史学教授。对于历年来讲授的本科生和研究生课程，我也列一份清单，然后做一点说明。

讲授的本科生和研究生课程：

1. 中国古代史
2. 中国文化史
3. 中国文化
4. 中国史学史
5. 魏晋南北朝史
6. 史料与史学研究
7. 目录学

结束语：回顾自己从青年时代走过来的读书、治学之路，感慨总是有一些的。在此有两点感想或意见，提出来同大家一起分享。第一点，人生好比是一场漫长的旅途，在其中的每一个段落，我们都应该选定一个明确的行动目标，并且，这个目标应该定得高一点。打个比方：就像我们从树上摘果子吃，那些伸手可及的果子，味道很可能不怎么好，而那些需要跳起来才能摘到的果子，味道才是最好的。第二点，选定目标之后，就要踏踏实实地付诸行动。常言讲"千里之行，始于足下"，"一分耕耘，一分收获"，都是说明一个道理：只要有付出，就会有回报。

目　录

上　篇

中　篇

下　篇

附　篇

上篇

第一章 "政在家门"与汉末袁氏政权

东汉末年，天下分崩，群雄争霸，袁绍、袁术是割据群雄中势力和影响较大的两个。袁术曾先后割据南阳、九江两地，一度僭称帝号。袁绍于初平元年（190）在勃海起兵，翌年夺得冀州，全盛时期占据了青、冀、幽、并四州的广大地区，他在建安七年（202）去世，而袁氏在河北地区的势力一直存续到建安十一年（206）。袁绍、袁术以公族子弟身份活跃于汉末政治舞台，其政治行为无疑具有所属家族的特征，尤其是袁绍势力盘踞河北地区达十数年之久，影响深远。因此，深入剖析汉末袁氏政权，是我们了解汉末政治演变不可缺少的一个环节，本章即着眼于此。

一 "政在家门"口号的提出及其政治内涵

《三国志》卷六《袁术传》注引《魏书》载，袁术因僭称帝号而众叛亲离，乃归帝号于袁绍，且云：

> "汉之失天下久矣，天子提挈，政在家门；豪雄角逐，分裂疆宇，此与周之末年七国分势无异，卒强者兼之耳。加袁氏受命当王，符瑞炳然。今君拥有四州，民户百万，以强则无与比大，论德则无与比高。曹操欲扶衰拯弱，安能续绝命救已灭乎？"绍阴然之。

这段文字表达了袁术、袁绍对当时政局的看法，以及袁氏在此局面下的政治意向，值得深入剖析。

东汉王朝的统治到后期越发积弊深重，已经呈现出上下离心的态势。张角领导的黄巾起义揭开了推翻这个腐朽王朝的序幕。在统治阶级上层，也酝酿着革故鼎新的政治图谋。中平元年（184），黄巾起义被镇压，主持镇压的大将皇甫嵩以车骑将军领冀州刺史，手握重兵。汉阳人阎忠劝他"征冀方之士，动七州之众"，南下洛阳，剪除宦官，最终推翻汉朝，自己称帝。皇甫嵩认为这是"非常之谋"，断然予以拒绝。①中平五年（188），冀州又有一次发动军事政变的阴谋。党人领袖陈蕃之子陈逸、南阳许攸、沛国周旌、术士襄楷等与冀州刺史王芬结谋，打算乘汉灵帝重游登基前在河间的旧宅之机，将他废掉。这件事因灵帝放弃返回旧宅的行程而夭折。②两次政变虽然都未付诸实施，却透露出重要的信息，即在部分士大夫的意识里，东汉皇权已不再那么神圣；为了自身集团的利益，他们甚至不惜冒易代废帝那样越出儒家道德轨范的风险。③以后董卓把持朝政，擅兴废立，迁都播越，玩弄"神器"于掌股之上，实实在在地剥去了东汉皇帝的神圣外衣。随之而来的是军阀混战，各据一方，以至于"郡郡作帝，县县自王"④。袁术的上述言论，就是在这样的情况下提出来的。

袁术进言包含着三层意思。第一，汉朝丧失天下已久，皇帝仅仅是名义上的主宰，实际政治则掌握在私家手中。汉末雄豪角逐与周末七国分势无异，终将是强者兼并天下。第二，袁氏受命当王，既有符瑞应验，又有强大的实力作依托。第三，曹操想匡扶衰弱的汉室，终究无济于事。这些见解袁绍都是私下认同的。

在袁术上书之后，袁绍从弟济阴太守袁叙也致信袁绍云："今海内丧败，天意实在我家，神应有征，当在尊兄。"⑤由此看来，袁术的政治见解不仅仅代表了其本人和袁绍，也反映了袁氏家族其他成员的意愿，具有浓

---

① 《后汉书》卷七一《皇甫嵩传》。
② 《三国志》卷一《武帝纪》注引《九州春秋》。
③ 参考唐长孺：《东汉末期的大姓名士》，《魏晋南北朝史论拾遗》，中华书局1983年版。
④ 《三国志》卷七《吕布传》注引《英雄记》。
⑤ 《三国志》卷一《武帝纪》注引《献帝起居注》。

重的家族印迹。

早在春秋时期，世卿把持诸侯国政柄，形成典型的"政在家门"局面，结果导致晋国被赵、魏、韩三家瓜分，齐国被田氏取代。袁术提出"政在家门"，上拟春秋，次比战国，其主题是凭借袁氏的家世资本和政治实力取代汉朝。

"四世三公"的汝南袁氏不再满足于作汉公辅，而是图谋取汉而代之，这就是以上袁术言论的实质。因此，所谓"政在家门"，实际上是袁氏在汉末乱世的政治行动纲领，表明袁氏是以汉朝的当然继承者自居的。这样一个行动纲领，在很大程度上支配着袁绍、袁术政治活动的主要方面，必将对袁氏政权的兴衰存亡产生重大影响。

二　东汉末年汝南袁氏的政治动向

汝南袁氏提出"政在家门"的口号，是有其家世背景的。袁氏世传《孟氏易》。袁安历仕明帝、章帝、和帝三朝，官至司徒，立身清正，为士大夫所敬仰。自袁安至袁逢、袁隗兄弟，四世居三公位，是与弘农杨氏齐名的公族世家。由于袁氏与汉王朝联系紧密，它在政治上与时扬抑，往往得风气之先。桓帝初年，外戚梁氏用事，袁成为五官中郎将，"壮健好交结，大将军梁冀以下莫不善之"[1]。桓灵之际，宦官专擅朝政，"时中常侍袁赦，隗之宗也，用事于中。以逢、隗世宰相家，推崇以为外援。故袁氏贵宠于世，富奢甚，不与它公族同"[2]。袁氏一面立身外朝，为士大夫所推戴，一面依违于外戚、宦官之间，以此保持"贵宠"地位于不坠。

东汉末期，"主荒政谬"，官僚士大夫与宦官势力之间争斗激烈，社会矛盾日益激化，预示着一场大规模的动荡和变革即将到来。袁氏所在的汝南及毗邻之颍川、南阳一带，是当时政治最为活跃的地区之一，其中，汝、颍名士在士人群体中享有极高声望，其政治才能备受推崇，有"汝颍

---

① 《后汉书》卷七四《袁绍传》。
② 《后汉书》卷四五《袁安传》。

固多奇士"之说。①袁氏出入朝堂，依托汝、颍，加之"树恩四世，门生故吏遍于天下"②，如能顺应时势，自然可以在政治上有一番更大的作为。担当这一历史使命的，主要是袁氏新秀袁绍和袁术。

袁绍年少为郎，后除濮阳长，遭母忧去官。母丧期满，又追行父服，凡在冢庐六年。此举是当时士人"砥砺名行"的一个重要途径。之后，袁绍徙居京师洛阳。《后汉书》卷七四本传载：

> 绍有姿貌威容，爱士养名。既累世台司，宾客所归，加倾心折节，莫不争赴其庭，士无贵贱，与之抗礼，辎軿柴毂，填接街陌。内官皆恶之。中常侍赵忠言于省内曰："袁本初坐作声价，好养死士，不知此儿终欲何作。"叔父太傅隗闻而呼绍，以忠言责之，绍终不改。

袁绍利用家世资本结交士人，"内官"对其所作所为分外嫌忌。另据《三国志》卷六本传注引《英雄记》载，袁绍"好游侠，与张孟卓、何伯求、吴子卿、许子远、伍德瑜等皆为奔走之友"。所谓"奔走之友"，并非简单的结友交游。《后汉书》卷六七《何颙传》载，何颙字伯求，南阳人，因党事亡匿汝南郡境，"所至皆亲其豪桀，有声荆豫之域。袁绍慕之，私与往来，结为奔走之友。是时党事起，天下多离其难，颙常私入洛阳，从绍计议。其穷困闭厄者，为求援救，以济其患。有被掩捕者，则广设权计，使得逃隐，全免者甚众"。很明显，袁绍与何颙等往来"奔走"，乃是为党人广开避祸脱难之途，目标直接针对着宦官势力。中常侍赵忠怀疑袁绍，必是有所风闻。

袁绍在士大夫中建立了广泛的联系，扩大了自己的影响，下一步便是谋求实际政治权势。他受辟为大将军何进掾，为侍御史、虎贲中郎将。中平五年（188），初置西园八校尉，统领禁军，袁绍为中军校尉。次年，灵

---

① 《三国志》卷一四《郭嘉传》。参考胡宝国：《汉晋之际的汝颍名士》，《历史研究》1991年第5期。

② 《三国志》卷六《袁绍传》。

帝去世，少帝刘辩继位，大将军何进与太傅袁隗辅政，录尚书事。袁绍与何进合谋，策划诛除宦官。为壮大势力，何进"博征智谋之士"二十余人，见于史籍记载的有逄纪、何颙、荀攸、郑泰、陈纪、王匡、王允、王谦、伍琼、鲍信、刘表、华歆、蒯越等13人，大都是党人或其亲族。[①]其中，伍琼即伍德瑜，汝南人，与何颙同为袁绍的"奔走之友"。这份不完整的征召名单显露出袁绍在拟定名单过程中起了重要作用。袁术时为五官中郎将，也与何进深相结纳。

何进与袁绍在特定的形势下结成政治联盟，对双方都具有重要意义。按照汉朝惯例，幼主登基，多以外戚辅政，因此，何进以元舅之尊而为众望所归。但是，何进在政治上骤然崛起，缺乏实力基础。袁氏"树恩四世"，势大根深，虽说袁绍为何进故吏，却是一支独立的政治势力。何袁联盟乃是何进享其名而袁绍专其实，两者互为补充依托。从《后汉书》卷六九《何进传》所载史实来看，情况也确实如此。然而，事情的发展却非何进、袁绍等始料所及。何进败死，董卓进京主政；袁绍、袁术等虽然消灭了宦官势力，却又受制于凉州军阀。袁绍被迫出奔冀州，袁术逃往南阳。东汉王朝经过这场变乱，迅趋瓦解。

三　袁绍政权在河北地区的活动

袁绍逃奔冀州后，由于伍琼、何颙等周旋于内，董卓不仅赦免其罪，而且拜他为勃海太守，封邟乡侯。初平元年（190），袁绍据勃海起兵，打出讨伐董卓的旗号。"山东豪杰"一时俱起，共推袁绍为盟主。袁绍自号车骑将军，领司隶校尉，与冀州牧韩馥拟立幽州牧刘虞为帝，被刘虞拒绝。董卓闻讯，尽诛袁隗以下留在京师的袁氏宗族。据《后汉书》本传载："是时豪杰既多附绍，又感其家祸，人思为报，州郡蜂起，莫不以袁氏为名。"在战乱初起的那一刻，汝南袁氏积久的家世资本释放出巨大的

---

① 参考唐长孺：《东汉末期的大姓名士》，《魏晋南北朝史论拾遗》，中华书局1983年版。

政治能量，成为袁绍割据争霸的基础。袁绍逼迫韩馥，夺取冀州，便是利用了韩馥为袁氏故吏、政治上软弱等因素。自此至建安四年（199），袁绍攻灭盘踞幽州的劲敌公孙瓒，占据了河北青、冀、幽、并四州的广大地区，实现了"南据河，北阻燕、代，兼戎狄之众，南向以争天下"的既定战略。①

袁绍政权在河北地区的活动，以下分别加以考察。

袁绍集团的主要成分，除袁氏宗亲外，由以下三个部分组成：一是与袁绍同时从洛阳逃奔冀州者，包括逢纪（籍贯不详）、南阳许攸（即许子远）。二是韩馥的颍川籍同乡，包括荀谌、辛评、郭图等，他们由韩馥从本籍接来，到达时袁绍已据韩馥之位，遂接受袁绍任命。三是河北本地的大族豪强，包括广平沮授、钜鹿田丰、魏郡审配、清河崔琰、安平牵招、北海王修等，他们在袁绍政权中占有的比重最大。当初韩馥打算将冀州让给袁绍，沮授为骑都尉，与韩馥长史耿武，别驾闵纯，治中李历，从事赵孚、程奂等并力劝阻。韩馥让位后，袁绍辟沮授为别驾。沮授进言袁绍，称颂功德，指画方略，甚至说到"横大河之北，合四州之地，收英雄之士，拥百万之众，迎大驾于长安，复宗庙于洛邑，号令天下，诛讨未服"②，深得袁绍赞赏。田丰、审配在韩馥治下不得志，袁绍分别以二人为别驾、治中，甚见器任。冀州大族最初支持韩馥，排斥袁绍，表现了其地方性的一面。然而，袁绍具有的公族世家地位更能代表其政治需要，因而他们很快转向接受、拥戴袁绍。随着袁绍统治区域的扩大，更多河北大族进入该集团，袁氏政权的地域色彩也愈来愈重。

关于袁绍在河北地区的统治，郭嘉有一段较为全面的评析。他论袁绍有"十败"，曹操有"十胜"，其中提道："汉末政失于宽，绍以宽济宽，故不摄"；"绍外宽内忌，用人而疑之，所任唯亲戚子弟"；"绍因累世之资，高议揖让以收名誉，士之好言饰外者多归之"。③内容涉及袁绍的治国

① 《三国志》卷一《武帝纪》。
② 《后汉书》卷七四《袁绍传》。
③ 《三国志》卷一四《郭嘉传》注引《傅子》。

政策、用人原则、统治方略等重要方面。以此征诸史籍，实际情况又如何呢？《三国志》卷一一《王修传》载："袁氏政宽，在职势者多畜聚。太祖（曹操）破邺，籍没审配等家财物赀以万数。"反映了袁氏治下权贵积聚之丰厚。袁绍的重要谋臣许攸即以"贪财"著称。与上述情况对应，必然是对普通百姓横征暴敛。史称袁谭在青州，"肆志奢淫，不知稼穑之艰难。……募兵下县，有赂者见免，无者见取，贫弱者多，乃至于窜伏丘野之中，放兵捕索，如猎鸟兽"①。以上事实说明，所谓"袁氏政宽"，实质上是对权贵、豪强侵暴小民的纵容，而这正是东汉末期弊政的延续和发展，即郭嘉所谓"以宽济宽"。建安九年（204）九月，曹操攻破邺城，下令说："袁氏之治也，使豪强擅恣，亲戚兼并；下民贫弱，代出租赋，衒鬻家财，不足应命；审配宗族，至乃藏匿罪人，为逋逃主。"②该令比较全面地揭露了袁氏治下"强民隐藏，弱民兼赋"情况之深重。在用人方面，袁绍以长子袁谭为青州刺史，中子袁熙为幽州刺史，外甥高幹为并州刺史，各自总揽一方，很能说明问题。而他对待属下谋士，则是另一种情况。沮授足智多谋，见识深远，起初颇受袁绍信重，先任冀州别驾，后拜监军、奋威将军。他对袁绍打算进攻曹操持有异议，郭图等人乘机谗间他。袁绍听信郭图等人的意见，分沮授所统为三都督，由沮授、郭图、淳于琼各典一军。田丰刚直忠正，因反对袁绍进攻曹操所采取的策略，竟遭袁绍"械系"，终于被杀。就统治方略而言，袁绍自称"备公族子弟，生长京辇，颇闻俎豆，不习干戈"③，意在标榜儒教礼法。为此，他特意把大儒郑玄请来，甚至行军作战也带在身边。袁谭也能"接待宾客，慕名敬士"④。在袁氏父子属下，礼法之士颇不乏人，而其中不少是缺乏真才实干者。透过以上几个方面，我们看到，袁绍政权在河北地区的统治，沿袭了东汉的陈规而不能有所突破和革新；依靠这样的统治者和政权，根本不

---

① 《三国志》卷六《袁绍传》注引《九州春秋》。
② 《三国志》卷一《武帝纪》注引《魏书》。
③ 《后汉书》卷七四《袁绍传》。
④ 《三国志》卷一《武帝纪》注引《魏书》。

可能扫除东汉末期以来的政治积弊。从这个意义上说，汝南袁氏在政治上继承了东汉王朝的衣钵，而这构成了"政在家门"实际内容的一个重要方面。

袁绍统治时期，还致力于镇压境内的黄巾军。同时，改善与乌丸等边境少数民族的关系，立乌丸"酋豪"为单于，与之和亲，"乃抚有三郡（辽东属国、辽西、右北平）乌丸，宠其名王而收其精骑"①。这是前述袁绍既定战略的一个组成部分。以后袁尚、袁熙战败，逃往辽东，投靠单于蹋顿，企图借乌丸势力卷土重来，正是乃父奠定的根基。

四 袁绍、袁术与东汉朝廷的关系

袁绍统治时期的活动，最突出的莫过于他与东汉朝廷的关系，同样突出的是袁术与东汉朝廷的关系，这些构成了"政在家门"实际内容的最主要方面。

袁绍在洛阳时，董卓打算废黜少帝刘辩，改立献帝刘协，袁绍表示反对，为此与董卓闹翻。待到起兵以后，袁绍与韩馥图谋立刘虞为帝，借以与凉州军阀分庭抗礼。此举已经显露出袁绍在对待皇权问题上的不轨迹象。兴平二年（195），汉献帝在"白波帅"杨奉、韩暹等挟持下返回河东安邑，沮授明确提出"宜迎大驾，安宫邺都，挟天子而令诸侯，畜士马以讨不庭"。郭图、淳于琼却认为汉室衰败已久，不可复兴，"若迎天子以自近，动辄表闻，从之则权轻，违之则拒命，非计之善者"，意在干脆弃置汉朝皇帝，兼并天下而称王称帝。②袁绍采纳了郭图等人的意见。袁绍作出这样的决断是有思想基础的。他在初平元年（190）起兵，据史载，"是时年号初平，绍字本初，自以为年与字合，必能克平祸乱"③，即对兼并天下颇为自信。他构想占据河北四州的战略，便是以"争天下"为最终目

---

① 《三国志》卷三〇《乌丸传》。
② 《三国志》卷六《袁绍传》注引《献帝传》。
③ 《三国志》卷六《袁绍传》注引《英雄记》。

标。再从当时的形势看，汉献帝最初受制于董卓，继而受制于李傕、郭汜，以后又被"白波帅"杨奉、韩暹等挟制。当他脱离凉州军阀投奔"白波帅"时，被李傕、郭汜追败于弘农曹阳，公卿百官多被杀害。东汉皇室至此已是苟延残喘，而那些挟持汉献帝的军阀集团也未能形成气候。这些因素必定也在袁绍的考虑中。总之，在袁绍看来，东汉皇室已经不是一个能够左右政局的因素；弃置汉朝皇帝，兼并天下而自立，可以省去许多麻烦。但是，恰恰在这个判断上，袁绍犯了致命的错误。

建安元年（196），曹操运用政治手腕，从"白波帅"手中夺取汉献帝，定都于许，收到巨大的政治效果。袁绍这时才感到问题的严重性，他借口许下卑湿，要求曹操将汉献帝迁徙到邻近冀州的鄄城，以便就近控制。曹操当然予以拒绝。建安四年，袁绍兼并公孙瓒，统领四州，聚众数十万，骄心炽盛。他授意主簿耿包上书云："赤德衰尽，袁为黄胤，宜顺天意，以从民心。"[1]然后将耿包上书示于军府僚属。众人以为耿包"妖妄宜诛"，袁绍不得已杀耿包以弭其迹。不久，袁绍不顾沮授等人反对，向曹操集团发起总攻，进逼许都。官渡一战，袁绍惨遭失败，其皇帝梦就此破灭，而袁氏势力也由盛转衰。

与袁绍相比，袁术代汉称帝的野心更为迫切。袁术逃奔南阳后，适逢长沙太守孙坚杀南阳太守张咨，领兵前来投靠，遂据有该郡。据《后汉书》卷七五本传记载，袁术"少见谶书，言：'代汉者当涂高'，自云名字应之。[2]又以袁氏出陈为舜后，以黄代赤，德运之次，[3]遂有僭逆之谋。又闻孙坚得传国玺，遂拘坚妻夺之"。后来孙坚战死，袁术转战至九江，自领扬州刺史。他写信给少年时知交下邳陈珪，希望陈珪辅佐自己争霸天下，并拘质陈珪中子陈应。陈珪回信，以大义谴责袁术。兴平二年（195），汉献帝及其追随者在曹阳被李傕、郭汜等打败，袁术大会群下，称云："今海内鼎沸，刘氏微弱。吾家四世公辅，百姓所归，欲应天顺民，

---

① 《后汉书》卷七四《袁绍传》。
② 李贤注云："当涂高者，魏也。然术自以'术'及'路'皆是'涂'，故云应之。"
③ 李贤注云："陈大夫辕涛涂，袁氏其后也。五行火生土，故云以黄代赤。"

于诸君何如?"①主簿阎象当场表示反对。名士河内张范、张承兄弟,孙坚子孙策等也对袁术的阴谋加以抵制。建安二年(197),袁术不顾众人反对,采用河内张炯的符命,僭称帝号,自称"仲家"。以九江太守为淮南尹,置公卿百官,郊祀天地。不久,陈珪、陈登父子使用反间,诱使袁术的主要盟友吕布反目,导致二者互相攻伐,袁军大败。随后,曹操率军讨伐袁术,再败袁军。袁术接连损兵折将,部属离叛,物资匮乏,建安四年忧困病死。

五 后论

汝南袁氏在汉末乱世提出"政在家门"的政治纲领,并据以指导其政治实践,最终却以失败而告终。造成这一系列事态的基本原因是什么呢?我们认为,以下两个方面值得注意。

首先是东汉时期世家大族势力的发展及其政治取向的演变。汉朝自武帝倡导五经、"罢黜百家,独尊儒术"以来,儒学长盛不衰。当时选拔官吏实行察举征辟制度,主要是叙用所谓"经明行修"之人,于是,儒学与仕宦相结合,出现了不少累世习经的权贵世家。这种情况在东汉时期更为突出。仅就光武帝的佐命功臣而言,大多是习染儒术者。②虽说东汉大部分时期是外戚、宦官交替把持朝政,但构成统治集团支柱的无疑还是那些世家大族,即便是外戚也以世族居多。世家大族或者开门收徒,教授经书;或者任官时辟署掾属,构成主从关系。那些门生、故吏便成为世族强有力的社会、政治基础,他们与世族的关系甚至用"录牒""名籍"的形式确定下来。③世族势力的发展导致国家政治权力呈普遍下移趋势。

汝南袁氏是东汉时期最著名的世族之一,它在汉末政治舞台上崛起,

---

① 《后汉书》卷七五《袁术传》。

② 参考赵翼:《廿二史札记》卷四"东汉功臣多近儒"条,王树民校证本,中华书局1984年版。

③ 这里是指门生而言,参看《后汉书》卷六七《李膺传》。

既是上述世族势力发展的一般结果，又有其特殊性。上文所析袁氏与现实政治联系紧密，善于把握时势，是一个方面；袁氏处在汉末政治较为活跃的汝、颍地区，有所依托，是另一方面。在这样的前提下，袁绍、袁术更为积极地参与现实政治，发起新一轮官僚士大夫反宦官的斗争，从而走上了政治前台。随着东汉王朝解体，袁术、袁绍打出"政在家门"的旗号，以汉朝的当然继承者自居，企图取而代之。

汝南袁氏图谋篡汉自代，是一个重要的政治信号。汉末群雄割据，大小军阀称王称帝者皆有，但在比较有势力和影响的军阀集团中，公开提出要代汉自立并付诸行动的却只有汝南袁氏之袁术、袁绍。袁氏之所以敢于作出如此"非常之举"，除了借用"五德终始"的天命说教和谶纬迷信外，主要还是仗恃"四世公辅"的政治地位和由此发展壮大的政治势力。这就表明，中国专制皇权经过长期演变，至汉末已受到由其自身孕育发展起来的世家大族势力的严重挑战。

其次是当时人如何看待东汉皇权。如前所述，东汉皇权在汉末已丧失其神圣性，部分士大夫对它采取轻视态度，个别世家大族甚至想取代它。然而，汉朝立国四百年，在人们心目中的影响根深蒂固，即便在东汉王朝业已解体的形势下，汉朝皇帝的独特作用依然不可忽视，这种作用主要通过大族、名士的政治倾向表现出来。袁术称帝后迅速败亡，一个重要原因便是失去了大族、名士的支持。袁绍之所以失败，也直接或间接与大族、名士的政治态度有关。当初颍川士人前往冀州投靠韩馥，其中包括颍阴荀氏家族之荀衍、荀彧、荀谌和荀悦，结果除荀谌留在袁绍集团外，其余三人都南下投奔了曹操。荀彧舍袁投曹，是因为他"每怀匡佐之义"，"而度绍终不能定大业"，[1]当是怀疑袁绍能否匡扶汉室及是否具有足够的政治才能。像荀彧那样怀疑袁绍的名士还有不少。比如党人领袖李膺之子李瓒、颍川郭嘉怀疑袁绍的政治才能，鲁国孔融怀疑袁绍对汉室图谋不轨，[2]等等。袁绍在冀州，曾经派人到汝南迎接本籍士大夫，但从史籍反映的情况

---

① 《后汉书》卷七〇《荀彧传》。
② 《后汉书》卷六七《李膺传》，《三国志》卷一四《郭嘉传》，《后汉书》卷七〇《孔融传》。

看，效果并不好。汝南士人之所以应召者少，除了一部分在战乱初起时已流徙江南外，①还与他们对袁绍的看法有关。和洽就认为"本初乘资，虽能强大，然雄豪方起，全未可必"②，因而拒绝应召，南下荆州。其实，还在更早以前，汝南名士王俊与曹操结交，两人已对袁绍、袁术的不轨之迹有所察觉。③无可否认，汝南袁氏的家世资本是袁绍赢得众多大族、豪强拥戴的重要原因，在袁氏本籍汝南郡更是如此。但是，袁绍野心太大而才能有限，对于那些有政治远见的士人来说，他并不是一个可以托付前途命运的乱世之主。袁绍依托汝、颍发展政治势力，当他割据河北地区时，汝南士人从之者少，颍川士人则大多投靠了曹操，帮助曹操将他打败，很能说明问题。再从曹操这边看，他之所以成功，一是掌握了汉献帝，二是具有非凡的政治才能。事实上，一部分名士投奔到曹操集团这边，是冲着汉献帝而来，如杨彪、孔融；一部分是看中了曹操的政治才能，如郭嘉、杜袭、赵俨等；还有的是两者兼而有之，如荀彧④。汉献帝的特殊作用与曹操的政治才能结合，两者相得益彰，而这正是袁绍所欠缺的。诸葛亮分析曹操战胜袁绍的原因，指出"非惟天时，抑亦人谋"⑤，确为中的之评；"天时"者皇权，"人谋"者，政治才能也。

---

① 参考胡宝国：《汉晋之际的汝颍名士》，《历史研究》1991 年第 5 期。

② 《三国志》卷二三《和洽传》。

③ 《三国志》卷一《武帝纪》注引《逸士传》。

④ 荀彧投靠曹操时，曹操尚未掌握汉献帝。但是，曹操很早就有"匡佐之志"，这一点与荀彧是相似的。

⑤ 《三国志》卷三五《诸葛亮传》。

第二章　曹操政权中的谯沛集团与颍川集团

一　引言：曹魏重谯沛、许颍

曹魏一代，特别看重谯、沛和许、颍，主要事例有：建安七年（202）正月，曹操大军驻谯，下令优恤"旧土""举义兵以来，将士绝无后者"；延康元年（220）七月，曹丕大军屯谯，下令"复谯租税二年"；黄初二年（221）正月，曹丕下诏"复颍川郡一年田租，改许县为许昌县"，又"改长安、谯、许昌、邺、洛阳为五都"。①

按，汉代谯县隶属沛国（西汉称沛郡），曹操的家族即出自沛国谯县。汉末建安年间，曹操权势显赫，于是将原属沛国的谯、酂、城父等地划出，另置谯郡。曹丕即位称帝后，又特意将谯定为五都之一。②如资料所示，曹操、曹丕尊崇优待的是谯；然而，谯、沛的历史地理联系并未因新的行政区划而割断，相反，"谯沛"连称，在当时是具有特别含义的地缘政治概念，下面将要论及。汉代许县隶属颍川郡，自建安元年（196）曹操迎汉献帝都许，到建安九年曹操攻下邺城，许、颍是曹操的后方大本营。以后，曹丕又借用"许昌"的谶言，筑坛于颍川之颍阴繁阳亭，登基

---

① 引文分见《三国志》卷一《武帝纪》、《三国志》卷二《文帝纪》注引《魏书》、《三国志》卷二《文帝纪》、《三国志》卷二《文帝纪》注引《魏略》。

② 王鸣盛《十七史商榷》卷四〇"许邺洛三都"条认为,曹魏实际上的都城只有许、邺、洛三处。上海书店出版社2005年版。

受禅。因此，许、颍也受到了曹丕的尊崇和优待。

曹魏尊崇谯沛、许颍，从表面看来是重视创业根本，但更本质的则是为了报偿"谯沛集团""颍川集团"的创业功勋。

二　谯沛集团的构成和特征

《三国志·魏书》列有《诸夏侯曹传》。据《三国志》卷一《武帝纪》注引《曹瞒传》及《世语》记载：曹操父曹嵩本来是夏侯氏之子，夏侯惇之叔父，曹操与夏侯惇为从父兄弟。20世纪70年代在安徽省亳县曹操宗族墓葬中出土了一批字砖，其中一块刻有"夏侯右"字样，年代为东汉建宁三年（170），[①]由此证明夏侯氏与曹氏很早就存在着密切关系，也增加了《曹瞒传》及《世语》记载的可靠性。又，陈寿为《诸夏侯曹传》作评云："夏侯、曹氏，世为婚姻，故惇、渊、仁、洪、休、尚、真等并以亲旧肺腑，贵重于时，左右勋业，咸有效劳。"[②]着重强调"夏侯、曹氏，世为婚姻"。稽诸史实，曹氏与夏侯氏的婚姻关系包括：一、曹操女清河公主嫁夏侯惇子夏侯楙；二、夏侯渊子夏侯衡尚曹操弟海阳哀侯女；[③]三、夏侯尚妻为曹真之姊（妹）。不过，这三例婚姻都发生在曹操及夏侯惇、夏侯渊的下一代之间，所谓"世为婚姻"不知是否另有所据。综括而论，我们对曹氏、夏侯氏之间的关系有如下认识：曹氏、夏侯氏都属籍沛国谯县，两个宗族间的密切关系由来已久；由曹嵩出继曹氏，使夏侯氏与后来的曹魏皇室之间多了一层宗族意味；在此基础上，曹氏、夏侯氏互通婚姻，结成更加牢固的宗亲关系。

曹氏、夏侯氏宗族是曹操创业过程中的一支骨干力量。曹操起兵后，"诸夏侯曹"纷纷投入曹操军中。兹据史籍记载，概述诸人主要行事于次。

---

① 亳县博物馆：《安徽亳县发现一批汉代字砖和石刻》，《文物资料丛刊》1978年第2辑。

② 《三国志》卷九《诸夏侯曹传》。

③ 这两例婚姻都有同姓为婚之嫌，但据《三国志》卷二二《陈矫传》注引《魏氏春秋》："〔陈〕矫本刘氏子，出嗣舅氏而婚于本族。"知本人出继他族尚且可以与本族结婚，而这两例婚姻发生在曹嵩出继后的第三代之间，更能为社会所接受。

一、曹操起兵之初，夏侯惇、夏侯渊、曹仁、曹洪等经常随从征伐。此外，曹操征讨陶谦，留夏侯惇守濮阳。夏侯惇曾领东郡、陈留、济阴太守，又领河南尹；夏侯渊曾领陈留、颍川太守。曹操初次起兵受挫后，夏侯惇、曹洪随曹操到扬州募兵。以上留守、领郡、募兵都是重任。

二、在争霸战争中，曹操逐步建立起一支由他亲自掌握的中军（也称内军）队伍，其主要将领有曹氏新秀曹纯、曹休和曹真。曹操的中军由帐下亲兵发展而来，主要来源有三：曹纯所督虎豹骑，为骑兵；许褚所领虎士，为"剑客"；典韦所率亲兵。曹纯在建安十五年（210）去世，其后曹休、曹真共领虎豹骑。曹休后来拜中领军，曹真拜中坚将军，领中领军，都是中军主将。典韦在建安二年战死。许褚后来拜中坚将军，亦为中军主将。值得注意的是，许褚为"谯国"（按，应作沛国）谯人，是曹操的同乡。曹操早期的中军将领还有韩浩、史涣。韩浩为护军、中护军，史涣为领军、中领军，二人均附入《诸夏侯曹传》，并且史涣是沛国人。由此可知，建安年间的曹操中军基本上控制在谯、沛籍武将手中。①

三、随着争霸战争的发展，"诸夏侯曹"逐步建立起在曹操军中统督军事的优势。在征战中，夏侯惇、夏侯渊、曹仁等经常督率诸将，以后逐渐发展为都督诸军，总专方面之任。例如，建安十六年，苏伯、田银在河间起义，曹仁行骁骑将军，都督七军讨田银等。建安二十一年，曹操征孙权还，夏侯惇都督二十六军，留守居巢。当时，许多著名将领都在夏侯惇等人的统督之下。

"诸夏侯曹"中，夏侯惇与曹操的关系已如前揭。此外，夏侯渊妻为曹操内妹，夏侯尚为夏侯渊从子。曹仁、曹洪是曹操从弟，曹纯是曹仁亲弟，曹休、曹真是曹操族子，他们与曹操血缘关系亲近。以上八人中，夏侯惇、夏侯渊、曹仁、曹洪、曹纯在曹操起兵之初即随从征伐，夏侯惇、夏侯渊、曹仁更是其中的突出代表。曹纯去世较早。曹洪生性贪鄙，重财

---

① 关于曹魏中军的起源、名号和组织系统，参考何兹全：《魏晋的中军》，《历史语言研究所集刊》第17本，收入《读史集》，上海人民出版社1982年版；黄惠贤：《曹魏中军溯源》，《魏晋南北朝隋唐史资料》第14辑，武汉大学出版社1996年版。

好色，虽然累从曹操征伐，官至都护将军，却不大受曹操信重。曹休、曹真、夏侯尚与曹丕年龄相近，他们在曹操晚年已崭露头角，至于担当重任，则是曹丕嗣位以后的事。

除曹氏、夏侯氏宗族外，曹操还通过乡里、姻亲等关系壮大亲信队伍。许褚、史涣的事迹已见前文。丁冲与曹操同籍①，曾建议曹操"匡佐"汉献帝，两人情谊深厚。丁冲授职司隶校尉，他去世后，二子丁仪、丁廙也颇受曹操信重。任峻是河南中牟人，曹操初起兵时，他就率领宗族及宾客、家兵归附曹操。曹操以从妹嫁给任峻为妻，特加亲信，授职典农中郎将，让他主持屯田事务。其他如刘馥、武周等，都是沛国人，也受到曹操信任。刘馥授官扬州刺史，被委以东南事务。武周曾任张辽护军。曹操军中的中下级将吏，谯、沛籍人也应占有相当数量，因为曹仁、曹洪、许褚等起兵跟随曹操时，都数量不等地带领着家兵或乡里少年，这些家乡子弟兵因军功攀升的机会自然很多。《三国志》卷一八《许褚传》记录的材料颇为突出："初，褚所将为虎士者从征伐，太祖（曹操）以为皆壮士也，同日拜为将，其后以功为将军封侯者数十人，都尉、校尉百余人。"仅许褚属下拜将封侯、授都尉校尉者就如此之多，其中大部分是谯、沛籍人，自不用说。许褚兄许定即以军功拜为振威将军，都督徽道虎贲。前文所引资料中曹操下令优恤"旧土""将士绝无后者"，当以此为背景。建安二十五年（220），曹操在洛阳去世，"或言可易诸城守，用谯、沛人"②。在发生如此重大变故的关键时刻，人们想到改易诸城守将，专用"谯、沛人"，说明"谯、沛人"在曹操政权中已经形成一个稳定的政治集团，他们是曹操的忠实亲信，在军队中拥有强大势力，可以在顷刻之间控制一些主要战略城镇。

透过以上论述，我们看到，建安年间所谓的"谯、沛人"，实际上是

---

① 《三国志》卷一九《曹植传》注引《魏略》称丁冲子丁仪为"沛郡人"。又《太平御览》卷七三九引《魏武帝令》称："昔吾同县有丁幼阳者"云云；"幼""冲"相应，丁幼阳应即丁冲，则丁冲与曹操同为沛国谯县人。参考方诗铭：《曹操与"白波贼"对东汉政权的争夺》，《历史研究》1990年第4期。

② 《三国志》卷二二《徐宣传》。

沿用汉代旧有地域观念，谯指谯县，沛指沛国，"谯、沛人"就是以曹氏、夏侯氏宗族为核心，包括许褚、丁冲、任峻等谯县籍人士或曹氏外籍姻亲，由此而外，扩大到与曹操政权关系密切的沛国籍人士。[①]很明显，这是一个具有浓厚的宗族和地域特征的政治集团。

三　颍川集团与曹操的结合及其作用

在曹操政权中，与"谯沛集团"相对应，以荀彧、荀攸、钟繇、陈群等为代表的颍川籍士人构成了另一种势力集团，即"颍川集团"。[②]颍川士人大量进入曹操政权，形成与曹操在政治上的联合，是由多方面的因素促成的。

首先，东汉时期豫州境内的汝南郡、颍川郡一带是文化水平较高的地区，那里是人才集中之地。东汉末年发生"党锢之祸"，汝、颍地区的党人名士人数集中，地位突出，其卓越的政治才能尤为令人瞩目。[③]在接踵而来的汉末动乱政局中，各军阀集团对人才的争夺相当激烈，汝、颍名士以其卓越的政治才能，自然备受关注。这是颍川士人得以形成集团势力的前提条件。

其次，曹操早期的政治活动为他与颍川士人在政治上联合奠定了基础。众所周知，曹操出身于宦官家庭，是大宦官曹腾之孙。虽然曹腾与士大夫的关系处理得较好，但曹操的"浊流"出身使他很难挤进名士行列，他要谋求政治上的发展，必须另寻途径。

---

① 魏明帝青龙年间，太子舍人沛国张茂上书谏事，言辞激烈，明帝谓"张茂恃乡里故也"。明帝本籍谯县，属谯郡，他视张茂为"乡里"，无疑是沿用旧的地域观念。见《三国志》卷三《明帝纪》注引《魏略》。

② 万绳楠《曹魏政治派别的分野及其升降》（《历史教学》1964年第1期）最早提出"汝颍集团""谯沛集团"的概念，但实际上，汝南士人在曹操政权中数量很少，地位也不突出（参考胡宝国：《汉晋之际的汝颍名士》，《历史研究》1991年第5期），故"汝颍集团"的提法并不准确。而且，万绳楠还把"汝颍集团""谯沛集团"的概念扩大化，在一定程度上造成史实的紊乱。万绳楠所著《魏晋南北朝史论稿》（安徽教育出版社1983年版）对上述论题作了进一步的阐述，可参看。

③ 参见《后汉书》卷六七《党锢传》。

曹操选择了交游汝、颍名士这一途径。汝南、颍川既是大族、名士荟萃之地，为天下士林所瞩目，而许劭、许靖兄弟在汝南主持"月旦评"，亦声名远播。得名于汝、颍，对士人来说是身份的荣耀，更是仕进的资本。①曹操锐意求名，是费了一番苦心的。起初，名士南阳何颙、梁国桥玄对曹操颇为赏识，并且桥玄建议他结交许劭，以求取名声。在许劭那里，曹操获得"清平之奸贼，乱世之英雄"的评价，其治乱才能受到肯定。与此同时，曹操还结交了汝南名士王俊及袁绍、袁术兄弟，并得到颍川李膺之子李瓒的赏识，从而在汝颍一带建立了较为广泛的联系和影响。

曹操做的另一件事是远离宦官势力，在政治上向士大夫靠拢。在任洛阳北部尉时，他捕杀了小黄门蹇硕的叔父，京师因此整饬。后拜议郎，又上书为党人领袖窦武、陈蕃鸣冤申屈。曹操的上述举动引起了朝野的注意，其后冀州刺史王芬等图谋废黜灵帝、驱除宦官，他也受到召引。在政治抱负上，曹操也向士大夫趋近。他后来作《让县自明本志令》，自述本志为："欲为一郡守，好作政教，以建立名誉，使世士明知之。"②我们知道，东汉党人与宦官势力作斗争，双方在一定程度上表现为地方同中央的对抗，党人领袖如陈蕃、李膺等都有守郡作教、树立名声的经历，曹操的志向正是循其轨范。曹操任济南相时，整肃吏治，禁断淫祀，也的确表现得颇为出色。

再次，颍川士人与曹操在政治上结合，是双方互相选择的结果，其中颍川士人充分发挥了其政治卓识和自主精神，显得尤为重要。在此过程中，荀彧起了关键作用。荀彧投奔曹操是在初平二年（191），其时曹操任东郡太守，实力十分有限。在此之前，荀彧、荀谌、辛评、郭图等颍川士人应同乡冀州牧韩馥迎请，前往冀州，到达时袁绍已夺韩馥之位，彧弟谌和辛评、郭图等遂被袁绍任用。据称"彧度绍终不能成大事"③，于是去袁归曹，这也是第一个投靠曹操的大族名士。继荀彧之后投靠曹操的有

---

① 《三国志》卷二一《王粲传》注引《典略》记述繁钦，即称他"以文才机辩，少得名于汝、颍"。
② 《三国志》卷一《武帝纪》注引《魏武故事》。
③ 《三国志》卷一〇《荀彧传》。

戏志才、郭嘉，而这两人又是由于荀彧的推荐。郭嘉也曾北上冀州见过袁绍，但他认为："夫智者审于量主，故百举百全而功名可立也。袁公徒欲效周公之下士，而未知用人之机。多端寡要，好谋无决。欲与共济天下大难，定霸王之业，难矣！"①因而也舍袁投曹。建安元年（196）曹操迎汉献帝都许后，更多的颍川士人陆续前来归附。其时豫州是曹操占领地区，许是颍川属县，对于那些流移在外的颍川士人来说，他们归朝、仕州郡、返乡完全一致，条件相当便利。当然，曹操看重汝颍士人和荀彧大力推荐，始终起着重要作用。曹操曾致书荀彧说："自〔戏〕志才亡后，莫可与计事者。汝、颍固多奇士，谁可以继之？"②而《三国志》卷一〇《荀彧传》注引《彧别传》记载：

> 前后所举者，命世大才，邦邑则荀攸、钟繇、陈群，海内则司马宣王（司马懿），及引致当世知名郗虑、华歆、王朗、荀悦、杜袭、辛毗、赵俨之俦，终为卿相，以十数人。取士不以一揆，戏志才、郭嘉等有负俗之讥，杜畿简傲少文，皆以智策举之，终各显名。

曹操要荀彧推荐"汝颍奇士"，而荀彧推荐的基本上只是本籍士人，包括荀攸、钟繇、陈群、荀悦、杜袭、辛毗、赵俨、戏志才、郭嘉等，共达九人之多。此外，为曹操建屯田之策的枣祗也是颍川人，他在曹操起兵之初就已归附。

当颍川士人大量进入曹操政权时，正值军阀兼并战争剧烈，大小军阀经过一番吞并后，业已形成几个势力较大的军阀集团。颍川士人在此时与曹操结合，对于曹操巩固政权和扩大政治影响力，以及在政治斗争、军事斗争中战胜对手，都具有极其重要的意义。颍川士人在曹操政权中发挥的作用，可从以下两个方面加以叙述。

第一，在政治、军事以及经济方面的作用。

---

① 《三国志》卷一四《郭嘉传》。
② 《三国志》卷一四《郭嘉传》。

颍川士人在政治上的第一个贡献是帮助曹操夺取汉献帝，实现“挟天子以令诸侯”的政治战略。最早向曹操提出“宜奉天子以令不臣”建议的是毛玠，当时曹操任兖州刺史，而汉献帝正在长安，为凉州军阀李傕、郭汜所掌握，因而条件并不成熟。建安元年，汉献帝在“白波帅”杨奉、韩暹等挟制下由河东回到洛阳，曹操遂正式提出奉迎天子的议案。但谋士们顾忌“白波帅”势力强大，心存疑虑。最终是荀彧申明大义，晓以事机，促使曹操断然定下奉迎大计。

同袁绍争夺霸主地位是曹操前期事业的重心，而官渡之战则是决定曹袁双方生死成败的关键。正是在同袁绍集团的斗争中，在官渡决战前后，颍川士人运用智慧，出谋划策，几乎在所有重大方面或环节上都发挥了积极作用；如若说曹操霸业成功的历程镌刻着颍川士人的功绩，绝非夸张之辞。当曹袁决战之际，曹操所占据的兖、豫二州四面受敌，除正面来自河北的袁绍大军外，西面马腾、韩遂等关中诸将持观望态度，是一个难以预测的因素；而在东南和西南面，刘备先是在徐州一带反叛曹操，后又受袁绍指使，勾结汝南郡黄巾余部刘辟和龚都，企图在曹操的后方开辟第二战场，给予曹操以直接威胁；受刘备等影响，东南和西南诸郡背叛曹操的甚多。作为应对之策，曹操授命钟繇“以侍中守司隶校尉，持节督关中诸军，委之以后事，特使不拘科制”①。钟繇坐镇长安，迫使马腾、韩遂遣子入侍，暂时稳定了关中形势，从而为曹操解除了西顾之忧。曹操对钟繇的镇抚之功予以充分肯定，把他比作为刘邦镇守关中的萧何。在东南和西南面，曹操一面发兵击讨刘备，同时委派得力的地方官镇抚当地局势。其中，东南诸县多以名士出任县令，陈群即被委任为酂令；而在西南面，赵俨任朗陵长，协助阳安郡都尉李通调整户调政策，安定了本郡。颍川士人直接参与官渡决战的则有荀彧、荀攸和郭嘉。荀彧任侍中守尚书令，镇守许都，曹操“虽征伐在外，军国事皆与彧筹焉”②；荀攸任军师，郭嘉任军师祭酒，相从曹操筹划军事。当时发生的几次大的战役，如白马之战、

① 《三国志》卷一三《钟繇传》。
② 《三国志》卷一〇《荀彧传》。

延津之战、两次截击袁绍运粮车队，等等，都是荀攸以奇计破敌。后来曹操叙论荀攸功勋，要他自择封邑，把他与辅佐刘邦兴汉的张良相提并论。而当曹袁决战的紧要关头，曹操军粮将尽，写信给荀彧，打算退还许都。荀彧以"楚、汉在荥阳、成皋间"对峙的情形作比喻，认为"先退者势屈"①，要曹操坚守待变，由此最终赢得了胜利。官渡战后，荀彧又谏止曹操南击刘表，要他乘势讨平袁绍，其结果是加速了袁绍集团覆灭的过程。曹操后来表彰荀彧功勋，特别强调他的这两项建议，称云："向使臣退于官渡，绍必鼓行而前，有倾覆之形，无克捷之势。后若南征，委弃兖、豫，利既难要，将失本据。彧之二策，以亡为存，以祸致福，谋殊功异，臣所不及也。"②这是对荀彧功绩的高度评价。

经济方面，曹操兴办屯田，为争霸战争奠定了坚实的物质基础，而枣祗是屯田之策的倡议者。

第二，在政权建设方面的作用。

颍川士人由于自身所具有的社会地位和政治影响，因而在联络大族名士、壮大曹操政权方面，发挥着独特的作用。如上引文所示，荀彧为曹操荐举的人才，除本籍士人外，尚有司马懿、郗虑、华歆、王朗、杜畿等外籍士人，他们大部分是在汉献帝都许后不久被征入朝的。这些人大多出身于东汉以来的高门大族，本身又颇具社会声望，其中华歆享名尤高，当何进秉政时，他就曾作为"海内名士"被征入朝。大致说来，在许都政权初建的那一段时间，荀彧任尚书令，全面主持人才的搜罗和安置事务，曹操首次大规模地征辟名士，是以他为中心而进行的；而荀彧进用人才，基本上是执行德行和才能并举的双重标准，颇具务实精神。荀攸继荀彧之后任魏国尚书令，也"推贤进士"，其地位和作用与荀彧大致相当，因此曹操评价说："二荀令之论人，久而益信，吾没世不忘。"③除二荀外，同样在选用人才、建设政权方面起过重要作用的还有陈群。陈群起初被曹操辟为

①《三国志》卷一〇《荀彧传》。
②《三国志》卷一〇《荀彧传》注引《彧别传》。
③《三国志》卷一〇《荀彧传》注引《彧别传》。

司空西曹掾属，纠举秽德，进荐贤能，有"知人"之誉。后来，他又擢任魏侍中领汉丞相东西曹掾，实际上全面主持选举事务。正因如此，他在曹操去世后不久即转任吏部尚书，倡议全面推行九品官人法。另一方面，当曹操破灭袁绍集团，取得争霸战争的决定性胜利之后，郭嘉建议他"多辟召青、冀、幽、并知名之士，渐臣使之，以为省事掾属"①。此举对于曹操巩固新占领的河北广大地区并扩大政权基础，极具建设性意义。

颍川士人在曹操政权中发挥着重大作用，是与他们在这个政权中所处的突出地位紧密相连的。荀彧、荀攸、郭嘉都是曹操倚重的主要谋士，二荀还分别官至汉尚书令和魏尚书令，居文职之首。继二荀之后，钟繇、陈群也被授予显重职位。其他如杜袭、赵俨、辛毗等人，曹操也很注意发挥他们的作用，给予他们重要的职位。杜袭在魏国初建时任侍中，是少数参与机密的近臣之一；稍后领丞相长史，随曹操到汉中讨伐张鲁；曹操返回长安，拜授他为驸马都尉，留督汉中军事；曹操班师东还，又亲自将他选任为留府长史，驻守关中。赵俨长期在军队中担当参军和护军之职，最初是参于禁、乐进、张辽三军，协和诸将；曹操南征荆州，赵俨任都督护军，护于禁、张辽、张郃、朱灵、李典、路招、冯楷等七军；曹操讨平关中后，赵俨受命为关中护军，统领经过改编的原韩遂、马超等的旧兵；关羽围攻樊城，赵俨又以议郎参征南将军曹仁军事。辛毗曾先后参都护将军曹洪军事，任丞相长史。从这些事实看来，颍川士人不仅在中央官府中占据着主导地位，就是在军队系统中，也拥有一席之地，处在辅助谯沛集团的地位。

颍川士人之所以作为集团势力在曹操政权中发挥着重要作用，还由于他们之间的内在凝聚力。颍川士人内部习惯于互通婚姻，喜好朋党交结，这种风气由来已久。以东汉时期颍川的一流高门荀、钟、陈、李四个家族为例，李膺的姑母为钟皓之嫂，他的妹妹又嫁给了钟皓的侄儿；陈群之妻为荀彧之女；钟繇为荀勖的从外祖，他们的确是姻娅相连。颍川士人之间

_____

① 《三国志》卷一四《郭嘉传》注引《傅子》。

或以师友之谊相推许，或以宗师弟子之义相过从，其朋党交结的情形在当时亦十分突出。[①]就进入曹操政权的颍川士人而言，他们秉承了上述传统，注重在政治上互相提携。其中比较典型的事例有：一、官渡之战前夕，曹操忧虑袁绍侵扰关中，荀彧乘机荐举钟繇镇守当地，得到曹操允准；二、官渡之战期间，袁绍派使者招诱豫州诸郡，诸郡相继背叛，惟阳安郡不动，而该郡都尉李通催征户调甚急。其时赵俨任朗陵长，遂书告荀彧，建议对阳安郡调整户调政策，荀彧经请示曹操后采纳了这个建议，最终安定了该郡；三、杜袭蒙钟繇表奏，由西鄂长拜议郎参军事，又受荀彧荐举，迁任丞相军祭酒，逐步获得曹操重用。由于彼此间的提携和关照，使得颍川士人拥有较为便利的条件，充分发挥其政治效能。

综上所述，我们认为，所谓"颍川集团"，就是颍川士人以特定的地域文化为背景，通过宗族、姻亲、乡里等关系相联结，在特定的历史条件下与曹操结合在一起的政治集团。他们由名士群体所构成，而大族名士在其中居于主导地位。

四　颍川集团与曹操的矛盾和冲突

以曹氏、夏侯氏宗族为骨干的谯沛集团和以大族名士居主导地位的颍川集团结合在一起，共同组成了曹操政权的统治核心，他们对掌文武，从组织系统和政治、军事等各个方面对该政权起了决定性的支撑作用，因而成为曹操成就霸业的两个最重要因素。然而，这两个集团在社会构成方面存在着较大差别，他们与最高统治者曹操在政治利益上的关系也不大一致，因此，随着政治形势的变化和曹操政权自身的演变，他们各自的政治取向将产生较大的分歧。

从史籍记载和曹氏墓砖刻辞反映的情况看，曹氏宗族拥有可观的经济

---

① 参考胡宝国：《汉晋之际的汝颍名士》，《历史研究》1991年第5期。

势力和一定的政治潜力，①但却缺乏儒学素养，它在政治上崛起，主要是仰仗曹腾作为宦官的显赫权势。再从更广的范围看，谯沛集团成员大多尚武少文，社会层次较低，他们中称得上名士的大约仅丁冲、刘馥、武周等二三人而已，出身儒学大族的则几乎没有。对谯沛集团成员来说，由于相同的社会地位和相近的文化背景，他们与最高统治者曹操有着广泛的利益契合点。不仅如此，通过宗族、姻亲和乡里的纽带关系，他们更是企望从现政权中攫取到最大的政治利益。基于这两方面的原因，谯沛集团与曹操在政治上保持高度一致，并作为其忠实亲信和基本力量为他所倚仗，也就顺理成章。

颍川集团的情况则不同。颍阴荀氏、长社钟氏、许县陈氏三家都是汉末第一流高门，荀彧、荀攸、荀悦和钟繇、陈群，都是从他们的祖父一辈起传下来的世袭性名士，其他如杜袭、辛毗等也出自冠族。②这样一个由大族名士主导的政治集团，它与曹操的关系相对谯沛集团就要复杂得多。当汉末分裂扰攘、割据混战之际，拥有武装的军阀固然需要拉拢一批大族、名士，利用其社会影响作为政治上的依托，而大族、名士也必须投靠在某个军阀的旗号之下，借助其庇护以保全自己家族的地位，甚而进一步求得政治上的发展。颍川集团与曹操的结合，就是这样一种历史条件下的产物。然而，正如前面所述，颍川士人在同曹操结合的过程中，保持着较大的自主性和选择性，对此我们尚可作进一步申述。据《后汉书》卷七〇《荀彧传》记载：

> 彧明有意数，见汉室崩乱，每怀匡佐之义。时曹操在东郡，彧闻操有雄略，而度〔袁〕绍终不能定大业。初平二年，乃去绍从操。

---

① 参看安徽省亳县博物馆：《曹操宗族墓葬》，《文物》1978年第8期；田昌五：《谈曹操宗族墓砖刻辞》，《文物》1978年第8期；杨德炳：《试论曹操政权的性质》，《中国古代史论丛》1982年第3辑，福建人民出版社1983年版。

② 参考唐长孺：《东汉末期的大姓名士》，《魏晋南北朝史论拾遗》，中华书局1983年版。

　　这里说得更为明确：荀彧在政治取向上是以"匡佐汉室"为己任，他之所以舍弃袁绍而投奔曹操，正是由这一政治目的决定的。从当时的情况看，袁绍、曹操一同参加了关东联军讨伐董卓的战争，是其中的头面人物，但两人在政治、军事等方面的表现差异很大。袁绍起兵主盟后，曾策划立幽州牧刘虞为帝，借以与凉州军阀分庭抗礼，此举已经显露出他对待东汉皇权的不轨之迹；他身为盟主，临敌却逡巡不进。曹操在联军中则勇于进取，不畏强敌；对于袁绍"改易"天子的图谋，也严词予以拒绝。荀彧判断袁绍"终不能定大业"，当是怀疑袁绍能否匡扶汉室及是否具有足够的政治才能，而曹操"有雄略"，对待汉室未显异志，可以寄托兴复汉室的重任。同荀彧相比，郭嘉择主的政治意向也很明确，但其出发点和基本立场却有很大差别：建立"功名"是郭嘉择主的最终目的，为此，他支持自己的政治领袖创建"霸王之业"。荀彧和郭嘉的政治取向在很大程度上反映了颍川士人中存在着的两种倾向。大体说来，杜袭、赵俨选择曹操，更多是看重曹操的政治才能，①其立场当与郭嘉接近；荀攸、钟繇、陈群等人的立场则很可能更倾向于荀彧。

　　如前所述，曹操在其早期政治活动中主动结交汝颍士人并积极向士大夫靠拢，联系他同颍川士人结合的过程来看，我们有理由相信，双方最初的结合，在主臣关系上固然是曹操居主导地位，但在政治基础方面，则是曹操在很大程度上依赖于颍川士人。从后来政治演变的情况看，在建安十年（205）曹操破灭袁绍集团，取得争霸战争的决定性胜利之前，双方一致对敌，彼此间在政治上的分歧和矛盾尚不突出。尽管在此期间，曹操建立并实施"霸府"政治，藐视和架空皇权，并不符合以荀彧为代表的部分颍川士人的政治要求。而自建安十年以后，曹操进一步强化集权统治，"整齐风俗"，"破浮华交会之徒"，抑制大族、名士的社会政治影响；藐视儒家礼法，实行"唯才是举"，表现出愈加强烈的政治自主性。在这样的形势下，曹操与颍川士人之间的政治关系已发生很大变化，彼此间的分歧

---

①　参看《三国志》卷二三《杜袭传》《赵俨传》。

和矛盾也随之扩大。尤其是此时曹操试图把集权统治转化为建立魏国，进而实施"以魏代汉"的政治步骤，他与颍川士人的矛盾因此变得尖锐起来。

在颍川集团中，颍阴荀氏家族地位特别突出。荀彧既是曹操属下的第一谋臣，又是曹操联系其他颍川士人的主要环节；其兄荀衍曾任监军校尉，受封列侯；荀悦、荀攸则分别是他的从兄和从子。荀彧长子荀恽娶了曹操的女儿（安阳公主），他的女儿又嫁给了陈群。这样一个家族，从任何意义上都堪称是颍川集团的核心，而它在政治上的取向，则在很大程度上代表着或左右着颍川集团的整体政治倾向。那么，这个家族的政治取向究竟有何具体表现和特征呢？

荀氏家族的政治取向在荀悦身上表现得十分明显。据史载：

> 时政移曹氏，天子恭己而已。〔荀〕悦志在献替，而谋无所用，乃作《申鉴》五篇。其所论辩，通见政体，既成而奏之。①

荀悦作《申鉴》的意图很明确，就是针对当时曹操擅权、献帝虚位的政治格局，阐述自己的政治见解，希望对此有所匡正。因此，《申鉴》五篇论议虽广，但主题集中在"政体"部分。从这部分内容来看，荀悦强调为政之"道本"在于"仁义"；执政的原则须去除"四患"："一曰伪，二曰私，三曰放，四曰奢。伪乱俗，私坏法，放越轨，奢败制"；执政的大臣应遵循"三顺"："一曰心顺，二曰职顺，三曰道顺。"②荀悦的这些主张，处处切中曹操推行霸府政治的要害。与此同时，荀悦又删削班固《汉书》，作成《汉纪》三十卷，其序中称："汉四百有六载，拨乱反正，统武兴文，永惟祖宗之洪业，思光启乎万嗣。"③目的在于宣扬前汉的功业，为复兴汉室营造舆论。荀悦在建安十四年（209）去世，根据《汉纪》序中

---

① 《后汉书》卷六二《荀淑附荀悦传》。
② 《申鉴》卷一《政体》，百子全书本，浙江古籍出版社1998年版。
③ 《后汉书》卷六二《荀淑附荀悦传》。

"汉四百有六载"推断，《申鉴》《汉纪》均成书于建安五年（200）以前，可见他很早就对曹操心怀不满。荀彧尽管不像荀悦那样公开批评曹操，但他立论献策，无不以"乃心王室"为宗旨，与曹操推行霸府政治相背离。据史载："献帝颇好文学，〔荀〕悦与〔荀〕彧及少府孔融侍讲禁中，旦夕谈论。"①荀彧、荀悦同以反对曹操著称的孔融搀和在一起，亲近汉献帝，并非偶然的巧合。从深层次的思想根源上说，他们同样具有深厚的大族情感和浓重的正统观念，实有许多共通之处。要之，荀彧、荀悦与曹操的分歧和矛盾，集中表现为是复兴"王业"抑或建立"霸业"，是遵循"王道"抑或奉行"霸道"。至于荀氏家族的另一个重要人物荀攸，早在董卓擅权时就有针对董卓的谋反之举，大概也不会轻易认同曹操建立"霸业"和奉行"霸道"。

颍川集团与曹操的矛盾和冲突，终于在曹操与荀彧之间爆发。建安十七年，曹操在董昭等人的支持下，拟进爵国公，受赐九锡，并以此密咨荀彧。这是曹操为把集权统治转化为图谋篡汉而采取的重大举措，因此，荀彧窥透其用心，断然表示反对。荀彧为此遭到曹操冷落，被迫自杀。对于荀彧自杀的原委，有关资料的记述有所差异。陈寿《三国志》本传记为"以忧薨"，范晔《后汉书》本传则明确记载："〔曹〕操馈之食，发视，乃空器也，于是饮药而卒"，孙盛《魏氏春秋》所记与范书相同。胡三省据此判断："按彧之死，〔曹〕操隐其诛。"②我们认为，陈寿《三国志》对某些敏感事件的记述多取回护笔法，而范晔《后汉书》、孙盛《魏氏春秋》记述此事确凿，"隐诛"之说是成立的。

荀彧之死是影响当时政局的一件大事，它表明作为曹操属下第一谋士和功臣的荀彧，由于思想观念上同曹操相抵触，已经成为曹操图谋篡汉的一大障碍。因此，曹操以果断而隐晦的手段除掉荀彧，使自己既定的政治目标得以不受阻挠地实现，同时尽量避免过分刺激其他颍川士人。这件事同时也表明，颍川士人与曹操的政治关系必须作新的调整。就颍川士人而

---

① 《后汉书》卷六二《荀淑附荀悦传》。
② 《资治通鉴》卷五八"汉献帝建安十七年十月"条胡注。

言，他们中的一部分从一开始就支持或默许曹操建立"霸业"，而随着时势的变化，"汉室不可复兴"已愈来愈成为一种共识，因此，他们可以接受或支持曹操所作的任何政治安排，包括篡汉自代。而对曹操来说，在他摒弃荀彧之后，修复同颍川士人的关系，继续利用其社会政治影响，对于他图谋篡汉，尤其显得重要而迫切。

建安十八年（213）五月，曹操进爵为魏公，魏国建立，标志着曹操在通向篡汉自代的道路上迈出了关键性的一步。在此之前，曹操授意文武群僚发起了大规模的劝进运动，荀攸、钟繇、杜袭等颍川士人均在劝进群僚之列。魏国建立以后，荀攸授职魏尚书令，居文职之首，钟繇任大理，杜袭任侍中，陈群任御史中丞，他们成为最早接受魏国官号的一批重臣。荀攸去世之后，钟繇在建安二十一年八月擢拜为魏相国。这是一次不寻常的拜官。《宋书》卷三九《百官志上》"相国"条称："自魏晋以来，（相国）非复人臣之位矣。"其实早在东汉末年，董卓自号相国，情况已是如此。但钟繇并非权臣，他被拜授为魏相国，只是曹操力图维系与颍川集团的政治联合而采取的非常措施，象征意义十分突出。大约与此同时，陈群也擢升为魏侍中领汉丞相东西曹掾，处在显重职位。颍川士人与曹操终究协调立场，修好关系，在实施"以魏代汉"的政治步骤方面取得一致。

第三章 崔琰之死与毛玠之废

一 毛玠、崔琰的仕履及其背景

建安年间曹操集团中，崔琰、毛玠是主典选举的最重要人物，他们为曹操政权的建设作出了不少贡献，却在建安二十一年（216）分别被曹操赐死和废黜。崔琰之死与毛玠之废虽为历来史家所关注，似言有未尽。本章拟从崔琰、毛玠的仕宦经历、政治倾向入手，结合历史背景，对此作些探讨。

毛玠字孝先，陈留平丘人，"少为县吏，以清公称"①。曹操为兖州牧，辟毛玠为治中从事，转幕府功曹。约从建安元年至十七年，毛玠任司空、丞相东曹掾，掌典选举。建安十八年"魏国初建"，毛玠为尚书仆射，复典选举，直至被免黜。②毛玠前后掌选达20年。

崔琰字季珪，清河东武城人，年轻时曾就郑玄受学，后仕袁绍。曹操破袁绍，领冀州牧，辟崔琰为州别驾从事。《三国志》卷一二《崔琰传》载："太祖（曹操）为丞相，琰复为东西曹掾属征事。"记述崔琰的任职情况相当笼统。按，《资治通鉴》系"〔曹〕操以冀州别驾从事崔琰为丞相西曹掾"于建安十三年六月。又《三国志》卷一一《邴原传》载，崔琰为东曹掾，曾为丞相征事邴原、议郎张范作评状③，并荐邴原代凉茂"为五

---

① 《三国志》卷一二《毛玠传》。
② 毛玠任右军师当在建安十七年正月后，十八年五月丙申（初十）前。
③ 《三国志》卷一一《张范传》，张范死于建安十七年。

官将长史"①。而裴注引《献帝起居注》载建安十五年（210）初置征事二人，拟以邴原、王烈为征事。洪饴孙《三国职官表》称，建安年间，曾任征事者有邴原、王烈、崔琰三人。②据此，卢弼推断崔琰"始为西曹掾，继为东曹掾，后为征事"③，是有道理的。"魏国初建"，崔琰为尚书，后迁中尉，直至被赐死。

《三国志》卷一《武帝纪》载建安二十二年曹操所下用人教令，其中提到"至德之人放在民间""文俗之吏，高才异质"等五类人才，实际上是曹操毕生用人实践的概括。④毛玠由县吏起家，但他不同于普通俗吏，而是一位以"清公"见称的实干家。在任兖州治中从事时，毛玠分析当时的政治局势，建议曹操"树基建本"，认为"兵义者胜，守位以财，宜奉天子以令不臣，修耕植，畜军资，如此则霸王之业可成"。⑤毛玠支持曹操建立霸业，提出"奉天子以令不臣""修耕植，畜军资"两条治国大计，极具政见，都被曹操采纳。毛玠的经历和表现符合"文俗之吏，高才异质"的人才标准，从曹操用人实践的过程来看，他受重用是有代表性的。兖州是曹操起兵后最早占据的地区，他早期接触的人士也以兖州为主。在名士中，卫兹、鲍信与曹操关系亲密，但两人先后战死。张邈、陈宫最初与曹操关系不错，兴平元年（194），曹操杀掉了讥议自己的兖州名士边让，张邈、陈宫及许多兖州士人因此背叛了曹操。经过这次事变后，继续留在曹操政权中的兖州人士多是一些"文俗之吏"，包括毛玠、程昱、满宠、薛悌、万潜、王必等⑥，后来都不同程度地受到曹操重用，而毛玠最为突出。

曹操教令中提到的"至德之人"这一类人才，其判断标准一般来说是汉代人们所谓的"经明行修"，符合这个标准的人即为名士。东汉末年，

---

① 凉茂在《上尊号奏》中为左军师，事在建安十八年五月丙申（初十）前。

② 洪表见《后汉书三国志补表三十种》，中华书局1984年版。王烈实未到任，见《三国志》卷一一《管宁传》附传。

③ 《三国志集解·崔琰传》，中华书局1982年影印本。

④ 参看本篇第四章的论述。

⑤ 《三国志》卷一二《毛玠传》。

⑥ 程昱、满宠《三国志·魏书》有传。薛悌、万潜、王必事迹，散见于《三国志·魏书》纪传。薛悌，东郡人；万潜、王必籍贯失载，但当时州府例辟本州人士为掾属，两人必是兖州人。

青州一带盛行所谓"邴郑之学"①，邴指邴原，郑指郑玄。郑玄是著名的经学大师，崔琰出自其门下，具有成为"经明行修"的名士的条件。崔琰是在特定的政治形势下进入曹操政权的。建安九、十年间，曹操平定了袁绍父子控制下的河北地区，自领冀州牧，将政治中心由许都移到邺城，对冀州实行直接治理。据《三国志》卷一四《郭嘉传》注引《傅子》记载：

> 河北既平，太祖多辟召青、冀、幽、并知名之士，渐臣使之，以为省事掾属。皆〔郭〕嘉之谋也。

河北青、冀、幽、并四州长期处在袁氏政权统治下，当地士人与袁氏政权有千丝万缕的联系，他们对新近入主的曹操难免存有戒心，而曹操要控制上述地区，还得从控制当地士人着手。曹操采用郭嘉的建议，大量辟召当地名士，作为省事掾属。所谓"渐臣使之"，即曹操对河北名士的驾驭有一个循序渐进的过程。在最早辟召的一批河北名士中，王修为司空掾，直接进入曹操政权的中枢。此外，崔琰为冀州别驾从事，邢颙、牵招为冀州从事，都在曹操自领的州府任职。在河北四州中，冀州是政治、经济中心，冀州士人居四州士人之冠，崔琰则是冀州士人的代表。曹操初辟崔琰时，对他说："昨案户籍，可得三十万众，故为大州也。"崔琰回答道：

> 今天下分崩，九州幅裂，二袁兄弟亲寻干戈，冀方蒸庶暴骨原野。未闻王师仁声先路，存问风俗，救其涂炭，而校计甲兵，唯此为先，斯岂鄙州士女所望于明公哉！②

崔琰以"王道大义"责备曹操，出语不凡，表现了鲜明的政治态度和耿直的个性品格。胡三省对此评论说："此〔曹〕操之所以重崔琰，而亦

---

① 《三国志》卷一一《邴原传》注引《原别传》。
② 《三国志》卷一二《崔琰传》。

不能不害崔琰也。"①曹操之所以"重崔琰""害崔琰",后面将进一步讨论。崔琰后来被推为"冀州人士之首"②,从这件事中可以看出端倪。

二 毛玠、崔琰掌选与曹操用人

以上说明,毛玠、崔琰是以不同的身份、在不同的政治背景下进入选曹的。选曹即西曹和东曹。东汉时期,公府例置西曹、东曹等十余曹,分理众事。《续汉书·百官志一》下"太尉"条称,"西曹主府史署用。东曹主二千石长吏迁除及军吏","东西曹掾比四百石,余掾比三百石"。西曹、东曹分别掌管对内、对外人事处置权,地位高于其他各曹。建安年间,曹操实行"霸府"政治,其司空、丞相府的东、西曹实际上总揽了中央、地方的选举用人权。崔琰初授东曹掾时,曹操特意下教云:

> 君有伯夷之风,史鱼之直,贪夫慕名而清,壮士尚称而厉,斯可以率时者已。故授东曹,往践厥职。③

曹操重用崔琰,看重的正是他的正直品格,希望通过他起"率时"作用。在崔琰之前,毛玠已掌东曹十余年。史称毛玠、崔琰掌典选举:

> 其所举用,皆清正之士,虽于时有盛名而行不由本者,终莫得进。务以俭率人,由是天下之士莫不以廉节自励,虽贵宠之臣,舆服不敢过度。太祖叹曰:"用人如此,使天下人自治,吾复何为哉!"④

毛玠、崔琰掌选的原则有两条:一是尚"清正之士",杜绝"行不由

---

① 《资治通鉴》卷六四"汉献帝建安九年九月"条胡注。
② 《三国志》卷一一《邴原传》注引《魏略》。
③ 《三国志》卷一二《崔琰传》。
④ 《三国志》卷一二《毛玠传》。

本"者，二是"以俭率人"。由于两人坚持原则，身为表率，从而取得了通过选举环节"使天下人自治"的社会效果，深得曹操赞赏；同时，曹操也为自己用人恰当而自得。

毛玠、崔琰掌典选举时志趣相投，配合默契，故时人谈论选举，必并称毛、崔。然而，两人的具体职责是有区别的。《三国志》卷一二《毛玠传》注引《先贤行状》云：

> 其典选举，拔贞实，斥华伪，进逊行，抑阿党。诸宰官治民功绩不著而私财丰足者，皆免黜停废，久不选用。

表明毛玠是具体掌管官吏的选拔叙用、"免黜停废"的。这一方面是由于毛玠掌管东曹事务，东曹本来就"主二千石长吏迁除及军吏"；另一方面则是由于毛玠以吏道起家，处理官府中的具体事务是其特长。由于以上原因，毛玠和东曹便成为当时选举斗争的焦点。据《毛玠传》记载：

> 大军还邺，议所并省。玠请谒不行，时人惮之，咸欲省东曹。乃共白曰："旧西曹为上，东曹为次，宜省东曹。"太祖知其情……遂省西曹。

毛玠掌选时拒绝权贵"请谒"，阻隔了许多人的不正当仕进途径，因此，那些权贵希望借并省机构之机省去东曹，从而将毛玠排挤出掌典选举职权之外。曹操坚持保留东曹，省去西曹，是因为他的现行治国政策正需要毛玠这样的得力助手来执行；同时，保留东曹对曹操总揽地方选举用人权较为有利，毕竟东曹的职能范围比西曹要广。这里涉及并省西曹的时间问题。洪饴孙《三国职官表》将此事系于建安二十二年（217）①，大概是把"大军还邺"推断为是年曹操征孙权后还邺。其实，在并省西曹前，曹

---

① 参见熊芳等撰，刘祜仁校：《后汉书三国志补表三十种》，中华书局1984年版，第1279页。

丕已为五官中郎将，并曾对毛玠嘱托非次迁转亲眷，被玠婉言拒绝。曹丕始为五官中郎将在建安十六年正月。而建安十八年五月曹操晋爵魏公时，毛玠已迁任右军师，列名《上尊号奏》。因此，"大军还邺"当指建安十七年（212）正月曹操征马超等关中诸将后还邺，而并省西曹事只能在是年正月或稍后。当然，西曹不久又复置。

《崔琰传》注引《先贤行状》载崔琰事迹云：

> 魏氏初载，委授铨衡，总齐清议，十有余年。文武群才，多所明拔。朝廷归高，天下称平。

所谓"委授铨衡，总齐清议"，重点落脚在"总齐清议"上。也即是说，崔琰作为冀州士人的代表出掌选举，其主要职责是掌典对士人的品评推荐。就地域而言，以冀州为主的河北士人是崔琰品评推荐的重点。《崔琰传》记录了崔琰褒奖司马懿、崔林、孙礼、卢毓等名士的言论，除司马懿外，崔林等三人都是河北名士。在盛行人物评论的当时，崔琰代表选曹所作的人物评论，自然是官府用人的重要依据。崔琰任东曹掾时，曾为丞相征事邴原、议郎张范作过一纸评状，备载于《邴原传》。这种"评状"大概就是九品官人法下为士人作状的肇端。因此，所谓"朝廷归高，天下称平"是有所特指的，"归高""称平"都是对崔琰把握人物评论尺度的肯定。至于"十有余年"一语，值得推敲。崔琰自建安十三年任西曹掾，至建安二十一年被赐死，前后不足9年，其间他还任过征事、尚书和中尉，因此，他实际任选官（包括任东曹掾）的时间还要短些。然而，从建安九年九月崔琰任冀州别驾从事时起，他就在为曹操推荐以冀州为主的河北士人，这与曹操对冀州实行直接治理的政策是一致的。崔琰后来任丞相征事，主要职任是"咨事议论"，同样可以评论人物，影响选举。通观而言，"十有余年"的说法并不为错。再者，此时选曹中专门设有"议令史"一职，联系崔琰的具体职责来看，反映出曹操有力图将东汉以来影响选举用人的乡间清议收归中央的倾向。①

宋人洪迈在《容斋随笔》卷一二列有"曹操用人"条目②，列举曹操用人成功十例，却不及用毛玠、崔琰掌典选举事。其实，"选举"是封建官府最重要的组织手段，与统治者的治国方针联系紧密，牵涉的内容十分复杂。毛玠是兖州人士中"文俗之吏，高才异质"的代表，崔琰是"经明行修"的冀州头号名士，曹操分别用其所长，让他们共掌选举，而曹操"破浮华交会之徒""整齐风俗"的治国方针通过"选举"这一环节得以实现。这实在是他用人最成功的范例之一，曹操本人对此也是十分满意的。《太平御览》卷二一四引《傅咸集表》云：

> 昔毛玠为吏部尚书，无敢好衣美食者。魏武（曹操）叹曰："孤之法不如毛尚书。令（今）使吏部用心如毛玠，风俗之易在（盖）不难矣。"

这是毛玠任尚书仆射兼典选举（即《傅咸集表》所谓"吏部尚书"）时的事，它照应前文，充分表明了曹操肯定毛玠掌选的一贯态度。洪迈却忽略了这一点。

三　崔琰案、毛玠案的始末缘由

然而，就是毛玠、崔琰这两个深受曹操赏识、重用的有功之臣，何以会落到或死或废的结局呢？有必要个案简析。《崔琰传》记录了"崔琰赐死案"的始末。起初，崔琰推荐钜鹿人杨训，被曹操辟用。操晋爵魏王，训上表称颂功德，时人讥笑杨训"希世浮伪"，并指责崔琰荐举失当。其后载云：

---

① 参考唐长孺：《魏晋南北朝隋唐史三论》，武汉大学出版社1992年版，第47—50页。
② 洪迈：《容斋随笔》，上海古籍出版社1996年版。

琰从训取表草视之，与训书曰："省表，事佳耳！时乎时乎，会当有变时。"琰本意讥论者好谴呵而不寻情理也。有白琰此书傲世怨谤者，太祖怒曰："谚言'生女耳'，'耳'非佳语。'会当有变时'，意指不逊。"于是罚琰为徒隶。使人视之，辞色不挠。太祖令曰："琰虽见刑，而通宾客，门若市人，对宾客虬须直视，若有所瞋。"遂赐琰死。

总体看来，这是一桩带有"文字狱"性质的案例。此案首先有两点值得注意：其一，如何理解崔琰与杨训书信的内容？其二，告发崔琰的人是谁？

在崔琰与杨训的书信中，所谓"省表，事佳耳"，显然是针对训表称颂曹操功德而发，我认为其中隐含着不以为然和嘲讽的意味。下一句"时乎时乎，会当有变时"，承上句之意，感叹时势变化而人心不古。但这句话容易生出歧义，陈寿认为，崔琰的本意只是讥讽"论者好谴呵而不寻情理"，也即是说，崔琰认为杨训的举动很入时，也很正常，而那些议论的人却未免喜好谴责别人而不合情理。这种看法反映的是为崔琰抱屈者的意见，将上下句分开来看，也勉强说得通。我个人认为，这并不是崔琰的本意。曹操是将两句作为一个整体来看的，得出的结论是崔琰"意指不逊"，并非事出无因。

崔琰写给杨训的是私人书信，内容只是一些语意模糊的牢骚话，竟然有人抓住这种细微的把柄，向曹操告发崔琰"傲世怨谤"，构成崔琰之狱，可见这个人是处心积虑和颇有根由的。《崔琰传》注引《魏略》补充了崔琰案的有关细节，指出告发崔琰的人是"与琰宿不平者"，他偶然发现了崔琰的书信。《三国志》卷一二《徐奕传》注引《傅子》称："崔琰、徐奕，一时清贤，皆以忠信显于魏朝；丁仪间之，徐奕失位而崔琰被诛。"清人姚范认为："按《徐奕传》注，白崔者丁仪也。"[1]明确指出告密的人

---

① 《三国志》卷一二《崔琰传》注引《魏略》，卢弼《集解》引姚范语。

就是丁仪。丁仪，沛国人，其父丁冲是曹操的旧友，曾建议曹操"匡佐"汉献帝，两人情谊深厚。丁仪凭借这层关系，受到曹操宠信，授职丞相西曹掾。丁仪成为曹操的亲信，由他告发崔琰，是很容易被曹操接受的。

丁仪处心积虑地要陷害崔琰，原因要追溯到立太子事件。建安十八年（213）曹操建立魏国后，迟迟未立太子，在曹丕、曹植之间难于取舍，并曾就此"密访群司"。当时，丁仪、丁廙、杨修、杨俊等人党附曹植，贾诩、崔琰、毛玠、邢颙、桓阶等人则支持曹丕。在支持曹丕的人中，崔琰的表现最为突出。[1]据《崔琰传》记载：

> 时未立太子，临菑侯植有才而爱。太祖狐疑，以函令密访于外。唯琰露板答曰："盖闻《春秋》之义，立子以长；加五官将仁孝聪明，宜承正统。琰以死守之。"植，琰之兄女婿也。太祖贵其公亮，喟然叹息，迁中尉。

何焯认为："以密函下访，乃露板以答，非所以处骨肉之间。季珪之祸，实萌于此。"[2]按，曹植是崔琰的侄女婿，崔琰违背曹操密函咨访的本意，露板回答，是为了避嫌。从崔琰的坚决态度看，大有"以人伦自任"的气概，其耿介的个性表露无遗。曹操是能够体察崔琰的苦心的，他器重崔琰"公亮"，将崔琰迁升为中尉。然而，崔琰的表现确实给自己埋下了祸根。他在大庭广众下公开支持曹丕，影响很大。丁仪兄弟在立太子问题上陷入甚深，曹植能否立为继嗣关系到两人的政治前途乃至身家性命，丁仪由此怀恨崔琰，寻机加以陷害是必然的。

探明了崔琰案的起因后，我们可以进一步分析曹操的处置措施。卢弼在《三国志集解》中对崔琰致死的原因有一段综合评析，他说：

> 或曰："魏武之必除孔北海（孔融），势固宜尔。若崔季珪本为操

---

[1]　参看本篇第五章的论述。
[2]　何焯：《义门读书记》卷二六，四库笔记小说丛书本，上海古籍出版社1992年版。

之心膂，徒以口语猜嫌杀之，残恶极矣。"弼按：魏武有篡夺之心，
而又欲避篡夺之名，琰与训书不觉窥见其隐衷，发泄其诡谋，故深恶
之而置诸死地也。

孔融、崔琰都喜好讨论，又都因议论生祸，被曹操处死，人们很容易
把这两个人联系起来考虑。但是，人们也注意到这两个人与曹操的关系有
本质的差别，于是在理解曹操为何要杀孔融的同时，对曹操为何要杀崔琰
感到困惑，只好归结为曹操的"残恶"。卢弼的看法在此基础上深入一步，
追寻了崔琰书信内容的实质。不过，若说崔琰揭露了曹操的"篡夺之心"，
因而曹操要置崔琰于死地，却不完全是事实。

丁仪告发崔琰后，曹操认为崔琰"意指不逊"，罚他为徒隶，意在折
损他。如何进一步处置，曹操是留有余地的。问题在于崔琰在服刑期间不
但丝毫不挠"辞色"，还"通宾客，门若市人"，公然与曹操对抗。曹操终
于被激怒，"遂欲杀之"。若把以上情形置于当时的历史背景中考察，则有
着深刻的政治根源。前已述及，以冀州为主的河北士人进入曹操政权后，
是较难驾驭的一个政治群体。曹操曾经针对冀州风俗"阿党比周"，专门
发布《整齐风俗令》。尽管如此，他们仍然顽强地表现出独特的个性。邴
原名重天下，即便在官府任职，依然我行我素，曹操因此感叹邴原"不为
孤用"。田畴从征柳城有功，却再三辞让封爵，搞得曹操十分难堪，几乎
要加罪于他。把这些事情联系起来看，"崔琰案"无疑是这个政治群体忤
逆曹操的一次严重事件。崔琰在服刑期间尚能"通宾客，门若市人"，可
见是有政治势力为依托的，这种政治势力就是以冀州为主的河北士人。因
此，从个人的角度看崔琰之死，其耿直个性是直接诱因，前引胡三省所谓
曹操"重崔琰""害崔琰"的说法是颇有见地的。全面地看崔琰之死，则
它是曹操对以冀州为主的河北士人的一次严重打击行动，由于超出了君臣
间个人恩怨的范围，而为旧时史家所不能理解。

"毛玠案"是紧接着崔琰案发生的。据《毛玠传》记载：

崔琰既死，玠内不悦。后有白玠者："出见黥面反者，其妻子没为官奴婢，玠言曰：'使天不雨者盖此也。'"太祖大怒，收玠付狱。……玠遂免黜，卒于家。太祖赐棺器钱帛，拜子机郎中。

毛玠与崔琰长期和睦共事，崔琰被杀，毛玠内心不悦，当属情理之中。毛玠案的直接起因是有人告发毛玠诽谤曹操。据《三国志》卷二二《桓阶传》记载："毛玠、徐奕以刚蹇少党，而为西曹掾丁仪所不善，仪屡言其短。"同书卷一二《何夔传》注引《魏书》载傅巽语何夔："〔毛〕玠等〔丁〕仪已害之矣。"表明丁仪曾多次谗间毛玠，毛玠最终是被他诬告陷害的。丁仪陷害毛玠，也主要是因为毛玠在立太子问题上支持曹丕。

毛玠下狱后，大理钟繇严词讯问毛玠。毛玠在辩护状辞中否认自己有"谤毁"事，说自己"职在机近，人事所审"，由于拒绝权贵请托，从而招来陷害，他坚决要求对质取验。《三国志》卷二三《和洽传》载，和洽认为"〔毛〕玠出群吏之中，特见拔擢，显在首职，历年荷宠，刚直忠公，为群所惮，不宜有此"，因而明确提出应"案实其事"。侍中桓阶也进言匡救毛玠。但是，曹操立丕、植为太子的意向未定而尤爱曹植，因此，"欲两全〔毛〕玠及言事者（丁仪）"，实际上是袒护曹植的支持者，而拒绝案实真相。毛玠最终在不明不白中被免黜。

毛玠案首先说明，毛玠被废的直接原因是丁仪密告毛玠诽谤朝政，毛玠却认为自己是因为掌典选举、拒绝请托而招来陷害，当事人的说法完全对立。这恰恰提示我们，在毛玠案的背后隐藏着围绕选举用人而展开的复杂斗争。毛玠长期掌管官吏的任免事务，受到了当朝权贵的排挤打击，已如前述。对于毛玠掌选崇尚功能，何夔曾提出过异议。当他继任东曹时，对曹操说："以贤制爵，则民慎德；以庸制禄，则民兴功。"他认为选举要重视"道德"，应"核之乡间"，杜绝"争竞之源"，曹操表示赞同。①何夔将"慎德"与"兴功"并提而以慎德居首，与毛玠偏重事功的做法有很大

---

① 《三国志》卷一二《何夔传》。

差别。何夔的意见在选曹中有代表性，以后陈群任吏部尚书，创立九品官人法，是对上述意见的发展。[①]尽管曹操一向赞赏毛玠掌选的章法，但选举斗争的实际情况表明，毛玠及其选举章法被摒弃终究不可避免。从这个意义上说，毛玠是曹操集团内部斗争，尤其是选举斗争的牺牲品。

其次，毛玠的结局毕竟与崔琰有很大不同。毛玠是曹操在兖州创业时的故吏，同前述程昱、满宠等其他兖州人士一样，曹操有理由在政治上充分信任毛玠。事实上，毛玠一开始就支持曹操建立霸业，以后又支持曹操晋爵魏公，是曹操的忠实拥护者。曹操只是免黜毛玠，而不是采取对待崔琰那样的严厉措施，确在情理之中。毛玠去世后，曹操特意赐棺器钱帛，亦可见其态度。

综上所述，一、毛玠、崔琰是以不同的身份，代表不同的社会势力，在不同的政治背景下进入选曹的。二、两人掌典选举时志趣相投，配合默契，但具体职责"分工"不同。曹操分别用其所长，使自己的治国方针通过选举环节得以实现。这是曹操用人最成功的范例之一。三、崔琰之死、毛玠之废起因于曹操集团内部的政治斗争，各有因由，两人在政治倾向上的差别，决定了他们结局的不同。

---

① 参考田余庆：《曹袁之争与世家大族》，《历史研究》1974年第1期，收入《秦汉魏晋史探微》。

第四章　曹操用人政策考实

一　引言：由求才令的核心意义说起

本章撰写的动因来自两个方面。其一，我在读史的过程中，感到围绕曹操的用人政策尤其是"求才三令"的讨论，尽管学界已展开得相当充分，但仍存在一些问题，譬如令文的释读和曹操选用人才的实情，似乎尚欠准确或不够具体，仍有进一步落实的必要。其二，《历史研究》2001年第5期刊发了卫广来撰写的《求才令与汉魏嬗代》一文（以下简称《汉魏嬗代》）①，该文追溯前人讨论本题的既往论点，认为他们"都在选拔人才的概念范围内立说，臧否得失"，而作者则另辟蹊径，"觉唯才是举令主旨不在选拔人才的用人上面，当别有所筹"。作者以求才令颁布的时机作为论述的切入点，又选取如下一个判断作为讨论的前提和基础——由1959年兴起的规模化的曹操讨论为发端，至今日学界已形成一个传统认识：唯才是举作为曹操革易选举制度的一项创新，其目的是曹操为了完成统一的事业，其实效是网罗到大批人才。在接下来的论述中，作者力图证成如下结论：求才三令与曹操选拔人才的实际活动没有多少关联，而是曹操建国绍汉的政治方略；汉魏皇权嬗代，是在求才三令的政治引导下通过和平过渡的让贤方式完成的。《汉魏嬗代》把求才三令解释为与汉魏嬗代进程相

---

① 该文收录于卫广来所著《汉魏晋皇权嬗代》（书海出版社2002年版）第四章第一节。

联系的政治事件，发前人所未发，于本题的探讨无异于石破天惊之举。受此文启发，我对曹操的用人政策有了进一步的思考，觉得曹操后期用人政策的变化和实情，以及与选用人才发生联系的统一和嬗代诸问题，也颇有探讨的余地。

本章的构思还得从《汉魏嬗代》的论题说起。本人查阅《曹操论集》发现，这本论集反映了1959年曹操大讨论的成果，全部36篇文章中，有10篇涉及曹操的用人政策，它们无一例外地是从革除东汉选举弊端的角度谈论唯才是举，其中竟无一例是与曹操完成统一事业的目的结合起来加以论述。现选取其中4篇对唯才是举有集中论述的文章，摘录其基本论点，以资说明。何兹全撰《论曹操》："唯才是举是曹操打击世家豪族垄断政治的手段。……不是曹操喜欢盗嫂受金的人，而是矫枉过正对抗世家豪族的门选、埋没人才。"杨国荣、李锦全撰《从曹操的历史时代看曹操》："在用人任事方面，则提出'唯才是举'，否定了两汉以来用人的儒家道德标准，录用'不仁不孝而有治国用兵之术'的人，这就直接冲击豪门大族在政治上所占有的垄断权。"吴泽撰《关于曹操在历史中的作用问题》："三道令文，一个意图，就是要打破东汉以来清议派以门第世资'品题'人物'德''行'，作为进仕的谎妄制度。"田余庆撰《关于曹操的几个问题》："他的势力越大，叛逆思想也就越强烈。唯才是举，'破浮华交会之徒'，这当然是违反名教传统的。"[①]我们注意到，《汉魏嬗代》是把"唯才是举的目的是曹操为了完成统一的事业"的"传统认识"作为其讨论前提的，然而在《曹操论集》中，我们却看不到有这一"传统认识"的任何迹象。不仅如此，就本人阅读所见，现今学人著述论及曹操的用人政策，基本上还是从革除东汉选举弊端方面立论的，尽管不能排除个别论述把曹操完成统一事业的目的结合起来加以考虑。试就唯才是举内涵的内在逻辑言之，则革新选举制度和观念，扩大吸纳人才的范围和社会层面，借以巩固和壮大现政权，是其核心意义所在，其他如完成统一事业的目的，或者如陈寅

---

① 生活·读书·新知三联书店编辑部编：《曹操论集》，生活·读书·新知三联书店1960年版，第317—318、360、232、98页。

恪所说，"非仅一时求才之旨意，实标明其政策所在"，"可视为曹魏皇室大政方针之宣言"，①都是由此核心意义生发，尽管陈氏所论基于其一贯的文化史观和集团分析方法，把求才三令提升到治国方针的高度看待，意旨所及确已超出选举用人之外。我们撇开其他不论，若单就选举用人、维护政权之义与完成统一事业的目的之义言之，其关系则是简单的，即前者是体和本，后者是用和末。如此看来，传统上人们从革除东汉选举弊端方面立论，是顺理成章的，而《汉魏嬗代》的作者提出一个"唯才是举的目的是曹操为了完成统一的事业"的"传统认识"，是否有意避重就轻，以便把论述导向自己期待的格局呢？

基于以上讨论，本章将循着传统的思路展开论述。需要说明的是，本章并非对《汉魏嬗代》一文的全面呼应，但因论题所涉内容的关系，必然要与该文进行商榷。

二　建安二十二年令中的五类人才与曹操选用的实情

人们通称的"求才三令"，是曹操在建安十五年至二十二年（210—217）间发布的，它们分别是：十五年的《求贤令》，十九年的《敕有司取士勿废偏短令》，二十二年的《举贤勿拘品行令》。以上三令贯穿着"唯才是举"的相同主题，其措辞和意旨则逐步升级，而建安二十二年令由于晚出，把问题提得最尖锐，也最具体。需要说明的是，中华书局标点本《三国志》给本段令文标点有误，而被绝大部分论者所采用，这当然会对令文的准确释读产生影响。现参照唐长孺主编的《中国通史参考资料》古代部分第三册，重新标点并移录令文如下：

> 昔伊挚、傅说出于贱人；管仲，桓公贼也：皆用之以兴。萧何、曹参，县吏也，韩信、陈平负污辱之名，有见笑之耻，卒能成就王

① 陈寅恪：《书世说新语文学类钟会撰四本论始毕条后》，《金明馆丛稿初编》，生活·读书·新知三联书店2001年版。

业，声著千载。吴起贪将，杀妻自信，散金求官，母死不归，然在魏，秦人不敢东向，在楚则三晋不敢南谋。今天下得无有至德之人放在民间；及果勇不顾，临敌力战；若文俗之吏，高才异质；或堪为将守，负污辱之名，见笑之行；或不仁不孝而有治国用兵之术：其各举所知，勿有所遗。①

令文前半段胪陈历史上用人不拘一格的成功范例，后半段则具体开列需要举荐的五类人才，前后文在内容上存在一定程度的照应关系。令文后半段经重新标点后，上下句间语气断续清晰，转承顺畅，尤其是调整后的文句，清楚地凸显出需要举荐的五类人才，符合曹操出令的本意。以下我们根据文献记载并结合历史背景，对令文列举的五类人才及曹操选用的实情，依次加以考察。

第一类为"至德之人放在民间"者。所谓"至德之人"，是汉代人对名士的另一种称呼，其最显著的特征就是当时人所说的"经明行修"，或者如刘宋史家范晔评论的那样，他们往往"刻情修容，依倚道艺，以就其声价"②。汉末名士是社会上最具有活动力量的一支势力，曹操选用人才，仍然需要优先从名士中选取。

曹操大规模地叙用名士，大体上可分为三个阶段。第一阶段是汉献帝迁许以后。此前当曹操还是东郡太守时，第一个投效他的名士是荀彧。曹操早期搜罗人才，荀彧起了决定性的作用。《三国志》卷一〇《荀彧传》注引《彧别传》记载："前后所举者，命世大才，邦邑则荀攸、钟繇、陈群，海内则司马宣王（司马懿），及引致当世知名郗虑、华歆、王朗、荀悦、杜袭、辛毗、赵俨之俦，终为卿相，以十数人。取士不以一揆，戏志才、郭嘉等有负俗之讥，杜畿简傲少文，皆以智策举之，终各显名。"传

---

① 《三国志》卷一《武帝纪》注引《魏书》；《中国通史参考资料》古代部分第三册，中华书局1965年版，第29—30页。
② 《后汉书》卷八二《方术传》范晔论；参考唐长孺：《东汉末期的大姓名士》，《魏晋南北朝史论拾遗》，中华书局1983年版。

中所列十四人，基本上都是在献帝都许以后叙用的，其中颍川籍士人占了一大半。第二阶段是平定河北，把政治中心迁移到邺城以后。《三国志》卷一四《郭嘉传》注引《傅子》称："河北既平，太祖（曹操）多辟召青、冀、幽、并知名之士，渐臣使之，以为省事掾属。皆嘉之谋也。"郭嘉建议辟召河北四州士人，此事的具体操作，新任曹操冀州府别驾的清河名士崔琰，很可能起了重要作用。第三阶段是平荆州以后。《三国志》卷六《刘表传》称，刘琮降后，"蒯越等侯者十五人"，这十五人均为劝降有功，除傅巽、王粲外，都是荆州名士。《后汉书》卷七四《刘表传》说，曹操因韩嵩名重，甚加礼待，"使条品州人优劣，皆擢而用之"，这是在十五人之外，进一步录用荆州士人。

自建安十三年（208）平荆州，叙用最后一批名士之后，曹操大规模地进用名士，基本上停顿下来。二十二年令再次提出搜求"至德之人放在民间"者，反映出新的政治形势下曹操用人政策的新动向，下文对此有所补论。

第二类为"果勇不顾，临敌力战"者，也就是属于军队系统的各级将吏。军人以作战立功为升进之阶，自古而然。不过，曹操在拔擢将士方面，力度大而效果显著，确实超过一般统治者，史籍说他"知人善察，难眩以伪，拔于禁、乐进于行陈之间，取张辽、徐晃于亡虏之内，皆佐命立功，列为名将；其余拔出细微，登为牧守者，不可胜数"[1]。据《三国志》卷一八《许褚传》记载："初，褚所将为虎士者从征伐，太祖以为皆壮士也，同日拜为将，其后以功为将军封侯者数十人，都尉、校尉百余人。"仅许褚属下为将军封侯、授都尉校尉者就达到如此规模，当时军队系统因功升进的将吏，数量必定相当庞大。当时各郡国普遍设置田官屯田，实行军事化管理，军吏的安置空间是有保障的。

第三类为"文俗之吏，高才异质"者。汉代"吏"的称呼包含着复杂的内容，这里所说的"文俗之吏"，则是"文吏"的一种带有贬义的说法，

---

[1]　《三国志》卷一《武帝纪》注引《魏书》。

一般是与儒生相对而言。汉代选官实行察举征辟制，察举诸科虽然名目不少且前后有所变更，但被举荐的对象大抵为儒生和文史两类。儒生以五经为业，"经明行修"，长于"轨德立化"；文史则通晓条品簿书法规律令之类的"文法"程式，以"优事理乱"见长。东汉察举选官，本来有"授试以职"和"必累功劳"等具体的实施环节，儒生入仕，多半也要从郡县吏做起。然而我们看到，随着大族名士势力的不断壮大和士林清议舆论的兴起，选举中"以名取人"和"以族取人"的成分愈来愈重，儒生——亦即士人便被推到任官入仕的优先位置。[1]汉末混乱的政局更是加重了这一趋向，士人尤其是名士获得了更大的政治活动空间，他们成为各割据集团争先网罗的对象，相比之下，文史的仕途就显得颇为滞塞了。曹操着意拔擢文史中的"高才异质"者，其本意就是要扭转上述趋向。

曹操重用文史，还有一层现实的政治原因。兖州是曹操起兵后最早占据的地区，他早期接触的人士也以兖州为主。在士人中，卫兹、鲍信与曹操关系亲密，但两人先后战死；张邈、陈宫最初与曹操关系不错，兴平元年（194），曹操杀掉了讥议自己的前九江太守、陈留名士边让，张邈、陈宫及许多兖州士人因此背叛了曹操，他们乘曹操东征徐州牧陶谦之机，暗中迎接吕布，袭击兖州，几乎使曹操丧失根本。经过这次事变后，继续留在曹操政权中的兖州人士多是一些文史，包括毛玠、程昱、满宠、薛悌、万潜、王必等，他们一方面经受住了政治斗争的考验，再者在曹操创业急需用人之际，他们是曹操不可多得的共事者，因此长期受到曹操重用。

曹操拔擢文史，最突出的现象就是重用上述兖州籍人士。毛玠的事例是人所熟知的。如本篇第三章所论，曹操重用毛玠，实可作为他拔擢"文俗之吏，高才异质"者的一个脚注。薛悌的事例也颇为典型。据《三国志》卷二二《陈矫传》注引《世语》记载："悌字孝威。年二十二，以兖州从事为泰山太守。初，太祖定冀州，以悌及东平王国为左右长史，后至中领军，并悉忠贞练事，为世吏表。"薛悌为兖州从事时，"兖州事变"发

---

① 本段综合参考了阎步克《察举制度变迁史稿》（辽宁大学出版社1997年版）的相关论述。

生，他与程昱协谋，力保鄄城、范、东阿三城不失，故能以 22 岁之龄，被擢用为泰山太守。此后薛悌相继为丞相长史、魏郡太守和中领军，魏文帝时做到尚书令。薛悌其人，鱼豢《魏略》归入《苛吏传》，称"〔王〕思与薛悌、郤嘉俱从微起，官位略等。三人中，悌差挟儒术，所在名为闲省"；魏文帝曾下诏说："薛悌驳吏，王思、郤嘉纯吏也，各赐关内侯，以报其勤。"①就薛悌的任官素质而言，他是"差挟儒术"的"驳吏"，与完全不习儒术的"纯吏"有所区别。他未必属于文吏中的"高才异质"者，但由于他"忠贞练事"，仍然可以长期充任高官，"为世吏表"，即被视作文吏的楷模。

第四类是"堪为将守，负污辱之名，见笑之行"者。东汉察举选拔人才，其依据为乡间清议。清议舆论往往操纵在大族名士之手，重视德行而轻视才能，使得不少才智之士遭乡议禁锢而为仕途所隔。从历史上看，汉武帝元封五年（前 106）下诏求"有负俗之累而立功名"的"跅弛之士"②，为曹操提供了借鉴。曹操用人力图破除清议舆论的束缚，为他举荐人才的荀彧是清楚的。如上文所揭示，戏志才、郭嘉等"有负俗之讥"，杜畿"简傲少文"，均不见容于清议舆论，因他们身怀"智策"，仍为荀彧所举荐。据《三国志》卷一四《郭嘉传》记载："陈群非嘉不治行检，数廷诉嘉，嘉意自若。太祖愈益重之。"同书卷二二《陈矫传》注引《魏氏春秋》亦载：

> 矫本刘氏子，出嗣舅氏而婚于本族。徐宣每非之，庭议其阙。太祖惜矫才量，欲拥全之，乃下令曰："丧乱已来，风教凋薄，谤议之言，难用褒贬。自建安五年已前，一切勿论。其以断前诽议者，以其罪罪之。"

关于这两段记述，唐长孺指出："陈群诋斥郭嘉不治行检，颍川人批

---

① 《三国志》卷一五《梁习传》注引《魏略》。
② 《汉书》卷六《武帝纪》。

评颍川人；徐宣诋斥本姓刘氏的陈矫与刘氏为婚，广陵人批评广陵人，都是乡里清议。"①由于这类清议干扰了现行用人政策的实施，曹操不惜用法令手段予以禁断，其态度是十分鲜明的。

第五类是"不仁不孝而有治国用兵之术"者。这一类人的蓝本就是吴起。事实上，像吴起那样严重悖逆儒家伦理规范的人，在汉末的社会根本无法立足，曹操没有也不可能任用这一类人。曹操标榜录用"不仁不孝"之人，其真实意图只可于实际用人之外求之。

通过以上考察，我们可作出如下初步判断：建安二十二年令列举的五类人才，除"不仁不孝而有治国用兵之术"者外，其余四类都是曹操实际选拔叙用的对象，他们分别代表着不同的社会层次或职业出身。曹操对上述四类人才的叙用，是一个长期的历史过程，其"唯才是举"的思想理念正是在这一过程中得以体现并不断深化。因此，作为曹操晚年之作的建安二十二年令，首先应看作是曹操毕生用人实践的一个总结。

三 求才令颁布的时机与曹操用人政策的变化

《汉魏嬗代》用了不少篇幅，论证如下两个论点：其一，建安十三年（208）是曹操战略部署的转折点，以前18年是霸业阶段，以后12年是王业阶段，以此说明：三道求才令都颁布在建安十五年以后，认为它的目的是曹操为了完成统一事业的论点不成立；其二，曹操集团最终形成于建安十三年平荆州，建安十五年曹操颁布"唯才是举"令，实际没有吸收新人才，由此证明：认为它的实效是网罗到大批有用人才的论点，缺少事实依据，不能成立。

就《汉魏嬗代》论证的第一点而言，我们业已指出，求才令自有其核心意义存在，并不专为统一筹划。所论第二点，认为曹操集团最终形成于建安十三年平荆州，史实充分，可以信从；至于求才令颁布后，有没有吸

---

① 唐长孺：《东汉末期的大姓名士》，《魏晋南北朝史论拾遗》，中华书局1983年版。

收新人才，还可再议。我们注意到，以上两点牵涉到求才令颁布的时机和政策背景的大问题，内中包含着不少需要澄清的环节。

关于求才令颁布的时机，如果我们不把"求才三令"孤立起来，而是把它们置于曹操用人政策演变的全部过程之中，就可以看到，早在三令颁布之前的建安八年（203），曹操就发布过一道用人命令。《三国志》卷一《武帝纪》注引《魏书》记载该令说：

> 议者或以军吏虽有功能，德行不足堪任郡国之选，所谓"可与适道，未可与权"。……未闻无能之人，不斗之士，并受禄赏，而可以立功兴国者也。故明君不官无功之臣，不赏不战之士；治平尚德行，有事赏功能。论者之言，一似管窥虎软！

这道被称作《论吏士行能令》的教令，出发点是要解决选官过程中的实际问题，即军吏是否堪任郡国之选，由此引发出选举中"功能"与"德行"标准的讨论，提出"治平尚德行，有事赏功能"的指导方针，重功能而轻德行。很明显，这道教令已经蕴含着"唯才是举"的用人思想，所以唐长孺把该令与曹操后来颁布的三道求才令并列，径称为"四道求才令"①。

把上述四道用人教令结合起来看，我们可对求才令颁布的时机作如下推断：在建安五年官渡一战打败袁绍之前，尽管曹操已经掌握汉献帝，却未能在政治上得势，其时外部强敌环伺，内部根基不稳，曹操根本无法出台强势自主的政策措施。官渡之战后，局面大为改观，曹操的一系列政策措施随即纷纷出台。建安八年，发布《败军抵罪令》："自命将征行，但赏功而不罚罪，非国典也。其令诸将出征，败军者抵罪，失利者免官爵。"②建安九年破邺，"重豪强兼并之法"，次年平冀州，下令"整齐风俗"。建安十三年杀孔融，此前与融书，宣言"破浮华交会之徒"。同一时期，迁

---

① 唐长孺：《魏晋才性论的政治意义》，《魏晋南北朝史论丛》，河北教育出版社2000年版。
② 《三国志》卷一《武帝纪》。

徙豪强家属居邺，一些拥有强大的宗族、部曲、宾客的将领，如李典、臧霸、孙观、田畴等，都争相把子弟、徒属送到邺城居住，向曹操表示忠诚不贰。这一系列旨在以法御下、裁抑豪强和打击大族势力的政策措施，充分凸显出曹操力图破除汉末以来社会积弊、重建集权统治秩序的意志，而同一时期曹操出台的用人教令，则以其浓厚的叛逆思想和深广的社会影响，在所有政策措施中最为突出。申而论之，建安八年（203）的《论吏士行能令》，还只是从解决具体问题出发，就"功能"与"德行"孰先孰后提出初步的原则性意见；七年之后，随着施政环境进一步改善，曹操便得以相继颁布三道求才令，全面而系统地阐明其用人主张，"唯才是举"，重才能而轻德行；而前溯至建安五年以前，尽管曹操在实际用人时已采取"唯才是举"方针，却不敢公开宣示，只能行其实而不享其名。质言之，求才令因其离经叛道、除旧布新的政治取向，只有在适宜的外部环境和政治气候下方可出台，而正是在建安五年至十三年间，曹袁争霸形势已然分明，统一局面渐趋形成，求才令出台的条件才得以具备。也即是说，是统一局面的奠定为曹操推出求才令提供了基础和前提，而不是相反。因此我们认为，要求曹操在争霸形势不明、统一局面未定之前发布求才令，是缺乏依据的。还须指出，上文所列《汉魏嬗代》的第二个论点，其据以驳论的对象是柳春藩在《三国史话》中的一段意见，原文为："曹操的'唯才是举'方针，在实践中是得到了贯彻执行的，并且取得了显著效果。……一大批有才干的人被吸收到曹操的周围，扩充了曹操集团的力量。"①从柳氏原文引证的史实看，所说"'唯才是举'方针"的实施，是包括曹操创业至统一局面形成这一历史时段的，并不限于建安十五年"'唯才是举'令"颁布以后。应该说，在如何看待"'唯才是举'令"与"'唯才是举'方针"的关系上，这是学界比较有代表性的一种意见。然而，《汉魏嬗代》在引据原文驳论时，把主干词"方针"置换为"令"，如此做法，恐不免有转移原文意义之嫌，则其对原文的驳论，因失的而无效。

---

① 柳春藩：《三国史话》，北京出版社1981年版，第150页。

依照《汉魏嬗代》的说法，曹操在建安十三年（208）实现战略部署的转折，由霸业阶段进入王业阶段；此前是战略进攻阶段，武力为主；此后放弃一统霸图，转修内务，是战略防御阶段，文治为主。对于这些旨在申述求才令出台背景的看法，我们亦有不同的意见。

首先需要说明，至建安十三年止形成的北方统一局面，实在是具有很大程度的局限性。由于曹操一直忙于关东事务，对关中地区采取镇抚羁縻之策，活动于该地区的以马超、韩遂为首的大小军阀达十部之多，他们对许都朝廷保持着半独立的割据状态。建安十六年，关中诸将反叛，曹操自率大军征讨，至十七年底始定关中。其后马超、韩遂复据陇右为乱，曹操遣夏侯渊率军平定。在汉中地区，张鲁以五斗米道建立起政教合一的割据政权，亦游离于许都朝廷之外。建安二十年，曹操自率大军征讨张鲁，进据汉中，十一月，张鲁降。此后，刘备进兵争夺汉中和陇右，曹操于建安二十三年自率大军西征；次年，汉中守将夏侯渊战死，曹操进兵争夺，无功而返，刘备遂据有汉中。其次，在淮南合肥和荆州襄阳前线，曹魏对孙吴和蜀汉的战事也从未平息。合肥前线的争夺尤为激烈，建安十八年、十九年和二十二年，曹操三次亲征合肥，进攻孙吴的江北防线。建安二十四年，关羽围攻樊城，声势颇盛，曹操甚至有迁徙许都朝廷之议。无烦赘言，建安十三年以后，一直到建安二十五年曹操去世，曹魏政权的内外形势始终是张弛不定，未得宁息，曹操本人则不得不内外兼顾，几乎无岁不征。如此戎马倥偬、战事连连之际，哪里谈得上转修内务，以文治为主呢！魏明帝时，傅嘏上疏论及建安以来形势云："自建安以来，至于青龙，神武拨乱，肇基皇祚，扫除凶逆，芟夷遗寇，旌旗卷舒，日不暇给。及经邦治戎，权法并用，百官群司，军国通任，随时之宜，以应政机。"[①]据疏文所说，建安年间因战事频繁，整个国家军政事务的运作，采取的是一套战时体制。

说到"文治"，曹操的首要谋士荀彧确曾替他设计过一套实施文治的

① 《三国志》卷二一《傅嘏传》。

方案。《三国志》卷一〇《荀彧传》注引《彧别传》记载说：

> 昔舜分命禹、稷、契、皋陶以揆庶绩，教化征伐，并时而用。及高祖之初，金革方殷，犹举民能善教训者，叔孙通习礼仪于戎旅之间，世祖有投戈讲艺、息马论道之事，君子无终食之间违仁。……若须武事毕而后制作，以稽治化，于事未敏。宜集天下大才通儒，考论六经，刊定传记，存古今之学，除其烦重，以一圣真，并隆礼学，渐敦教化，则王道两济。

荀彧的构想，是要曹操效法光武帝刘秀，在天下初定、战事仍未止息之时，及早复兴儒学和礼教，他认为这样做就是遵从了"王道"。这段意见发表的时间，应该就在建安十三年前后。可是我们读史知道，荀彧构想的以儒学礼教为核心内容的文治景象，迄曹操有生之年并未出现。究其原因，除前述曹魏政权所面临的内外形势外，关键还在于，这样的文治方案，并不符合曹操现实的政治需要。

赤壁之战后，孙、刘两家变强，曹操退守北方，其后刘备进占巴蜀，鼎立局面形成。此后的争霸形势是，魏、蜀、吴均立足于三分局面，徐图进取。诚然，三国中的任何一方要想在短期内削平其他竞争对手，匡合天下，都是不太实际的，但我们不能因此完全否认三国统治者争取统一的意志，毕竟统一是历史演变的大势。对曹操来说，保持对外的紧张形势，不放弃武力征伐，更是具有政治上的多重考量。其一，便于曹操继续统领兵众，杜塞政敌要求他"委捐所典兵众以还执事"的议论。[1]其二，通过对外征伐，开境拓土或震慑敌国，可以造成功高震主、凌驾汉室的形势，由此曹操便可谋取更大的权势，推动皇权嬗代的进程。曹操在平定关中之后晋爵魏公，又在征服汉中之后进封魏王，便是由群臣宣扬其功德，经劝进、册封，再"三让"而接受封拜。其三，便于发挥"谯沛人"掌握军队

---

① 《三国志》卷一《武帝纪》注引《魏武故事》。

的优势，以武力为后盾促成嬗代。曹操主观上不肯放弃对外征伐，史实有充分的反映，而恰恰是在曹操奉行对外征伐政策的问题上，来自曹魏政权内部的不同意见，对照出曹操不愿实施文治、遵从"王道"的态度。例如建安十九年（214）曹操征讨孙权，丞相参军傅幹上疏加以谏阻，要求曹操息武用文，"全威养德，以道制胜"（所谓"道"即"王道"）[1]，曹操未予采纳。再如曹操与刘备争夺汉中和陇右之时，欲亲征蜀，黄门侍郎刘廙上疏，建议曹操修文王之德，"潜思于治国，广农桑，事从节约"，曹操亦未采用，宣言"今欲使吾坐行西伯之德，恐非其人也"[2]。我们不难设想，假如曹操按照荀彧设计的文治方案行事，或者像傅幹、刘廙建议的那样，放弃对外征伐，则曹操只能遵从"王道"，尊王守职，那么他谋求所谓"王业"或推动皇权嬗代，也就缺乏必要的政治气候和外部动因了，这显然是曹操不能接受的。

在认定自建安十三年起曹操已转入文治之后，《汉魏嬗代》进而提出并论证：建安十三年以后，曹操的用人政策已然转变，也已进入"治平尚德行"的阶段。这一论断牵涉到曹操后期用人政策变化的问题，尤需考究。

《三国志》卷一二《毛玠传》《崔琰传》所载两人掌典选举的情况，在讨论曹操的用人政策的材料中颇为突出，《汉魏嬗代》即据以作解。在此我们要作三点辨析。首先，毛玠在东曹掌选的时间较崔琰为长，建安元年曹操为司空，建安十三年曹操为丞相，前后两个时段，他都在东曹掾任上，因此，本传所载他通过选举环节转移社会风气的情况，也是前后两个时段的反映，并不限于建安十三年以后。其次，毛玠以吏道起家，处理官府中的具体事务是其特长，当时官吏的选拔叙用、升迁免黜等事宜，都是由他操作的。那么他操作官吏进退的标准是什么呢？本传注引《先贤行状》记载说："其典选举，拔贞实，斥华伪，进逊行，抑阿党。诸宰官治民功绩不著而私财丰足者，皆免黜停废，久不选用。"这两句话表达着两

---

① 《三国志》卷一《武帝纪》注引《九州春秋》。
② 《三国志》卷二一《刘廙传》。

层意思，前一句就是本传中尚"清正之士"和"以俭率人"的另一种说法，反映的是毛玠坚持德行标准；后一句说明，决定某个官吏进退的具体条件，就是其宰官治民的功绩。相比之下，前者只是一般条件和前提，后者才是直接的决定因素，可见毛玠是兼顾德行和功能，而实际上偏重于功能。《三国志》卷一二《何夔传》的记述可对此提供佐证。约在建安十七年（212），何夔继毛玠为东曹掾，他向曹操进言："自军兴以来，制度草创，用人未详其本，是以各引其类，时忘道德。夔闻以贤制爵，则民慎德；以庸制禄，则民兴功。以为自今所用，必先核之乡闾，使长幼顺叙，无相逾越。"何夔指责此前"用人未详其本"，"时忘道德"，这是汉末士人流散和制度草创未备的大环境造成的，未可归咎于毛玠，但他将"慎德"与"兴功"并提而以慎德居首，却是针对毛玠偏重事功的做法提出的批评意见。值得注意的是，曹操对何夔的意见表示赞同，田余庆据此认为，曹操晚年政治上有向世家大族转化的动向，①这是个精辟的见解；本章下面的论述，对此有所补充。再次，崔琰是作为冀州士人的代表进入选曹的，其职责与毛玠并不相同，主要是掌典对士人的品评推荐，本传注引《先贤行状》所谓"委授铨衡，总齐清议"和"朝廷归高，天下称平"，即点明了其职责所在。②由于这层缘故，有关崔琰及其所荐举的对象的材料，便具有特殊性，不可不细察。《汉魏嬗代》引述崔琰本传所载曹操初授崔琰东曹掾之语，以及《三国志》卷一一《邴原传》所载崔琰荐举邴原、张范之语，并赋予选举用人上的普遍意义，但我们知道，崔琰等三人都是当时的大名士，尤其是崔琰为德行卓异的冀州头号名士，邴原为德艺双修、与郑玄齐名的儒宗，他们的行迹，又岂是出身层次各异、德行修养参差不齐的众多普通官吏可比！史料解释上的偏颇，势必造成评价当时选举重视德行的程度具有"拔高"倾向。事实上，在如何看待人才的德行和才能的问题上，曹操除支持和赞赏毛玠、崔琰掌选的章法外，他本人的意见一直是有所保留的。《三国志》卷九《曹爽传》注引《魏略》记载丁斐的事例说：

---

① 田余庆：《曹袁之争与世家大族》，《秦汉魏晋史探微》，中华书局1993年版。
② 参看本篇第三章的论述。

　　斐性好货，数请求犯法，辄得原宥。……建安末，从太祖征吴。斐随行，自以家牛羸困，乃私易官牛，为人所白，被收送狱，夺官。……太祖笑，顾谓左右曰："东曹毛掾数白此家，欲令我重治，我非不知此人不清，良有以也。我之有斐，譬如人家有盗狗而善捕鼠，盗虽有小损，而完我囊贮。"遂复斐官，听用如初。

　　此例中曹操重才能轻德行的倾向清晰可见。最高统治者的用人意向如此，则当时并未进入"治平尚德行"之世，可以断言矣。顺便指出，《汉魏嬗代》依据卫宏《汉旧仪》所载西汉旧制，认为当时高级官吏是由尚书令荀彧铨叙，毛玠、崔琰所铨叙的范围与层面有限，这也是不符合历史实际的。一则就制度而言，东汉公府东曹本来就"主二千石长吏迁除及军吏"，对于实行霸府政治的曹操来说，只需将此制加以变更利用，即可把绝大部分用人权力收揽于相府。再者从政治形势来看，自曹操把政治中心迁移到邺城以后，重要政令皆出自邺城相府，如何在事关重大的用人权上反倒要受制于许都朝廷？况且荀彧晚年疏离曹操而亲近汉献帝，实已远离权力中心。实际上，建安后期选举用人权基本上操于毛玠、崔琰等相府选曹官员之手，史实充分，对照一下荀彧与毛玠、崔琰等的传记，不难明白。

四　搜求"至德"和"明扬仄陋"：用人政策 与嬗代策略的纠葛

　　《汉魏嬗代》循着自己的论述思路，对建安十五年（210）的"唯才是举"令作了全新的阐释，认为其首要目的就是为了摧毁二十等爵制，改行五等，以便曹操封公建国。曹操是否有改行五等而摧毁二十等爵制之事，这里可置不论，①因为我们有充分的证据表明，该令就是纯粹的用人教令，与曹操封公建国的活动并无实质性的联系。为了便于讨论，兹先移录该令如下：

> 自古受命及中兴之君，曷尝不得贤人君子与之共治天下者乎！及其得贤也，曾不出闾巷，岂幸相遇哉？上之人（不）求〔取〕之耳。今天下尚未定，此特求贤之急时也。"孟公绰为赵、魏老则优，不可以为滕、薛大夫。"若必廉士而后可用，则齐桓其何以霸世！今天下得无有被褐怀玉而钓于渭滨者乎？又得无盗嫂受金而未遇无知者乎？二三子其佐我明扬仄陋，唯才是举，吾得而用之。②

我们先对《汉魏嬗代》的阐释略作评析。首句"自古受命及中兴之君"，文中解释为：曹操在此宣布自己是"受命中兴之君"。必做如是解，后文"二三子其佐我明扬仄陋，唯才是举，吾得而用之"，才能成文。我们认为，这里的"自古受命及中兴之君"，只是例举既往故实的一个泛称，本不必与后文连接成文；若一定要与后文结合起来考虑，也只能是指汉献帝。其时曹操实行霸府政治，以相权取代皇权，他本人则代天子行事，所以在发布政令时，汉献帝享其名而曹操专其实，乃是自然之事。若以首句指属汉献帝，后文则曹操自指，看似有所扞格，实则符合双方身份地位而两得。

继首句的解释为令文定性之后，中间的"被褐怀玉"，文中解释为：也是曹操自指。末句"明扬仄陋，唯才是举"，文中解释为：主旨乃是提

---

① 杨光辉认为：董昭建议曹操恢复五等封爵，曹操拒绝了这一建议。但曹操"遂受魏公、魏王之号，皆昭所创"，故异姓国公、国王的设置，是对两汉异姓封爵制度的最大修改，也是董昭"稍建五等"的全部内容。可见"稍建五等"不过是曹操为"定万世基"、代汉自立而玩弄的一场政治把戏。见杨光辉：《汉唐封爵制度》，学苑出版社2002年版，第30页。我的理解是，当时并未实行五等爵制，但董昭等人有关行五等封爵的议论，冲淡、模糊了曹操破坏"非刘氏不王"的汉朝旧制的事实。《三国志》卷一《武帝纪》载，建安二十年十月，"始置名号侯至五大夫，与旧列侯、关内侯凡六等，以赏军功"。新的六等军功爵制实为二十等爵制的"缩小版"，此亦可反证当时未行五等爵制。

② 《三国志》卷一《武帝纪》。

议汉、魏之间实行让贤。另外，对于建安二十二年（217）令中提到"至德之人"，文中也作出相应的解释：曹操在这里引用《论语》"至德"以明志，就是表明自己可以封公建国，但只做周文王。

我们当然可以指出，《汉魏嬗代》的上述阐释，整体上看未能顾及史料的完整性，明显有断章取义之嫌。不过，文中旁征博引，对特定词语作寻根究底式的探讨，的确开拓了史题的讨论范围，同时还提示我们：对特定词语的解释存在一个"语境"的问题，从语境的差异和变化方面作些考察，可以在较深的层面上说明其具体含义。下面的论述，即从这个方向着手。

首先是"被褐怀玉"，典出《老子》七十章："知我者希，则我者贵，是以圣人被褐怀玉。"①按照一般的理解，本义是指"有才德而居于卑微地位的人"②。但"被褐怀玉"只是一个比喻用语，其本身的含义和应用的语境具有相当大的灵活性，凡属人的某种潜质与其外在影响不相称，似皆适用此语。十五年令提到"被褐怀玉而钓于渭滨者"，建安十八年曹操封魏公，群臣劝进文称"然则魏国之封，九锡之荣，况于旧赏，犹怀玉而被褐也"③。这两处的"被褐怀玉"，一是指吕尚未见周文王前怀才不遇的情形，一是指曹操所受的封赏与其功劳不相称，语境和语义均明显有异。两处"被褐怀玉"，恐怕只是一种巧合，未必能说明两者就有关联。

其次是"明扬仄陋"，语出《尚书·尧典》："帝曰：'咨！四岳：朕在位七十载，汝能庸命，巽朕位？'岳曰：'否德忝帝位。'曰：'明明扬侧陋。'师锡帝曰：'有鳏在下，曰虞舜。'"④诚如《汉魏嬗代》所论，此语的初始事典即与儒家禅让的国家学说结合在一起。不过，尧舜禅让的传说，三代以下只存于人们的依稀记忆之中；"大道之行也，天下为公，选

①　《老子道德经》，百子全书本，浙江古籍出版社1998年版。

②　《辞源》（合订本），商务印书馆1988年版，第132页。

③　《三国志》卷一《武帝纪》注引《魏书》。

④　《十三经注疏·尚书正义》，中华书局影印本1980年版，第123页。

贤与能"①的理想政治模式，也只见于儒者的鼓吹和描述；而王莽篡汉以前的王朝变迁史，基本上是以"汤武革命"的方式展开。在汉代以下的现实政治活动中，"明扬仄陋"一语已被借作他用，基本上是与封建国家的选举活动结合在一起的。利用电子版《二十五史》的检索系统，我们很容易获得汉晋时代"明扬仄陋"及相关词语的应用情况，兹略举数例。《汉书》卷九《元帝纪》载初元元年（前48）四月诏："延登贤俊，招显侧陋，因览风俗之化。"同书卷一一《哀帝纪》载建平元年（前6）二月诏："其与大司马、列侯、将军、中二千石、州牧、守、相举孝弟惇厚能直言通政事，延于侧陋可亲民者，各一人。"颜师古注云："言有孝弟惇厚直言通政事之人，虽在侧陋，可延致而任者，皆令举之。"《晋书》卷四七《傅玄传附子傅咸传》载其疏文："故明扬逮于仄陋，畴咨无拘内外。"这几处的"仄陋（侧陋）"，无疑都是选举用语。值得注意的是，晋代以"仄陋"指称选举的实例远较汉代为多，这显然是受到曹操"唯才是举"令的影响。

再次是"至德"，初出《论语·泰伯》，凡两见。其一："子曰：'泰伯，其可谓至德也已矣。三以天下让，民无得而称焉。'"其二："孔子曰：'……三分天下有其二，以服事殷。周之德，其可谓至德也已矣。'"②就前句而言，乃是孔子称赞太伯（泰伯）逊让君位与季历之语，太伯所体现的"至德"，虽与君位有关，但因与其他王朝无涉，基本上属于个人的私德。后句则是孔子称赞周文王之语，文王三分天下有其二，犹服事殷，这种"以大事小"的帝王之德，亦为"至德"。由初始事典可知，"至德"一词本来就具有两种不同的意义指向。汉代以降，"至德"的应用，在上述两种意义指向上均有所发展变异，呈现出泛化趋向。当"至德"取帝王之德义时，王朝、一般帝王乃至后妃均适用，无须举例说明。当以"至德"指称个人的私德时，一般是针对某个人的品德、才学乃至位望而言。例如《后汉书》卷六二《钟皓传》载："李膺常叹曰：'荀君（荀淑）清识难尚，钟君（钟皓）至德可师。'"李膺所推崇的钟皓的"至德"，也即是品德。

---

① 《十三经注疏·礼记正义》，中华书局影印本1980年版，第1414页。

② 《十三经注疏·论语注疏》，中华书局影印本1980年版，第2486—2487页。

在个人品德方面，宗法伦理即孝道又占有突出的地位。同上书卷六四《延笃传》记延笃论"仁孝前后"，称"曾（参）、闵（损）以孝悌为至德"。兼具品德、才学的人往往能成为名士，获致高位，所以"至德"也可用来指居高位者。《三国志》卷三《明帝纪》注引《魏略》载时人上书，称"三公九卿侍中尚书，天下至德"。总之，无论是从至德的本来意义考虑，还是由其应用语境的变异审视，我们在阐释该词时，只能结合其所在的文句作解，未可由此及彼，一概而论。

如果说语境分析有助于我们了解特定词语的具体含义的话，那么如下的史文记述，就构成了我们判定令文内容和性质的直接证据。《三国志》卷二七《王昶传》注引《任嘏别传》记载：

> 嘏，乐安博昌人。……嘏八岁丧母，号泣不绝声，自然之哀，同于成人，故幼以至性见称。年十四始学，疑不再问，三年中诵五经，皆究其义，兼包群言，无不综览，于时学者号之神童。……其礼教所化，率皆如此。会太祖创业，召海内至德，嘏应其举，为临蓝侯庶子、相国东曹属、尚书郎。

这段材料透露了重要的信息。其一，曹操"创业"即封公建国以后，曾有过征召"海内至德"的举动，由"嘏应其举"一语判断，当时很可能是以州郡官府宣示，经乡里组织推荐，结合本人自愿的方式进行，其规模和组织程序都颇为可观。其二，就任嘏自身的条件而言，他幼以至性见称，又学贯五经，皆究其义，尤其是他立身行事皆由礼教，德化乡里，凡此种种，都符合当时人评价名士的标准"经明行修"。任嘏以名士之资应"海内至德"之召，这与建安二十二年令求"至德之人放在民间"者恰好吻合，因此我们认为，二十二年令为用人教令并有其实际内容，是确凿无疑的；而所谓"至德之人"，只能是指名士。又，《晋书》卷三三《郑冲传》记载："及魏文帝为太子，搜扬侧陋，命冲为文学。"这段材料虽然简短，同样透露了重要的信息。十五年令中的"明扬仄陋，唯才是举"，由此得到印证。该令为用人教令，亦属确凿无疑。

以上任嘏和郑冲的事例表明，建安十八年（213）魏国建立以后，曹操征召海内至德和搜扬侧陋，曾用以充实曹植的侯府和曹丕的太子府。这一事态可由其他史料得到印证。《三国志》卷一二《邢颙传》记载："是时，太祖诸子高选官属，令曰：'侯家吏，宜得渊深法度如邢颙辈。'遂以为平原侯植家丞。"曹丕授五官中郎将，置官属，曹植封平原侯及曹据、曹豹等一同封侯，都在建安十六年正月，所谓"太祖诸子高选官属"，就是记当时之事。同卷《何夔传》又载："文帝为太子，以凉茂为太傅，夔为少傅；特命二傅与尚书东曹并选太子诸侯官属。"曹丕为太子是在建安二十二年十月，此时曹操诸子皆已封侯；曹操这一次为太子和诸侯遴选官属，规模颇大而且郑重其事。总体看来，曹操为曹丕、曹植以下诸子遴选官属，颇具声势和特色。一是持续时间长（自建安十六年至二十二年），次数多（史料反映至少有三次）。二是所遴选的对象既有现任官员，也有新召之士，但以新召为主。《晋书》卷三七《司马孚传》记载："魏陈思王植有俊才，清选官属，以孚为文学掾。"司马孚为曹植文学掾，就是首次叙用，其情形与任嘏、郑冲等相同。第三，为曹丕、曹植遴选官属，是曹操留意的重点。在曹丕未立为太子之前，曹操曾有在曹丕、曹植之间择立继嗣的打算，这两人都具有储君资格。第四，遴选官属的主要标准是德行，所选现任官员以名士居多（此外有文学之士），从民间选拔的也都具有名士资格，魏明帝曾作玺书说道："自太祖受命创业……初封诸侯，训以恭慎之至言，辅以天下之端士。"①

建安后期曹操为太子诸侯选配名士作为官属，加之新设置的魏国尚书、侍中等官员基本上由名士充任，魏国政权呈现出一派新气象，所谓曹操晚年政治上有向世家大族转化的动向，由此可得一佐证。曹操为太子诸侯遴选官属的事例，已经证实建安十五年令、二十二年令为用人教令，但其意义还不限于此。前文提到《汉魏嬗代》认为求才令颁布后，实际没有

---

① 《三国志》卷二〇《武文世王公传》。

吸收新人才，其根据是曹操集团已于建安十三年（208）平荆州时形成，赤壁之战以后录用的人物，《三国志·魏书》为之立传的，人数很少且不在创业人物范围。然而，上述史文记载告诉我们，建安后期选举拔用人才，是经常性的和制度化的，曹操本人也很重视。再拿任嘏等人的实例来说，司马孚、郑冲都是在建安末以选入仕，到曹魏后期始官位显达；任嘏入仕后，在曹魏时做到黄门侍郎和郡守，若非王昶《家诫》提及而裴注补录其别传，其事迹几乎湮没不存。这三人都无缘入《三国志·魏书》，但我们又怎能否认，他们是当日选拔的有用之才？抑又言之，当日以选入仕而史传失载者又有多少？我们认为，以是否属于创业人物来判别是否属于有用人才，恐怕只是论者的一家之言；拿这样一个标准来判定求才令是否施行于选举并发生实效，是有悖史实而失之允当的。

招贤礼士，本是儒家国家学说中的一个义项。远则周武王克商纣，表商容之闾，孔子有云："举逸民，天下之民归心焉。"①东汉光武帝始登基，擢录卓茂并礼征逢萌、严光之徒，则是最近之事。对于"明古学"的曹操来说，征召海内至德和搜扬侧陋，显然具有政治上的考虑，此举凸显出魏国政权收揽人心以取代汉室的姿态，尤其是替具有储君资格的曹丕、曹植选配名士，更是如此。所以在这层意义上，我们不妨说曹操此举也是一种嬗代策略。从这样的视角出发，我们进而也可以说，"求才三令"与曹操谋划嬗代的活动多少有些关联。

建安十九年令说道："夫有行之士未必能进取，进取之士未必能有行也。陈平岂笃行，苏秦岂守信邪？而陈平定汉业，苏秦济弱燕。由此言之，士有偏短，庸可废乎！有司明思此义，则士无遗滞，官无废业矣。"②《汉魏嬗代》据此指出，令中举陈平、苏秦等"反覆"之臣为典型，就是要部属免除名节顾虑，舍汉归魏，这是颇具识见的。然而，我们仍然要强调，包括十九年令在内的求才三令，本身都是具有实际内容的用人教令，认为它们与曹操谋划嬗代的活动有关联，只是从宽泛的意义上言之；撇开

---

① 《十三经注疏·论语注疏》，中华书局影印本1980年版，第2535页。

② 《三国志》卷一《武帝纪》。

用人政策本身而谈嬗代策略，对于阐释求才三令，并不可取。

五　余论

以上我们考察了求才令的内容和曹操用人政策的演变情况，并对与之相关联的统一和嬗代诸问题作了探讨。纵观全局，对于求才令和曹操的用人政策与其嬗代活动的关系，我们还需略作补论。

首先，我们不赞成把求才令解释为"隐语"一类的东西，以此确定其嬗代策略的性质。因为那样不仅与史实不符，也不符合曹操的个性。曹操的性格，素来有智变权诈之说，其决策断事，有时也的确存在互相矛盾的两面性。然而我们也看到，在宣示大政方针方面，曹操的态度向来毫不含糊；他与臣属作教，也往往入情尽理，所以史家对他又有"明略最优"的评价。[①]实际上，在事关嬗代的一些具体环节上，尽管曹操有不免忸怩作态的一面，但其宣示总体上还是明白的。譬如他评价自己的功劳称："设使国家无有孤，不知当几人称帝，几人称王。"[②]这是明白地宣示，自己对于汉献帝有再造皇权之功，直言不讳且理直气壮。再如他在嬗代问题上表态："若天命在吾，吾为周文王矣。"[③]虽是假托天命，但并不含糊。我们很难设想，曹操需要而且会用隐语的方式表达其嬗代意旨。

其次，曹操用人政策的转变，从根本上说是受汉魏嬗代进程制约的。如前所述，建安后期曹操的用人政策，已经显示出倾向于世家大族的种种动向。然而，真正实现用人政策由"赏功"到"尚德行"的转变，完成世家大族化，还是在曹丕即位称帝以后。推行九品官人法，"儒雅并进"，先前"以事能见用"者"冗散里巷"[④]，都发生在曹丕时代。这是因为，对曹操和曹丕来说，只要汉魏嬗代进程没有完结，刘氏朝廷没有变为曹氏

---

① 《三国志》卷一《武帝纪》陈寿评。

② 《三国志》卷一《武帝纪》注引《魏武故事》。

③ 《三国志》卷一《武帝纪》注引《魏氏春秋》。

④ 《三国志》卷一五《贾逵传》注引《魏略》。

朝廷，就属于战略上的"有事"阶段。在此阶段，充分调动各阶层、各集团的力量，共同促成嬗代，是需要优先考虑的战略重点，尤其是当时大族名士中存在着不少亲汉势力，更需如此。战略上的需要，决定了此阶段"唯才是举"作为基本政策的地位不会改变，而同一时期曹操搜求"至德"之类的举动，便只具有局部的和策略性的意义；用人政策中求"至德"与求"跅弛之士"两种取向的矛盾，还无法消除。

求才令作为一项影响层面深广的政策宣言，人们完全有理由从不同的角度加以评说。依本人浅见，《汉魏嬗代》注意到求才令与曹操的嬗代活动有某种关联，这是作者眼光的敏锐处，文中论汉魏嬗代进程，亦自有其胜义。然而，求才令与嬗代活动的关联，只能由其外缘意义上求之，若一定要把求才令解释为与汉魏嬗代进程相联系的政治事件，否定其作为用人政策的本来意义，牵强和抵牾之处就不可避免地产生了。

第五章 曹操立嗣问题考辨

曹操在曹丕、曹植之间择立继嗣，是建安后期政治中的重大事件。它不仅决定着丕、植二人的政治命运，而且直接关系到汉魏嬗代的历史转折，因此，历来史家予以关注，是很自然的。南宋人叶适认为，曹操打算在诸子中选择有才能者作为继嗣，并不专守嫡长；因此，"以文则〔曹〕植，以武则〔曹〕彰"，假使曹植稍用智术，即可得天下，故曹植有让位之德①。清代人宋翔凤认为，曹植淡泊功名，有忠义之心，而曹丕有代汉之意，又居长嫡，故曹操舍曹植而立曹丕（《过庭录》卷一五《刘公幹》条）。周一良在叶适、宋翔凤论述的基础上，对上述观点作了进一步阐释。②曹道衡以当时各个阶级、阶层人物对立嗣问题的态度为主要依据，认为"从种种力量对比来说，在这场王位继承权斗争中，曹丕其实处于压倒优势而曹植处于绝对的劣势"③。胡守为认为，曹操在选择继承人时既注重才能，又坚持道德标准，其态度是相当慎重的；曹植争嗣失败，主要是其德行有缺陷。④ 综上可知，迄今对此的探讨，尚无较一致的看法。本章试图依据史籍记载，对立嗣问题作若干考辨，俾使事实更趋明朗。

---

① 叶适：《习学记言》卷二七，四库笔记小说丛书本，上海古籍出版社1992年版。
② 周一良：《魏晋南北朝史札记》"曹丕曹植之争"条，中华书局1985年版。
③ 曹道衡：《从魏国政权看曹丕曹植之争》，《辽宁大学学报》1984年第3期。
④ 胡守为：《曹操在立嗣问题上的德才观》，《中山大学史学集刊》第1辑，广东人民出版社1992年版。

一　史籍关于立嗣问题的结论性记述

曹丕、曹植争为继嗣，丕胜而植败。对于造成这一结局的原因，《三国志·魏书》有两处较为明确的记载。其一，《曹植传》云：

> 植既以才见异，而丁仪、丁廙、杨修等为之羽翼。太祖（曹操）狐疑，几为太子者数矣。而植任性而行，不自雕励，饮酒不节。文帝（曹丕）御之以术，矫情自饰，宫人左右，并为之说，故遂定为嗣。

其二，《贾诩传》云：

> 是时，文帝为五官将，而临菑侯植才名方盛，各有党与，有夺宗之议。……太祖又尝屏除左右问诩，诩嘿然不对。太祖曰："与卿言而不答，何也？"诩曰："属适有所思，故不即对耳。"太祖曰："何思？"诩曰："思袁本初、刘景升父子也。"太祖大笑，于是太子遂定。

这两处记载，一处是突出曹植、曹丕行为举止的差异，说明由此对立嗣问题造成的影响，即"宫人左右，并为之（曹丕）说"，以肯定的语气断言"故遂定为嗣"；一处是说贾诩故作深沉，借袁绍、刘表父子的故事打动曹操，也以肯定的语气断定"于是太子遂定"。古代史籍在记述重大事件的因果关系时，往往强调一点，不及其余，这是通病（纪传体较突出）。因此，以上两处记载不是矛盾的，而是互相补充的。据此，曹丕、曹植争为继嗣的斗争，二人行为举止的差异及"宫人左右"的态度厚薄，曹丕的年长身份与袁绍、刘表在立嗣问题上给予曹操的警示，起了关键作用。

然而，事情远非如此简单。《三国志》卷二三《杨俊传》载："初，临菑侯与俊善，太祖適嗣未定，密访群司。"卷一二《崔琰传》亦载："魏国初建，拜尚书。时未立太子，临菑侯植有才而爱。太祖狐疑，以函令密访于外。"表明曹操为立嗣问题曾广泛征求各下属机构中僚属的意见，并采取了谨慎的隐蔽方式。检核史籍，明确记载曾接受咨访的有五人，他们是太中大夫贾诩、尚书崔琰、东曹掾邢颙、侍中桓阶、中尉杨俊。此外，尚书仆射毛玠、西曹掾丁仪、黄门侍郎丁廙，也当在受咨访者之列。[①]曹操如此郑重地向臣属征求意见，那么，依据臣属的集中看法，即支持曹丕或支持曹植的主要理由和各自的支持率，从而作出倾向性判断，是在情理中的。我们无法详知当时的具体情形，但从种种迹象推断，事情是朝着有利于曹丕的方向发展的。

支持曹植最得力者莫过于丁氏兄弟。史称丁仪"与临菑侯亲善，数称其奇才。太祖既有意欲立植，而仪又共赞之"[②]。丁廙曾劝谏曹操说：

> 临菑侯天性仁孝，发于自然，而聪明智达，其殆庶几。至于博学渊识，文章绝伦。当今天下之贤才君子，不问少长，皆愿从其游而为之死，实天所以钟福于大魏，而永授无穷之祚也。[③]

话中极尽赞美，尤其点明"贤才君子"爱戴曹植，可使大魏"永授无穷之祚"，极富感染力。这些话连曹操都觉得有些过分，丁廙则申明自己"不避斧钺之诛，敢不尽言"。丁氏兄弟确实是倾全力支持曹植，其主要理由即曹植具有"奇才"。其次有杨俊，"俊虽并论文帝、临菑才分所长，不适有所据当，然称临菑犹美"[④]。杨俊支持曹植的倾向是明显的，但底气却不那么充足。

反过来看支持曹丕者的情况。邢颙接受咨问答曰："以庶代宗，先世之戒也。愿殿下深重察之！"[⑤]毛玠密谏说："近者袁绍以嫡庶不分，覆宗

---

① 参看《三国志·魏书》各本传，及《曹植传》注引《魏略》《文士传》载丁仪、丁廙事迹。
② 《三国志》卷一九《曹植传》注引《魏略》。
③ 《三国志》卷一九《曹植传》注引《文士传》。
④ 《三国志》卷二三《杨俊传》。
⑤ 《三国志》卷一二《邢颙传》。

灭国。废立大事，非所宜闻。"①桓阶则"数陈文帝德优齿长，宜为储副，公规密谏，前后恳至"，其具体看法为："今太子（世子？）仁冠群子，名昭海内，仁圣达节，天下莫不闻；而大王甫以植而问臣，臣诚惑之。"②最突出的要算崔琰。曹操用密函咨访，他却"露板"回答说：

> 盖闻《春秋》之义，立子以长，加五官将仁孝聪明，宜承正统。琰以死守之。③

曹植是崔琰的侄女婿，崔琰却在大庭广众之下，据"《春秋》之义"，力主曹丕"宜承正统"，辞意决绝。此举给予曹操及群僚的震动，可以想见，事实上，曹操确实"贵其公亮，喟然叹息"。后来丁仪怀恨崔琰，刻意加以陷害，即萌因于此。以上意见归结起来，不外乎曹丕年岁居长，符合"立子以长"的宗法制传统和原则；所谓"德优齿长"，关键在于年齿，因为在前引丁廙支持曹植的意见中，也照例把德行褒赞了一番。仔细推敲，各人的看法虽有所偏重，但态度果决却是一致的，这毕竟是一个重视传统的时代。

贾诩回答曹操咨问的话，已如前揭，立意与崔琰等人略同，而他引袁绍立嗣为诫，毛玠也同样做过。可是，陈寿为何独独强调贾诩的"定嗣"之功呢？我们有必要对贾诩其人其事稍作考察。贾诩，武威姑臧人，年少时被人称为有"〔张〕良、〔陈〕平之奇"，后在董卓部凉州军阀中。他曾倡议李傕、郭汜、张济等围攻长安，稍后投奔南阳张绣，充任谋主。官渡之战前夕，袁绍遣使联络张绣，贾诩当众予以拒绝，并劝张绣归顺曹操，由此深得曹操钦重。贾诩随从曹操征伐，也屡以计谋效用。由于他"策谋深长"，故"天下之论智计者归之"④。既然贾诩是这样一位饱经世故的智

---

① 《三国志》卷一二《毛玠传》。
② 《三国志》卷二二《桓阶传》及注引《魏书》。
③ 《三国志》卷一二《崔琰传》。
④ 《三国志》卷一〇《贾诩传》。

谋之士，他对立嗣问题的看法，曹操自然是十分重视的。就贾诩而言，他密受曹丕委托，当然想使自己的答辞切中要害，尽量对曹丕有利。曹操既然有舍长立幼的想法，也就不会过分重视传统的宗法观念。但是，如果由舍长立幼而引起争斗和内乱，则是曹操不能不顾忌的。袁绍舍袁谭而立袁尚，在他死后，谭、尚兄弟互相攻伐，授曹操以隙，相继覆亡。刘表舍刘琦而立刘琮，导致在他死后，荆州不保。这些都是曹操亲见亲历之事，必然感触至深。贾诩基于这种认识，以袁绍、刘表父子的故事作答，可谓正中要害；而以他的经历智计，其说服力是毛玠所无法比拟的。以上大概就是陈寿将"定嗣"之功归于贾诩的原因。质言之，崔琰等人对曹丕的支持，加深了曹操对曹丕已有政治地位的认识，而舍长立幼可能引起的严重后果，迫使他放弃了立曹植为嗣的想法。

二 立嗣问题的缘起

以上针对史籍关于立嗣问题的结论性记述，着重考察了曹操征求臣属意见的情况。然而，要弄清该问题，还必须考察曹操对曹丕、曹植的态度演变，亦即该问题的缘起。

曹操长子曹昂为刘夫人所生。建安二年（197），曹操征张绣于宛，曹昂从征。张绣降而复叛，曹昂遇害。其次有卞后（建安初为继室）所生四子：曹丕、曹彰、曹植和曹熊。然而，曹操首先考虑的后嗣人选却是环夫人所生曹冲。曹冲字仓舒，《三国志》卷二〇本传记载了他"以舟称象"和"智宥库吏"两件事，并说：

> 冲仁爱识达，皆此类也。凡应罪戮，而为冲微所辨理，赖以济宥者，前后数十。太祖数对群臣称述，有欲传后意。年十三，建安十三年疾病，太祖亲为请命。及亡，哀甚。文帝宽喻太祖，太祖曰："此我之不幸，而汝曹之幸也。"

以舟称象的故事流传于古代印度和中国，本传以曹冲当之，应属附会。①不过，这并不影响人们对曹冲的认识。曹冲的过人之处主要在于他"仁爱识达"，如智宥库吏之类。本传注引《魏书》亦称："冲每见当刑者，辄探睹其冤枉之情而微理之。及勤劳之吏，以过误触罪，常为太祖陈说，宜宽宥之。辨察仁爱，与性俱生。"此处照应传文，突出表现了曹冲观察、处理问题的能力和态度，以其十余之龄，实属难能可贵。曹操寄未来于曹冲，"有欲传后意"，看重的正是这种秉性。另据史载，刘先甥零陵周不疑，幼有异才，曹操谓曹冲可与其为俦；及曹冲卒，曹操心忌不疑，遣刺客杀之。②由此益见曹操对曹冲才能的器重。曹丕常称："家兄孝廉（曹昂），自其分也。若使仓舒在，我亦无天下。"③确是实情。

以上与曹丕、曹植争嗣虽无直接关联，但却清晰地反映出曹操的立嗣观念：嫡庶、长幼并不重要，关键在于政治才能。正如叶适所说："操于诸子，将择才而与之，意不专在嫡。"④由此才有后来的一系列事态。

《太平御览》卷二四一"五官中郎将"条引《魏武令》云：

> 告子文（曹彰）：沙（汝）等悉为侯，而子桓（曹丕）独不封，而为五官〔中〕郎将，此是太子可知矣。

这是建安二十二年（217）十月曹丕立为太子后，曹操发给曹彰的一道教令。它力图说明：建安十六年正月曹植等封侯（以后诸子相继受封），

---

① 　参考周一良：《魏晋南北朝史札记》"以舟称象"条，中华书局1985年版。
② 　《三国志》卷六《刘表传》注引《零陵先贤传》。
③ 　《三国志》卷二〇《曹冲传》注引《魏略》。
④ 　叶适：《习学记言》卷二七，四库笔记小说丛书本，上海古籍出版社1992年版。

曹丕为五官中郎将，自那时起，曹丕的太子地位实际上已经确定。^①该令掩盖择嗣内情的用意十分明显，不过，它也说明当初曹丕为五官中郎将，地位有别于其他诸子，确是实情。我们不妨由此追述一下曹丕的政治履迹。

建安十一年（206）春，曹操征讨并州刺史高幹，留曹丕守邺，以崔琰为傅。这是曹丕第一次以世子身份充当留守重任，时为20岁。十三、十四年，曹丕从曹操南征荆州，又从至扬州；回邺后，参与议论"田畴辞封"事，建议"宜勿夺（田畴之志）以优其节"，得到尚书令荀彧、司隶校尉钟繇的支持。^②十六年正月，曹丕为五官中郎将，置官属，为丞相副；曹操先后令凉茂、邴原为五官将长史，并特意为拜授邴原作教令。^③同年七月，曹操西征马超等关中诸将，曹植等从征，曹丕留守邺城，以程昱参军事。其间，苏伯、田银在河间起义，曹丕遣将军贾信前往镇压，及时平定。为如何处置降虏，程昱与曹丕协商，决定先请示曹操，再作决断。据史载："太祖还，闻之甚说，谓昱曰：'君非徒明于军计，又善处人父子之间。'"^④从曹操的话看，他对曹丕的政治地位是相当重视的。这个时期，曹丕的世子身份和实际政治地位，曹植、曹彰等无法比拟。

上节已经论述到，曹操为立嗣问题"密访群司"，崔琰、贾诩等人支持曹丕的意见影响了曹操的判断，而这又是以曹丕的已有政治地位为基础的。以上考察可补证这一结论。

曹丕、曹植争嗣起于何时？换言之，曹操何时属意于曹植？有关材料大都称是在曹植封临菑侯时。《三国志》卷一〇《荀彧传》则称："初，文

---

① 该令说明，曹操一旦确立曹丕为太子，便力图巩固其地位。他素知曹彰骁猛刚烈，恐其另生异议，故特意下令加以晓谕。《三国志》卷一九《曹彰传》及注引《魏略》载，曹操在洛阳得疾，驿召曹彰。曹彰未至而曹操已逝。曹彰到后，对曹植说："先王召我者，欲立汝也。"后人多据此言，以为曹操临死前犹有改立曹植之意。个人认为，曹操一生行事慎重而果决，他立曹丕是经过深思熟虑的，断不至于临时反复。况且，曹植私开司马门、醉酒误事，已使曹操对他有很深的成见。因此，鄙见以为，曹操召曹彰，必是重申前意，对他再加敕戒。可惜曹彰不悟，以致有"问先王玺绶"事，终遭忌而被害。此事关系重大，故特予揭示。

② 《三国志》卷一一《田畴传》。参考张可礼：《三曹年谱》，齐鲁书社1983年版。

③ 《三国志》卷一一《凉茂传》《邴原传》及注引《原别传》。

④ 《三国志》卷一四《程昱传》注引《魏书》。

帝与平原侯植并有拟论，文帝曲礼事或。"据此，两人争嗣的开端还要早些，即在曹植封平原侯时就已开始。又因荀彧死于建安十七年（212）年底，则最迟不得晚于是年。按，曹植由平原侯徙封临菑侯在建安十九年，时为23岁。据《曹植传》记载：

> 年十岁余，诵读诗、论及辞、赋数十万言。善属文，太祖尝视其文，谓植曰："汝倩人邪？"植跪曰："言出为论，下笔成章，顾当面试，奈何倩人？"时邺铜爵台新成，太祖悉将诸子登台，使各为赋。植援笔立成，可观，太祖甚异之。

关于这段记述，卢弼认为："十岁余已能诵读诗、论及辞、赋数十万言，为一时事；善属文，登台作赋，又为一时事。"[1]按，铜爵台（铜雀台）作于建安十五年冬，至十七年春始成，登台作赋即在此时，见曹丕《登台赋序》[2]。由此推断，建安十七年春，曹植的文才引起了曹操注意；至十八年五月曹操晋爵魏公，魏国建立，并不立即确立太子，在曹丕、曹植之间已有所计较；十九年曹植徙封临菑侯后，曹操欲立曹植的意图便十分明显了。据本传载："太祖征孙权，使植留守邺，戒之曰：'吾昔为顿丘令，年二十三。思此时所行，无悔于今。今汝年亦二十三矣，可不勉与！'"征孙权事在当年七月，此前曹植已徙封临菑。[3]古时诸侯出征，则太子监国，曹操留曹植守邺，其意义即在于隐合古制之义；而他缘此勉励曹植，更是意味深长。在此之前，留守邺城通常是由曹丕充任的，这种角色的转换，表明曹丕的地位已受到实际威胁。曹植本传称"太祖狐疑，几为太子者数矣"，并非虚言。

然而，曹植终究未能立为继嗣。原因自然是多方面的，但根本的有两

---

① 《三国志集解·曹植传》，中华书局影印本1982年版。

② 《艺文类聚》卷六〇引曹丕《登台赋序》云："建安十七年春，□游西园，登铜雀台，命余兄弟并作。"

③ 参考张可礼：《三曹年谱》，齐鲁书社1983年版。

点：一是政治抱负，即篡汉之志；二是政治才能，即统治之才，曹操对曹植都不敢确信。曹操在后来作的教令中说："始谓子建（曹植），儿中最可定大事。"①所谓"定大事"，以曹操晚年的行事推断，无疑就是篡汉之事。可见曹操是把选择继承人与完成篡汉大业联系起来考虑的，因此，他要求继承人必须具备篡汉之志和统治之才，并曾对曹植寄予厚望。但是，曹植的表现却不能令曹操满意。关于曹植缺乏明确的篡汉意向，曹丕则野心勃勃，周一良已有明晰辨证，②此不赘述。本章着重论述两人的统治才能。

关于曹植之才，本传称"每进见难问，应声而对"。《三国志》卷二一《王粲传》注引《魏略》载，曹操遣邯郸淳往依曹植，植"与淳评说混元造化之端，品物区别之意，然后论羲皇以来贤圣名臣烈士优劣之差，次颂古今文章赋诔及当官政事宜所先后，又论用武行兵倚伏之势"；"及暮，淳归，对其所知叹植之材，谓之'天人'"。传世《曹植集》录有《赞》二十余篇，历颂汉武以上帝王及上古始祖，又有《汉二祖优劣论》《成王汉昭论》，可印证引文。③曹植才分很高，应无疑问。但是，如果把曹植与曹冲作一比较，就可发现，曹植所表现出来的，主要是一种文才和论说之才，即他本人所谓"言出为论，下笔成章"，与曹冲具有实际观察、处理问题的能力迥然不同；更何况建安时期，激扬文字，论道古今，本来就是一时风气，不独曹植为然。唯其如此，曹植的"才能"很晚才引起曹操注意，并且，这种"才能"能否转化为实际政治能力，也还须作一番考察。

三　曹操的考察与曹丕、曹植的较量

曹操考察曹植及曹丕的情况，备载于曹植本传注引《世语》，内容包

---

① 《三国志》卷一九《曹植传》注引《魏武故事》。

② 参考周一良：《魏晋南北朝史札记》"曹丕曹植之争"条，中华书局1985年版。所可补充者，前述《邴原传》注引《原别传》载曹操教令云："子弱不才，惧其难正贪欲，相屈以匡励之。"表明曹操对曹丕的"贪欲"亦即政治野心知之甚深。

③ 参看曹植撰，赵幼文校注：《曹植集校注》，人民文学出版社1984年版。《汉二祖优劣论》当作《汉二祖论》，《成王汉昭论》当作《周成汉昭论》。

括两个方面：其一，作教令提问，由曹植作答；其二，令曹丕、曹植各出邺城一门，密敕门吏不让出城，以考验两人的临机决断能力。当时，杨修和贾逵、王凌皆任丞相主簿，他们暗中帮助曹植，"豫作答教"，但痕迹太露，被曹操"推问"而泄底；第二项考察也出现了类似情况。其实，优秀的文人学士，并非必然就是志才双修的政治家，有时甚至相反，曹植即是这样：他文采横溢，却囿于传统观念，对汉室心存眷恋；书生气重，拙于权术矫饰。因此，考察的结果，曹植的政治抱负和才能终究不能令曹操放心。[①]正是在这样的前提下，其他一些因素才显得重要起来，并影响了立嗣问题的结局。

除前述曹操征求臣属的意见外，与之相关，立嗣问题牵涉到一些重要的人事关系，它直接关系到后嗣的地位和权威，甚至更深层次的问题，曹操不能不慎重对待。

支持曹植最得力的丁氏兄弟，是曹操的旧友丁冲之子。丁冲与曹操同籍，曾建议曹操"匡佐"汉献帝，两人情谊深厚。丁仪号称"令士"，丁廙也颇有才学，是"谯沛人"中难得的文官之才，因而受到曹操的培植和宠信。丁氏兄弟对"大魏"的忠心，曹操自然深信不疑。然而，丁仪颇有报复妒忌之性格，他支持曹植而反对曹丕，即因为曹操打算将爱女许配给他，却被曹丕劝止。据史载，丁仪任西曹掾，曾多次谮间毛玠、徐奕、何夔等；崔琰被杀，毛玠被废，也是由他密告而引致。[②]这种排斥异己的做法，使丁氏兄弟与众多臣僚构成了敌对形势，侍中桓阶、和洽、尚书傅巽等都是其反对派。丁氏兄弟入仕较晚，除了仗恃曹操的宠信，本身并无政治根基。若由曹植继嗣，丁氏兄弟必然充任辅弼，如此怎能保证不出内乱？

曹植的另一个主要支持者杨修，是汉太尉杨彪之子、袁术之甥。杨彪曾构嫌于曹操，时值袁术在淮南称帝，"操托彪与术婚姻，诬以欲图废置，

---

① 《太平御览》卷四二九引《魏武令》称："今寿春、汉中、长安，先欲使一见（儿）各往督领之"云云，也反映了曹操考察诸子从政才能的想法，时间应在建安二十年七月夺取汉中以后。该令并未付诸实施，姑记于此。

② 建安十七年，西曹曾一度省并，不久恢复。丁仪应是就任恢复后的西曹掾。又崔琰被杀、毛玠被废事，并参本篇第三章。

奏收下狱，劾以大逆"①。杨彪在狱中颇受折辱，但终被放免。后来，他见"汉祚将终"，便采取与曹氏不合作的态度。杨修本人任丞相主簿期间，恃才自负，也颇遭曹操猜忌。《曹植传》称："太祖既虑终始之变，以杨修颇有才策，而又袁氏之甥也，于是以罪诛修。"裴注引《典略》亦称：

> 至二十四年秋，公（曹操）以修前后漏泄言教，交关诸侯，乃收杀之。修临死，谓故人曰："我固自以死之晚也。"其意以为坐曹植也。

综合两段记述，杨修的死因可概括为：曹操"虑终始之变"，即顾忌杨修"才策"高深，又是死敌袁氏之甥，深恐后嗣难制而有颠覆之变，因而要置他于死地。这是曹操出于深层考虑而作出的根本决断。所谓"以罪诛修"，是具体运用手段的方面，即借口杨修"前后漏泄言教，交关诸侯"，将他诛杀。虽然杨修死于建安二十四年（219）秋，上距曹操正式立嗣已近两年，但他致死的直接原因主要是在立嗣问题上暗中帮助曹植，他临死前的话即证实了这一点；胡三省称"以修豫作答教谓之'漏泄'，与植往来谓之'交关诸侯'"②，甚是。总之，以杨修的政治背景，他与曹植关系密切，对曹植争嗣实是一个障碍因素。

进一步考察，我们还可发现，曹植、曹丕在结交政治人物尤其是名士方面，存在着较大差异。曹植封平原侯时，曹操选拔邢颙为其家丞，并下令说："侯家吏，宜得渊深法度如邢颙辈。"邢颙是冀州名士，人称"德行堂堂邢子昂"，曹操让他侍从曹植，就是要让曹植接受礼法熏陶。然而，曹植与邢颙颇不相合，为此，庶子刘桢特意致书曹植加以劝谏。《晋书》卷三七《司马孚传》载："魏陈思王植有俊才，清选官属，以孚为文学掾。植负才陵物，孚每切谏，初不合意，后乃谢之。"也反映出曹植恃才任性，不善结交人物。相比之下，曹丕要高明得多。前面提到的崔琰、凉茂、邴原、程昱等人，曹丕都与之有较好的合作关系，而前三人是享有盛名的大

---

① 《后汉书》卷五四《杨彪传》。
② 《资治通鉴》卷六八"汉献帝建安二十四年九月"条胡注。

名士。不仅如此，对荀彧、贾诩等关键人物，他也加意笼络。我们不能忽视这种人事关系，因为它实质上是政治的一个重要方面。在曹操的一生中，充满着与各种名士的复杂关系，或投靠，或打击，或联合，或利用，贯穿着他毕生事业的始终，但总的来说，联合、利用才是最终目标。以此来衡量曹丕、曹植结交名士的表现，高下立判。

　　曹操立嗣，是一件最重要的"家事"，因而也充满了感情因素。这是与"国事"对应的另一个方面。《曹植传》称植："性简易，不治威仪。舆马服饰，不尚华丽。每进见难问，应声而对，特见宠爱。"表明曹植的性情、习尚与曹操相投合，言辞对答也令其惬意，因而深受宠爱。在联络父子感情方面，曹植捷足先登。又《贾诩传》称："文帝使人问诩自固之术，诩曰：'愿将军恢崇德度，躬素士之业，朝夕孜孜，不违子道。如此而已。'文帝从之，深自砥砺。"贾诩不愧为"论智计者"之宗主，他提出的上述建议，正是看似平凡、实则高明的"自固之术"，对于联络父子感情，极具针对性。由此，我们便不难理解史籍中的下列记述。《三国志》卷二一《吴质传》注引《世语》载：曹操出征，曹丕、曹植送于路侧。曹植称述功德，出口成章。曹丕受吴质启发，临别时哭泣而拜，"王（曹操）及左右咸歔欷，于是皆以植辞多华，而诚心不及也"。前引《曹植传》载："植任性而行，不自雕励，饮酒不节。文帝御之以术，矫情自饰，宫人左右，并为之说。"《三国志》卷二○《赵王幹传》载："幹母（王昭仪）有宠于太祖。及文帝为嗣，幹母有力。"概括而言，曹丕"深自砥砺"，或"御之以术，矫情自饰"，收到了成效，在很大程度上抵消了曹操对曹植的眷爱之情。

　　通过以上考察，我们可获得两点认识。首先，曹操一生爱才惜才，对己子尤其如此。他因曹植之才而特加宠爱，以致欲立为嗣，其中情感因素实居主导方面。但是，通过多方调查，发现曹植的政治抱负和才能都不能令人满意，而曹丕及其支持者的政治势力却相当强大，为避免不测之变，于是郑重地决定立曹丕为嗣。其间，曹操经历了以理性思考澄清感性认识的过程。不以感情用事，而是正确地审度时势，正是曹操在立嗣这类重大决策方面的英明之处。顺便提及，前引《三国志·魏书·曹植传》，尤其是《贾诩传》关于立嗣问题的结论性记述，把握住了该问题的最突出现象，其丰富内涵则需要我们依据史实加以阐述。

其次，择立继嗣的过程实际上是篡汉建魏的一次预演，因为无论支持曹丕或支持曹植，都是以承认"大魏"为前提条件的。曹操力图以魏代汉，臣僚们自然清楚，因此，对"大魏"立嗣关心，即显示了一种明确的支持态度，而持反对态度者，则不预于立嗣议论。我们判断崔琰并非真正要反对曹操晋封魏王，这也是根据之一。总之，立嗣问题超出了其本身，意义重大。

四　结论

综合以上论述，可得出如下结论。

一、曹丕、曹植争嗣起于建安十七至十九年间，原因是曹植的文才引起了曹操注意，同时，曹操在立嗣观念上重视政治才能，颇为轻视"立子以长"的宗法制传统和原则。在此之前，曹丕的世子身份和实际政治地位，曹植无法比拟。

二、曹操有立曹植为嗣的想法，却对其政治抱负和才能不敢确信。就才能而言，曹植所表现出来的主要是一种文才和论说之才，能否转化为实际政治能力尚属疑问。因此，曹操对曹植及曹丕进行了考察。结果，曹植的政治抱负和才能终究不能令曹操放心。

三、于是，曹操转而征求各下属机构中僚属的意见。一方面，崔琰、贾诩等人支持曹丕的意见影响了曹操的判断，尤其是舍长立幼可能引起的严重后果，迫使他放弃了立曹植为嗣的想法。另一方面，曹植的支持者丁仪的政治表现，杨修的复杂背景，以及曹植本人结交名士的态度等，都对曹植争嗣造成了不利影响。

四、立嗣是一件最重要的"家事"，其中充满了感情因素。曹植本来在这方面占有绝对优势，但经过曹丕的种种努力，这种优势在很大程度上被抵消。

第六章 "魏讽谋反案"析论

建安二十四年（219）九月，魏王曹操西拒刘备，屯兵长安，魏太子曹丕留镇邺城。这时，邺城发生了以相国西曹掾魏讽为首的谋反事件，旋即被曹丕镇压。"魏讽谋反案"暴露了建安末年曹操政权内部政治斗争的新动向，值得深入剖析。

一 谋反案的史实细节

《资治通鉴》卷六八"汉献帝建安二十四年九月"条记载了魏讽谋反事件的始末，移录如下：

> 初，沛国魏讽有惑众才，倾动邺都。魏相国钟繇辟以为西曹掾。荥阳任览与讽友善，同郡郑袤，泰之子也，每谓览曰："讽奸雄，终必为乱。"九月，讽潜结徒党，与长乐卫尉陈祎谋袭邺。未及期，祎惧而告之。太子丕诛讽，连坐死者数千人。钟繇坐免官。

这段综合记述，有三点很值得讨论。首先，关于魏讽的籍贯，传世文献有不同记载。《三国志》卷一《武帝纪》裴注称："《世语》曰'（魏）讽字子京，沛人……'王昶《家诫》曰'济阴魏讽'，而此云沛人，未详。"知早在刘宋时，裴松之已不详魏讽之籍贯郡望。又今本《晋书》卷四四《郑袤传》作"济阴魏讽",《元和姓纂》卷八"八未·魏氏"条①有宜阳魏,称"本居济阳,今已绝",郁贤皓等《整理记》谓"'济阳',文渊阁本作'济阴'"。据此,似魏讽为兖州济阴人较确。然而,上述资料,宋代司马光等编撰《通鉴》时自然已经参考。刘攽参与《通鉴》的编写,负责两汉部分。刘攽曾"作《东汉刊误》,为人所称",他是"汉史"专家,所以司马光把两汉史交给他撰写。②《通鉴》以魏讽为"沛国"人,除西晋襄阳令郭颁撰《魏晋世语》外③,当另有所据。今不揣浅陋,略事推证。

史称,魏讽"以才智闻","名重当世","有惑众才,倾动邺都"。④《三国志》卷一四《刘晔传》注引《傅子》更具体地记载:"太祖(曹操)时,魏讽有重名,自卿相以下皆倾心交之。"魏讽活跃于建安末年的魏都邺城。建安十年(205)之后,曹操正处在从创业到"以魏代汉"的政治转变之中。魏讽没有参与曹操创业的过程,也不见他有显赫的家世,然而,他却能够"倾动邺都",赢得"自卿相以下"的达官名士的青睐。据说他凭借的只是自身的"才智"。但是,无论魏讽的"才智"如何出众,像他那样广泛结交达官名士,是要受到限制的。当时,曹操从巩固集权统治的政治目的出发,针对士人中普遍存在的朋党交结、讥议时政现象,采取了"破浮华交会之徒"⑤的严厉打击政策。鲁国孔融是名满天下的大名士,他以汉室旧臣自居,广交宾客,讥贬时政,建安十三年被曹操处死。崔琰是"冀州人士之首"⑥,他长期掌典选举,为曹操政权的建设做了不少贡献。崔琰在建安二十一年被曹操赐死,除因对曹操晋封魏王表示不满

---

① 林宝撰、岑仲勉校记:《元和姓纂》,中华书局1994年版。
② 《宋史》卷三一九《刘敞附弟攽传》称:"攽所著书百卷,尤邃史学。作《东汉刊误》,为人所称。预司马光修《资治通鉴》,专职汉史。"
③ 《隋书》卷三三《经籍志二》载:"《魏晋世语》十卷,晋襄阳令郭颁撰。"裴注省称《世语》。
④ 见《三国志》卷六《刘表传》注引《傅子》、《晋书》卷四四《郑袤传》、《三国志》卷一《武帝纪》注引《世语》及上引《通鉴》。
⑤ 《后汉书》卷七〇《孔融传》载曹操与孔融书信中语。
⑥ 《三国志》卷一二《崔琰传》注引《魏略》。

外，在服刑期间"通宾客，门若市人"，是其致死的直接原因。①从以上不难看出曹操对士人间朋党交结的一贯态度。当然也有例外情况。曹丕"为五官中郎将，天下向慕，宾客如云"②。以后曹丕为魏国太子，亦常宾客满座。曹丕是曹操的世子和继嗣，对于他广交名士，曹操非但不加限制，而且予以支持，这方面的事例很多，无须列举。曹操将曹丕交结名士与士人间朋党交结区别开来，是希望后嗣在士人中建立广泛的联系和影响，以便稳固统治根基，态度不同，政治目的却是一致的。对照上述情况，魏讽在曹操的政治中心邺城广交达官名士，倾动全城，若无曹操的默许或支持是不可想象的，这不是单纯的个人"才智"所能说明的问题。当时，刘廙、刘晔、傅巽、郑袤等许多人都察觉魏讽举动异常，刘廙并指出魏讽"专以鸠合为务，华而不实"③，曹操当然不会毫无察觉，但他并未采取禁止措施。曹操宽待魏讽，当因魏讽为沛国人，属于曹操倚仗的"谯沛集团"。实际上，曹操扶植"谯沛人"中的青年名士是有案可查的，丁仪、丁廙兄弟就被吸收到曹操政权的权力中枢，丁仪任丞相西曹掾，丁廙任黄门侍郎，受到宠信。因此，我推测魏讽是受到曹操厚待的另一个谯沛籍青年名士。

钟繇辟召魏讽，也是耐人寻味的。钟繇是颍川荀、钟、陈三个大族的代表人物之一。颍川士人素以"好仕宦，高文法"著称，颍川长社钟氏更是其中著名的法律世家。④在曹操政权中，荀彧、荀攸、钟繇都是"颍川集团"的领袖人物。与荀彧、荀攸在政治表现上谦退自守不同，钟繇是比较趋时附势的，《三国志》卷一三《钟繇传》及裴注载录了钟繇与魏太子曹丕交往的一些细节，可资证明。建安十七年（212），荀彧因反对曹操晋爵魏公，被曹操冷落后自杀。建安二十一年八月，曹操拜钟繇为魏国相国。这是一次不寻常的拜官，是曹操在摒弃荀彧之后，为图维系与颍川集

---

① 参看本篇第三章的论述。
② 《三国志》卷一一《邴原传》注引《原别传》。
③ 《三国志》卷二一《刘廙传》注引《廙别传》。
④ 参考胡宝国：《汉晋之际的汝颍名士》，《历史研究》1991年第5期。

团的政治联合而采取的拉拢措施，仅具象征意义。[①]有鉴于此，钟繇辟召魏讽，很可能不只是因为魏讽"有惑众才，倾动邺都"，主要还是因为魏讽是"谯沛人"，辟召魏讽是自己亲附曹操的极好表白。

据《三国志》卷二八《毌丘俭附文钦传》注引《魏书》记载：

> 〔文〕钦字仲若，谯郡人。父稷，建安中为骑将，有勇力。钦少以名将子，材武见称。魏讽反，钦坐与讽辞语相连，及下狱，掠笞数百，当死，太祖以稷故，赦之。

文钦是谯郡人。谯郡是建安年间曹操将原属沛国的谯、酂、城父等地划出后另置的新郡，不过，人们仍然沿用旧的地域观念，将谯郡所辖地域看作沛国的一部分。[②]文钦因为与魏讽"辞语相连"，下狱后几乎被处死，足见他与魏讽的关系并非泛泛。文钦的父亲文稷以军功起家，文钦本人也以"材武见称"，文化素养不会很高，魏讽是"名重当世"的大名士，两人的社会声望是有相当差距的。文钦与魏讽关系密切，原因就在于他们都是"谯沛人"，有乡里之谊。[③]

分析表明，魏讽应是受到曹操厚待的谯沛籍青年名士，他被钟繇辟召，与文钦关系密切，都与其"谯沛人"身份有关。《通鉴》定魏讽为"沛国"人，是有道理的。

其次，这次谋反事件的参加者，《通鉴》除主谋魏讽外，只提到长乐卫尉陈祎。长乐，宫名。《续汉书·百官志四》"大长秋"条本注云：

> 帝祖母称长信宫，故有长信少府；长乐少府，位在长秋上……长乐又有卫尉，仆为太仆，皆二千石，在少府上。其崩则省，不常置。

---

① 参看本篇第二章的论述。
② 参看本篇第二章的论述。
③ 任览为曹操从妹夫任峻之子，与谯沛集团关系密切，他与魏讽"友善"，同文钦结交魏讽有相似之处。任览未受魏讽牵累，当是听从了郑袤的劝告。

司马彪补叙的是东汉时情况。建安之前，汉献帝太皇太后、皇太后等皆已去世。建安十九年（214）十一月，汉献帝伏后被曹操诛杀。次年正月，献帝立曹操女曹节为皇后。因此，建安二十四年（219），"长乐"当是汉献帝曹皇后所居之宫，曹皇后地位突出，故置卫尉掌宫内守卫，陈祎当为许都"长乐宫卫尉"。《后汉书》卷一〇《献帝伏皇后纪》载："自帝都许，守位而已，宿卫兵侍，莫非曹氏党旧姻戚。"据此，陈祎应与曹氏或谯沛集团有某种姻亲关系。据史籍记载，其他参与者还有居住在邺城的张绣之子张泉、刘廙之弟刘伟、王粲之二子、宋忠之子等人。①其中，张泉承袭父爵。刘伟兄刘望之、刘廙皆为名士，望之曾仕刘表，廙仕曹操，刘伟也应具有一定的社会声望。刘廙在黄初二年（221）去世，时年42岁②，则建安二十四年为40岁，其弟刘伟必定年不满40岁。王粲为汉三公之后，博学多才，其二子当为风流倜傥之辈。王粲在建安二十二年去世，时年41岁，即便王粲在20岁前结婚，其二子在建安二十四年也仅20岁左右。宋忠（衷）为汉末名儒，曾居留荆州，为刘表组织儒生撰写《五经章句后定》一书，是"荆州学派"的主要领袖人物，后归曹氏，继续传播古文经学，③其子习染家学，亦当不乏儒士风范。总之，以上数人大都具有名士身份，是一批为人子弟的年轻人，所以王昶在《家诫》中说魏讽"挟持奸慝，驱动后生"④。所谓魏讽"潜结徒党"，主要是指这些青年名士。谋反的另一部分力量大概是陈祎属下的长乐宫卫士。魏讽正是凭借邺中的一批青年名士，纠合许都部分后宫警卫，企图里应外合，袭取邺城。

再次，《通鉴》提到案发后，诛魏讽，"连坐死者数千人"。按，魏讽案是一次未遂政变，因此，受牵连致死的应只限于魏讽暗中结纳的反叛"徒党"及其主要亲属，在当时的邺城，魏讽是不可能结纳许多反叛"徒

① 见《三国志》卷八《张绣传》，卷二一《刘廙传》《王粲传》，卷四二《尹默传》注引《魏略》。
② 《三国志》卷二一《刘廙传》及注引《廙别传》。
③ 参考唐长孺：《汉末学术中心的南移与荆州学派》，《唐长孺社会文化史论丛》，武汉大学出版社2001年版。
④ 《三国志》卷二七《王昶传》。

党"的。并且，除《通鉴》作"数千人"外，各书均记作"数十人"①。显然，《通鉴》"数千"是"数十"传写之误。下文的论述亦可证明这一点。

二 谋反案暴露的问题

"魏讽谋反案"说明了什么问题呢？我们不妨与此前的另一起谋反案作一番比较。据《资治通鉴》卷六八"汉献帝建安二十二年、二十三年"条记载：

> 魏王操使丞相长史王必典兵督许中事。时关羽强盛，京兆金祎睹汉祚将移，乃与少府耿纪、司直韦晃、太医令吉本、本子邈、邈弟穆等谋杀必，挟天子以攻魏，南引关羽为援。二十三年春正月，吉邈等率其党千余人夜攻王必……必与颍川典农中郎将严匡共讨斩之。

这起谋反案的两个主谋金祎②、耿纪都是西汉三辅（京兆、冯翊、扶风）人。西晋挚虞撰《三辅决录注》，对这次事件有更详细的记述，摘录如下：

> 时有京兆金祎字德祎，自以世为汉臣，自日磾讨莽何罗，忠诚显著，名节累叶。睹汉祚将移，谓可季兴，乃喟然发愤，遂与耿纪、韦晃、吉本、本子邈、邈弟穆等结谋。纪字季行，少有美名，为丞相掾，王甚敬异之，迁侍中，守少府。③

日磾本是匈奴休屠王之子，没入汉廷后，为武帝近侍，因讨莽何罗立功，赐姓金氏；子孙累世为宫廷内侍，居长安，遂为京兆人。详见《汉

---

① 见《三国志》卷一《武帝纪》注引《世语》，袁宏《后汉纪》卷三〇。
② 《后汉书》卷九《献帝纪》注引《三辅决录〔注〕》，"金祎"作"全祎"，误。
③ 《三国志》卷一《武帝纪》裴注引。

书》卷六八本传。金祎是日磾之后，他"睹汉祚将移，谓可季兴"，因而发起了针对曹操的谋反行动。耿纪则是东汉开国功臣耿弇之后，扶风茂陵耿氏世仕汉朝，"与汉兴衰"[1]，耿纪心存汉室是很自然的。尽管耿纪曾为曹操的丞相掾，受到曹操器重，他还是加入了反曹阵营。除这两人外，吉本为汉太医令，自然是献帝的亲信，他本人及二子都参与了谋反行动；韦晃是曹操的丞相府掾属，也卷进了谋反事件中。[2]金祎等人把谋反的时机选择在关羽兵逼樊城，伺机北伐之际，企图在控制许都后，"挟天子以攻魏，南引关羽为援"。这是企图以军事、政治手段，联络外部敌对势力，一举击垮曹操的重大阴谋。

魏讽谋反案发生的时间距金祎案只有 1 年零 8 个月，两案所处的政治环境相同，图谋的最终目标也一致。袁宏《后汉纪》卷三〇明确指出："丞相掾（按，应作魏相国掾）魏讽谋诛曹操，发觉伏诛。讽有威名，潜结义士，坐死者数十人。"袁宏是以反曹"义士"看待魏讽等人的。魏讽谋反的时机选择也与金祎案有共通之处。然而，我们注意到，魏讽案主要发生在邺城，与金祎案发生在许都不同。许都是汉献帝朝廷所在地，那里存在着大批的亲汉势力是很自然的，而邺城则是曹操的政治中心，是亲曹势力的集中地。同时，从谋反案的参加者来看，许都反曹的主谋或与汉室渊源极深，或是献帝的亲信侍臣，还有的是存在着浓厚正统观念的汉官。邺城反曹的主谋魏讽则是曹操倚仗的"谯沛人"。参与者除陈祎身份不详外，张泉是张绣之子，曹操之子曹均娶张绣之女，张绣去世后，张泉承袭封爵，曹操待张泉是不薄的；王粲、刘廙都是曹操亲信的重臣，宋忠是曹操父子都很尊重的荆州古文经学派的首领：他们的子弟却参与了谋反行动。对比两案，我们认为，到建安末年，围绕如何对待汉献帝、要不要"以魏代汉"，曹操政权内部的矛盾已日趋激化。建安二十四年发

---

① 《后汉书》卷一九《耿弇传》。

② 这次谋反事件的主谋，《三国志》卷一《武帝纪》记作"汉太医令吉本、少府耿纪、司直韦晃"，《后汉书》卷九《献帝纪》记作"少府耿纪、丞相司直韦晃"，均不及关键人物金祎。《通鉴》叙此事胜于陈志、范书。

生的针对曹操的谋反案，许多与曹操政权关系密切的人物都卷了进去，这不能不引起曹操警觉。因此，如何处理上述政治焦点问题，是曹操面临的现实课题。

在曹丕镇压谋反之后，曹操对谋反案的善后事宜作了进一步处置。相国钟繇用人不察，对此案负有领导责任，曹操将他免职。中尉杨俊掌典守备邺都，职责重大，但在谋反案发生之前，杨俊未采取防范措施，其后又不协助曹丕处理善后事宜，因此，曹操感叹"〔魏〕讽所以敢生乱心，以吾爪牙之臣无遏奸防谋者故也"①，遂将杨俊贬迁为平原太守，另调徐奕为中尉。值得注意的是曹操对谋反案的参与者及其主要亲属的处置。据《三国志》卷二一《王粲传》注引《文章志》载："太祖时征汉中，闻〔王〕粲子死，叹曰：'孤若在，不使仲宣无后。'"从曹操的话中我们看到，虽然王粲之二子已被曹丕处死，但按曹操的本意，还是可以赦免他们的。另据同卷《刘廙传》记载：

> 魏讽反，廙弟伟为讽所引，当相坐诛。太祖令曰："叔向不坐弟虎，古之制也。"特原不问，徙署丞相仓曹属。廙上疏谢曰："臣罪应倾宗，祸应覆族。……物不答施于天地，子不谢生于父母，可以死效，难用笔陈。"

刘廙是曹操的亲信重臣，其弟刘伟却犯下"倾宗覆族"的大罪，对刘廙的处置措施是个相当棘手和敏感的问题。当时，魏侍中领汉丞相东西曹掾颍川陈群就曾出面为刘廙说情。曹操赦免刘廙，仅将他由黄门侍郎贬迁为丞相仓曹属，是从稳定自身政权的大局出发的，此举自然起到了笼络臣属人心的作用；而刘廙因此对曹操感激涕零，也是必然的。此外，文钦受魏讽牵连而被赦免，已见前文。

我们拿曹操对魏讽案与金祎案的处置措施作比较，就可发现有很大差

---

① 《三国志》卷一二《徐奕传》。

别。据《三国志》卷一《武帝纪》注引《山阳公载记》记载：

> 王闻王必死，盛怒，召汉百官诣邺，令救火者左，不救火者右。众人以为救火者必无罪，皆附左；王以为"不救火者非助乱，救火乃实贼也"。皆杀之。

金祎等起兵谋反时，纵火攻打丞相长史营，王必中箭，十余日后死去。曹操借题发挥，将汉中央朝廷的百官驱赶到魏都邺城，以"救火""不救火"划线，用"莫须有"的罪名把这些人全部诛杀。《后汉书》卷一九《耿弇传》附载耿纪事迹称："〔耿纪〕谋起兵诛〔曹〕操，不克，夷三族。于时衣冠盛门坐纪罹祸灭者众矣。"曹操残杀的汉朝廷百官多半是"衣冠盛门"，这些家族盘踞在许都，构成了亲汉的政治势力。曹操借机铲除这些家族，是对衰弱不堪的东汉皇室的又一次沉重打击。由此可见，同样是针对曹操的谋反案，发生在许都，与汉献帝朝廷关系密切，曹操就可以无情地镇压和打击；而发生在邺城，与曹操政权关系密切，曹操就谨慎对待，淡化处理，从而弥合了自身政权内部的矛盾和对抗。从处理敌对矛盾的方面看，曹操的手法是精明的。

曹操建立集权统治，实施"以魏代汉"的步骤，是与他削平群雄、开境拓土的过程相伴而推进的。建安二十一年（216）五月，曹操在平定汉中张鲁后晋封魏王，离称帝篡汉便只差一步了。就在这紧要关头，魏讽发起了针对曹操的谋反行动，使曹操不得不重新审视自己的篡汉计划。建安二十四年十月，孙权上书称臣，称说"天命"。这本来是曹操称帝篡汉的一个极好机会，陈群、桓阶、夏侯惇、司马懿等重臣也极力劝曹操"正位"。但是，刚刚平息魏讽事件的曹操却不免心有余悸，他将孙权的上书向外宣示说："是儿欲踞吾著炉火上邪！"[1]曹操的顾虑是有根据的。在建安二十四年的谋反事件前后，刘备集团对曹操集团发动了大规模的攻势，

----

[1] 《三国志》卷一《武帝纪》注引《魏略》。

魏军被迫在西线、南线两面作战。其中，关羽对樊城的围攻极具威胁，为避其兵锋，曹操甚至有将汉献帝朝廷迁往河北的打算。在外部不宁、内部不稳的情况下，假如曹操遽然称帝篡汉，就很有可能在政治、军事两方面陷入被动，这是曹操不愿意看到的局面。因此，曹操回答夏侯惇说："若天命在吾，吾为周文王矣。"①曹操平时自称是"性不信天命之事"②的，到头来却搬出"天命"说教为篡汉寻找根据，可知他篡汉的图谋是处心积虑的，然而，在当时的政治形势下，他只能满足于作"周文王"。据记载，夏侯惇在劝进不成后，曾建议曹操先灭蜀国，蜀亡则吴服，待两方平定后，再行篡代，曹操表示赞同。夏侯惇的建议是认识到存在外部敌对势力的条件下，一旦篡代而激化曹操政权内部的矛盾，造成内外受敌的局面，对曹操来说实在是太危险了。这个建议显然是根据建安二十四年的政治局势提出来的。由此，我们对"魏讽谋反案"的意义可获得进一步认识，毫无疑问，它在关键时刻打乱了曹操称帝篡汉的步骤。

---

① 《三国志》卷一《武帝纪》注引《魏氏春秋》。
② 《三国志》卷一《武帝纪》注引《魏氏春秋》。

第七章　曹操霸府述论

　　建安年间的当权者曹操起自一个"名微众寡"的普通军阀，他通过掌握汉献帝，"挟天子而令诸侯"，成为名义上的汉室宰辅，实际上的最高统治者。曹操先后任大将军、司空、丞相，对汉中央朝廷的设官制度屡加变更，把大批的文臣武将罗置在自己府中，由他直接控制，从而使其司空、丞相府成为总揽军政大权的"霸府"，汉献帝朝廷则形同虚设。以后，曹操又晋爵魏公，建立起魏国的职官系列，把文武群僚纳入其中，在事实上造成"以魏代汉"的政治格局，从而为最终实现汉魏嬗代的历史转折奠定了坚实基础。因此，探讨曹操霸府的建立和演变过程，它的组织系统和运作机制，揭示其中的政治内涵，便是我们深入理解汉末政治运动进程的一个重要途径。

一　曹操霸府的建立和演变过程

　　东汉末年的政治危机表现为外戚与宦官交替把持朝政，而其根源则在于皇室的腐败衰落。以董卓奉召进京，随即采取废少立献、迫何太后归政等非常之举为契机，东汉皇权运作的旧机制开始被打破，皇权更替的过程由此而发轫。[①]接下来又发生了一系列政治事变：先是董卓迫于关东联军的军事压力，挟持献帝迁都长安；不久李傕、郭汜取得了对朝廷的控制

---

① 　参考陈勇：《董卓、曹操与汉魏皇权》，《魏晋南北朝史研究》，湖北人民出版社1996年版。

权，两人还分别劫质了献帝和公卿百官；稍后献帝脱离凉州军阀的掌握投奔"白波帅"杨奉等，在弘农曹阳被李傕、郭汜打败，公卿百官多被杀戮。这一连串的打击对东汉皇室来说是极其沉重的，一方面皇帝沦落为军阀手中的傀儡，皇权固有的神圣性荡然无存；另一方面公卿百官死丧殆尽，中央朝廷已名存实亡。

当东汉皇室苟延残喘，皇权存续系于一线之际，各地的军阀割据势力却迅速发展起来，成为左右政局的主要力量。然而，只要东汉皇室继续存在，皇帝的天下共主名分未废止，就必然要对现实政治的运行产生影响力。对于那些新起的军阀割据集团来说，问题的症结在于：衰而不亡的东汉皇室究竟意味着什么？它们应该如何处理与皇权的关系？这是现实政治提出的必须首先回答的问题，而对此的不同认识，将在很大程度上关系各军阀集团的命运。

对于上述问题，汝南袁绍、袁术兄弟给出了他们的答案。袁绍拒绝谋士沮授要他奉迎献帝、"挟天子而令诸侯"的建议，决意弃置汉朝皇帝，兼并天下而称王称帝；在他看来，东汉皇室已经不是一个能够左右政局的因素，弃置汉朝皇帝，兼并天下而自立，可以省去许多麻烦。袁术更是断然僭位称帝。汝南袁氏四世居三公位，作为由专制皇权自身孕育发展起来的世家大族势力代表，它以汉朝的当然继承者自居，图谋篡汉自代，是有典型意义的。[①]然而，历史已经告诉我们，在汉末时代，东汉皇权虽则衰微，但却拥有异常深厚的社会政治土壤，任何贸然更改或替代皇权的行径，都要冒极大的风险，袁术、袁绍先后失败，不过是提供了这方面的例证。袁氏兄弟之外，其他比较大的军阀集团如刘表、刘璋、张鲁等，虽然不敢背弃汉室，但囿于自身的政治抱负等条件，大都对汉献帝的潜在政治影响力认识不足。其中只有曹操独树一帜，不仅充分认识到汉献帝的巨大政治价值，而且积极进行争夺和利用汉献帝的活动。

曹操出身于宦官家庭，其家族发迹史是与皇帝、宫廷联系在一起的，

---

① 参看本篇第一章的论述。

这使得他对于东汉皇权认识深切，"平生常喟然有匡佐之志"①。初平三年（192）曹操领兖州牧之后，治中从事毛玠向他建议"宜奉天子以令不臣"②，以此作为成就"霸王之业"的基本条件之一。曹操欣然接受了这个建议，为此他特意派遣从事王必前往长安上书，借机窥探朝廷虚实。建安元年（196），汉献帝在"白波帅"杨奉、韩暹等挟制下由河东回到洛阳，曹操遂正式提出奉迎献帝都许的议案，并在谋士董昭的策划下，成功地将献帝迁徙到许，控制在自己手中。

曹操取得对汉献帝的控制权，也就掌握了当时政局的枢纽和关键，自此揭开了他利用汉室名号、确立霸府统治的新篇章。献帝都许以后，曹操积极开展拨乱反正、重建中央政权的活动，主要做了如下一些工作：

首先，恢复了汉朝的宗庙社稷制度。此举树立了曹操保全汉室、延续皇统的功臣形象，从而他在"匡佐"的名义下，遂行一系列强化集权统治的措施，就显得名正言顺。

其次，确立了自己的辅政大臣地位，建立起以相权为中心的集权统治秩序。还在建安元年八月曹操至洛阳迎接汉献帝时，献帝以曹操领司隶校尉，录尚书事，赋予他处分朝政的权力。九月，献帝又以曹操为大将军。至十一月，由于袁绍反对，曹操辞去大将军职位，转任司空，领车骑将军。东汉中央决策行政体制采取三公制度，太尉、司徒、司空分别领导九卿而又共同参与决策，至中叶以后，大将军职位复居三公之上，拥有更大的决策行政权力。曹操始而谋求居大将军职位，遇到阻挠后被迫退任司空，但无论如何，他以司空录尚书事，在制度上已经取得了执政大臣的地位，故史称"百官总己以听"③。

曹操要重建集权统治秩序，恰当地处理与汉献帝的关系是一个重要前提。在专制主义中央集权的封建社会里，君权与相权是一对矛盾的统一体，相权一般是由君权派生而又受君权制约。曹操在汉献帝的名义下，以

---

① 《三国志》卷一九《曹植传》注引《魏略》。
② 《三国志》卷一二《毛玠传》。
③ 《后汉书》卷九《献帝纪》。

汉朝宰相的身份号令天下，当然要受到这一权力结构关系的约束。但是，曹操利用汉献帝，绝不是要恢复旧的皇权统治秩序，因而突破上述权力结构关系，突显相权，又是必然的选择。据《三国志》卷一《武帝纪》注引《世语》记载：

> 旧制，三公领兵入见，皆交戟叉颈而前。初，公（曹操）将讨张绣，入觐天子，时始复此制。公自此不复朝见。

这是有关曹操与汉献帝之间关系的一则重要记述，其中值得注意的有三点：一、三公领兵朝见天子，通常发生在君相关系紧张的非常时期，制度规定三公须"交戟叉颈而前"，反映了天子对三公的防范；二、上述旧制在建安初恢复，它所针对的对象只能是当时手握重兵的权臣曹操；三、这项制度严重损害了曹操的威严，因而曹操自此不再朝见天子。这些情况表明，曹操实施"挟天子而令诸侯"的政治战略，从一开始就遇到了来自汉献帝及其追随者方面的阻力。曹操不再朝见天子，那么他借献帝的名义发号施令，只是通过间接地上表奏来遂行，其中"请示"的成分已所剩无几，而他基本上是独立地裁决军政大事。这样，曹操就从形式到内容方面解决了"挟天子而令诸侯"的战略问题，相权的中心地位得以确定，代替皇权发挥作用。

最后，大量征辟名士，除用以充实汉献帝朝廷外，更主要的则是把他们罗置在自己的司空府中，把司空府建设为规模庞大、无事不统的霸府。这里所说的"霸府"，包括两方面的含义：一是相对于皇帝和朝廷而言，宰相和相府实际掌握国家最高权力，相权取代皇权，相府是权侔朝廷的"霸府"；二是相府的规模和组织系统相当庞大，有别于通常建制下的相府规模和组织系统，在外观上更像是与朝廷并立的"小朝廷"，从而形成一种稳定的二元权力架构，而实权则归于相府。

自建安元年（196）曹操任大将军、司空以后，通过上述一系列活动，霸府统治逐渐确立下来。从那时起至建安二十五年曹操去世，霸府统治大体上经历了三个大的发展阶段，其间充满着各种复杂的矛盾斗争，而霸府统治则一步步地发展深化，最终孕育催生出新的皇权。

第一阶段，自建安元年至建安十三年（196—208）。这一阶段的主要特征是中枢体制在形式上仍然沿用东汉三公之制，除司空曹操外，尚有司徒赵温，太尉一职则长期空缺。其间值得注意的现象，首先是汉献帝及其追随者反对曹操建立霸府统治的图谋，以及曹操为确立霸府统治而采取的强制措施。建安五年正月，汉室外戚车骑将军董承（献帝祖母董太后之侄）联络一部分官员，密谋诛杀曹操。曹操挫败了这起阴谋，董承等人被夷灭三族。董承的谋反之举据说是受了献帝"密诏"。此后的建安八年十月，曹操"初置司直官，督中都官"[1]。司直官最初由汉武帝设置，为丞相属官，其职责是"佐丞相举不法"，哀帝时改丞相为大司徒，司直一职仍旧，至光武帝时罢废。曹操在此时恢复司直官，自然是把它作为自己的司空属官，这是对旧制的突破和改造，而司直代表曹操本人督察朝廷百官，反映出曹操力图强化对许都朝廷的控制。

这一时期曹操霸府也有了新的发展。建安九年九月，曹操攻破袁氏老巢邺城，自领冀州牧（同时让还兖州），对冀州实行直接治理。其后曹操采纳郭嘉的建议，"多辟召青、冀、幽、并知名之士，渐臣使之，以为省事掾属"[2]。曹操辟召的四州名士，除少数直接进入司空府外，大部分都在冀州府任职，冀州府成为曹操霸府的一个重要组成部分。另一方面，曹操自此长期居留邺城，其司空府亦由许迁移到邺，而另置留府处理许都事务。这样，曹操就把汉献帝朝廷搁置在许都一隅，在邺城放手发展自己的势力，使邺城成为新的政治中心。

第二阶段，自建安十三年至建安十八年。这一阶段以曹操恢复丞相制度并自任丞相为标志，霸府统治得到进一步强化。与此同时，由霸府统治孕育催生出新皇权的倾向也逐渐明朗。建安十三年正月，曹操借故将司徒赵温免官。六月，汉中央朝廷正式罢废三公官，重新设置丞相、御史大

---

① 《后汉书》卷九《献帝纪》。
② 《三国志》卷一四《郭嘉传》注引《傅子》。

夫，并以曹操为丞相。八月，又以光禄勋郗虑为御史大夫。这一番中枢体制的变更，在形式上是由东汉的三公制度恢复到西汉的丞相制度，^①而相应地在内容方面，则是把分散的三公权力重新集中于丞相一人。很明显，恢复丞相制度为曹操强化霸府统治提供了一条便捷的途径，使其独一无二的宰辅地位更为稳固。

曹操就任丞相后，进一步采取措施加强专制集权统治，在当年八月诛杀了太中大夫孔融。孔融很早就认为曹操"终图汉室"，因而对曹操的所作所为多有讥议，他建议"宜准古王畿之制，千里寰内不以封建诸侯"，便是敏锐地意识到曹氏势力的膨胀，必然朝着封藩建国，进而取代汉室的方向发展，所以预先加以防范。^②以诛杀孔融为契机，曹操加紧实施封藩建国的步骤。建安十六年（211）正月，汉献帝以曹操世子曹丕为五官中郎将，置官属，为丞相副，同时封其三子曹植、曹据、曹豹为侯。十八年正月，曹操又以献帝的名义"并十四州，复为九州"，目的是通过恢复古时的大冀州，扩大自己直接控制的区域，^③并为建立魏国预作准备（此前曹操已特意增加了魏郡所辖县数）。同年五月，汉献帝被迫以冀州十郡册封曹操为魏公，加九锡殊礼。至此，曹操完成了把集权统治转化为封藩建国的关键步骤，旧的皇权体制进一步被突破，新的皇权已经显露端倪。

值得特别注意的是，曹操在建立魏国的过程中，克服了来自其政权内部的巨大阻力，而造成这种阻力的不是别人，正是曹操最重要的谋臣荀彧。荀彧出自著名的颖川荀氏家族，怀有深厚的大族情感和浓重的正统观念，他以"匡佐汉室"为己任，反对曹操进爵国公，受赐九锡。荀彧为此遭到曹操冷落，被迫自杀。

第三阶段，自建安十八年至建安二十五年。这一阶段以曹操有计划地

---

① 西汉前期有所谓"三公"官，即丞相、太尉、御史大夫。但是，由于太尉不常置，御史大夫的地位又不及丞相和太尉，因而丞相几乎无所不统，权力也最重。参看陈仲安、王素《汉唐职官制度研究》，中华书局1993年版，第1—4页。

② 《后汉书》卷六〇《孔融传》；《资治通鉴》卷六五"汉献帝建安十三年八月"条胡注云："千里寰内不以封建，则（曹）操不可以居邺矣。"

③ 《资治通鉴》卷六六"汉献帝建安十八年正月"条胡注云："复为九州者，割司州之河东、河内、冯翊、扶风及幽、并二州皆入冀州……此曹操自领冀州牧，欲广其所统以制天下耳。"

实施"以魏代汉"的政治步骤为基本特征，同时篡汉建魏与反魏兴汉的斗争也最为尖锐。曹操称魏公以后，在当年十一月设置尚书、侍中、六卿等魏国职官，由其属下的重要臣僚充任。此后魏国的职官系列逐渐完备起来，本为汉官的文臣武将大都接受了魏国官号。与此同时，曹操的位望也日益隆重。他在建安二十一年（216）四月进爵为魏王，随后在各种重要礼仪方面享有与皇帝同样的规格，并选定曹丕为魏太子，确立了继嗣。所有这些都表明，东汉皇权已经走到了它的尽头，曹氏代汉成为定局。

当曹操露骨地实施"以魏代汉"的各项步骤时，其政权内部的亲汉势力反应强烈，由此造成双方的激烈对抗和冲突。建安十九年十一月，汉献帝伏后因对曹操不满而被诛杀。二十三年正月和二十四年九月，在许都和邺城相继发生了两起针对曹操的谋反事件，目的都是要阻止曹操篡汉称帝。尽管这两次谋反均被及时镇压，但却暴露出存在于曹操政权内部的深层次矛盾，从而对汉魏易代的进程产生了直接影响。

二　曹操霸府的组织系统和运作机制

曹操在长达二十余年的建安年间实行霸府统治，在此期间，随着其职位的变迁和权势的扩张，他所直接掌握的僚属机构不断发展膨胀。规模庞大、组织完备的各类僚属机构，是曹操遂行霸府统治的重要基础。

在曹操任司空、丞相及魏公、魏王的不同时期，司空府、丞相府、魏公或魏王府分别是其霸府的基本部分。据《续汉书·百官志一》记载，东汉司空属官有长史一人，掾属二十九人；而太尉属官有长史一人，掾属二十四人，共有西曹、东曹等十二曹（每曹掾、属各一人）。对照以上情况，曹操的司空府机构因较旧制有所增加，所以应设有比十二曹更多的曹，属官人数也应多于制度规定的人数。曹操的丞相府由司空府演变而来，其规模和组织系统自然更为庞大。至于他的魏公和魏王府，更是依照东汉朝廷的规模加以建置，已不是通常的公府所能比拟。

当我们对曹操霸府的组织系统作细致考察时，可以发现它的一个突出特征：曹操的司空府、丞相府机构并不像通常情况那样局限于一个处所，而是根据实际需要，在本府以外的其他重要地点设有分支机构。据《三国志》卷一五《梁习传》记载，建安十一年（206）曹操占领并州以后，以梁习为司空府别部司马领并州刺史。其时并州刚刚经历高干之乱，胡狄猖獗，豪强拥兵，社会秩序混乱。曹操让梁习以别部司马的身份领并州刺史，目的是要强化对并州的治理，而梁习的特殊身份就意味着并州府是司空府的一部分。关中地区幅员辽阔，但长期被军阀割据，至建安十六年才由曹操率大军征服。为了加强对这一新归附地区的统治，曹操在回师之前，留徐奕为丞相长史，镇守长安。建安二十年，曹操率大军征讨割据汉中的张鲁，在由长安东返之前，又亲自选任杜袭为留府长史，镇守长安。由此看来，长安作为关中的政治中心，在相当长的时间里是由丞相府的留府长史直接驻守。至于汉献帝朝廷所在的许都，在曹操的政治中心迁移到邺城以后，当然设有司空府或丞相府的分支机构，例如在建安二十三年正月许都发生谋反事件时，即由丞相长史王必"典兵督许中事"①。

如前所述，曹操在任司空和丞相时，还先后兼领兖州牧、冀州牧，以后晋爵魏公和魏王，也仍兼任丞相和冀州牧，因此，其霸府组织通常是由两三个部分构成的。在曹操霸府的鼎盛时期，包括有邺城的魏公或魏王府、丞相府、冀州府，以及许都和长安由留府长史负责的两个丞相府分支机构，其规模和组织系统自然十分庞大。

上述霸府机构和组织系统，曹操是如何加以操纵和利用的呢？《三国志》卷二一《傅嘏传》记载傅嘏的议论说：

> 自建安以来，至于青龙，神武拨乱，肇基皇祚，扫除凶逆，芟夷遗寇，旌旗卷舒，日不暇给。及经邦治戎，权法并用，百官群司，军国通任，随时之宜，以应政机。

---

① 《三国志》卷一《武帝纪》注引《三辅决录注》。

　　这段话首先概述自建安以至曹魏前期的政治形势，并在此基础上，着重阐明当时政治的特征。它提示我们，建安时期在官府机构的设置和职能的发挥方面，采取的是一套军政合一、灵活处理的办法。我们认为，这样的一套办法，主要是由曹操霸府实施的。

　　首先，曹操霸府所属的主要机构，采取因时制宜的原则加以设置，并赋予其相应的职能。当我们具体地考察这些机构及其职能时，可以按照职官的性质分作四类：一是主簿、秘书、侍中等谋议和出令官员；二是长史、诸曹掾属、尚书等行政事务官员；三是司马、军师、军谋掾、参军等参议军事的官员；四是司直、校事、刺奸掾等专司督察的官员。从这几类官员的具体任职情况看来，他们具有鲜明的时代特征。其一，一部分官员的设置虽属因循旧制，但其职能范围有相当大的扩展；其二，另一部分官员的设置，则是由曹操根据实际需要而创设。以下我们分别加以讨论。

　　在上述四类官员中，第一类的谋议和出令官员，第二类的行政事务官员，以及第三、四类中的司马、参军、司直等，大体上都是因循旧制而设。我们同时注意到，这些官员有的职能较以往扩大。例如秘书一职，本来是掌图书秘记，而曹操任魏王时置秘书监，除继承原有职掌外，还"典尚书奏事"①，由刘放、孙资任秘书郎，撰拟机要命令。有的应用范围比先前广泛。长史由于是公府的行政事务总管，往往在特定形势下被赋予独当一面的职责，当曹操率大军出征时，邺城有留府长史管理后方事务，随行有行军长史处理军中事务，若考虑到许都、长安也有常设的留府长史，那么曹操的丞相府长史最多时超过了四人，这种情况是前所未有的。诸曹在公府中分管各类事务，其中"西曹主府史署用。东曹主二千石长吏迁除及军吏"，"东西曹掾比四百石，余掾比三百石"②；西曹、东曹分别掌管对内、对外人事处置权，在诸曹中地位突出。在曹操称魏公以前，毛玠一直担任司空府、丞相府的东曹掾，崔琰则先后任丞相府的西曹掾、东曹掾，两人掌典选举的时间最长，影响也最大；他们任职期间，实际上总揽

　　① 《宋书》卷四〇《百官志下》。
　　② 《续汉书·百官志一》。

了中央和地方的选举用人权。①由此可见，西曹、东曹的职能范围较旧制的规定有显著扩展。

上述第三类参议军事的官员中，军师、军谋掾为曹操所创设；而第四类专司督察的官员中，校事、刺奸掾也是新设。这是由于建安时期分裂割据局面严重，各军阀集团之间战争频繁。同时，由于外部敌对势力的存在，增加了各割据政权内部矛盾斗争的复杂性，而对曹操政权而言，这方面的情况就更为突出。为了加强对外的军事斗争和对内的专制统治，曹操从霸府机构的设置上，大大强化了这两方面的职能。

其次，霸府机构中僚属的任用迁转和职能发挥，也是因时制宜、灵活处理的。曹操霸府的僚属群体有一个发展演变的过程。兖州是曹操起兵后最早占据的地区，他早期接触的人士也以兖州为主。由于兴平元年（194）的"兖州事变"，许多兖州士人背叛了曹操，继续留在曹操政权中的兖州人士多是一些"文俗之吏"，包括毛玠、程昱、满宠、薛悌、万潜、王必等，后来都成为霸府的骨干成员。建安元年曹操迎汉献帝都许以后，陆续征辟了一大批名士；后来平定河北，又大量辟用青、冀、幽、并等四州名士；建安十三年得到荆州，也辟用了不少荆州和寓居当地的名士。此后，以名士为主的僚属群体基本稳定下来。对于这些僚属，曹操采取因材授职和因时制宜的原则加以任用，具体情况有所不同。第一，一部分僚属自辟用之日起，一直在霸府中任职，例如毛玠、崔琰掌典选举，郭嘉、荀攸谋划军事，刘晔、王粲参与机密，都是长期侍从曹操左右，未曾迁授外任。第二，大部分僚属被辟用后，往往因政务需要又迁授外任，例如杜畿被辟用为司空司直，不久迁任护羌校尉，领西平太守，后因河东郡地理位置重要，情况复杂，被曹操特意选用为河东太守，除在建安十八年一度任魏国尚书外，前后居河东太守职位长达十六年。不少僚属或在霸府任职，或出为外任，前后有多次反复，比如何夔、邢颙、陈群、陈矫、徐宣等人，其任职情况就是如此。总的看来，霸府机构既保持着僚属成分的相对稳定，

---

① 参看本篇第三章的论述。

又在很大程度上表现为僚属进出霸府的开放性。由于不断有僚属征入霸府，霸府得以保持旺盛的活力；又由于僚属出为外任，霸府进一步扩展了对地方的影响；同时，僚属的更换，也使得较多的人有机会进入霸府。

在此还需强调，由于东汉实行辟召制度，君臣关系可以在汉室以外自行在府主与僚属之间建立，僚属须对府主履行尽忠的义务。因此，曹操大量辟署僚属，在当时便具有非同寻常的政治意义。史籍中留下不少曹操为僚属作的教令和书信，涉及的内容相当广泛，可见他极为看重与僚属的关系。

三　曹操对待皇权的态度与汉魏易代问题

由前面的论述不难看出，曹操的霸府统治与汉献帝的皇权从一开始就处在某种矛盾对立状态，而霸府统治有着自身发展的绝对方向，即不断突破旧皇权的体制和藩篱，最终缔造出新的皇权。在一般人看来，曹操操纵霸府统治达二十余年之久，权势盛极一时，统治基础稳固，按情理足以从容地迁移汉鼎，完成改朝换代的事业。但众所周知，曹操终其一生，竟然满足于"将皇袍当作衬衣"（翦伯赞语），在离皇位仅一步之遥时裹足不前。千百年来，人们对这一历史现象困惑不解，试图探寻其奥秘的兴趣始终未减。迄今为止，北宋司马光的一段议论仍然最具代表性，《资治通鉴》卷六八"汉献帝建安二十四年十一月"条载其议论说：

> 以魏武之暴戾强伉，加有大功于天下，其蓄无君之心久矣，乃至没身不敢废汉而自立，岂其志之不欲哉？犹畏名义而自抑也。

司马光着眼于"教化""风俗"的社会政治功效，首先叙述东汉光武、明、章诸帝倡导经术、尊崇礼教，其风化所及，使士大夫深受熏染，东汉末世衰而不亡，正是仰赖士大夫仗义匡救；接下来分析曹操不敢废汉自立的原因，便有"畏名义而自抑"的结论。

司马光史识超拔，持论公允，他关于东汉名教之治对当时社会风俗和政治影响深巨的论断，范晔的《后汉书》儒林传论，顾炎武的《日知录》两汉风俗条，均有类似的表述。东汉时期，作为政治主体的士大夫思想受名教影响之深，其政治行为受名教束缚之大，在我国封建时代是绝无仅有的，这就构成了当时政治运行的特殊环境。基于对这种特殊政治环境的认识，我们再具体考察曹操不敢废汉自立的原因，是否就是司马光所说"畏名义而自抑"呢？

从史籍反映的情况看，曹操的思想受名教影响很深是毫无疑问的。这种影响首先表现为名教的束缚，曹操作于建安十五年（210）十二月的《让县自明本志令》①，在这方面有集中的表露。在该令中，曹操谈到年轻时"自以本非岩穴知名之士，恐为海内人之所见凡愚"，所以居官兢兢业业，力图博取一个好名声，赢得士大夫的青睐；即便后来起兵参加讨伐董卓的战争，也由于"本志有限"，不敢多领兵众。从上述曹操思想和举动中隐寓的自卑和自抑，我们不难看到名教的阴影。之所以造成这种状况，根源自然还是曹操的"浊流"身世。正因如此，曹操对名教表现出的叛逆思想也特别突出，他所作的"唯才是举"三令，即被视作反叛名教的政治宣言，恰如陈寅恪所说："盖孟德（曹操）出身阉宦家庭，而阉宦之人，在儒家经典教义中不能取有政治上之地位。若不对此不两立之教义，摧陷廓清之，则本身无以立足，更无从与士大夫阶级之袁氏等相竞争也。然则此三令者，可视为曹魏皇室大政方针之宣言。"②受名教的束缚和对名教的叛逆，就这样矛盾地集中于曹操一身。

接下来我们要探讨的是：曹操是如何看待东汉皇室和汉献帝的？他对皇权有何深层次的考虑？因为名教最为要紧的核心问题就是君臣名分问题，而曹操对待皇权的态度，则直接关系到霸府统治的前景和汉魏易代的进程。

---

① 《三国志》卷一《武帝纪》注引。
② 陈寅恪：《书世说新语文学类钟会撰四本论始毕条后》，《金明馆丛稿初编》，生活·读书·新知三联书店2001年版。

就曹操对待皇权的态度而言，他早年所表达的思想无疑是最基本的。因此，下面的两则材料值得关注。其一，中平五年（188），冀州刺史王芬等图谋废黜汉灵帝，改立合肥侯，并召诱曹操同谋。曹操拒绝了王芬，其理由是："夫废立之事，天下之至不祥也。古人有权成败、计轻重而后行之者，伊尹、霍光是也……今诸君徒见曩者之易，而未睹当今之难……而造作非常，欲望必克，不亦危乎！"①其二，董卓挟持汉献帝迁都长安以后，袁绍等图谋立幽州牧刘虞为帝，借以与凉州军阀分庭抗礼。曹操拒绝与袁绍同谋，宣称："董卓之罪，暴于四海，吾等合大众、兴义兵，而远近莫不响应，此以义动故也。今幼主微弱，制于奸臣，未有昌邑亡国之衅，而一旦改易，天下其孰安之？诸君北面，我自西向。"②这两则材料反映的事实，显现了曹操的皇权观：皇帝和皇权是天下安危所系，必须十分谨慎地加以对待，绝不可轻易行"废立"或"改易"之事。在此我们还须看到，曹操的皇权观透露着十足的理性成分，即他重视皇帝和皇权，并非如一般士大夫那样强调坚守"臣节"，而是着眼于现实政治的运行。因为在曹操看来，汉灵帝之类的昏君，并非不可以废黜，而是现实中很难具备那样的条件；汉献帝虽是由"奸臣"董卓废少帝而改立，但他作为灵帝的嫡子，其法统却无可置疑，而维护献帝的法统，正是大义所在和天下安危所系。

以上皇权思想主导了曹操早期的政治活动。当各路军阀轻忽皇权，冷落汉献帝，甚或有"改易"图谋之时，曹操却打着"匡佐"汉献帝的旗号，实实在在地实施"挟天子而令诸侯"的战略，俨然成为东汉皇权的捍卫者。所以在《明志令》中，曹操不无自豪地说："设使国家无有孤，不知当几人称帝，几人称王。"可是，当昔日的竞争对手一个个被铲除，曹操自己的势力不断壮大，其专制集权统治日趋稳固之后，他还能满足于"匡佐"的名义，对皇位无动于衷吗？我们注意到，建安十五年前后，是曹操对待皇权的态度发生重大转变的时期，他对霸府统治所进行的一系列

---

① 《三国志》卷一《武帝纪》注引《魏书》。
② 《三国志》卷一《武帝纪》注引《魏书》。

目的明确的运作，同他对待皇权的态度是表里一致的。

正是作于建安十五年（210）的《明志令》，为我们了解曹操的思想变化提供了重要线索。曹操在该令中谈道："或者人见孤强盛，又性不信天命之事，恐私心相评，言有不逊之志，妄相忖度，每用耿耿。"所以反复申说，否认自己觊觎皇位。但接下来他又表示，不能"委捐所典兵众以还执事"，并且希望封三子为侯，作为"外援"。由此我们可以推断，既然曹操紧抓权力不放，不仅他自身的权势有增无减，还要封建子嗣，树立藩屏，那么他究竟要把霸府统治导向何方呢？显然不可能是回归到旧的皇权统治秩序，而只能是对此进一步予以突破，直至缔造出新的皇权。这样看来，无论曹操如何表白和辩解，都无法掩盖他窥伺皇位的事实。

这一时期董昭替曹操谋划有关事宜的细节，进一步为我们提供了曹操思想转变的实情。必须承认，曹操实施霸府统治，其政权内部存在对此持不同立场的两种势力，一种是荀彧一类的大族名士，他们在思想上正统观念浓重，在情感上同东汉皇室瓜葛很深，对霸府统治存有异见；另一种是那些非大族出身的名士和其他官员，如郭嘉、毛玠之类，他们却正统观念淡薄，同东汉皇室也无甚瓜葛，是霸府统治的支持者。就董昭的行事而言，他显然属于后一类。据《三国志》卷一四本传记载，董昭建议曹操依古制"建封五等"，他认为："自古以来，人臣匡世，未有今日之功。有今日之功，未有久处人臣之势者也。今明公耻有惭德而未尽善，乐保名节而无大责，德美过于伊（尹）、周（公），此至德之所极也……明公虽迈威德，明法术，而不定其基，为万世计，犹未至也。定基之本，在地与人，宜稍建立，以自藩卫。"董昭的主旨是要曹操仗恃功绩，采取封建藩国的步骤，奠定传世基业，其中的一些意见，道出了曹操心中思虑但不便明言的想法。据本传及注引《献帝春秋》记载，董昭为曹操晋爵国公做了不少工作，"后太祖（曹操）遂受魏公、魏王之号，皆昭所创"。由董昭谋划的内容均被曹操采纳的事实，我们可以作出如下判断：董昭的有关意见反映了曹操的真实思想，尽管曹操不免"耻有惭德"，也顾忌"名节"，但他执意封藩建国、突破旧的皇权统治秩序的立场，却是坚定不移的。

综括以上论述，我们认为，曹操思想上受名教的束缚和对名教的叛逆并存，他对待皇帝和皇权十分谨慎，但又充满理性。因此，在处理同东汉皇室和汉献帝的关系方面，曹操始终存在"畏名义而自抑"的成分，而他总是尽力地对此予以突破。由此我们相信，司马光的"畏名义而自抑"说，自有其合理的成分，但同时我们也怀疑：仅有"畏名义而自抑"的羁绊，就真的能决定曹操终生不敢废汉自立吗？

首先，曹操建立霸府统治，乃至封藩建国，实施"以魏代汉"的步骤，是与他削平群雄、开境拓土的过程相伴而推进的；由积累功业造成凌驾汉室的形势，是其惯用手法。曹操在平定关中之后晋爵魏公，又在征服汉中之后进封魏王，都是由群臣宣扬其功德，经劝进、册封，再"三让"而接受封拜。只要曹操决意代汉称帝，而现实中又不乏可以凭借的"功业"，那么再重演一次上述过程，也未尝不可。事实上，曹操晚年不肯"坐行西伯之德"[1]，仍然汲汲于西征南伐，虽明知吴蜀难平而必为之，难道不就是为了寻求这样的"功业"吗？

其次，自王莽篡汉以来，谶纬、符瑞畅行天下，加之流传已久的"五德终始说"，它们在改朝换代之际的舆论作用十分突出。尽管曹操有"名义"之累，也无论他自称"性不信天命之事"，只要决意篡汉称帝，都不妨碍他利用上述工具达到目的。由《三国志》卷二《文帝纪》注引《献帝传》所载汉魏嬗代众事，我们就不难明白这一点。当时正是谶纬、符瑞迭出，"德运"之说甚嚣尘上，仅著名的就有："'许昌气见于当涂高，当涂高者当昌于许。'当涂高者，魏也……魏当代汉"；"魏之氏族，出自颛顼，与舜同祖，见于《春秋》世家。舜以土德承尧之火，今魏亦以土德承汉之火，于行运会于尧舜授受之次"。事实说明，在改朝换代方面，谶纬、符瑞和"德运"说足以充当"名义"的遮羞布，对曹丕来说是如此，对曹操来说也不例外。

再次，曹操在建安二十一年四月进封魏王，其权位达到人臣极限，但

---

[1]　《三国志》卷二一《刘廙传》。

就在此后不久，他又采取了一些不同寻常的举动：次年四月，"设天子旌旗，出入称警跸"；十月，"冕十有二旒，乘金根车，驾六马，设五时副车"①。我们认为，若非曹操有即位称帝的下一步计划，那么这样一些僭拟天子的举动，只能徒然增添其"惭德"，而无任何实际意义。换言之，曹操僭拟天子，可以视作其正式取代汉帝的前奏，是其整个篡汉计划中的重要环节，而这个事实本身就与"畏名义而自抑"说发生矛盾。

通过以上分析和举证，我们认为，所谓"畏名义而自抑"，在情理和事实上都不可能是曹操不敢废汉自立的终极决定因素。那么，究竟是什么原因使曹操最终放弃篡汉的企图，未能登基称帝呢？通过发生在建安二十三、二十四年的两次谋反事件，以及曹操采取的相关应对措施，我们可以找到解答这一问题的线索。

本篇第六章的论述表明，如果我们对建安末年这一特殊时间段落予以足够的关注，对曹操及其敌对势力双方的动向作细致的考察，就可发现：曹操晚年，在经过长期的苦心经营之后，实际上已经酝酿着称帝篡汉的计划，只是受制于当时的内外政治、军事形势，这一计划才终究未付诸实施；曹操未能废汉自立，归根到底是取决于现实的政治条件或政治实力，而非观念性的"畏名义而自抑"。

四　后论：霸府与霸府政治

透过以上论述，我们看到，整个建安时期的政治，实际上是以霸府为枢纽，以霸府政治为基本形态的。对于这一点，前人很早就有认识。东晋时袁宏作《三国名臣序赞》，一则称荀彧"委面霸朝"，再则称崔琰"执笏霸朝"，②就是把建安时期的曹操政权视作王朝政治的特殊形态；而"霸朝"一词，为以往所未见，显示出这种特殊政治形态为曹操所创建。那么，此种特殊政治形态，究竟有哪些不同寻常的地方呢？

---

① 《三国志》卷一《武帝纪》。
② 《文选》卷四七，上海古籍出版社1986年版。

　　所谓霸府政治，其要害首先在于一个"霸"字。"霸"字一词，由来已久。《左传》"成公二年"记载："五伯之霸也，勤而抚之，以役王命。"郑玄注云："天子衰，诸侯兴，故曰霸。霸，把也，言把持王者之政教，故其字或作伯或作霸也。"①此处以春秋"五伯之霸"的历史背景为立论依据，一是说明霸代表着"天子衰，诸侯兴"的权势消长，二是指出霸的内容为"把持王者之政教"。这个注解准确地把握住了霸的基本政治内涵，后世所谓的霸，在本质上是与此相通的。当然，汉末的时代与春秋时代毕竟有很大差别，最根本的在于秦汉以后中央集权的专制制度已经确立，以前裂土分封的诸侯已经被皇权体制下的大臣所代替。因此，相对于春秋时代而言，汉末称霸的主体和形式均已发生变化，以前是诸侯之长（侯伯或侯霸）以盟约的方式号令诸侯，此时则是权臣通过霸府宰制天下。同春秋时诸侯与周天子的松散关系相比，汉末大臣与皇帝的关系无疑要紧密得多，由此看来，曹操通过建立霸府实现对国家的长久统治，实在是一个了不起的创举，因为此举需要解决的技术环节相应地更为棘手。袁绍的例子足以说明这一点，他放弃掌握汉献帝的图谋，一个重要原因就是对处理同汉献帝的关系感到棘手，所谓"今迎天子，动辄表闻，从之则权轻，违之则拒命，非计之善者也"②，反映了他的困惑。

　　再就相同的时代来说，霸府政治同宦官外戚擅权亦有区别。宦官外戚擅权，实际上是皇权政治的衍生形态，正如田余庆所指出："甚至东汉宦官外戚擅权，也只能视为专制皇权发展到空前强大水平而出现的皇权旁落现象。掌握了皇帝（通常是婴幼的或弱智的皇帝），等于掌握了一切权力，因而弄权者得以假皇帝之名行事。这只是对皇权的窃取，而不是对皇权的否定。"③霸府政治则不然，它是在皇权极度衰弱的情况下出现的，基本内容是以相权代替皇权行事，它的运作固然要借用皇帝的名义，但主要还是依靠权臣实际掌握的军事政治权力。因此，霸府政治较多地表现为与皇权

---

①　《十三经注疏·春秋左传正义》，中华书局影印本1980年版，第293页。
②　《后汉书》卷六四《袁绍传》。
③　田余庆：《东晋门阀政治》，北京大学出版社1996年版，第342—343页。

的对立关系，而非依存关系，其发展趋向则是旧皇权的终结和新皇权的诞生。说到底，霸府政治是皇权政治的一种过渡形态，是新旧皇权处在嬗替过程之中而出现的特殊政治模式。

如果要进一步探究霸府政治的具体内容，则可用"霸道"一词加以概括。霸道作为与"王道"相对应的统治方式，历来为统治阶级所重视，自孟子、荀子以来的儒家学者，对王、霸二道多有辩论。在此要强调的是，曹操以宰相的身份担当皇权的角色，特定的角色地位决定了他采取霸道是适宜的。曹操所奉行的霸道，基本内容有两点：一是以权术手段处理统治集团内部的各种关系，包括对待汉献帝；二是以法治国，而这两方面的内容，大抵符合历来对霸道所作的阐释。①因此，人们习称的曹操实行法治及其行为举止的猜忌，实际上可由霸府政治获得贯通的理解。

一般认为，建安年间曹操的统治较多地继承了董卓的政治遗产。陈勇在其论文中对此多所阐述②，其中的一些意见，我是赞同的。董卓缺乏学术素养和习染羌胡风俗等个人条件，使他能够不受名教的束缚，以粗暴的方式摧折东汉皇权，作成包括曹操在内的一般士人难于作成的非常之举，从而开启皇权嬗替的过程。从后来历史演变的进程看，正是董卓担当了替曹操"驱除"的角色。曹操在政治上继承董卓之处是明显的，包括"挟天子而令诸侯"的政治战略，以宰相的身份担当皇权的角色等。不过，如若把曹操看作董卓的简单继承者，却是不够的。个人认为，曹操与董卓的区别，不仅在于曹操很早就出入名士之间，是一个受到不少名士赏识的人物，因而其政治基础远比董卓广泛而坚实。更重要的则是，曹操承董卓动摇汉室根基之后，以"匡佐"汉室的形象出现，在处理同汉献帝皇权的关系和实现对朝政的掌握等方面，均采取了与董卓不同的策略。首先是在对待汉献帝的皇权方面，董卓一味张扬自我，凌驾汉帝，采取了种种露骨的僭越皇权的举动。诸如自尊为太师，号曰尚父，位在诸侯王上；乘青盖金

---

① 参考庞朴主编：《中国儒学》第四卷，东方出版中心1997年版，第364—366页。

② 陈勇：《董卓进京述论》，《中国史研究》1995年第4期。

华车，服饰逼近天子；"召呼三台尚书以下自诣卓府启事"①，等等。曹操在这方面的做法则要温和得多，他在很长时间里只是满足于不再朝见天子，即便有所僭越，那也是许久以后的事。其次是在实现对朝政的掌握方面，董卓的做法主要是拔擢党人名士，用以充实朝廷及布列州郡，而"卓所亲爱，并不处显职，但将校而已"②。然而，党人名士并不拥戴董卓，反而密谋将他除掉。如此看来，董卓对朝政的掌握，只是依靠武力威慑达成的，缺乏直接有效的操作机制，自然不可能长久。曹操则不然，他通过建立霸府，实现了对朝政牢固而长久的掌握。由董曹差异的比较，我们进而看到，曹操建立霸府和采取霸府政治的模式，是在旧皇权体制的框架内，着眼于对旧制度的改造利用，即便有所突破，一般也有章可循，其优点是在切实掌握朝政的同时，又不易造成政治上的负面影响。总之，建立霸府和采取霸府政治的模式，对于曹操政权的生存和发展，具有决定性意义。

汉魏之际新旧皇权嬗替的过程中，需要经历一个霸府政治的阶段，是由当时特定的政治环境决定的。一方面东汉皇权虽已衰微，但其残余影响依然存在，尚无其他势力可以替代；另一方面，掌握汉献帝的曹操出身"浊流"，除了借助皇权的影响，并无遽然篡夺皇权的实力。由此造成了霸府政治存在的必要性。霸府政治能够成功地实施，则是因为具备以下有利条件：

第一，东汉自和帝以下，皇权渐趋腐朽，外戚宦官擅权，侵夺了三公作为宰相的权力，由此造成朝纲不举，政治衰败。因此汉末有一种议论，主张加强宰相的权力，借以整顿朝政。仲长统在所撰《昌言·法诫篇》中，明确提出"任一人"的主张，要求恢复秦及西汉时期的丞相制度，"置丞相自总之"③。仲长统主要是一个思想家，而非政治人物，虽然他曾

---

① 《三国志》卷六《董卓传》，《后汉书》卷七二《董卓传》。
② 《后汉书》卷七二《董卓传》。
③ 《后汉书》卷四九《仲长统传》。

一度入曹操丞相府参军事，但在此前后，都是在汉献帝朝廷任尚书郎，[①]
足见并非曹氏亲信。因此，他的政论主要是代表了当时的舆论倾向，可以
视为有识之士针对时弊开出的一剂药方，而不一定是专为曹操擅权而作。
这样看来，曹操建立霸府和采取霸府政治的模式，确实有其相应的社会基
础，他的一些具体做法与仲长统所主张的相吻合，绝不是偶然的。

第二，在汉末复杂的政治局面下，霸府政治所具有的权力结构特点，
使得政治倾向互相分歧的各种人物，都能从中找到可以接受的因素。还在
桓、灵之际，面对"主荒政谬"的局势，已有士人提出变革皇权的主张，
迨至后来军阀纷起，天下分崩，人们更加强烈地呼唤一个强权人物来拯救
危局，当时诸如"命世之才""拨乱之主""霸王"之类的说法，即是这种
意见的表达。霸府政治强调突出相权，对旧的皇权统治秩序予以突破和否
定的成分甚浓，顺应了一部分人主张革新皇权的要求。另一方面，霸府政
治毕竟保留了名义上的东汉皇帝，存续了皇统，对于那些同东汉皇室瓜葛
很深而主张复兴汉室的人物，未尝没有一些慰藉和安抚。杨彪、孔融能够
与曹操共存于一个政权之中，荀彧甚至是曹操谋士群体里最突出的人物，
原因就在于此。可以这样认为，霸府政治所具有的内涵多样性和不确定
性，在一个时期里适应了不同政治主张的要求。当然，待到霸府政治最终
导致新旧皇权嬗替之时，不同政治主张的人物终究分道扬镳，也就不可避
免了。

最后，我们看到，建安年间曹操对霸府政治的成功实践，至少在两方
面显示了它的重大意义。一是在重建中央集权的封建统治秩序，促成北部
中国的局部统一方面，霸府政治发挥了特有的作用；二是在革新皇权，完
成新旧皇权嬗替的过程方面，霸府政治的独特作用更为显著。正因如此，
在以后的两晋南北朝时期，每当王朝易代之际，我们都会看到霸府和霸府
政治在其间发挥作用；"霸府""霸朝"一类的记载，也屡见于史籍。两晋
南北朝王朝更迭频繁，自然有其特定的社会政治原因，但曹操开创霸府政

---

① 仲长统的仕宦经历，见《后汉书》卷四九《仲长统传》、《三国志》卷二一《刘劭传》注。

治的模式，为权臣篡夺政权提供了可资借鉴的范例，也是不能忽视的一个因素。当然，就历史上出现的霸府政治而言，仍以建安年间曹操的实践最为典型。

中
篇

第一章　释"魏文慕通达"

晋武帝即位之初，鉴于曹魏越二代而政权旁落、数十年即亡国的历史教训，君臣就治国之策进行过反复讨论。散骑常侍傅玄上疏称："近者魏武好法术，而天下贵刑名；魏文慕通达，而天下贱守节。"①即包含着对曹操、曹丕统治时期政治和社会风教的理性概括。按，傅玄曾"撰论经国九流及'三史'（《史记》《汉书》《东观汉记》）故事，评断得失，各为区例，名为《傅子》"②，说明他熟悉各家各派的治国主张和自《史记》《汉书》记载以来的史事，并有独立见解。他提出如上看法，必非无的放矢。关于"魏武好法术"，晋初陈寿指出曹操"览申、商之法术"③，南朝梁刘勰指出"魏之初霸，术兼名法"④，可为参证。近人对此亦多有评论，大体是指曹操采取法治方针和以法术统御臣下的统治策略。然而，与之对称的"魏文慕通达"，其基本内涵是什么呢？迄今似尚无明确揭示。因此，本章试就此作一考释，以探明其内涵。

一　作为个人行为风格的"慕通达"

就一般意义而言，"慕通达"可理解为一种个人行为的倾向或"风格"，而曹丕的言行乃至人生观中的确包含着通脱放达的因素。曹丕虽然

---

① 《晋书》卷四七《傅玄传》。
② 《晋书》卷四七《傅玄传》。
③ 《三国志》卷一《武帝纪》陈寿评。
④ 《文心雕龙·论说篇》，周振甫：《文心雕龙注释》，人民文学出版社1981年版。

生长于乱世，但他先后为丞相世子、魏国太子，府中经常名士荟集，坐以论道，或者文士相聚，诗酒唱和。他与孔融、陈琳、王粲、徐幹、阮瑀、应场、刘桢等"建安七子"都有较深交情，本人也颇具文才。特殊的生活环境造就了曹丕的文人气质。建安二十二年（217），疫疠大起，士人凋落，曹丕感时伤世，与他敬重的王朗书云："生有七尺之形，死唯一棺之土，唯立德扬名，可以不朽，其次莫如著篇籍。"[①]又与挚友吴质书称："观古今文人，类不护细行，鲜能以名节自立。"[②]在此，曹丕似乎看透生死存没，希求扬名后世，表现出一定程度的通达人生观；而所谓文人"不护细行"，其实也是他的亲身体验，尽管他所处的政治地位特殊，不致完全混迹于普通文士。《世说新语·伤逝篇》载："王仲宣（王粲）好驴鸣。既葬，文帝（曹丕）临其丧，顾语同游曰：'王好驴鸣，可各作一声以送之。'赴客皆一作驴鸣。"从这个故事看，曹丕确实"不护细行"而举止独具一格。如果说作驴鸣之类的"细行"尚无伤大雅，那么，下面的故事就颇为严重了。《世说新语·贤媛篇》载：

> 魏武帝崩，文帝悉取武帝宫人自侍。及帝病困，卞后出看疾。太后入户，见直侍并是昔日所爱幸者。太后问："何时来邪？"云："正伏魄时过。"因不复前而叹曰："狗鼠不食汝余，死故应尔！"至山陵，亦竟不临。

曹丕在父亲曹操去世后，立即将曹操宫人全部取来服侍自己。卞太后发觉后，感叹"狗鼠不食汝余"。余嘉锡谓"卞后言此，斥丕之所为，禽兽不如也"[③]，极是。曹丕的行为严重违背了名教礼法，足以对社会风教造成恶劣影响。

---

① 《三国志》卷二《文帝纪》注引《魏书》。
② 《三国志》卷二一《王粲传》。
③ 《世说新语·贤媛篇》，余嘉锡：《世说新语笺疏》，上海古籍出版社1993年版。

二 "慕通达"在政治方面的最初内容

曹丕主要是一代封建帝王，而不仅仅是个普通的文人学士。因此，其思想、行为方式的通达，必然更多地影响到他的政治倾向和统治"作风"。发生在建安十四年（209）的田畴辞封事件①，第一次较为明确地表露了曹丕的政治倾向。田畴，右北平无终人，曾为幽州牧刘虞从事，年少知名。曹操北征乌丸，田畴为向导立功。曹操论功，封畴亭侯，邑五百户，畴固辞不受。其后曹操征荆州还，"追念畴功殊美，恨前听畴之让，曰：'是成一人之志，而亏王法大制也'"②。因而提出以前爵封畴。田畴上书以死自誓，绝不肯受。由此引发出如何处理田畴辞封事的朝廷争议。《三国志》卷一一《田畴传》记载：

> 有司劾畴狷介违道，苟立小节，宜免官加刑。太祖（曹操）重其事，依违者久之。乃下世子及大臣博议，世子以畴同于子文辞禄，申胥逃赏，宜勿夺以优其节。尚书令荀彧、司隶校尉钟繇亦以为可听。

曹操坚持加封田畴，固然因其功劳很大，更重要的是要维护"以庸制禄"的原则，不愿因一人而"亏王法大制"。这是一种法治态度，强调的是国家制度的统一性和严肃性。"有司"弹劾田畴，建议"免官加刑"，正是秉承曹操旨意。曹丕以"世子"身份参与议论，他把田畴辞封与古人的高义行为相提并论，建议勿夺其志而优奖其节操。这个意见得到了荀彧、钟繇的支持。这是曹操集团内部有关治国之策的一次政见交锋。《田畴传》注引《魏书》摘要载录了曹丕等人的议论。曹丕谓"免官加刑，于法为重"，希望在执法方面打些折扣；而荀彧认为"君子之道，或出或处，期于为善而已。故匹夫守志，圣人因而成之"，更从"圣人"之治的观点出

---

① 关于这次事件的时间，参考张可礼：《三曹年谱》，齐鲁书社1983年版。
② 《三国志》卷一一《田畴传》。

发，要求成全田畴之志。就曹丕而言，他未必像荀彧那样从"圣人"之治的角度看问题，但他不赞成依法处置田畴，表现出通达的政治态度，而这正是对曹操厉行法治的偏违与背离。从另一方面说，田畴辞封反映的是东汉时期盛行的名士行为，这类行为受到世家大族的赞赏，曹丕与大族出身的荀彧、钟繇观点接近，说明其"慕通达"是符合大族志趣、利益的。

人们熟知的曹丕与邴原等论"君父先后"的故事，也颇能说明问题。《三国志》卷一一《邴原传》注引《原别传》载：

> 太子（曹丕，时为五官中郎将）燕会，众宾百数十人，太子建议曰："君父各有笃疾，有药一丸，可救一人，当救君邪，父邪？"众人纷纭，或父或君，时原在坐，不与此论。太子谘之于原，原悖然对曰："父也。"太子亦不复难之。

关于这段材料的时代背景，唐长孺论之甚详。[①]这里要指出的是，曹丕以丞相世子身份任五官中郎将、副丞相，很可能是未来的国家最高统治者，由他把"君父先后"作为一个可以讨论的命题提出来，本身就表明其思想认识的通达。鉴于"君父先后"或"忠孝先后"的实质是如何处理国家与家族利益的矛盾，对此"通达"或放任，实有利于世家大族节义观的传播和势力的发展。

以上议"田畴辞封"与论"君父先后"，都发生在曹丕即位称帝之前，说明他在有关国家大政方针的问题上已经呈现出废弛名教、容忍个性自由，以及背离法治、放任世家大族的倾向，正是其"慕通达"在政治方面的最初内容。循此线索，我们可以对曹丕在位期间的主要施政措施作进一步考察。

三 曹丕统治作风的"通达"倾向

大凡帝王统治国家，主要在于确立治国方略和选驭将相，即以何方略治理国家，以何准则选驭将相。曹丕也不例外，当他篡汉登基后，首先考虑的就是确立一套适应新形势的统治思想。《三国志》卷二《文帝纪》注引《魏书》称："〔文帝〕常嘉汉文帝之为君，宽仁玄默，务欲以德化民，有贤圣之风"；并曾撰著《太宗论》，褒赞汉文帝有"大人之量"。看来，曹丕决意做一个"宽仁玄默"的守成之君，采取比较宽松的统治方式；进一步说，他力图采取"宽仁玄默"的治国方略，即在新形势下实施"无为而治"的黄老之术。[①]但是，曹丕继承曹操的基业，是个政治上成熟的守成之君，曹操成功的法治之术，他不会也不能贸然废弃；而曹操"治平尚德行，有事赏功能"[②]的教令，为他在新形势下实现由"赏功能"到"尚德行"的政治转变，提供了理论依据。因此，曹丕统治时期，实际上一面因循法治，一面积极倡导儒教。最高治国方略与实际政策措施在一定程度上脱节，以及实际政策措施存在儒法矛盾，给曹丕施政造成了困难。

还在曹丕称魏王的那几个月里，就采纳吏部尚书陈群的建议，全面推行九品官人法。据近人研究，这项制度实际萌芽于曹操统治的建安年间，本意是使选举"核之乡闾"，同时有加强中央对地方舆论控制的意图。[③]曹丕在位期间，"儒雅并进"，而先前那些以"事能"进用的官员，大多"冗散里巷"[④]。他倡导儒学，下诏封孔子后代孔羡为宗圣侯，奉孔子祀；令鲁郡修复旧庙，"又于其外广为室屋以居学者"[⑤]。黄初五年（224），又恢复太学，"制五经课试之法，置《春秋穀梁》博士"[⑥]。他还把崇儒的政治

---

① 参考熊铁基：《秦汉新道家略论稿》，上海人民出版社1984年版，第174页。
② 《三国志》卷一《武帝纪》注引《魏书》。
③ 参考唐长孺：《东汉末期的大姓名士》，《魏晋南北朝史论拾遗》，中华书局1983年版。
④ 《三国志》卷一五《贾逵传》注引《魏略》。
⑤ 《三国志》卷二《文帝纪》。
⑥ 《三国志》卷二《文帝纪》。

倾向贯彻到吏治之中，曾按官吏是否持有"儒术"划界，分别称作"驳吏""纯吏"①。曹丕所做的这些，表明他致力于恢复一个崇尚德行的治平之世。然而，他这样做的实际情形和效果又如何呢？明帝时傅嘏著文称：

> 方今九州之民，爰及京城，未有六乡之举，其选才之职，专任吏部。案品状则实才未必当，任薄伐则德行未为叙。②

傅嘏说的是当时情况，但渊源却在黄初。按他的说法，九品官人法创立后，从来就没有在恢复乡举里选的基础上施行，吏部掌握的"品状""薄伐"，在很大程度上不能反映人才的实才和德行。如此选举，不但人才良莠不齐，也无法做到崇尚德行，奖励风俗。另据史载，太学自初立至明帝朝，鲜有成就，"是以志学之士，遂复陵迟，而末求浮虚者各竞逐也"③。看来，曹丕崇儒，也有名少实，更谈不上由此达成名教之治。《三国志》卷二《文帝纪》注引《魏书》载黄初五年十月癸酉诏云：

> 近之不绥，何远之怀？今事多而民少，上下相弊以文法，百姓无所措其手足。昔太山之哭者，以为苛政甚于猛虎，吾备儒者之风，服圣人之遗教，岂可以目玩其辞，行违其诫者哉？广议轻刑，以惠百姓。

从诏书内容看，曹丕施政存在着严重的"文法"之弊，他对此深加自责，认为自己"备儒者之风，服圣人之遗教"，必须将施政扭转到遵循儒教的轨道上来。上述曹丕施政过程中的种种矛盾现象，傅玄必定看得很清楚，而他认为，既然曹丕施政不符合名教原则，就是一种"通达"放任行径。这一点将在后面讨论。

---

① 《三国志》卷一五《梁习传》注引《魏略》。
② 《三国志》卷二一《傅嘏传》。
③ 《三国志》卷一三《王肃传》注引《魏略》。

曹丕在位时，安定太守孟达曾推荐涿郡太守王雄，建议授以重任。曹丕下诏称：

今便以参散骑之选，方使少在吾门下知指归，便大用之矣。天下之士，欲使皆先历散骑，然后出据州郡，是吾本意也。①

按照曹丕的设想，官员在出据州郡之前，都要先历散骑，以便亲聆教诲，知治民"指归"，从而普遍提高州郡长吏"宰官治民"的素质。又据史籍记载，"是时，散骑皆以高才英儒充其选"②。因此，这个构想的实质，一方面是加强对地方州郡的控制，一方面是促成刺史、郡守的儒士化，仍然属儒法并用的基调。可是，以天下州郡之多，这个构想是不可能实现的，因而充满了浪漫色彩。这是一则充分反映曹丕施政特色的实例。

以曹氏、夏侯氏宗族为核心的"谯沛人"，是曹操创业过程中的一支骨干力量，他们主要是掌管军事，在军队中拥有强大势力。继续倚仗曹氏、夏侯氏宗族等谯沛人，是曹丕的一项基本政策。延康元年（220）曹丕即王位及称帝（改元黄初）之后，拜夏侯惇为大将军，居武职之首；曹仁为车骑将军，都督荆、扬、益州诸军事；曹真为镇西将军，都督雍、凉州诸军事；夏侯楙为安西将军，都督关中；曹休为镇南将军，都督诸军事；夏侯尚为征南将军，都督南方诸军事，分处方面之任；许褚为武卫将军，都督中军宿卫禁兵。以上授职大体遵循着曹操唯才是用的原则，但也存在问题。比如，夏侯楙"性无武略，而好治生"③，仅因年少时与曹丕亲密，就被授以方面重任。夏侯尚因与曹丕亲善而结为"布衣之交"，除被授予重任外，还特见宠待。曹丕曾赐夏侯尚手诏云："卿腹心重将，特当任使。恩施足死，惠爱可怀。作威作福，杀人活人。"被蒋济称为"见

---

① 《三国志》卷二四《崔林传》注引《魏名臣奏》。
② 《三国志》卷一六《杜恕传》注引《魏略》。
③ 《三国志》卷九《夏侯惇传》注引《魏略》。

亡国之语"①。曹丕对夏侯楙不因材授职,对夏侯尚以"作威作福,杀人活人"相纵容,都表现了通达不羁、背离法治的一面。

构成统治集团核心的另一部分人主要是曹丕为太子时的知交。《晋书》卷一《宣帝纪》载:

> 魏国既建②,〔司马懿〕迁太子中庶子。每与大谋,辄有奇策,为太子所信重,与陈群、吴质、朱铄号曰"四友"。

说明陈群、司马懿、吴质、朱铄都是曹丕的心腹亲信。陈群是颍川荀、钟、陈三个大族的代表人物之一,是荀彧的女婿。荀彧、荀攸去世后,陈群进位魏侍中领汉丞相东西曹掾,成为"颍川集团"的后进领袖。《三国志》卷二二《陈群传》称:"文帝在东宫,深敬器焉,待以交友之礼。"在此之前或同时,曹丕与荀彧、荀攸、钟繇等都深相结纳。曹丕称帝后,陈群实际居宰辅职任;从曹操、曹丕与颍川集团的关系演变看,这种安排无疑是曹操联合颍川集团政策的延续。司马懿等人的情况则不同。司马懿最初拒绝曹操辟召,后勉强出仕,但未受重用。司马懿发迹缘于他亲附曹丕。据上引资料,他任太子中庶子时,"每与大谋,辄有奇策"。所谓"大谋奇策",王鸣盛认为就是"篡汉阴谋"③,说明他因参与篡汉密谋而深得曹丕信重。曹丕称帝后,司马懿位望日隆,与陈群对掌朝政。此外,吴质官至振威将军,都督河北诸军事,居方面之任;朱铄官至中领军,为中军主将,都受到重用。在曹丕与其东宫"四友"的关系中,反映出背离名教又不遵奉法治的倾向,而他对司马懿信重的程度,尤其引人注目。黄初五年、六年,曹丕两次南征孙吴,授命司马懿镇守许昌,录尚书事。黄初七年,曹丕去世前,遗诏司马懿与曹真、陈群辅政,并诏太子:

---

① 《三国志》卷一四《蒋济传》。

② "魏国既建",疑误。《三国志·魏书》中,"魏国既建"一般指建安十八年(213)曹操晋爵魏公,当时曹丕尚未立为太子,无太子属官。

③ 《十七史商榷》卷四四"大谋奇策"条。

"有间此三公者，慎勿疑之。"①确定了司马懿的顾命大臣地位，从而奠定了司马氏势力发展的权力基础。如果说曹真、陈群的元勋地位是自曹操以来倚仗谯沛人、联合颍川集团政策的产物，那么，司马懿的崛起完全是曹丕宠信的结果，更何况曹丕在位期间，司马懿并无任何重大作为。正因如此，明帝时高堂隆上疏提到"黄初之际"，犹有凛然之意，他提出"宜防鹰扬之臣于萧墙之内"②，建议对前朝的失误采取补救措施。总之，在选拔将相、组成统治集团核心这类重大决策方面，曹丕存在着超出法治、名教的"通达"倾向。

延康元年，蜀将孟达率众降魏。在安置孟达的问题上，曹丕的"通达"作风更为明显。曹丕初闻孟达东来，命"贵臣有识察者"数人前往观察，使臣还后有的说孟达有"将帅之才"，有的说孟达是"卿相之器"，曹丕顿生钦敬之意。他与孟达书称"虚心西望，依依若旧"。又云：

> 今者海内清定，万里一统，三垂无边尘之警，中夏无狗吠之虞，以是弛罔阔禁，与世无疑，保官空虚③，初无质任。卿来相就，当明孤意，慎勿令家人缤纷道路，以亲骇疏也。若卿欲来相见，且当先安部曲，有所保固，然后徐徐轻骑来东。④

自曹操以来，领兵将领须将子弟、家属送往邺城等政治中心做人质，称作"质任"或"任子"，作为一种控制手段，并成为建立"士家制度"的基石。对于敌方降将，这种收取质任的手段更为必要。曹丕所谓"保官空虚，初无质任"，可能是夸张之辞，表明政治环境宽松，借此安抚孟达，不仅不要他送"家人"前来做质任，而且说这是不能"以亲骇疏"；又要孟达在东来之前，"先安部曲，有所保固"，实在是对他宠信无比。更有甚

---

① 《晋书》卷一《宣帝纪》。
② 《三国志》卷二五《高堂隆传》。
③ 李慈铭称："保官当作保宫。《汉书·百官公卿表》少府属官有居室，武帝更为保宫。《苏武传》曰：'老母系保宫。'"卢弼《三国志集解》引。
④ 《三国志》卷三《明帝纪》注引《魏略》。

者，孟达到京后，拜为散骑常侍①，出领新城太守，"委以西南之任"。对此，不少大臣认为曹丕待孟达"太猥"，"又不宜委以方任"②。曹丕仅以举止谈吐取人，对降顺敌将如此信重，其背离法治而通达不羁，已超出了一般人的想象。

以上说明，曹丕在治国方略、选驭将相等方面，都存在着浓厚的"通达"倾向。究其原因，除前揭个人行为因素外，更有着深刻的社会历史根源。我们知道，东汉实行名教之治，鼓励人们履行儒家纲常伦理，获取名声，从而达到使天下自治的社会效果。东汉政权的瓦解宣告了名教之治的崩溃，各种治世救弊的社会思潮应时而生。建安年间的当权者曹操从现实政治出发，实行"名法之治"。他以强有力的措施，"破浮华交会之徒"，"整齐风俗"，"重豪强兼并之法"，"唯才是举"，通过这些手段，强化了集权统治。不过，曹操本人也知道，他的这套做法不可能长久坚持下去，因此，他提出"治平尚德行，有事赏功能"的双重准则，一旦时势变化，一切都将回复到以前的老路上去。曹操当权时，曹丕已经参与政事，他对曹操的所作所为和这个时代的矛盾是清楚的。当他篡汉登基后，实现由"赏功能"到"尚德行"的政治转变，已是势所必然。但是，曹操的一些法治措施，既然行之已久，并正在发挥作用，自然不能遽然彻底废弃；而名教之治业已崩溃，客观上不可能立即恢复，况且，曹丕以汉臣篡汉，违反名教的忠君之义，主观上也不便倡导名教。曹丕以"宽仁玄默"、尊奉黄老为最高宗旨，实际上有调和儒、法，混一统治思想的意图。早期玄学由研究"名理"出发，贯通法家、名家和儒家，归结于道家。《隋书》卷三四《经籍志三》子部名家类有魏文帝《士操》一卷，属考察人物的名家著作，据唐长孺研究，这类著作"大抵包含了儒、道、名、法各家的成分"③。由此可证，曹丕研习名理，又因现实政治的需要，采用外儒法而内黄老的

---

① 《宋书》卷四〇《百官志下》"散骑常侍"条云："魏文帝黄初初，置散骑，合于中常侍，谓之散骑常侍，始以孟达补之。"居散骑以示宠待，始自孟达。

② 《三国志》卷三《明帝纪》注引《魏略》。

③ 唐长孺：《魏晋玄学之形成及其发展》，《魏晋南北朝史论丛》，河北教育出版社2000年版。

统治思想，是完全可能的。曹丕政治倾向和统治作风的"通达"，正是以上述历史转变为前提的。

四 "魏文慕通达"的内涵及其影响

"魏文慕通达"的确切内涵究竟是什么呢？傅玄提出这一看法，是有时代特征的，我们不妨将其奏疏移录如下：

> 臣闻先王之临天下也，明其大教，长其义节；道化隆于上，清议行于下，上下相奉，人怀义心。亡秦荡灭先王之制，以法术相御，而义心亡矣。近者魏武好法术，而天下贵刑名；魏文慕通达，而天下贱守节。其后纲维不摄，而虚无放诞之论盈于朝野，使天下无复清议，而亡秦之病复发于今。陛下圣德，龙兴受禅，弘尧舜之化，开正直之路，体夏禹之至俭，综殷周之典文，臣咏叹而已，将又奚言！惟未举清远有礼之臣，以敦风节；未退虚鄙，以惩不恪，臣是以犹敢有言。①

傅玄立论颇为高远，从上古"先王"之治延至本朝政治，阐析流变，意在为本朝政治张本。细绎傅氏之论，不难看出，他对曹魏政治是持全面批评态度的。在他看来，曹操"好法术"，曹丕"慕通达"，都不符合"先王之制"，因而都有伤风化，前者使天下"贵刑名"，后者使天下"贱守节"；由此而下，曹魏政治日益废弛，社会风气更加衰败。晋初，河内大族司马氏当政，大体恢复了名教的统治地位，傅玄正是站在名教立场上批评曹魏政治的。在正统儒学之士看来，东汉名教之治是最接近"先王"之治的完美统治模式，尽管它在实施过程中也会出现偏差，甚至引发危机。明末清初学者顾炎武曾作《两汉风俗》一文，可与傅玄所论互相补充印

---

① 《晋书》卷四七《傅玄传》。

证。顾文云：

> 汉自孝武表章六经之后，师儒虽盛而大义未明，故新莽居摄，颂德献符者遍于天下。光武有鉴于此，故尊崇节义，敦厉名实，所举用者莫非经明行修之人，而风俗为之一变。至其末造，朝政昏浊，国事日非，而党锢之流、独行之辈，依仁蹈义，舍命不渝；风雨如晦，鸡鸣不已。三代以下风俗之美，无尚于东京者。……使后代之主循而弗革，即流风至今，亦何不可？而孟德既有冀州，崇奖跅弛之士，观其下令再三，至于求负污辱之名、见笑之行，不仁不孝而有治国用兵之术者。于是权诈迭进，奸逆萌生。……至正始之际，而一二浮诞之徒骋其智识，蔑周孔之书，习老庄之教，风俗又为之一变。[1]

顾炎武在赞美东汉名教之治的同时，极力指责曹操变乱风俗，致使名教沉沦，玄风煽起。阎若璩疏证顾文，则援引傅玄奏疏，认为"致毁方败常之俗，魏文，非魏武也"[2]。按，如上所析，傅玄将变乱风俗归咎于曹操、曹丕，顾炎武则集中抨击了曹操的"首乱之罪"，阎氏所辨失察。总之，所谓"魏文慕通达"，按傅玄的本意，主要是就曹丕背弃名教统治原则而言的。由奏疏末尾对本朝政治的两点看法推断，他指责曹丕"慕通达"，也必定立足于治国方略和选驭将相两个方面。

本来，曹丕崇尚儒学，重用儒学之士，符合大族利益，自然受到他们的欢迎。对于曹丕组成统治集团核心的策略，孙权曾发表看法说："逮丕继业，年已长大，承操之后，以恩情加之，用能感义。"[3]指出曹丕用"恩情"笼络权贵，收到了好的效果。曹丕统治时期政局稳定，正是以此为前提的。然而，曹丕相对缺乏法治精神，又希望做一个"宽仁玄默"的守成之君，对权贵过分纵容，必然造成消极影响。鲍勋是功臣之后，因正直守

---

① 《日知录集释》卷一三，上海古籍出版社影印本1985年版。
② 《日知录集释》卷一三，上海古籍出版社影印本1985年版。
③ 《三国志》卷五二《诸葛瑾传》。

道，执法不阿，屡次冒犯曹丕。曹丕因事将鲍勋下狱治罪，随后竟不顾群臣反对，撇开廷尉等执法官员，将他枉杀。曹洪是宗室重臣，曾以私怨得罪曹丕，被曹丕抓住过失，下狱后几乎被处死。这两件事都颇令当时人怨恨失望。吴质以贵臣身份出任北中郎将，统河北军事，"州郡莫不奉笺致敬"[①]。他在黄初五年（224）朝京师，曹丕"诏上将军及特进以下皆会质所，大官给供具"。宴会期间，吴质竟取笑上将军曹真、中领军朱铄，双方大争威权。由于吴质"怙威肆行"，去世后被谥称"丑侯"[②]。曹丕宠信的另一贵臣夏侯尚，德行浅薄，被杜袭轻视。既然曹丕赏罚不明，宽纵亲贵，那么臣下必然无所自励，以至擅立威权，朋党交构，或者丧失大臣体范。另一方面则如前所论，曹丕无意恢复名教之治，"文法"苛碎；社会上选举多弊，儒风不竞，"浮华"风气已现端倪。在黄初年间政局平稳的表象下，实际潜藏着政教衰落的征兆。《三国志》卷二《文帝纪》陈寿评云："若加之旷大之度，励以公平之诚，迈志存道，克广德心，则古之贤主，何远之有哉！"此评较好地揭示了曹丕志在建立"德治"，却又多方不逮的事实，与傅玄"魏文慕通达"说对曹丕的指斥恰成对照。

按照傅玄的说法，曹丕"慕通达"的严重后果是使"天下贱守节"。这里所说的"节"，内涵丰富，包括名教要求人们遵守的一切行为准则；但就国家政治而言，忠君之节无疑是最重要的。如上所论，曹丕的政治倾向中确已包含着使臣下"贱守节"的因素，随着时间的推移，这种因素将严重妨碍国家政治的正常运行，甚至危及曹魏皇权。明帝时孟达图谋叛魏降蜀，是一则臣下"贱守节"的显例，[③]而司马懿父子篡魏建晋，更是臣下"贱守节"的特例。在正统儒学之士看来，曹魏放弃名教，致使风教衰落，臣下缺乏节义之心，是司马氏得以篡国的重要原因。比如，顾炎武论正始之际云："乃其弃经典而尚《老》《庄》，蔑礼法而崇放达，视其主之

① 《三国志》卷二四《崔林传》。
② 《三国志》卷二一《吴质传》注引《质别传》。
③ 《三国志》卷一四《刘晔传》载，孟达初降，颇受宠待，刘晔以为"达有苟得之心，而恃才好术，必不能感恩怀义"，后孟达终于反叛。孟达反叛原因复杂，此不具论。但是，刘晔所谓"有苟得之心"，"不能感恩怀义"，道出了孟达反叛的思想根源，也点明了曹丕"慕通达"的弊端。

颠危若路人然。"①其实，当傅玄提出"魏文慕通达，而天下贱守节"时，已经隐含着对魏晋革易之际的看法，只是碍于现实政治，不便明言罢了。我们今天探讨魏晋嬗代，一般认为是曹魏政治中多种因素演化的结果，尤其是世家大族势力急剧膨胀，他们默许或支持了司马氏的篡夺行动。不过，傅玄由社会风俗教化立论，确有其独到之处，值得重视。

综上所论，个人认为，所谓"魏文慕通达"，应包括如下内涵：它指曹丕个人行为方式的一种通脱放达倾向或"风格"。但是，作为一代封建帝王，主要表现在政治方面，则是一种政治倾向和统治"作风"，包括他背弃名教、偏离法治、纵容权贵、放任世家大族的一系列倾向；凡此，与他采取外儒法而内黄老的统治思想紧密相关。

---

① 《日知录集释》卷一三，上海古籍出版社影印本 1985 年版。

第二章 论魏明帝的"权法之治"

一 魏明帝的任法和用权

《三国志》卷三《明帝纪》注引《世语》载，魏明帝曹叡即位后，召见侍中刘晔，交谈尽日；刘晔出见众人，称明帝"秦始皇、汉孝武之俦，才具微不及耳"。刘晔素以知人著称，其看法应当有一定的道理。无独有偶，陈寿为明帝作评云："明帝沉毅断识，任心而行，盖有君人之至概焉"；明帝营造"宫馆"，乃是"追秦皇、汉武"①。对照刘晔、陈寿的看法，两人都是把魏明帝视作秦始皇、汉武帝那样的君主。秦皇、汉武皆师心自用，专制用权，秦始皇尤其以严刑峻法著称，稽诸史实，魏明帝是否也有类似的举措呢？以下将逐步查考。

明帝本纪注引《魏书》称其未即位前，"好学多识，特留意于法理"，这就预示着他登基后有可能采取法治方针。实际情况也确实如此。太和三年（229）十月，明帝改平望观为听讼观，他常说"狱者，天下之性命也"，每至决断大狱，常亲临观中聆听。青龙二年（234）二月，为避免鞭刑过重而致人死命，明帝下诏"减鞭杖之制，著于令"。同年十二月，"诏有司删定大辟，减死罪"。青龙四年六月，明帝又专门为刑狱之事发布诏令说：

---

① 《三国志》卷三《明帝纪》陈寿评。以下引文出自《明帝纪》者，不再出注。

> 有虞氏画象而民弗犯，周人刑错而不用。朕从百王之末，追望上世之风，邈乎何相去之远？法令滋章，犯者弥多，刑罚愈众，而奸不可止。往者按大辟之条，多所蠲除，思济生民之命，此朕之至意也。而郡国毙狱，一岁之中尚过数百，岂朕训导不醇，俾民轻罪，将苛法犹存，为之陷阱乎？有司其议狱缓死，务从宽简；及乞恩者，或辞未出而狱以报断，非所以究理尽情也。其令廷尉及天下狱官，诸有死罪具狱以定，非谋反及手杀人，亟语其亲治；有乞恩者，使与奏当文书俱上，朕将思所以全之。其布告天下，使明朕意。

诏中再三申明宽刑少狱的宗旨，强调"往者按大辟之条，多所蠲除"，"而郡国毙狱，一岁之中尚过数百"，即天下死罪情况依然深重；他要求有关部门"议狱缓死，务从宽简"，并责成自廷尉以下的各级狱官亲自审理死罪案，甚至于他本人也准备介入死罪案的审理事务，力图通过各个环节减少死刑。以上都是明帝在刑狱方面重视并改善法治的表现。

自秦汉以来，律令相承，累有增益，以至律文繁复，歧互丛生，加上汉儒章句解释达十余家之多，议罪时也用作参考，从而给量罪定刑造成许多弊端。明帝为此下诏，规定议罪时"但用郑氏（郑玄）章句，不得杂用余家"。以后又下诏改定刑制，令司空陈群、散骑常侍刘邵（刘劭）等"删约旧科，傍采汉律，定为魏法，制《新律》十八篇"；"凡所定增十三篇，就故五篇，合十八篇，于正律九篇为增，于旁章科令为省矣"。[①]通过上述努力，使曹魏王朝的法治条件大为改善。

明帝颇重吏治，体察下情。他曾"听受吏民士庶上书，一月之中至数十百封，虽文辞鄙陋，犹览省究竟，意无厌倦"[②]；又曾驾车到尚书省，

---

① 《晋书》卷三〇《刑法志》。程树德《九朝律考·魏律考》（中华书局2003年版，第193页），据晋志所载《魏律序》指出：按汉世律令最繁，《九章》之外，有旁章，有科令。魏则删繁就简，悉纳入正律之中，改具律为刑名，移置律首，各篇中有相类者，则随类分出，别立篇目；其全删者，止厩律一篇。

② 《三国志》卷三《明帝纪》注引《魏书》。

拟案行文书。①在选拔任用官吏方面，明帝注重实际才能，抑黜浮华，主张"选举莫取有名，名如画地作饼，不可啖也"②。他授命刘劭作《都官考课》，拟实施考绩之法，对百官加以督导；虽然事未施行，却反映了他依法管理官吏的思想。本纪注引《魏书》称明帝"料简功能，真伪不得相贸，务绝浮华谮毁之端"，应该是实情。此外，在管理军将及边郡长吏方面，明帝继承了前代的成法并有所发展。③

大凡任法者必兼用权术，权、法作为重要的统治手段，往往是相辅相成的。魏明帝强化集权统治，专制用权，情况相当突出。文帝曹丕去世前，深恐太子曹叡不能独立处理政事，遗诏由重臣曹真、陈群、曹休、司马懿等辅政。明帝即位后，将以上四人"皆以方任处之，政自己出"④，并不受其掣肘。他还对前朝的用人任事做法作了调整。安西将军夏侯楙"性无武略，而好治生"，太和二年（228）被征还为尚书。振威将军、都督河北诸军事吴质为文帝宠臣，此人"怙威肆行"，太和四年被征还为侍中。⑤明帝初即位时的朝政形势，曾受到敌国君臣的关注，吴主孙权与陆逊、诸葛瑾等议事时说道："闻任陈长文（陈群）、曹子丹（曹真）辈，或文人诸生，或宗室戚臣，宁能御雄才虎将以制天下乎？……今叡幼弱，随人东西，此曹等辈，必当因此弄巧行态，阿党比周，各助所附。如此之日，奸谗并起，更相陷怼，转成嫌贰。一尔已往，群下争利，主幼不御，其为败也焉得久乎？"⑥吴国胡综还因吴质"颇见猜疑"的传闻，伪为吴质作降文三条。⑦然而，正如裴松之所说，"魏明帝一时明主，政自己出，孙权此论，竟为无征"⑧。胡综的伪降文，亦未对曹魏政局产生影响。

---

① 《三国志》卷二二《陈矫传》。

② 《三国志》卷二二《卢毓传》。

③ 明帝时，把郡县条列为剧、中、平三等，"外剧"郡郡守须送"任子"至邺城，这是"质任制"的新发展，参看《三国志》卷二四《王观传》。

④ 《三国志》卷三《明帝纪》注引孙盛语。

⑤ 参看本篇第一章的论述。

⑥ 《三国志》卷五二《诸葛瑾传》。

⑦ 《三国志》卷六二《胡综传》。

⑧ 《三国志》卷五二《诸葛瑾传》裴松之注。

明帝用权，颇为注重裁抑臣下和维护自身地位。《太平御览》卷六九〇引《傅子》载："魏明帝疑三公衮冕之服似天子，减其采章。"据本纪载，景初元年（237）六月，"有司奏：武皇帝拨乱反正，为魏太祖，乐用武始之舞。文皇帝应天受命，为魏高祖，乐用咸熙之舞。帝制作兴治，为魏烈祖，乐用章（武）〔斌〕之舞。三祖之庙，万世不毁。其余四庙，亲尽迭毁，如周后稷、文、武庙祧之制"。这种"逆制祖宗""豫自尊显"的做法，因违背传统礼制而遭到后人谴责，①从中我们可以看到明帝师心自用、自我尊大的一面。

二　魏明帝"权法之治"的失误

通过以上考察，我们看到，魏明帝曹叡在实施法治、专制用权这两个主要方面，都与秦始皇、汉武帝有一定的共通之处，刘晔、陈寿的见解信而有征。另据《三国志》卷二一《傅嘏传》，傅嘏任陈群司空掾，著文批驳刘劭考课法云：

> 自建安以来，至于青龙，神武拨乱，肇基皇祚，扫除凶逆，芟夷遗寇，旌旗卷舒，日不暇给。及经邦治戎，权法并用，百官群司，军国通任，随时之宜，以应政机。

傅嘏的本意在于说明曹魏自创业以来，军事繁忙，制度未立，考课之法难以实行，但他提到"经邦治戎，权法并用"，表达了对曹魏治国方针的看法。②个人认为，就一般情况而言，以"权法并用"来概括自曹操以来曹魏治国方针的共同特征，是可行的。然而，曹操、曹丕统治时期的治

---

①　本纪注引孙盛曰："夫谥以表行，庙以存容，皆于既没然后著焉，所以原始要终，以示百世也。未有当年而逆制祖宗，未终而豫自尊显。……魏之群司，于是乎失正。"

②　参考杨耀坤：《从傅嘏〈难刘劭考课论〉看曹魏为政的特点》，《中国古代史论丛》总第9辑，福建人民出版社1985年版。

国方针，各自有其特定的历史背景和独特的内涵，却不是"权法并用"所能充分表达的；① "权法并用"一词最适合于曹叡统治时期的治国方针。

魏明帝在运用权、法实施统治的过程中，出现了不少失误。以下我们对其中比较重要的几个方面略作考察。

首先，修治宫室，极尽奢华。太和六年（232），明帝治许昌宫，起景福、承光殿，这是他修治宫室之始。青龙三年（235），明帝大治洛阳宫，起昭阳、太极殿，筑总章观。又欲平北芒，令于其上作台观，望见孟津，因辛毗劝谏而止。由于崇华殿火灾，复立崇华殿，更名为九龙殿。其时"百姓失农时，直臣杨阜、高堂隆等各数切谏，虽不能听，常优容之"。

其次，用法峻急，率意而行。《三国志》卷二四《高柔传》载："是时，杀禁地鹿者身死，财产没官，有能觉告者厚加赏赐。"又任用校事，"喜发举，数有以轻微而致大辟者"②。"景初间，宫室盛兴，民失农业，期信不敦，刑杀仓卒"③，王肃为此特意上疏劝谏。明帝"又录夺士女前已嫁为吏民妻者，还以配士，既听以生口自赎，又简选其有姿色者内之掖庭"④，太子舍人张茂上书规谏，明帝置之不理。上述两个方面，都是明帝专制用权而扰乱民生之弊政。

再次，在统御百官方面，明帝宠信近侍，疏远大臣。文帝在位时，刘放为中书监，孙资为中书令，共掌机密。明帝即位后，更加宠任刘、孙二人。据史载，"时中书监刘放、令孙资见信于主，制断时政，大臣莫不交好"⑤。蒋济为此上疏，剖析宠信"近习"的危害，指出"人君犹不可悉天下事以适己明，当有所付"⑥，即应当将权力适当下放给大臣。明帝虽然褒奖蒋济"忠诚"，似乎并未接受其劝告。这里需要指出，明帝是按照"料简功能"的一贯原则来任用、驾驭大臣的。冗从仆射毕轨推荐辛毗代

---

① 参看本篇第一章的论述。
② 《三国志》卷三《明帝纪》注引《魏略》。
③ 《三国志》卷一三《王肃传》。
④ 《三国志》卷三《明帝纪》注引《魏略》。
⑤ 《三国志》卷二五《辛毗传》。
⑥ 《三国志》卷一四《蒋济传》。

王思为尚书仆射，明帝不从，因为辛毗虽然"亮直"，却不及王思能"效力"①。陈群以司空录尚书事，侍中吴质对明帝称"陈群从容之士，非国相之才，处重任而不亲事"②，明帝深表赞同，发切诏督责陈群。陈群历仕曹操、曹丕，累当重任，虽说是"从容之士"，短于事功，但在群臣中深孚众望，必定有其过人之处。明帝仅以"功能"一项标准看待他，自然失之偏颇；而以陈群的声望，发切诏责之，更有失君臣和谐之道。从另一方面说，明帝统治后期，司马懿专擅疆场，主持对蜀战事并率军讨平辽东，也是因为司马懿擅长用兵，而明帝坚持"料简功能"的用人原则使然。但是，当时明帝已对司马懿是不是"社稷之臣"产生怀疑，却不考虑对其权势有所裁抑，而是任其发展，视其坐大。这不能不说是明帝昧于形势，用权不足。

最后，在维护皇权方面的失误。以夏侯惇、夏侯渊、曹仁、曹洪等为代表的曹氏、夏侯氏宗族是曹操创业过程中的一支骨干力量，以后成为曹魏王朝的重要支柱。明帝即位后，继承了这份遗产。但是，曹休、曹真在太和二年（228）、五年相继去世后，曹魏王朝的权力结构发生了重大变化，亲皇室势力对军权的控制极大减弱。客观形势要求明帝作出必要的反应。太和五年八月，明帝下诏，令诸王及宗室公侯各领嫡子一人朝聘，始开解除宗室禁锢之端。太和六年二月，改封诸侯王，以郡为国。这表明明帝已经注意到曹休、曹真过世后亲皇室势力削弱的现状，试图有所举措。后来，明帝又诏孙资云："吾年稍长，又历观书传中，皆叹息无所不念。图万年后计，莫过使亲人广据职势，兵任又重。"③明帝所说的"亲人"，主要是指上述曹氏、夏侯氏宗族；至于宗室，他仍存有疑虑。实际上，明帝确实在这方面有所安排。当他病重时，最初拟定的辅政班子中，以燕王曹宇为首，有领军将军夏侯献、武卫将军曹爽、屯骑校尉曹肇、骁骑将军秦朗。曹宇是曹操之子，他被明帝授予辅政重任，事出仓促；一旦刘放、

---

① 《三国志》卷二五《辛毗传》。
② 《三国志》卷二一《王粲附吴质传》注引《质别传》。
③ 《三国志》卷一四《刘放附孙资传》注引《资别传》。

孙资搬出"藩王不得辅政"的"先帝诏敕",明帝便将他罢免。[1]其余四人中,夏侯献、曹爽、曹肇都属曹氏、夏侯氏宗族,秦朗则是曹操的"假子",都占据着中军要职。然而,仔细考究,明帝在培植亲皇室势力方面所做的工作是相当不够的。他在位期间,宗室王公"徒有国土之名,而无社稷之实","禁防壅隔,同于囹圄"的情况并无实质性变化。[2]这显然是承曹操、曹丕创制著令之余绪[3],不愿因诸侯预政而败坏朝纲,事既出于"公心",我们当然不宜过分指责。但是,在发挥曹氏、夏侯氏宗族的匡辅作用方面,明帝是可以有更大作为的。查《三国志》卷九《诸夏侯曹传》,曹氏、夏侯氏宗族子弟中,具文武才略者颇不乏人,如果有选择地加以培植,授以重任,应该能形成相当势力,拱卫皇室。再就上述占据中军要职的夏侯献、曹爽、曹肇、秦朗等而言,除秦朗曾在青龙元年(233)率军出击鲜卑外,其余三人都不曾有领兵作战的经历,因而很难形成持久有效的权势。各种情况表明,明帝在亲皇室势力明显削弱的形势下,虽然认识到了问题的存在,却不敢大胆决策,着力扶植亲信势力,表现出权谋不足的缺陷。

以上考察说明,魏明帝实施"权法之治",在"宰官治民"方面的确存在一些弊政,但他注重法制和吏治,依法管理官吏,基本上保证了当时政治的清明,应该予以肯定。

与"宰官治民"相比,魏明帝在处理统治集团上层关系,维护皇权方面的失误较为显著。当他病重,拟定辅政班子时,这方面的弊病便彻底暴露出来。在确定辅政班子的全过程中,除了刘放、孙资等近臣,夏侯献、曹爽、曹肇等曹氏、夏侯氏宗族子弟外,竟无一位大臣参与,而明帝改变初衷,最终确定以曹爽、司马懿辅政,则完全是刘放、孙资一手操纵的。明帝亲近侍、疏大臣的弊端,在此关键时刻看得最为清楚。待到明帝去

---

① 《三国志》卷三《明帝纪》注引《汉晋春秋》。

② 《三国志》卷二〇《武文世王公传》陈寿评。

③ 《三国志》卷二〇《赵王幹传》载明帝诏云:"自太祖受命创业,深睹治乱之源,鉴存亡之机……重诸侯宾客交通之禁,乃使与犯妖恶同。……高祖践阼,祗慎万机,申著诸侯不朝之令。"

世，齐王继位，魏室衰微之势已是积重难返，终于被司马懿迁移政鼎。后人批评明帝"不思建德垂风，不固维城之基，至使大权偏据，社稷无卫"[1]，是中肯的。

对比以上两个方面，我们也更加相信，魏室之亡并非由其政治腐败而丧失民心，实是统治集团上层权力斗争的结果。[2]

---

[1] 《三国志》卷三《明帝纪》注引孙盛语。
[2] 《宋书》卷三《武帝纪下》沈约评："及魏室衰孤，怨非结下。晋藉宰辅之柄，因皇族之微，世擅重权，用基王业。"参看王夫之《读通鉴论》卷一〇的有关论述，中华书局1975年版。

第三章 "青龙浮华案"析论

在汉末曹魏时代的政治和社会生活中,"浮华"问题曾经长期存在,并受到最高统治者的关注。围绕这一问题,学术界很早就进行了探索。前辈学者中,贺昌群、唐长孺、周一良等都在其论著中对此有所讨论。晚近以来,对此问题的探讨更是趋于活跃,有不少学者在专著中论列或作专题探索。大致说来,浮华问题仿佛冰山之一角,突出显现为政治事件者不多,但它所牵涉的政治、社会和思想文化层面却极为宽广,由此导致学者们的分析论说见仁见智,歧异颇大。本章试图在前人讨论的基础上,从追溯浮华问题的起源入手,重点剖析魏明帝统治期间发生的浮华案,厘清史实细节,界定其核心内容和实质,基本旨趣是使浮华案的定位尽可能确实而不至于浮泛。

一 "浮华"问题溯源

贺昌群最早对浮华之义作出界说,认为:"浮华一词,乃汉人常语,魏晋之际,实指清谈而言。"[①]其所依据者,大抵为晋代人清谈的史料。周一良通过剖析魏明帝禁浮华的史事,认为:"所谓浮华,非指生活上之浮华奢靡,而是从政治着眼,以才能互相标榜,结为朋党。贺昌群《魏晋清

---

① 贺昌群:《魏晋清谈思想初论》,商务印书馆1999年版,第7页。

谈思想初论》谓浮华主要指玄谈清议本身，似有未谛。"①看来，截取的史料不同，分析的史实对象有异，对浮华之义的把握也就产生了分歧。

李宜春、刘蓉注意到汉晋时代浮华一词应用场合的广泛性及内涵的多样性，在其论文中分别对浮华之义作了较为全面的阐释和把握。刘蓉所论尤为详悉，其结论是："汉晋时'浮华'一词因使用场合不同而有多种含义，可以指奢靡，不守章句礼仪，有名无实及轻薄放纵的社会风气，也可以指朋党。"②这一类的阐释和把握，对于我们认识浮华问题，无疑是十分有益的。然而，由于没有从时代变化上对各类浮华现象作分别把握，也未能区分统治者对不同浮华现象所关注的程度，所论仍不免于泛泛之嫌。

德国哲学家杜勒鲁奇说过："从起源中理解事物，就是从本质上理解事物。"③个人以为，从探寻浮华问题的起源入手，进而梳理其发展演变的脉络；在分阶段把握的基础上，厘清官方关注的焦点问题与一般浮华现象之间的联系和差别，不失为一种有效的研究途径。

浮华作为一种社会现象引起统治者的注意，是从东汉朝廷的选官环节发端的。《后汉书》卷三《章帝纪》载建初五年（80）二月诏："公卿已下，其举直言极谏能指朕过失者各一人，遣诣公车，将亲览问焉。其以岩穴为先，勿取浮华。"同书卷五《安帝纪》亦载延光元年（122）八月诏："刺史举所部，郡国太守相举墨绶，隐亲悉心，勿取浮华。"这里的"浮华"，李贤注释为"浮华不实者"，意即质朴守真者的对称。

选举崇尚质朴而摒弃浮华，体现了统治者的用人取向。汉代是儒学独尊的时代，儒学教育不仅是宣扬治道、实施教化的重要环节，也是察举取士的主要门径。因此，反映在儒学教育领域的儒学风气，必然要对选举活动产生较大影响。《后汉书》卷七九《儒林传》序记东汉中叶儒学盛极而衰，"自是游学增盛，至三万余生。然章句渐疏，而多以浮华相尚，儒者

---

① 周一良：《魏晋南北朝史札记》"曹氏司马氏之斗争"条，中华书局1985年版。

② 李宜春：《略论曹魏政治中的"浮华"问题》，《聊城师范学院学报》1999年第1期；刘蓉：《析魏明帝禁浮华》，《北京师范大学学报》2004年第5期。

③ 转引自川胜义雄：《六朝贵族制社会的成立》，《日本学者研究中国史论著选译》六朝隋唐卷，中华书局1992年版，第6页。

之风盖衰矣"。数以万计的太学生中，浮华者居多，这固然会连累到当时的社会风气，更直接的则是给统治者的选官用人带来了麻烦。范晔所说儒学教育领域的浮华倾向，究竟指的是什么呢？据同书卷二五《鲁恭附弟丕传》，鲁丕号称"当世名儒"，主张说经以"传先师之言"为务，反对"浮华无用之言"，可见不守家法、臆说无凭一类的说经行为，实为浮华倾向之一。另据同书卷七六《仇览传》，仇览与同郡诸生符融在太学为邻，融有高名，"宾客盈室，览常自守，不与融言"。融求交于览，"乃谓曰：'与先生同郡壤，邻房牖。今京师英雄四集，志士交结之秋，虽务经学，守之何固？'览乃正色曰：'天子修设太学，岂但使人游谈其中！'"由此可知，弃经学于不顾，而以交游言谈为旨趣，亦为浮华倾向之一，并且是一种主要的趋向。

东汉后期，"主荒政缪"，选举混浊，士大夫竞相弃章句而趋时务，浸然成风。这种风气自积极的意义言之，乃是激浊扬清，匡扶衰弊，说明"士大夫集团与外戚宦官之势力日处于激烈争斗之中，士之群体自觉意识遂亦随之而日趋明确"[1]。《后汉书》卷六七《党锢传》序记述其情形说："逮桓灵之间，主荒政缪，国命委于阉寺，士子羞与为伍，故匹夫抗愤，处士横议，遂乃激扬名声，互相题拂，品核公卿，裁量执政，婞直之风，于斯行矣。"然而，从消极的方面看，士大夫交游结党，其流弊所及，则为俗士之利益结合。当时人刘梁"常疾世多利交，以邪曲相党，乃著《破群论》。时之览者，以为'仲尼作《春秋》，乱臣知惧，今此论之作，俗士岂不愧心'"[2]。以《破群论》比拟《春秋》，可见俗士结党连群，积弊已相当深重。此种风气至桓、灵之世愈益炽盛，汉末徐干论之最为深切，《中论》卷下《谴交》篇云："桓灵之世，其甚者也，自公卿大夫，州牧郡守，王事不恤，宾客为务，冠盖填门，儒服塞道。"[3]相比较而言，慨然以天下为己任的党锢名士与苟且钻营的一般俗士，其志节固然不可同日而

语，但在结党一事上，实是秉承同一风气。

上述士大夫交游结党之风，包含着不少皇权—官僚政治无法容纳的非体制因素，导致后来党锢之祸的深刻危机早已潜藏其中，是不难想见的。魏文帝曹丕在所著《典论》中说："桓灵之际，阉寺专命于上，布衣横议于下，干禄者殚货以奉贵，要名者倾身以事势，位成乎私门，名定乎横巷。由是户异议，人殊论，论无常检，事无定价，长爱恶，兴朋党。"[①]曹丕对此类现象的批评，实际上反映了最高统治者的立场，这种立场自然不是他一人所独有。

汉末掌握政权的曹操，从恢复集权统治秩序的目的出发，重刑名法术，综核名实，力图破除浮华不实、朋党标榜，打出了"破浮华交会之徒"的旗号。名冠天下的大族名士孔融，成为曹操这一政策的首要打击对象。据《后汉书》卷七〇《孔融传》，孔融知曹操终图汉室，处处与曹操作对，多侮慢之辞。曹操致信孔融，以"破浮华交会之徒"相警告，至建安十三年（208），遂以"大逆不道"罪将他诛杀。其后曹操为平息物议，又下令宣示孔融罪状云："太中大夫孔融既伏其罪矣，然世人多采其虚名，少于核实，见融浮艳，好作变异，眩其诳诈，不复察其乱俗也。"[②]

孔融案是曹魏政权以"浮华"罪名打击政敌的第一个大案。孔融致死的根本原因是他蓄意与曹操对抗，尤其是反对曹操的篡代图谋，而孔融之所以敢于这样做，则与他的处世态度和政治能量有关。孔融本传称："性宽容少忌，好士，喜诱益后进。及退闲职，宾客日盈其门。……荐达贤士，多所奖进，知而未言，以为己过，故海内英俊皆信服之。"这是旧名士以天下人伦自任一类的做派，显然不免浮华朋党之嫌，本身就犯曹操所忌。曹操以"浮华"罪名诛杀孔融，一则破除朋党，再者扫除政敌，可谓名实兼顾。

早在孔融案之前，破除浮华朋党的政策已经贯彻于曹操施政的一些主要方面。建安十年，曹操平冀州，针对当地风俗"阿党比周"，下令"整

---

① 《意林》卷五引，丛书集成初编本，中华书局1991年版。
② 《三国志》卷一二《崔琰传》注引《魏氏春秋》。

齐风俗"，力图加以破除。在选举环节，曹操属下的东曹掾毛玠、崔琰直接操纵其事，"其所举用，皆清正之士，虽于时有盛名而行不由本者，终莫得进"，毛玠还"拔贞实，斥华伪，进逊行，抑阿党"①。这些做法得到了曹操的赞赏和支持，成效也相当显著。然而，士大夫交游结党之风自汉季以来形成已久，其流风所及，已经构成士大夫社会生存方式的一部分，浸透在他们的思想观念和行为习惯之中，却绝不是曹操短期内所能禁断的。受现实条件的限制，曹操黜抑浮华的政策，实际上带有一定的灵活性和两面性。

为曹操主持选举的崔琰，具有正直的士大夫节操和务实精神，颇受曹操信重。他在建安二十一年（216）被曹操下狱治罪，随后又被赐死，起因虽然是他对曹操晋爵魏王心怀不满，而他在服刑期间"通宾客，门若市人"，却是他致死的直接诱因。崔琰交通宾客与曹操对抗，背后依托的是以冀州为主的河北士人，这是一个不易为曹操所驾驭的政治群体。②因此，崔琰案表面上也是打击浮华朋党，实际上却别有隐情。建安二十四年，魏都邺城发生了以魏相国西曹掾魏讽为首的谋反事件，旋即被镇压。史称魏讽"有惑众才，倾动邺都"，"自卿相以下皆倾心交之"，时人刘廙还特别指出魏讽"专以鸠合为务，华而不实"。魏讽在曹操的政治中心邺城如此活跃，可是直到谋反事件败露前，曹操并未采取禁止措施，其原因在于魏讽是曹操厚待的谯沛籍青年名士。③由魏讽案可知，曹操黜抑浮华的政策是因人因事而异的，存在着相当大的弹性空间，浮华徒党的活动只要不触及曹魏政权的根本利益，一般不会引发为严重的政治事件。

二 "青龙浮华案"的史实及相关问题

曹魏时代打击浮华的政治事件，最重要的一次发生在魏明帝曹叡统治

---

① 《三国志》卷一二《毛玠传》及注引《先贤行状》。
② 参看上篇第三章的论述。
③ 参看上篇第六章的论述。

期间。由于史料记载的缺失和错乱，这次事件的史实存在不少疑点，学者们对有关史实的推断和对事件性质的判定，分歧也最大。

魏明帝禁浮华，是由司徒董昭的一份奏疏引起的。《三国志》卷一四《董昭传》载其奏疏云：

> 凡有天下者，莫不贵尚敦朴忠信之士，深疾虚伪不真之人者，以其毁教乱治，败俗伤化也。近魏讽则伏诛建安之末，曹伟则斩戮黄初之始。伏惟前后圣诏，深疾浮伪，欲以破散邪党，常用切齿；而执法之吏皆畏其权势，莫能纠擿，毁坏风俗，侵欲滋甚。窃见当今年少，不复以学问为本，专更以交游为业；国士不以孝悌清修为首，乃以趋势游利为先。合党连群，互相褒叹，以毁訾为罚戮，用党誉为爵赏，附己者则叹之盈言，不附者则为作瑕衅。至乃相谓"今世何忧不度邪，但求人道不勤，罗之不博耳；又何患其不知己矣，但当吞之以药而柔调耳"。又闻或有使奴客名作在职家人，冒之出入，往来禁奥，交通书疏，有所探问。凡此诸事，皆法之所不取，刑之所不赦，虽讽、伟之罪，无以加也。

董昭给浮华活动加的总罪名是"毁教乱治，败俗伤化"，这是一个十分严厉的指责。他把浮华徒党的活动概括为四个方面：第一，执法之吏畏惧其权势，不敢纠察，致使世风日下；第二，年轻人弃学问而务交游，士大夫背修行而趋势利；第三，结党品题，扰乱行政和司法；第四，交通权势之家，探问机密。总之，浮华活动危害深巨，必须予以严惩。董昭本传接着说，在他上疏之后，"帝于是发切诏，斥免诸葛诞、邓飏等"。这便是浮华案的由来。

以上《董昭传》的记载相当粗略，我们可结合其他史料记述，对浮华案的史实作些稽考。

1.浮华案发生的时间

《三国志·魏书·明帝纪》未记禁浮华事。《资治通鉴》系此事于太和四年（230）春，其依据大约有二：一是董昭以本年"行司徒事"。二是本年二月明帝发布了一道用人诏书："世之质文，随教而变。兵乱以来，经学废绝，后生进趣，不由典谟。岂训导未洽，将进用者不以德显乎？其郎吏学通一经，才任牧民，博士课试，擢其高第者，亟用；其浮华不务道本者，皆罢退之。"①诏书明确提到罢退"浮华不务道本者"。今检《董昭传》，"太和四年，行司徒事，六年，拜真"，其后便是董昭上疏及明帝发诏斥免诸葛诞等，再继之为"昭年八十一薨"。由《明帝纪》知董昭以青龙四年（236）五月薨。因此，从《董昭传》的行文和叙事看，太和四年董昭行司徒事时发生浮华案的可能性是存在的，但太和六年董昭拜司徒以后，至青龙四年他终于任上，其间发生浮华案的可能性却更大。

《三国志》卷二二《卢毓传》载，卢毓在青龙二年任侍中，"在职三年"，转为吏部尚书，"前此诸葛诞、邓飏等驰名誉，有四〔窗〕〔聪〕八达之诮，帝疾之。时举中书郎，诏曰：'得其人与否，在卢生耳。选举莫取有名，名如画地作饼，不可啖也。'"从卢毓的任职经历看，他转为吏部尚书的时间当在青龙四年底或景初元年（237）初，此时禁浮华事刚发生不久，所以明帝对此事记忆犹新，在举用中书郎时，有"选举莫取有名"的诏谕。从时间上推算，禁浮华事应发生在最近的一二年内，即青龙三年或四年，最早也不可能超出青龙元年，所以太和年间发生浮华案的可能性可以排除。由此，我们可把魏明帝禁浮华事定名为"青龙浮华案"。

2.浮华案打击的对象

关于浮华案打击的具体对象，《三国志》卷二八《诸葛诞传》注引《世语》的记述最为详悉：

是时，当世俊士散骑常侍夏侯玄、尚书诸葛诞、邓飏之徒，共相题表，以玄、畴四人为四聪，诞、备八人为八达，中书监刘放子熙、孙资子密、吏部尚书卫臻子烈三人，咸不及比，以父居势位，容之为

---

① 《三国志》卷三《明帝纪》。

三豫，凡十五人。帝以构长浮华，皆免官废锢。

这是一个号称"四聪""八达"及"三豫"的集团，共15人，其中有确切姓名的为夏侯玄、诸葛诞、邓飏、刘熙、孙密、卫烈等6人。文中"以玄、畴四人为四聪，诞、备八人为八达"，因是截录《世语》，"畴""备"二人未详所指。《资治通鉴》转录这段史料，记为"以散骑常侍夏侯玄等四人为四聪，诞辈八人为八达"①，文义较为通顺。除《世语》及《董昭传》《卢毓传》的记述外，确切记载浮华事件参与者的史料，散见的还有：

〔诸葛诞〕与夏侯玄、邓飏等相善，收名朝廷，京都翕然。言事者以诞、飏等修浮华，合虚誉，渐不可长。明帝恶之，免诞官。②

初，〔邓〕飏与李胜等为浮华友，及在中书，浮华事发，被斥出，遂不复用。③

明帝禁浮华，而人白胜堂有四（窗）〔聪〕八达，各有主名。用是被收，以其所连引者多，故得原，禁锢数岁。④

由此知李胜为浮华事件参与者之一，合上述6人，共为7人。另外，拿这些史料互相印证，浮华徒党"共相题表"及明帝将他们"免官废锢"的情形，较为具体清晰。

然而，《三国志》卷九《曹爽传》却提供了另一份关于浮华徒党的名单："南阳何晏、邓飏、李胜、沛国丁谧、东平毕轨咸有声名，进趣于时，

---

① 《资治通鉴》卷七一"魏明帝太和四年春"条。
② 《三国志》卷二八《诸葛诞传》。
③ 《三国志》卷九《曹爽传》注引《魏略》。
④ 《三国志》卷九《曹爽传》注引《魏略》。

明帝以其浮华，皆抑黜之；及爽秉政，乃复进叙，任为腹心。"这是一段不真实而容易引起误解的记述，杨耀坤曾著文加以驳正，指出："何晏、丁谧、毕轨三人，并未因浮华而被抑黜。"①惜未能引起论者重视。兹不惮烦赘，再作申述。

何晏等三人，鱼豢《魏略》并有传，裴注引录于《曹爽传》下。何晏年少养于宫中，"无所顾惮，服饰拟于太子，故文帝特憎之，每不呼其姓字，尝谓之为'假子'。晏尚主，又好色，故黄初时无所事任。及明帝立，颇为冗官"。据此知何晏虽为名士，但并未参与浮华交会，他在文帝、明帝两朝未受重用，是由于曹丕、曹叡父子不喜欢他。丁谧既非名士，也未参与浮华交会，《魏略》说"谧少不肯交游，但博览书传。为人沉毅，颇有才略"。太和年间，他在邺城对诸王无礼，曾被收入邺狱，"以其功臣子，原出。后帝闻其有父风，召拜度支郎中"。毕轨既未参与浮华交会，相反还受到明帝重用，《魏略》称"明帝即位，入为黄门郎，子尚公主，居处殷富。迁并州刺史"。总之，《魏略》记述何晏等三人的事迹清晰翔实，而陈《志》叙魏晋嬗代之际史事，本来就多有舛谬，上引材料连带叙述，将何晏等三人与其他人混为一谈，难免贻误后人。

"青龙浮华案"暴露出了哪些问题呢？首先，从浮华徒党方面看，在已知有确切姓名的七人中，夏侯玄是贵臣夏侯尚之子，先后为散骑黄门侍郎，因耻于与毛后弟毛曾共坐，为明帝所恨，左迁为羽林监；诸葛诞前后为尚书郎、荥阳令和吏部郎，累迁御史中丞尚书；邓飏"少得士名于京师"②，先后为尚书郎、洛阳令、中郎和中书郎；李胜父李休，因劝张鲁内附，赐爵关内侯，曾居太守、议郎等职，"胜少游京师，雅有才智，与曹爽善"③；刘熙、孙密、卫烈三人，分别为中书监刘放、孙资、吏部尚书卫臻之子。他们是一批身居显职或有权势背景的青年名士，其才华智慧为世人所瞩目，号称"当世俊士"。这些人活动的中心内容，就是仿照汉

---

① 杨耀坤：《有关司马懿政变的几个问题》，《四川大学学报》1985年第3期。
② 《三国志》卷九《曹爽传》注引《魏略》。
③ 《三国志》卷九《曹爽传》注引《魏略》。

末党锢名士的做法，一则互相品题，自我标榜为四聪、八达和三豫，如同党锢名士的三君、八俊、八顾、八及和八厨之类，再者建立士林舆论中心，品评人物，影响朝廷的选官用人。史载诸葛诞为吏部郎，"人有所属托，辄显其言而承用之，后有当否，则公议其得失以为褒贬，自是群僚莫不慎其所举"[①]，这实际上是把士林评论人物的做法引入朝廷选官环节，看来效果还不错。

其次，站在官方的立场上，浮华徒党的活动干扰了正常的行政和司法秩序，其影响所及，左右了知识阶层的行为和价值取向，危害了整个社会风气。董昭所指责的"浮伪"之徒的诸多动向和危害，不一定都是"四聪""八达"集团所为，但这个集团的活动无疑与社会上的种种浮华现象有密切的联系，又因其影响最大而成为官方关注的焦点，从而招致打击。作为最高统治者和浮华案的主持人，魏明帝的政治态度起了决定性的作用。魏明帝的统治效法秦皇汉武，以注重法治和专制用权为基本特征；尤其是在管理官吏方面，"料简功能，真伪不得相贸，务绝浮华谮毁之端"[②]，是他一贯的做法。"四聪""八达"集团的所作所为，妨碍了现行官僚体制的正常运转，进而也损害了皇帝的专制权威，当然为魏明帝所不能容许。

三　后论

纵观汉魏时代浮华问题的起源和演变，我们看到如下脉络和趋势：浮华问题起初发生在东汉朝廷的选官环节，与此相联系的是，在儒学教育领域出现了不守章句家法，甚至于弃经学而务交游言谈的浮华倾向。汉末政治衰败，士大夫的注意力转向政治方面，经学濒于荒疏，社会上普遍发展起一股结党品题、臧否人物的风气。其流别约有三端：由名士操纵乡间清议产生出一批人物鉴定专家，他们隐操官方选举之权；党锢名士高自标

---

① 《三国志》卷二八《诸葛诞传》。
② 《三国志》卷三《明帝纪》注引《魏书》。

榜，以自身的节操风范和人格魅力对抗当权的宦官之流；俗士结党连群，苟且钻营。如若站在维护专制皇权和官僚政治秩序的立场上看问题，这类行为都存在着相当严重的浮华朋党倾向，那么浮华朋党也可以看作是一个弥漫全社会的普遍性问题。不过，其时皇权已然腐朽，官场普遍混乱，党锢名士一类的匹夫抗愤，激浊扬清，其扶衰救弊的积极意义往往更为人们所看重。当曹操在汉献帝的旗号下，重建专制集权统治秩序时，他采取了多种黜抑浮华、拨乱反正的举措，包括整齐风俗和控制选举环节等，特别是对那些挑战曹魏政权的"浮华交会"活动，进行了严厉打击。要而言之，从东汉中叶到汉末，浮华问题经历了一个由选举和学术领域向社会、政治领域转移发展的过程。

魏明帝统治时期，曹魏政权业已稳定，各项政治、文化措施陆续付诸实施。在这样的政治社会常态下出现的"青龙浮华案"，更能够反映当时社会历史变动的深层次问题，值得我们作进一步的深入探究。

阎步克认为：这批新的浮华之徒，与汉末名士已颇不相同。他们在政治上已属于权势者一方，已无"以天下名教是非为己任"之信念，不再以清议方式对抗专制皇权，而是利用优越的家族势位分割权势，奢侈享受，清谈玄理，虚无放诞，成为一种新式的文化贵族兼政治贵族。曹操与魏文帝曹丕之打击"浮华"，还有消灭政治异端之意义。至于魏明帝与"四聪""八达"等为代表的高门名士的矛盾，便已可视为专制皇权、官僚政治与士族名士集团的冲突了。[①]这些旨在说明变化和差别的意见，大体上是正确的。

然而，在讨论浮华徒党干预选举一事时，人们似乎忽视了这样一个现象：夏侯玄、诸葛诞以及与浮华徒党瓜葛很深的何晏等人，他们在主持选举时，实际上是颇具识见而能够选拔实才的。史载夏侯玄"世名知人，为中护军，拔用武官，参戟牙门，无非俊杰，多牧州典郡。立法垂教，于今皆为后式"[②]。他还写过一篇《答司马懿问时事议》的长文，要求整顿九

---

① 阎步克：《察举制度变迁史稿》，辽宁大学出版社1997年版，第109—110页。
② 《三国志》卷九《夏侯玄传》注引《世语》。

品中正制，理顺"台阁"（尚书台）、"官长"（各级行政长官）和"中正"三者之间的关系。另据史载，"正始中，任何晏以选举，内外之众职各得其才，粲然之美于斯可观"①。加上前述诸葛诞掌选时引入士林评论人物的做法取得较好效果，我们可作如下推断："四聪""八达"集团的交游品题活动，尚承汉末士林品评人物之清议余绪，而不完全是清谈放诞，这类活动并非毫无积极意义可言，关键在于专制皇权对待这类活动的立场以及现行官僚体制，尤其是选官体制可以容纳这类活动的程度。因此，"青龙浮华案"的发生，是与当时实行的九品中正制有很大关系的。

九品中正制的创立，本是缘于汉末"丧乱之后，人士流移"的局面，一方面顾全乡间评定的旧传统，另一方面适应人士流移的新环境，把在野的名士清议变为官方操纵的中正品第。曹魏王朝创设此制，目的是把原来跟朝廷相对立的乡里清议纳入朝廷选举的轨道，同时地方大族名士出任朝廷委任的中正，他们对乡里清议的私家操纵也由此取得合法地位，所以也反映了中央政权对地方大族势力的某种妥协。然而，九品中正制实行后不久，随之就产生了不少批评此制的舆论，甚至要求废除此制的呼声。魏明帝时，傅嘏已提出九品中正制下"未有六乡之举"，"案品状则实才未必当，任薄伐则德行未为叙"②。晋初诸贤辩驳九品中正制之失，尤为激烈。刘毅在著名的《请废九品疏》中，斥责九品中正制"虽职名中正，实为奸府；事名九品，而有八损"；他批评中正定品结状"采誉于台府，纳毁于流言……既无乡老纪行之誉，又非朝廷考绩之课；遂使进官之人，弃近求远，背本逐末。位以求成，不由行立，品不校功，党誉虚妄"③；同时对上古贡士之法予以盛赞。包括刘毅、卫瓘、司马亮、李重、段灼等人在内，他们在上朝廷的奏疏中，都表达了这样的意见：九品中正制使人获誉不由乡党，仕进不由根本，滋长浮华争竞，背本逐末，因而有必要废除此制，恢复古时的贡士之法或汉代的乡举里选，崇隆"乡论"，使人归本息末。

---

① 《晋书》卷四七《傅咸传》。
② 《三国志》卷二一《傅嘏传》。
③ 《晋书》卷四五《刘毅传》。

把以上对九品中正制的批评意见与前述董昭对浮华活动的指责作对比，我们可以看到不少内容是相契合的，因此，认为产生浮华的根源与当时的选官环节或九品中正制有很大的关系，大概是没有什么问题的。"青龙浮华案"发生前后，魏明帝针对选举及相关环节发布了一系列政令，案发前的也就是董昭所谓"前后圣诏，深疾浮伪"，这些政令措施无疑更能够说明浮华问题的症结所在。

前引《明帝纪》所载太和四年（230）二月诏，明确地以黜抑浮华为宗旨，具体措施为倡导经学教育，诱导后生以儒术和德行仕进；通过博士课试，擢用"郎吏"。这种课试郎吏的政策，其后在景初年间得到重申："其科郎吏高才解经义者三十人，从光禄勋〔高堂〕隆、散骑常侍〔苏〕林、博士〔秦〕静，分受四经三礼，主者具为设课试之法。夏侯胜有言：'士病不明经术，经术苟明，其取青紫如俯拾地芥耳。'今学者有能究极经道，则爵禄荣宠，不期而至。可不勉哉！"①明帝特别提到夏侯胜以经术取官位的言论，旨在申明朝廷以经学配合选举的用人倾向。前溯至太和二年六月，明帝还发布过另一道用人诏书："尊儒贵学，王教之本也。自顷儒官或非其人，将何以宣明圣道？其高选博士，才任侍中、常侍者。申敕郡国，贡士以经学为先。"②"高选博士"以"尊儒贵学"，郡国"贡士以经学为先"，这也是要加强儒学教育，并把经学与选举相配合，其立意与太和四年诏是一脉相承的。

浮华案发生后，魏明帝除要求典选的卢毓"选举莫取有名"外，还试图采取一项事关整个官僚体制的重大举措。《通典》卷一五《选举三》载：

> 魏明帝时，以士人毁称是非，混杂难辨，遂令散骑常侍刘劭作《都官考课之法》七十二条，考核百官。其略欲使州郡考士，必由四科，皆有效，然后察举，或辟公府为亲人长吏，转以功次补郡守者，或就秩而加赐爵焉。至于公卿及内职大臣，率考之。

① 《三国志》卷二五《高堂隆传》。
② 《三国志》卷三《明帝纪》。

唐长孺分析说："考课法本来只是考察官吏，刘劭所行却更广泛地推行到州郡考士与察举辟召，所以这一个考课法乃是包括选举在内的。所谓四科乃指儒学、文吏、孝悌、从政四项，这是东汉旧制，但如何考核大约与东汉不同。"[①]我们认为，州郡考士必由四科，这种回归到东汉察举旧制的做法，很大程度上是为了矫正九品中正制下中正以"虚誉"定品结状的弊端，尽可能地使选举有"客观"标准可依；而崇隆乡举里选，也正是此后西晋诸贤的主张。阎步克论述察举制与九品中正制说："九品中正制诞生不久，在实施中就被塑造成为一种'以名取人'与'以族取人'相结合的、有利于士族门阀的制度。而察举制曾经有过几百年成功地服务于官僚政治的传统，这种传统由于历史的惯性，是一时难以改变的。在九品中正制与'清途'配合而为士族高门提供了更为便捷的入仕华途之时，传统的仕途——察举，相对地反而保留了较多的服务于官僚政治的倾向性。"[②]刘劭考课法的基本特点，就是加大察举取士在选官环节的分量，并把选官用人与考课百官紧密地结合起来，反映了一种把朝野士人都纳入官僚体制的管理轨范的构想，其目标就是对抗"士人毁称是非，混杂难辨"的现象。当然，这个考课法正如当时人普遍批评的那样，过于细密烦琐，难于操作，又因为明帝不久即去世，最终未能付诸实施。

综上所论，魏明帝针对浮华问题所采取的措施，不外乎倡导经学教育并把经学与选举相配合，加大察举取士在选官环节的分量，以及把选官用人与考课百官结合起来等数项，[③]很明显，选官环节是其政策的核心所在，经学教育和考课百官都可看作是由此核心的延伸。我们还看到，这些政策措施在很大程度上都是东汉旧法的沿袭或借鉴，但实施的条件和背景却已较东汉有了很大变化，譬如九品中正制已经成为选官的主要环节，士林清

---

① 唐长孺：《九品中正制度试释》，《魏晋南北朝史论丛》，河北教育出版社2000年版。

② 阎步克：《察举制度变迁史稿》，辽宁大学出版社1997年版，第159页。

③ 与魏明帝采取的措施相对应，曹魏大臣如刘靖、王昶等，也针对浮华问题提出了相同的对策，见《三国志》卷一五《刘馥附子靖传》，卷二七《王昶传》。

议受新思潮的驱动转而向清谈玄理蜕变，所以此时采取这些政策措施是别有深意的。另一方面，"四聪""八达"集团的清议品题活动，应当具有某种针砭现行选官体制的积极意义，但"构长浮华"无疑是其主要的方面，魏明帝对这类活动采取严厉的禁止措施，哪怕是矫枉过正，也在所不惜，这既是曹操、曹丕以来黜抑浮华政策的连贯性使然，也反映了封建时代皇权—官僚体制所固有的局限性。

魏明帝以后的时代，浮华问题不再显现为政治事件，但它却以一种变异的形态，更为普遍地存在于政治和社会生活之中，更加深刻地影响着官僚政治的运行。新的浮华倾向是受玄学思潮主导的，士大夫们不再关心现实政治问题，而是热衷于清谈玄理，崇尚精神自由和行为放达；在人物品评鉴定方面，品德、才能等文官素质不再是谈论的中心话题，转而注重言谈、举止、趣味、习尚等个性魅力；在处世态度上，"身在廊庙，心在山林"的人生哲学受到推崇，士族贵族享受高官厚禄而不必过问世事。这种新的浮华倾向，当时人亦斥之为"浮虚""浮诞"，语义中着重强调言谈空虚和举止放诞，这与汉末浮华活动又被称为"浮艳""浮伪"，语义较多地指向名实相背和弃本逐末，是有明显差别的。针对这种新的浮华动向，西晋诸贤转而发出了"清议""乡论"的呼吁，要求恢复一种健全的政治文化秩序，为官僚政治的运行提供保障。时人傅玄有"虚无放诞之论盈于朝野，使天下无复清议"之说，阎步克对此剖析道："这'虚无放诞之论'与汉末'清议'同样具有非体制的意义，只不过一个是政治对抗性的，而另一个则是文化消解性的——消解、侵蚀着官僚们的法纪和士气。"[1]从政治对抗性走向文化消解性，这既是汉末士林清议与晋初名士清谈的差别，也是从汉末到晋初浮华活动所发生的变化，而曹魏王朝正处于这一变化过程的中间阶段，其针对浮华问题的政策取向和实际效果是颇为耐人寻味的。

我们看到，从曹操到魏文帝曹丕，再到魏明帝曹叡，其破除浮华、抑

---

[1] 阎步克:《西晋"清议"呼吁之简析及推论》,《乐师与史官——传统政治文化与政治制度论集》,生活·读书·新知三联书店2001年版。

制清议舆论的政策是一贯的，但曹操、曹丕黜抑浮华，重在打击政敌，收一时之效，而魏明帝禁断浮华，更多地着眼于文教设施和官僚制度建设，力图从体制内部清除不利于官僚政治运行的非体制因素，包括清议舆论，这是更富于意义的。然而，浮华活动作为一种具有大族名士特色的行为方式，在汉晋之际有着深刻的社会、政治和思想文化根源。当时的知识群体既是皇权—官僚政治的主要承担者，又是社会秩序的支配力量，还是思想文化潮流的主导者。由于"士之群体自觉意识"已经形成并不断发展嬗变，皇权和官僚体制在面对一些具有大族因素和名士因素的制度、行为和价值取向时，便遇到了前所未有的困境。曹操、曹丕黜抑浮华，固然可收打击政敌之效，但也存在一定的灵活性和两面性；魏明帝禁断浮华，其文教设施固然收效不大，其制度建设更是止于具文，而浮华活动虽然一时衰歇，稍后便以一种变异的形态，弥漫于统治阶级上层的政治和社会生活之中。这些情况表明，汉晋之际皇权—官僚政治的运行，愈来愈受到大族、名士因素的影响和牵制。

第四章 "正始党争"探赜

发生在齐王曹芳正始十年（249）的高平陵之变，是曹魏历史的重大转折点。是役，司马懿利用曹爽兄弟扈从齐王芳谒陵之机，发动兵变，控制京师洛阳，一举倾灭曹爽集团。曹魏政柄自此移入司马氏之手。这次政变是正始年间曹爽、司马懿两大对立集团长期矛盾的总爆发，其根源深远。关于这次事变，历来史家评论甚多，其中不乏发覆之见，为我们进一步研究提供了启发性线索。本章拟在前贤论述的基础上，对"正始党争"作若干探讨。

一 曹魏皇权演变与司马懿势力之兴

高平陵之变及随后司马懿诛夷敌党、专擅朝政，给后人留下了值得深思的问题：司马懿历仕四主，二受顾命，为何一旦构嫌于宗室执政（曹爽），便萌生反逆之心？司马氏兵变得手、握有政柄后，何以迅即对曹魏皇权构成倾覆之势？这些问题牵涉到有关曹魏皇权的深层次矛盾，需要追根溯源到"魏氏三祖"（曹操、曹丕、曹叡）统治时期。

曹魏王朝是由曹操奠定基业而由曹丕建立的。汉灵帝中平六年（189），曹操在陈留起兵，参加关东联军讨伐董卓的战争，这是他兴兵创业的开端。但是，直到初平三年（192）曹操领兖州牧，败降青州黄巾，他仍是一个"名微众寡"的普通军阀。当时，在争霸战争中居优势地位者首推袁绍。汝南袁氏自袁安以下"四世居三公位"，"门生故吏遍于天下"，势大根深。因此，袁绍在冀州起兵，得到大族、豪强的广泛支持。[1]相比之下，曹操的家世妨碍了其势力发展。曹操祖父曹腾，安帝时入宫，历侍顺、冲、质、桓四帝，官至中常侍、大长秋，封费亭侯。值东汉宦官专权之世，沛国谯县曹氏宗族颇受其惠。[2]操父嵩，为曹腾养子，依养父之势，历任司隶校尉、大司农、大鸿胪等高官，又因货赂中官及输钱1亿万而进位太尉，跻身东汉政权的最高统治层。曹操荫籍祖、父，20岁即举孝廉为郎，[3]顺利地步入仕途。但是，在桓灵之际官僚士大夫反宦官的激烈斗争中，曹操家族无疑被视作"浊流"一类。尽管曹操作了种种努力，疏远宦官势力，结交名士，"好作政教，以建立名誉，使世士明知之"，[4]但仍得不到士大夫的完全认同。[5]黄巾起义爆发，继而董卓暴乱两京，曹操得机厕身"名豪大侠"之列，兴兵争霸。几经挫折，终于据有兖州一隅。

曹操任兖州牧时，荀彧是第一个前来投奔的世家大族人物。荀彧出自颍川颍阴荀氏家族，祖父荀淑、叔父荀爽，享名极高。其父荀绲屈迫于宦官势力，为他娶中常侍唐衡之女，故"彧为论者所讥"。[6]因为这层缘故，荀彧与曹操当有某种默契。曹操得到荀彧，十分重视，称他为"吾之子房（张良）"。建安元年（196），曹操迎汉献帝都许，成为他事业的转折点。由此他取得了"挟天子而令诸侯"的政治优势，又通过荀彧的推荐，征辟了一大批名士，许都政权初具规模。这个时期，钟繇、荀攸、杜袭、赵俨、陈群等颍川籍士人相继归附曹操，连同先前投附的荀彧、郭嘉等人，形成了一个具有地域和文化特征的"颍川士人集团"。还在曹操起兵之初，夏侯惇、夏侯渊、曹仁、曹洪等即随从征伐，以后逐渐形成了以曹氏、夏

---

① 参看上篇第一章的论述。

② 参看安徽省亳县博物馆：《曹操宗族墓葬》，《文物》1978年第8期；田昌五：《谈曹操宗族墓砖刻辞》，《文物》1978年第8期；杨德炳：《试论曹操政权的性质》，《中国古代史论丛》1982年第3辑，福建人民出版社1983年版。

③ 《后汉书》卷六《顺帝纪》载，阳嘉元年十一月"辛卯，初令郡国举孝廉，限年四十以上"。曹操为权贵之后，方不受限制。

④ 《三国志》卷一《武帝纪》注引《魏武故事》。

⑤ 《世说新语·方正篇》载："南阳宗世林（宗承），魏武同时，而甚薄其为人，不与之交。"此为一例，余不赘举。

⑥ 《三国志》卷一〇《荀彧传》注引《典略》。

侯氏宗族为核心的"谯沛武将集团"。这两个集团对掌文武，构成了曹操政权的两大支柱，在争霸战争中发挥了主导作用。

当曹操剿灭徐州吕布、淮南袁术两股割据势力，稳定兖、豫二州时，袁绍也攻灭劲敌公孙瓒，占据了青、冀、幽、并四州的广大地区。曹、袁两大势力隔河对峙，势在必争。建安五年（200）官渡一战，曹操战胜袁绍；接着用了数年时间，到建安十一年，相继攻下袁氏老巢邺城，克平冀、青、幽、并四州，最终成为北部中国的霸主。

曹操倾灭袁氏集团，是一件很有意义的大事。首先，它破败了袁绍及其追随者依照东汉模式重建世家大族专政政权的企图[①]，而曹操控制下的政权，则是豪强地主与世家大族的联合专政[②]，从而曹操得以实行"名法之治"，进行一系列政治、社会的变革。其次，它决定了在一个相当长的时期里，南方人士（大致以黄河为界）在统一政权中将居于政治主导地位。在上篇第三章中，我们揭示道：曹操占领冀州后，将政治中心由许都移到邺城，又自领冀州牧，对冀州实行直接治理。他大量辟召河北名士，主要用作冀州州府的"省事掾属"；同时，针对冀州风俗"阿党比周"，专门发布《整齐风俗令》。这些措施表明，曹操一方面对河北士人作有限度的拉拢、利用，另一方面又力图削弱其社会基础。在曹操政权中，以冀州为主的河北士人明显受到很大程度的压制。

消灭袁氏集团后，曹操步入了事业鼎盛期。在巩固和扩大统一局面的同时，曹操强化了集权统治。建安十三年，曹操诛杀太中大夫孔融，就是他采取的重大举措。孔融，鲁国人，孔子二十世孙，是名重天下的大名士。他不满于曹操专擅朝政，处处与曹操作对，讥议时政，成为曹操集权道路上的一大障碍。曹操诛杀孔融，并打出"破浮华交会之徒"[③]的旗号，决意破除汉末以来士人"品核公卿，裁量执政""浮华交会"的风气，为

---

①　参考田余庆：《曹袁之争与世家大族》，《秦汉魏晋史探微》，中华书局1993年版。

②　参考杨德炳：《试论曹操政权的性质》，《中国古代史论丛》1982年第3辑，福建人民出版社1983年版。

③　《后汉书》卷七〇《孔融传》载曹操与孔融书信中语。

集权统治扫清道路。建安十五、十九、二十二年，曹操相继发布了"唯才是举"三令。三令从解决选举用人的实际矛盾出发，意旨所及，深刻地触动了大族、名士赖以安身立命的儒家道德信条。陈寅恪曾精辟地指出："盖孟德（曹操）出身阉宦家庭，而阉宦之人，在儒家经典教义中不能取有政治上之地位。若不对此不两立之教义，摧陷廓清之，则本身无以立足，更无从与士大夫阶级之袁氏等相竞争也。然则此三令者，可视为曹魏皇室大政方针之宣言。"[1]概括而言，曹操强化集权统治，必然要与大族、名士在政治和思想两方面发生冲突，由此将产生深远影响。

当曹操将集权统治发展为建立魏国、图谋以魏代汉时，他与大族、名士的矛盾变得尖锐起来。其严重后果是导致与作为政权支柱之一的"颍川集团"发生分裂。颍川荀氏家族以荀彧为代表，包括荀攸、荀衍、荀悦等，是颍川集团的核心，在曹操政权中占有重要地位。荀彧投附曹操，是以"乃心王室"为政治抱负的。建安十七年（212），曹操让董昭就"晋爵国公"事密咨荀彧，荀彧窥透其用心，断然表示反对。他因此遭到曹操冷落，被迫自杀。此后，荀攸授职魏国尚书令，不久去世。钟繇一度象征性地拜授为魏国相国，因受"魏讽谋反案"牵连而免官。颍川集团的政治地位急剧下降，陈群被擢升为魏侍中领汉丞相东西曹掾，成为该集团的后进领袖。

综上所述，出身宦官家庭的曹操，在创建霸业和强化集权统治、图谋以魏代汉的过程中，与大族、名士的关系始终具有重要意义。以荀彧投附曹操和曹操掌握汉献帝为契机，"颍川士人集团"较早形成与曹操的联合，是曹操势力得以兴盛的一个决定因素；曹氏、夏侯氏宗族通过血缘、姻亲关系与曹操结合，并构成"谯沛武将集团"的核心，则是另一个决定因素。然而，曹操与包括颍川集团在内的大族、名士有着很深的矛盾。他"破浮华交会之徒"，蔑视儒家礼法，都是针对大族、名士采取的举动，尤其是在"以魏代汉"的问题上，曹操与大族、名士尖锐对立，导致颍川集

---

① 陈寅恪：《书世说新语文学类钟会撰四本论始毕条后》，《金明馆丛稿初编》，生活·读书·新知三联书店2001年版。

团分裂，从而削弱了自身政权的政治基础。另一方面，曹操战胜袁氏集团，造成南北士人在统一政权中政治地位悬殊，以冀州为主的河北士人受到很大程度的压制，由此埋下了地域政治的不安定因素。这些构成了未来曹魏皇权的深层次矛盾，存在着被极端敌视曹氏政权者利用的可能。

陈寅恪指出："官渡一战，曹氏胜，袁氏败。于是当时士大夫阶级乃不得不隐忍屈辱，暂与曹氏合作，但乘机恢复之念，未始或忘也。"[1]对于部分"士大夫阶级"来说，这种情况确实存在。杨彪、孔融是这样，金祎、耿纪等也是这样，[2]而司马懿则是他们中的突出代表。据《晋书》卷一《宣帝纪》记载：

> 汉建安六年，郡举上计掾。魏武帝为司空，闻而辟之。帝知汉运方微，不欲屈节曹氏，辞以风痹，不能起居。魏武使人夜往密刺之，帝坚卧不动。及魏武为丞相，又辟为文学掾，敕行者曰："若复盘桓，便收之。"帝惧而就职。

关于司马懿受曹操辟召并最终就职的经过，《晋书》卷三一《宣穆张皇后传》、《太平御览》卷三一引旧《晋书》，亦有具体记载，可与引文互相参证。司马懿出自河内温县的儒学世家，高祖官至征西将军，曾祖以下三世居太守之任。他"知汉运方微"，却"不欲屈节曹氏"，拒不应辟，当是在出身门户和文化传统方面鄙视曹操，并对曹操专擅朝政心怀不满。当时，同郡名士杨俊认为他是"非常之人"，崔琰也评价他"聪哲明允，刚断英跱（特）"[3]；《晋书》本纪则称他"少有奇节，聪朗多大略"，"常慨然有忧天下心"。司马懿是这样一个很有主见和富于个性的人物，他既然敌视曹氏，又怎肯轻易应辟而就范？诚如引文所反映，他反复盘桓，只是

---

① 陈寅恪：《书世说新语文学类钟会撰四本论始毕条后》，《金明馆丛稿初编》，生活·读书·新知三联书店2001年版。

② 参看上篇第六章的论述。

③ 《三国志》卷二三《杨俊传》，卷一二《崔琰传》，另参《晋书》本纪。

迫于曹操威逼才"惧而就职",然则其"乘机恢复之念",确实"未始或忘"。

司马懿进入曹操政权后,并未得到重用。然而,他在任太子中庶子期间,颇受曹丕"信重"。建安二十四年(219)十月,孙权上书曹操,"称说天命",司马懿也附从陈群、桓阶、夏侯惇等人,表示赞成曹操取代汉帝。从拒不与曹氏合作到支持曹氏篡汉,司马懿的表现前后截然相反,这只能说明他精通权诈,善于韬晦,而很难说明其态度有根本转变。据《晋书》本纪载:

> 帝内忌而外宽,猜忌多权变。魏武察帝有雄豪志,闻有狼顾相,欲验之。乃召使前行,令反顾,面正向后而身不动。又尝梦三马同食一槽,甚恶焉。因谓太子丕曰:"司马懿非人臣也,必预汝家事。"太子素与帝善,每相全佑,故免。帝于是勤于吏职,夜以忘寝。至于刍牧之间,悉皆临履,由是魏武意遂安。

曹操察觉到司马懿"有雄豪志",又查验到他"有狼顾相",而太子曹丕却与他关系密切,不免要为"大魏国祚"忧虑。因此,曹操告诫曹丕"司马懿非人臣","必预汝家事",希望引起警惕。若非曹丕袒护和司马懿本人深加韬晦,他几乎被曹操诛杀。

在曹操统治时期躲过两番劫难的司马懿,到曹丕在位期间,受到异乎寻常的宠待。曹丕称帝后,司马懿一再迁升,位望日隆,与陈群对掌朝政。黄初五年(224)、六年,曹丕两次南征孙吴,授命司马懿镇守许昌,录尚书事。黄初七年,曹丕去世前,遗诏司马懿与曹真、陈群辅政,并诏太子:"有间此三公者,慎勿疑之。"①本篇第一章已经揭示:曹丕采取"通达"放任的用人方针,他确定司马懿的顾命大臣地位,奠定了司马氏势力发展的权力基础;与曹真、陈群相比,这两人的元勋地位是自曹操以

---

① 《晋书》卷一《宣帝纪》。

来倚仗谯沛人、联合颍川集团政策的产物，而司马懿的崛起完全是曹丕宠信的结果。此亦表明，自曹操以来的曹魏权力结构发生了重大倾斜，河北士人终于登上权力顶层，取得历史性突破。

魏明帝在位期间，司马懿专擅疆场，尽显峥嵘。他在太和二年（228）袭破新城太守孟达，平定反叛。太和五年以后，由于曹休、曹真相继去世，司马懿得以专擅对蜀战事。景初二年（238），他又率大军讨灭公孙渊，荡平辽东。至此，司马懿的权势、位望达到顶点，已成坐大之势。这个时期，司马懿对曹魏皇室的真实态度又如何呢？《晋书》卷三一《景怀夏侯皇后传》载：

> 后（夏侯徽）雅有识度，帝（司马师）每有所为，必预筹画。魏明帝世，宣帝居上将之重，诸子并有雄才大略。后知帝非魏之纯臣，而后既魏氏之甥，帝深忌之。青龙二年，遂以鸩崩。

夏侯徽是夏侯尚之女，母为曹真之姊妹。她察觉司马师"非魏之纯臣"，竟因此遭鸩杀。由此可见，司马懿父子平日所"筹画"，必定携贰于曹氏。这再次证明，司马懿"乘机恢复之念，未始或忘"。在魏明帝及其亲信大臣这边，也已对司马懿是否是"社稷之臣"起疑。明帝曾询问陈矫："司马公忠正，可谓社稷之臣乎？"陈矫答云："朝廷之望；社稷，未知也。"[1]高堂隆在病危时上书，借"黄初之际"的异兆，提醒明帝"宜防鹰扬之臣于萧墙之内"[2]，显然也是指司马懿而言。正因如此，当明帝病危时，他拟定的辅政班子，本来是将作为"朝廷之望"的司马懿排除在外的。然而，由于刘放、孙资谗间使诈，明帝临时更改前诏，终究确定司马懿为顾命大臣之一。曹魏王朝由此面临着前所未有的危机。

---

① 《三国志》卷二二《陈矫传》注引《世语》。
② 《三国志》卷二五《高堂隆传》。

二 曹爽集团与司马懿集团的分野

正始年间（240—249）发生在曹魏政权内部的派别斗争，是围绕着两个辅政大臣——曹爽、司马懿而展开的，我们不妨将对立的两派分别称作"曹爽集团""司马懿集团"。那么，这两个集团的主要区别或特征是什么呢？

属于曹爽集团的人物，除曹爽兄弟外，主要有夏侯玄、何晏、邓飏、李胜、丁谧、桓范、毕轨等。曹爽是曹真之子，"少以宗室谨重，明帝在东宫，甚亲爱之"[①]。明帝即位后，曹爽颇受宠待，官至武卫将军。明帝病重，拜曹爽为大将军，受遗诏辅政。夏侯玄是夏侯尚之子、曹真之甥，与曹爽为中表兄弟。曹爽辅政后，夏侯玄累迁散骑常侍、中护军，转征西将军。何晏，南阳人，汉大将军何进之孙，其母尹氏被曹操收作夫人。何晏年少长于宫中，曹操待之如己子，称作"假子"；成年后娶曹操女金乡公主。邓飏，南阳人，东汉开国功臣邓禹之后。李胜，南阳人，"少游京师，雅有才智，与曹爽善"[②]。丁谧，沛国人，其父丁斐为曹操旧将。桓范，沛国人，建安末入曹操丞相府，为"谯沛"旧人。毕轨，东平人，子尚公主，为皇室姻亲。从以上背景资料看，曹爽、夏侯玄出自曹氏、夏侯氏宗族，何晏、毕轨是皇室姻亲，丁谧、桓范属"谯沛人"，都与曹魏皇室关系密切；邓飏、李胜则通过何晏、曹爽进入该集团。因此，他们无疑是一个亲曹魏皇室的政治集团。此为其一。其二，以地域论，主要集中在沛国、南阳两地，都在黄河以南地区。其三，除桓范、毕轨年岁较长外，其余为年轻人。

属于司马懿集团的人物，除司马懿父子外，主要有司马孚、卢毓、孙礼、刘放、孙资、高柔、王肃、王观、傅嘏等。另有一个特殊人物蒋济，后面将专门讨论。司马孚是司马懿之弟，曾为曹植文学掾。卢毓，涿郡人，其父卢植为经学大师。卢毓曾由崔琰荐举为冀州主簿，后入曹操丞相

① 《三国志》卷九《曹爽传》。
② 《三国志》卷九《曹爽传》注引《魏略》。

府。孙礼，涿郡人，曹操平幽州，辟为司空军谋掾。刘放，涿郡人，汉室后裔。曹操平冀州，刘放归附，入为司空府属。孙资，太原人，曾为曹操丞相府属。高柔，陈留人，从兄高干为袁绍之甥。[①]曹操曾"欲因事诛之"[②]，高柔自晦得免。王肃，东海人，荆州古文经学学者，其父王朗为曹魏名公。王肃女嫁司马懿子司马昭，两人为儿女亲家。王观，东郡人，曾为曹操丞相文学掾。司马懿为太尉，辟王观为从事中郎。傅嘏，北地人，伯父傅巽为魏侍中、尚书。傅嘏初仕为陈群司空掾；司马懿为太傅，辟其为从事中郎。根据以上资料，我们可作出如下初步判断：其一，司马懿、司马孚为司州河内人，卢毓、孙礼、刘放均为幽州涿郡人，孙资为并州太原人；高柔虽为兖州陈留人，但长期居留并州，与袁氏政权关系密切。以地域论，他们集中在黄河以北地区。王肃、王观、傅嘏等则通过姻亲、主吏关系进入该集团。其二，除傅嘏较年轻外，其余主要是建安时期入仕的老官僚。

通过以上考察，我们可知曹爽集团成员与司马懿集团成员在所出地域和年龄层次两个方面存在着较大差异。因此，我们对两个集团的进一步剖析，即从这两个方面着手。

《初学记》[③]卷八引卢毓《冀州论》云：

> 冀州，天下之上国也。尚书何平叔（何晏）、邓玄茂（邓飏）谓其土产无珍，人生质朴，上古以来，无应仁贤之例，异徐、雍、豫诸州也。

严可均《全三国文》搜罗古类书，从《艺文类聚》中又辑出该论佚文一条，另外辑出何晏《冀州论》《九州论》佚文数条，但内容都是褒赞冀州人物、风土和物产，与何晏贬抑冀州的态度不合，当是卢毓所论之佚

---

① 一说高干为高柔从父，见《三国志》卷二四《高柔传》裴注。
② 《三国志》卷二四《高柔传》。
③ 《初学记》，中华书局1962年版。

文。唐长孺认为，《九州论》也是《冀州论》之讹，"当时必是何晏、邓飏先作《冀州论》而卢毓驳之，卢毓之文应该是《难冀州论》，后世传写脱去'难'字，所以都误题何晏"。何晏等为何要著文贬抑冀州？据《后汉书》卷九《献帝纪》记载："〔建安〕十八年春正月庚寅，复《禹贡》九州。"李贤注引《献帝春秋》云："时省幽、并州，以其郡国并于冀州；省司隶校尉及凉州，以其郡国并为雍州。"唐长孺指出："虽然说司州并入雍州，但大河以北诸郡应并入冀州，河内在汉末是属于冀州的。何晏的《冀州论》从上古说起，所以不是汉代的冀州而是古冀州或汉末所恢复的古冀州，其中是包含河内的"，因此，"推测是正当司马氏与曹氏斗争之际，他有意贬抑冀州以打击司马氏"。①我们可以作一点补充，即何晏所打击的不仅是司马氏，还包括其党羽卢毓、孙礼、刘放、孙资等，他们都在恢复后的古冀州范围内。《三国志》卷九《曹爽传》称"〔何〕晏等与廷尉卢毓素有不平"，大概就是指这件事。

为打击政敌而牵涉到地域风土文化，是一个值得注意的现象。汉代选举实行察举征辟制，门阀、乡里对个人仕进至关重要，同一地域内士人往往在婚姻、仕宦等方面互相提携。发展到汉末，地域在政治上的意义便相当突出。比如，汝南、颍川两郡地域毗邻，在汉末人才辈出，号称"汝颍固多奇士"②。孔融与陈群论汝、颍人物，作《汝颍优劣论》，执意要在汝、颍士人之间分别高下，认定"汝南士胜颍川士"③。颍川士人投附曹操，孔融因反对曹操而迁怒于他们，故有此一辩。其实，在曹魏政权中，地域与政治相关联是一种普遍存在的现象。建安二十一年（216）曾发生两起有联系的大案，即"崔琰案"和"毛玠案"。在上篇第三章中，我们揭示道：在崔琰案中，支持崔琰的是以冀州为主的河北士人，曹操诛杀崔琰，实质上是对这些人的一次集中打击行动；而在毛玠案中，替毛玠辩护

---

① 唐长孺：《清谈与清议》，《魏晋南北朝史论丛》，河北教育出版社2000年版。
② 《三国志》卷一四《郭嘉传》。参考胡宝国：《汉晋之际的汝颍名士》，《历史研究》1991年第5期。
③ 《艺文类聚》卷二二，上海古籍出版社1999年版。另见《三国志》卷一○《荀彧传》注引《荀氏家传》。

的是侍中和洽、桓阶，两人都是南方名士。《三国志》卷一二《崔琰传》注引《魏略》载：

> 明帝时，崔林尝与司空陈群共论冀州人士，称琰为首。群以"智不存身"贬之。林曰："大丈夫为有邂逅耳，即如卿诸人，良足贵乎？"

崔林是崔琰从弟，从他与陈群议论冀州人士的态度看，南北士人间明显存在着隔阂。陈群贬斥崔琰"智不存身"，崔林则反唇相讥，认为陈群等颍川士人（即"卿诸人"）不足为贵，双方争论的焦点无疑是南北士人与曹魏政权的关系。看来，像崔林这样的河北士人，其潜意识中对曹操压制本土人士一直耿耿于怀。

在《三国志·魏书》中，可以见到不少河北士人互相提携、关照的事例。[①]我们不难推断，当司马懿与曹爽发生权力斗争时，那些与南方士人有着隔阂的河北士人当然投向司马懿一边。明帝临终之前，拜孙礼为曹爽大将军长史，本意是将他作为曹爽的"良佐"。然而，孙礼"亮直不挠"，与曹爽不合，遂被迁调外任。[②]孙礼最终投靠了司马懿。刘放、孙资长期担任中书监、令，掌典"机密"，被明帝倚为腹心。但是，当明帝就"万年后计"向孙资征求意见时，孙资"依违其对，无有适莫"，而其本意则是否定明帝"使亲人广据职势"的主张，建议选用一两个外臣辅政，[③]实是有所倾向。景初三年（239）正月，明帝病重，拟以燕王曹宇为大将军，与领军将军夏侯献、武卫将军曹爽、屯骑校尉曹肇、骁骑将军秦朗共同辅政。刘放、孙资与夏侯献、曹肇等有隙，恐遭其祸，遂诪间使诈，劝明帝罢免曹宇等，仅以曹爽辅政，又力陈宜以司马懿"相参"。其实，刘、孙二人当然明白，曹爽与夏侯献、曹肇等关系密切，只有司马懿才能保全其

---

① 参看《三国志》崔琰、卢毓、常林、杨俊等本传。
② 《三国志》卷二四《孙礼传》。
③ 《三国志》卷一四《刘放附孙资传》注引《资别传》及裴松之评。

官位及身家性命。两人以私念而坏国家大计，昭然可知，裴松之称"放、资称赞曹爽，劝召宣王（司马懿），魏室之亡，祸基于此"①，确为的论；而刘放、孙资在急切间引司马懿为援，地域因素实是双方共有的默契，也即是说，两人投靠司马氏，为时更早。

在曹爽集团这边，如前所述，地域因素更为明显。值得一提的是，曹爽曾试图将卫臻引入本集团。据史载，"曹爽辅政，使夏侯玄宣指，欲引臻入守尚书令，及为弟求婚，皆不许"②。卫臻，陈留人，其父卫兹曾以资财助曹操起兵，后从曹操战死。他既是南方人，又与曹氏颇有渊源，所以成为曹爽拉拢的对象。

就年龄层次方面而言，在曹爽集团成员主要为年轻人这一表象的背后，存在着的基本事实是：建安时期入仕的南方人士，到正始年间已凋零不堪，尤其是作为曹魏政权支柱的"谯沛集团"和"颍川集团"人物，大都已相继故世，③亲曹魏皇室势力实际上处在重新组合阶段。在司马懿集团成员这边，其所以以建安时期入仕的老官僚为主体，恰恰反映了这个时代政治斗争的深远影响，比如司马懿、高柔劫后余生，河北士人受压制、打击等，这些因素潜存在该集团大部分成员身上，一旦亲曹魏皇室势力衰弱，便显得活跃起来。

除上述两个方面外，曹爽集团与司马懿集团的差异，在政治思想方面虽较隐晦但十分重要。《世说新语·文学篇》"钟会撰《四本论》始毕"条刘孝标注云：

> 《魏志》曰："〔钟〕会论才性同异，传于世。四本者：言才性同，才性异；才性合，才性离也。尚书傅嘏论同，中书令李丰论异，侍郎钟会论合，屯骑校尉王广论离。文多不载。"

---

① 《三国志》卷一四《刘放附孙资传》注引《资别传》裴松之评。
② 《三国志》卷二二《卫臻传》。
③ 参见陈寅恪：《书世说新语文学类钟会撰四本论始毕条后》，《金明馆丛稿初编》，生活·读书·新知三联书店2001年版。

文中提到的"才性论"是当时名士讨论的重要命题。关于魏晋才性论的大致内容和政治意义，陈寅恪、唐长孺已有精辟论证。①就与本文相关者而言，才性论是分析、批判东汉名教之治的政治理论，是名理学的重要议题。凡主张才性同、才必合者（如傅嘏、钟会），即是遵循名教传统，认为人才的德行与才能一致；凡主张才性异、才性离者（如李丰、王广），即是受曹操"唯才是举"理论的影响，认为人才的德行与才能相分离。我们知道，傅嘏、钟会属司马氏一党，李丰、王广则忠于曹氏，因而不难推断，曹爽、司马懿两集团成员在政治思想方面判然有别。事实上，司马懿集团成员曾对曹魏现行治国方针提出广泛、深刻的批评意见。明帝以卢毓为吏部尚书，掌典选举，诏称"选举莫取有名，名如画地作饼，不可啖也"。卢毓答云："名不足以致异人，而可以得常士。常士畏教慕善，然后有名，非所当疾也。"②明帝的本意是破除选举中名实不符的弊端，所持的是"唯才是举"的标准，卢毓却以名教观点解释"名"，肯定了它在选举中的作用，实是对明帝主张的否定。另从卢毓与李丰论才性问题的言论看，他也属于主张"才性合"的一派。③傅嘏在青龙年间上书，更对曹魏政治作了多方面的尖锐批评。卢、傅二人是司马氏集团的理论家，其意见具有代表性。

与司马懿集团成员坚持名教统治原则相对应，在曹爽集团成员这边，存在着所谓"浮华"问题。《曹爽传》载：

> 南阳何晏、邓飏、李胜，沛国丁谧、东平毕轨咸有声名，进趣于时，明帝以其浮华，皆抑黜之；及爽秉政，乃复进叙，任为腹心。

---

① 参见陈寅恪：《书世说新语文学类钟会撰四本论始毕条后》，《金明馆丛稿初编》，生活·读书·新知三联书店2001年版；唐长孺：《魏晋才性论的政治意义》，《魏晋南北朝史论丛》，河北教育出版社2000年版。

② 《三国志》卷二二《卢毓传》。

③ 参考唐长孺：《魏晋才性论的政治意义》，《魏晋南北朝史论丛》，河北教育出版社2000年版。

人们多依据这条材料，认为何晏等五人，加上夏侯玄，都属于"浮华"党徒，从而断定曹爽集团为"浮华"派。其实，《三国志·魏书》及裴注涉及"浮华"案成员名单者还有数处，只提到夏侯玄、诸葛诞、邓飏、李胜、刘熙、孙密、卫烈等七人，均不及何晏、丁谧、毕轨。据《曹爽传》注引《魏略》所载何晏等三人事迹，可确知三人不在"青龙浮华案"中。陈《志》叙魏晋嬗代事，本来就多有舛谬，上引材料连带叙述，将何晏等三人与其他人混为一谈，不可不辨。此为其一。其二，在太和及正始年间青年名士探讨名理学和玄学问题的潮流中，参加者除属于曹爽集团的夏侯玄、何晏外，属于司马懿集团的司马师、傅嘏，后来投靠司马氏的钟会，也在其中；①况且，夏侯玄、何晏、李胜等在任官期间都颇有实绩。因此，若非受旧史诋毁何晏等人的倾向影响，我们很难将其中一方指为"浮华"派。其三，最重要的还在于，夏侯玄、何晏等探讨理论问题，是有现实政治意义的。《文心雕龙·论说篇》称：

> 魏之初霸，术兼名法，傅嘏、王粲，校练名理。迄至正始，务欲守文，何晏之徒，始盛玄论；于是聃周当路，与尼父争涂矣。

刘勰将曹魏创业初期"术兼名法"与正始年间"务欲守文"对举，而把傅嘏、王粲等"校练名理"、何晏等"始盛玄论"看作是对应于两个阶段的政治理论，意旨甚为明确。刘勰是南朝齐、梁间人，相对魏晋之际的人们而言，其思想认识较为客观。关于夏侯玄、何晏等以玄学思想指导政治实践，下面还要专门讨论。另一方面，同样是探讨理论问题，司马师等人所持的立场与何晏等是有区别的。傅嘏"校练名理"并坚持名教立场，已揭示如上。《三国志》卷二八《钟会传》载："会尝论《易》无互体、才性同异。及会死后，于会家得书二十篇，名曰《道论》，而实刑名家也，

---

① "浮华"案打击的是夏侯玄、诸葛诞等人互相品题，干扰选举，与后世称何晏、王弼等"浮华""浮诞"不是一回事。

其文似会。"说明钟会虽然将所撰著作题为"《道论》",但在当时人看来，他探讨的问题并没有超出刑（形）名学范畴。本传称他"博学精练名理"，上文说到他主张"才性合"，表明他在名理学中坚持了名教立场；他无法在理论上达到玄学高度，当是隔着名教这层滞碍。此外，何晏曾称司马师"能成天下之务"[①]，大概司马师虽然参与谈论，但其本志仅在于建立事功，自然不可能有什么理论创造。考虑到曹丕曾以"宽仁玄默"为最高宗旨，采取外儒法而内黄老的治国方略，[②]我们有理由认为，夏侯玄、何晏等倡导玄学理论，反映了亲曹魏皇室新权贵进一步为这个王朝探求统治思想的企图，这也是促成名理学（即形名学）向玄学过渡的真正动力。后世谈论何晏等人煽动玄风，往往溯源于曹丕"通达"放任，却较少注意两者在政治思想上的联系。

三 权力斗争与"正始改制"

曹爽集团与司马懿集团之间的斗争，一开始就是围绕权力而展开的。《曹爽传》载：

> 帝寝疾，乃引爽入卧内，拜大将军，假节钺，都督中外诸军事，录尚书事，与太尉司马宣王并受遗诏辅少主。明帝崩，齐王即位，加爽侍中。

《晋书·宣帝纪》载：

> 及齐王即帝位，迁侍中、持节、都督中外诸军、录尚书事，与爽各统兵三千人，共执朝政，更直殿中，乘舆入殿。

---

① 《三国志》卷九《曹爽传》注引《魏氏春秋》。
② 参看本篇第一章的论述。

这是明帝去世、齐王即位后曹爽、司马懿二人的官位和权限。我们注意到，在明帝的安排中，曹爽为"大将军、假节钺、都督中外诸军事、录尚书事"（后来仅加"侍中"），是总揽军政大权的首辅，司马懿仅以"太尉"身份参辅。这反映了明帝对司马懿的防范。但齐王即位后，司马懿迁"侍中、持节、都督中外诸军、录尚书事"，权力骤然提升到与曹爽大致对等的地位，并且"统兵三千人，共执朝政，更直殿中"等，也与曹爽分享。因此，推测是曹爽缺乏心理准备或刘放、孙资居中替司马懿谋划的结果。此时，尽管曹爽在宗室身份和权位上还占有一定优势，如大将军位在太尉之上，假节钺权限高于假节等，但已经强烈地感受到司马懿积久威势的重压。景初三年（239）二月，即出现上述态势后不久，由丁谧策划，曹羲代作表奏，曹爽让齐王"发诏转宣王为太傅，外以名号尊之，内欲令尚书奏事，先来由己，得制其轻重"①，从而多少挽回一些大权旁落的损失。不过，司马懿仍"持节统兵都督诸军事如故"②，保留了全部军权，并且，虽然他不再"录尚书事"，但无疑仍是辅政之一。《曹爽传》载："初，爽以宣王年德并高，恒父事之，不敢专行。"裴注引《魏略》亦载："初③，宣王以爽魏之肺腑，每推先之，爽以宣王名重，亦引身卑下，当时称焉。"反映了此后一段时间曹爽、司马懿二人关系的大致情况。此亦表明，两人围绕最高权力进行的第一场较量，以双方各有所得且互有退让而暂时妥协。

曹爽在亲曹魏皇室势力衰落时出任首辅，首先要做的就是培植亲信，扩展势力，建立权威。于是，夏侯玄、何晏、邓飏、李胜、丁谧、毕轨等通过各种关系聚合在曹爽周围。《曹爽传》载：

> 及晏等进用，咸共推戴，说爽以权重不宜委之于人。乃以晏、

---

① 《三国志》卷九《曹爽传》。具体细节见该传注引《魏书》及《晋书·宣帝纪》。
② 《三国志》卷四《三少帝纪》。
③ 陈景云称："'初'上失书名，后诛爽，注又重出'《魏略》'，疑此处脱文也。"卢弼《三国志集解》引。

飏、谧为尚书，晏典选举，轨司隶校尉，胜河南尹，诸事希复由宣王。

曹爽以何晏、邓飏、丁谧为尚书，何晏掌典选举，掌握了中央行政枢纽；毕轨为司隶校尉，李胜为河南尹，加强了对京师的控制。同时，又以二弟曹羲为中领军、曹训为武卫将军，夏侯玄为中护军，取得了对中军的控制权。所谓"权重不宜委之于人""诸事希复由宣王"，如上文所析，正是明帝安排曹爽作首辅的本意，至此才得以实现。上述以权力和人事为中心的变革，必然要触动一些人的利益，比如何晏任吏部尚书，即是取卢毓而代之。史称"〔何〕晏为尚书，主选举，其宿与之有旧者，多被拔擢"[①]，反映出变革已逐渐深入下层。这些举动自然要遭到敌党攻击。王夫之对此辨析说："史称何晏依势用事，附会者升进，违忤者罢退，傅嘏讥晏外静内躁，皆司马氏之徒，党邪丑正，加之不令之名耳。晏之逐异己而树援也，所以解散私门之党，而厚植人才于曹氏也。"[②]所见极是。

与曹爽作上述调度同时，一向"有雄豪志"的司马懿也不甘示弱，他抓住一切可能的机会，发挥擅长军事的优势。正始二年（241），吴军分三路进攻芍陂、樊城和柤中，司马懿请求亲自率军讨伐。正始四年，司马懿又督率诸军击吴将诸葛恪于皖城。这两次进兵，都是在众议反对的情况下勉力成行，其结果增加了司马懿的威势。有鉴于此，曹爽、夏侯玄在正始五年发动了征伐蜀国的骆谷之役，意在令曹爽建立"威名"。但是，从历次魏蜀战争的形势来看，此举显然属冒险而无成算，结果劳师无功，关中虚耗，曹爽也因此声誉大损。以上可视作曹爽、司马懿进行的第二场较量，双方争斗尚属平稳。

《三国志》卷九《夏侯玄传》注引《魏略》载："玄既迁，司马景王（司马师）代为护军。护军总统诸将，任主武官选举。"夏侯玄由中护军迁任征西将军，假节都督雍、凉州诸军事，是为发动骆谷之役作准备，时间

---

① 《三国志》卷九《曹爽传》注引《魏略》。
② 《读通鉴论》卷一〇。

当在正始四五年之际。推测夏侯玄迁任、曹爽率军西征后，司马懿把持朝政，乘机让司马师接替了中护军职位。护军本来"隶领军"，《魏略》却称"总统诸将"，似此时司马氏不仅控有护军，且有扩大其权力的趋势。①司马懿擅长统兵，在军队中威信极高，他一旦有控制中军的势头，对曹爽集团无疑是个严重威胁。正始六年（245）八月，"曹爽毁中垒、中坚营，以兵属其弟中领军羲"②，就是对上述事态作出的强烈反应，其意显然是把中军的大部分集中控制在自己手中，阻止司马氏进一步染指。尽管司马懿"以先帝旧制禁之"，却无法阻拦曹爽付诸行动。以争夺中军控制权为焦点，曹爽、司马懿之间的争斗逐渐表面化。正始八年五月，司马懿称疾不预政事，暗中准备以武力诛除曹爽集团。司马师"阴养死士三千，散在人间"③，为兵变积蓄力量。两个敌对势力之间的决斗，已是一触即发。

探讨曹爽集团与司马懿集团之间的斗争，必然要牵涉到所谓"正始改制"，因为这是当时人议论的中心话题，也是司马懿集团成员抨击的一个重要方面。正始年间曹爽集团进行的改制有哪些基本内容呢？史籍并无确切记载。不过，以《夏侯玄传》所载《答司马懿问时事议》一段长文为蓝本，结合有关史实，我们还是可以窥见其大致内容。概括而言，有以下三个方面：第一，整顿九品中正制，理顺"台阁"（尚书台）、"官长"（各级行政长官）和"中正"三者之间的关系，尤其要避免"中正干铨衡之机于下"。第二，改革地方行政机构，将州、郡、县三级官府并省为州、县两级，减去郡一级。第三，改革奢侈的服制。④

据唐长孺论证，正始年间，司马懿曾倡议在州一级设置大中正，曹羲作书表示反对。考虑到曹爽集团控制着尚书台和吏部，而司马懿集团以老一代名士为主体，在地方上的势力和影响较大，因此，夏侯玄主张抑制中正的权限，发挥吏部的作用，表达了曹爽集团伸张势力的要求。同样，并

---

① 参考黄惠贤：《曹魏中军溯源》，《魏晋南北朝隋唐史资料》第14辑，武汉大学出版社1996年版。

② 《晋书》卷一《宣帝纪》。

③ 《晋书》卷二《景帝纪》。

④ 参考杨耀坤：《有关司马懿政变的几个问题》，《四川大学学报》1985年第3期。

省地方行政机构，精简吏员，也有利于抑制地方势力，加强中央的权威。基于以上原因，夏侯玄的改制主张当然为司马懿所抵制。司马懿回答说："审官择人，除重官，改服制，皆大善。……恐此三事，当待贤能然后了耳。"[①]虽然肯定改制内容，却反对付诸实施。另一方面，正如有的学者所揭示，夏侯玄提出的三项改制措施，反映了玄学思想家宣扬的简约朴素的复古倾向，体现了"无为"清静的政治思想。[②]如果说玄学曾一度作为官方统治学说，那正是在正始年间的短暂时期。

当曹爽集团与司马懿集团为权力而明争暗斗时，前者所进行的改制给后者增添了攻击的口实。司马懿政变时数列曹爽的"罪状"，即称他"背弃顾命，败乱国典"[③]，蒋济曾针对"丁谧、邓飏等轻改法度"[④]，上疏加以驳斥。就连曹爽的长史应璩也对改制表示异议。史称"曹爽秉政，多违法度，璩为诗以讽焉。其言虽颇谐合，多切时要，世共传之"[⑤]。毋庸置疑，在三国纷争、内外不宁的形势下，曹爽集团进行大规模的改制，确有扰民清静和不合时宜之嫌，是促成一些人背离该集团的重要原因，蒋济即是如此。但是，如上所析，曹爽与司马懿进行权力斗争，以及对立两集团互相排抑，本不待改制而引发，况且，即便在改制过程中，双方势力的消长仍然是共同关注的焦点；而曹爽与司马懿进行权力斗争，以及对立两集团进一步组合，实有更深刻的原因存在。因此，那种把正始改制与司马懿政变简单联系的做法，难免失之片面，也无法解析对立两集团斗争的根本原因和实质。

四 从蒋济看正始党争

正始十年（249）正月甲午（初六），曹爽兄弟扈从齐王拜谒明帝高平

---

① 《三国志》卷九《夏侯玄传》。
② 王晓毅：《正始改制与高平陵政变》，《中国史研究》1990年第4期。
③ 《三国志》卷九《曹爽传》；又见《晋书·宣帝纪》。
④ 《三国志》卷一四《蒋济传》。
⑤ 《三国志》卷二一《王粲附应玚传》注引《文章叙录》。

陵。司马懿乘机发动政变，"以皇太后令，闭诸城门，勒兵据武库，授兵出屯洛水浮桥；召司徒高柔假节行大将军事，据爽营；太仆王观行中领军事，据羲营。因奏爽罪恶于帝"①。这次政变是曹爽、司马懿两个敌对势力之间的决斗，是双方武力的较量。司马懿因控制了曹魏首都洛阳城内的中军而掌握全局，一举倾覆曹爽集团。清人王懋竑评论说："懿既拥兵，而子师为中领军（按：应作中护军），亦执兵柄。其诛爽也，师勒兵镇遏中外，阴养死士三千，一朝而集；昭亦率众卫宫。此直举兵称乱，伺间以取人之国，而以诛爽为名耳。"②揭露了政变的实质。

司马懿发动兵变时，参与者除其二子外，主要有司马孚、高柔、王观、蒋济等。蒋济时为太尉，随司马懿出屯洛水浮桥。司马懿让侍中许允、尚书陈泰劝曹爽罢兵归罪，许诺以免官为限，蒋济亦作书转达司马懿旨意。司马懿上奏曹爽"罪状"，声称"太尉臣济、尚书令臣孚等，皆以爽为有无君之心，兄弟不宜典兵宿卫，奏永宁宫"③。可见蒋济在政变中是一个重要人物。然而，若对蒋济在政变后的表现细加考察，就不难发现，他与前揭司马懿集团成员实有很大区别。王懋竑在所撰《白田杂著》卷五中考析蒋济事迹，力辨其非司马氏之党，颇中肯綮，惜于原因未能深究。现参照王氏所论，对蒋济事迹再作考辨，借以为了解正始党争提供一个新视角。

《晋书·宣帝纪》载："〔司马懿〕收爽兄弟及其党与何晏、丁谧、邓飏、毕轨、李胜、桓范等诛之。蒋济曰：'曹真之勋，不可以不祀。'"《三国志》卷一四《蒋济传》亦载，曹爽等伏诛后，蒋济进封都乡侯，邑七百户。他上疏称"论谋则臣不先知，语战则非臣所率"，固辞爵邑；不久去世。本传注引《世语》云："初，济随司马宣王屯洛水浮桥，济书与曹爽，言宣王旨'惟免官而已'，爽遂诛灭。济病其言之失信，发病卒。"《曹爽传》注引干宝《晋纪》亦称："蒋济以曹真之勋力，不宜绝祀……济

① 《资治通鉴》卷七五"邵陵厉公嘉平元年正月"条。
② 王懋竑：《白田杂著》卷五，四库笔记小说丛书本，上海古籍出版社1992年版。
③ 《三国志》卷九《曹爽传》。

又病其言之失信于爽，发病卒。"蒋济在政变后力主保留曹真之祀，对照他转达司马懿"惟免官而已"的旨意，及后来"病其言之失信，发病卒"，说明他对司马懿发动政变的深刻用心缺乏认识，以为是简单的政争而已，如此当然不必对曹爽兄弟及其党羽大加杀戮。然而，司马懿尽诛曹爽兄弟及其党羽（夏侯玄早已迁调外任，属例外情况），夷及三族，充分暴露了夺权篡国的野心，蒋济力不能止，唯有辩白自身始末，辞让爵邑，以区别于司马氏，昭明心迹于世人。王懋竑称："爽诛，懿专政，而篡弑之形成矣。济盖深悔之，故发病而没。干宝《晋纪》谓'病其言之失信'，未尽然也。"蒋济之死，不仅仅因为他失信于曹爽，还有他对大魏国祚的忧虑和对自身行为的追悔。

蒋济申明自己"谋不先知，战非所率"，提示我们对他在政变中的举动重作审查。王懋竑辨析说："蒋济为太尉，在群臣之右，而懿以高柔行大将军，据爽营；以王观行中领军，据羲营；以济从屯洛水浮桥，盖劫与之同。是柔、观与谋而济不与谋也。其上永宁宫奏，首称'太尉臣济'，此懿自为之耳。"揭示的两点皆有道理。《晋书》卷四二《王浑传》载，楚王司马玮打算诛杀汝南王司马亮等，长史公孙宏建议说：

> 昔宣帝废曹爽，引太尉蒋济参乘，以增威重。大王今举非常事，宜得宿望，镇压众心。司徒王浑宿有威名，为三军所信服，可请同乘，使物情有凭也。

司马懿废曹爽，楚王玮谋诛汝南王亮，同属"非常事"。因此，公孙宏受前一事件中司马懿"引太尉蒋济参乘，以增威重"之举启发，建议楚王玮挟持司徒王浑，"使物情有凭"；也即是说，后者乃是效法前者。通过这段晋人叙述，我们对司马懿挟持蒋济可得一确证。不过，就蒋济而言，他对丁谧等人本来就有成见，又与司马懿私交甚好，恐怕也有一些自愿的成分在内，这大概是他深加追悔的重要原因。尽管如此，蒋济非司马氏之党，已无可怀疑。

以上表现在蒋济身上的一些矛盾现象，说明了什么问题呢？我们不妨先考察一下蒋济的政治履迹。蒋济，楚国平阿人，与刘晔、胡质等同为扬州名士，曾任曹操丞相主簿西曹属。曹操颇为亲待蒋济，曾三次为他手书教令。文帝、明帝在位时期，蒋济因"兼资文武"，一直担当内外重任，以直言敢谏著称，被明帝视作"骨鲠之臣"。要之，他历受魏氏三世宠待。蒋济为人通达不拘，性好嗜酒，被人称作"酒徒蒋济"①。据史载，"蒋济为护军时，有谣言'欲求牙门，当得千匹；百人督，五百匹'。宣王与济善，间以问济，济无以解之，因戏曰：'洛中市买，一钱不足则不行。'遂相对欢笑"②。一则说明他视受贿为等闲，放达十足；二则反映出他与司马懿私交非同一般。蒋济任中护军时，曾致书卫臻说："汉祖遇亡虏为上将，周武拔渔父为太师；布衣厮养，可登王公，何必守文，试而后用？"卫臻回书，斥责他"好不经之举，开拔奇之津，将使天下驰骋而起"③。卫臻时为尚书右仆射，典选举，蒋济亦典武官选举，故二人有此辩驳之事。从中我们看到，蒋济在政治思想方面与礼法之士有异，属于所谓"放达之士"。

以上事实表明：蒋济为南方名士，历受"魏氏三祖"宠待，在行为举止和政治思想方面也与曹氏接近；因此，其根本立场站在曹魏皇室一边，是理所当然的。从相反的方面说，蒋济卷入政变之中，客观上起了不利于曹氏的作用，除了前面揭示的几点原因外，当与以下事实亦有关系。《三国志》卷一三《王肃传》载：

> 迁太常。时大将军曹爽专权，任用何晏、邓飏等。肃与太尉蒋济、司农桓范论及时政，肃正色曰："此辈即弘恭、石显之属，复称说邪！"爽闻之，戒何晏等曰："当共慎之，公卿已比诸君前世恶人矣。"

---

① 《三国志》卷二三《常林传》注引《魏略》。
② 《三国志》卷九《夏侯玄传》注引《世语》。
③ 《三国志》卷二二《卫臻传》。

王肃与蒋济、桓范共论时政，斥责何晏、邓飏等为西汉佞臣"弘恭、石显之属"。曹爽告诫何晏等，却直接称"公卿"，似议论何晏等人的公卿尚不止以上三人。鉴于位登公卿者大都为老官僚，说明曹爽在进用何晏等青年名士的同时，没能处理好与老官僚的关系。《曹爽传》注引《世语》亦载："于时曹爽辅政，以〔桓〕范乡里老宿，于九卿中特敬之，然不甚亲也。"像桓范这样的"乡里老宿"，曹爽尚且不能亲待、重用，更不论其他。这种情况的出现，既有曹爽个人能力的问题，也反映了老一代"谯沛集团"和"颍川集团"人物大都过世后产生的消极影响。但是，桓范在关键时刻站在曹氏一边，蒋济的根本立场也属曹氏；而那些投靠司马懿的老官僚，仅限于河北士人或司马氏姻亲、故吏，可知曹爽集团与司马懿集团的分野，本来就不在年龄层次方面。

五　结语

关于正始年间曹爽集团与司马懿集团斗争的原因和性质，向来有多种看法，本人无意一一评说。现就本章论述所及，概述己见如下。

个人认为，鉴于这场斗争历时之长，牵涉的问题之深广，已远非一两句抽象的语言所能概括。从对立两集团的首脑来看，曹爽属曹魏皇室疏宗，司马懿是汉末世家大族的代表人物；以集团的分野而论，曹爽集团成员集中在黄河以南地区，在政治思想方面受曹操、曹丕影响较大，司马懿集团成员主要集中在黄河以北地区，在政治思想方面继承了名教传统，因此，两个集团的组成，实质上是地域与政治思想的结合；就斗争的主题而言，是一方振兴皇权与另一方夺权篡国的权力斗争。以上这些内容，无一不反映了建安时代政治产生的深远影响。也即是说，正始党争以及高平陵之变，乃是汉末极端敌视曹操政权的世家大族代表人物司马懿，在曹魏皇权的政治基础削弱和亲皇室势力衰微之际，利用河北士人对曹魏政权的不满及与南方人士的矛盾，进行的一场成功的夺权篡国活动。

第五章 司马氏"作家门"的历史考察

《三国志》卷二八《钟会传》注引《世语》记载，曹爽被杀后，"夏侯霸奔蜀，蜀朝问'司马公如何德'？霸曰：'自当作家门。'"又引《汉晋春秋》云："夏侯霸降蜀，姜维问之曰：'司马懿既得彼政，当复有征伐之志不？'霸曰：'彼方营立家门，未遑外事。'"所谓"作家门"或"营立家门"，周一良解释说："并非谋求发家致富，而是谋求取代曹氏，篡夺政权，司马氏之心固不待司马昭而路人皆知矣。"①司马氏"营立家门"，肇始于公元249年司马懿利用政变诛除曹爽集团，夺取曹魏政权之后，而以265年司马炎篡魏建晋，登基称帝为终结，历时17年，经历祖孙三代。在这段不算短的时间里，司马懿及其子孙充分利用执掌曹魏政柄的有利条件，培植亲信，打击异己，不断削弱曹魏皇室的力量，建立并巩固了司马氏家族的独断统治，终究迁移魏鼎。司马氏改朝换代，其事迹经过颇异于往代，治史者历来对此多有评说。本章旨在稽考史事，参证旧说，对司马氏"作家门"的历史作一较为全面的考察，希望通过这种考察，对于认识魏晋之际政治演变的轨迹和特征，能够有所助益。

一 高平陵之变后司马懿控制朝政的措施

司马懿发动高平陵之变，因曹爽放弃抵抗而很快获得成功。接下来，

---

① 周一良：《魏晋南北朝史札记》"曹氏司马氏之斗争"条，中华书局1985年版。

如何处置曹爽兄弟及何晏等曹氏党羽，便成为引人注目的时局焦点。司马懿针对曹爽发动政变，其理由在他上齐王芳的奏疏里讲得很清楚[①]：曹爽"背弃顾命，败乱国典"，结党营私；齐王"但为寄坐"，不安于位；司马懿本人受明帝顾命重托，有责任改变这种局面。他提出的解决方案为：罢除曹爽及其弟羲、训吏兵，以侯就第。这个方案在曹爽放弃抵抗后得到实施。然而，事情并未就此终结。据《三国志》卷九《曹爽传》记载：

> 初，张当私以所择才人张、何等与爽。疑其有奸，收当治罪。当陈爽与晏等阴谋反逆，并先习兵，须三月中欲发，于是收晏等下狱。……于是收爽、羲、训、晏、飏、谧、轨、胜、范、当等，皆伏诛，夷三族。

黄门张当是曹爽安置在宫中的亲信，被曹爽授为都监，曾私出掖庭才人十余人与曹爽为伎人。司马懿在奏疏里指控曹爽，其中一项为张当与曹爽"专共交关，看察至尊，候伺神器，离间二宫（指齐王芳、郭太后），伤害骨肉"，此人与曹爽关系颇深。司马懿以张当为突破口，炮制出所谓曹爽与何晏等"阴谋反逆"的大罪，于是诛杀曹爽兄弟、何晏、邓飏、丁谧、毕轨、李胜、桓范、张当等，夷灭三族。这实在是一桩骇人听闻的血腥巨案，也是自司马懿政变成功后政局的一次不小变动。历来政治斗争的法则为"成王败寇"，司马懿惩治曹爽一党，本不足为怪。问题在于，当初司马懿向曹爽发难，尽管数列了曹爽的种种"劣迹"，包括"背弃顾命，败乱国典""候伺神器"一类的严厉指控，但并无确切证据指控曹爽"阴谋反逆"。同时据《曹爽传》注引《世语》记载：

> 宣王（司马懿）使许允、陈泰解语爽，蒋济亦与书达宣王之旨，又使爽所信殿中校尉尹大目谓爽，唯免官而已，以洛水为誓。爽信之，罢兵。

---

① 奏疏载于《三国志》卷九《曹爽传》。

司马懿对曹爽许诺"唯免官而已",是由侍中许允、尚书陈泰、太尉蒋济等人公开宣示的,又以洛水为誓,不可谓不郑重,曹爽本人对此并无太多疑虑,因而有"我不失作富家翁"之语,束手放弃抵抗。司马懿的承诺,是瓦解曹爽的意志而迅速平息事态的重要诱因。由上述情况可知,司马懿对曹爽兄弟及其党羽所作的最终处置,较之政变时在定罪和惩治两方面均发生了实质性的转变,尽管这无关曹爽集团倾覆和司马懿得势的大局,但对今后政局的走向将产生极大影响,而这种处置本身,也正是判断司马懿政变的性质之关键。

司马懿诛杀曹爽后,蜀汉大将军费祎曾设甲乙论"平其是非",其结论是"爽无大恶"。费祎认为:"若懿以爽奢僭,废之刑之可也,灭其尺口,被以不义,绝子丹(曹真)血食,及何晏子魏之亲甥,亦与同戮,为僭滥不当矣。"[①]这是当时局外人的看法,当属公允。在曹魏政权内部,蒋济曾抨击曹氏党羽丁谧、邓飏等"轻改法度",又附从司马懿参与了政变。但在决定如何处置曹爽等人时,他却力主"曹真之勋,不可以不祀"。曹爽等伏诛后,蒋济拒绝晋爵增封,并上疏自绝于司马氏。当司马氏党羽无不为诛除曹爽集团而弹冠相庆,纷纷加官晋爵增封之际,蒋济的举动格外引人注目。蒋济举动异常,在于他从司马懿肆意剪除曹魏皇室宗子枝属的行动中,察觉出司马懿夺权篡国的野心,而不再认为司马懿政变是简单的政争行为。[②]本章开头所述夏侯霸认为司马懿"自当作家门",也应是有鉴于此。关于司马懿屠戮曹爽一党,《晋书》卷一《宣帝纪》记述道:"诛曹爽之际,支党皆夷及三族,男女无少长,姑姊妹女子之适人者皆杀之,既而竟迁魏鼎云。"这是把司马懿屠戮曹爽一党与司马氏最终迁移魏鼎联系起来,认为两者是前因后果的关系。同纪还记载说:

> 明帝时,王导侍坐。帝问前世所以得天下,导乃陈帝(司马懿)

---

① 《三国志》卷四四《费祎传》注引《通语》。
② 参看本篇第四章的论述。

创业之始，及文帝（司马昭）末高贵乡公事。明帝以面覆床曰："若如公言，晋祚复安得长远！"

王导向晋明帝讲述的司马懿"创业之始"，据文意即司马懿政变夺权和屠戮曹爽一党之事，此事按性质可与司马昭当政时弑杀高贵乡公曹髦并为一案。可见在晋代人心目中，司马氏正是以屠戮曹爽一党作为其"创业"之第一步的，而身为司马氏后裔的晋明帝，对此也不免感到震惊和惭愧。

司马懿作为魏晋政治舞台上的风云人物，其政治品格不断地受到后人谴责，在此不拟深论。我们关注的是，司马懿违背承诺，制造罪名，大肆诛杀曹爽兄弟及其党羽，究竟对曹魏政局的走向产生了何种影响呢？

司马懿肆行屠戮的效果是显而易见的。他以正始十年（即嘉平元年，四月改元，249）正月发动政变，诛杀曹爽；"二月，天子以帝为丞相，增封颍川之繁昌、鄢陵、新汲、父城，并前八县，邑二万户，奏事不名"；"冬十二月，加九锡之礼，朝会不拜"；"二年春正月，天子命帝立庙于洛阳，置左右长史，增掾属、舍人满十人，岁举掾属任御史、秀才各一人，增官骑百人，鼓吹十四人，封子肜平乐亭侯，伦安乐亭侯"。①在首尾仅一年的时间里，司马懿的权威大为增长。增封邑，封子弟，增置僚属并可荐举升迁，乃是张其权势；奏事不名，朝会不拜，增官骑、鼓吹等，为崇其位望。撇开这些不论，以司马懿为丞相、加九锡之礼、立祖庙于洛阳等三项，实是颇有深意。首先，三公制度作为法定的宰相制度，自东汉以来沿用已久，丞相、相国虽是秦和西汉前期曾经有过的宰相官职，在汉魏之际却是异事。一般认为，此际的丞相、相国"多非寻常人臣之职"②，曹操和比他更早的董卓，就曾分别以丞相、相国独擅朝政。其次，九锡之礼是

---

① 《晋书》卷一《宣帝纪》。
② 《宋书》卷三九《百官志上》称："自魏、晋以来，（相国）非复人臣之位矣。"丞相实同于相国。《通典》卷一九《职官一》称："宋齐梁陈，并相因习，或为丞相，或为相国，多非寻常人臣之职。"宋齐梁陈实为因袭汉晋之际。

用以表彰殊勋的，为历代异事，最近的则有曹操晋爵魏公而加九锡。司马懿一旦诛除曹爽，便有丞相、九锡之授，尽管他分别推辞未受，仍然充分显示了他凌驾群臣而非同寻常的权势。司马懿立祖庙于京师洛阳，其意义可与蜀汉为诸葛亮立庙一事作比较而彰明。诸葛亮辅佐两朝，有大功于蜀，蜀人感恩怀德，在他去世后纷纷为他设祭，蜀汉政府最初不许各地立庙，后碍于民意，后主方下诏在沔阳为他立庙，但仍以有"逼宗庙"之嫌，不得在京师成都立庙。司马懿立祖庙与蜀汉为诸葛亮立庙还有所不同，其事类似于古代诸侯立宗庙，有象征家族基业的意味，但古代诸侯都是立宗庙于自己的封邑，司马懿立祖庙于京师洛阳，其"逼宗庙"之嫌岂非更甚？司马氏代魏之心，信然昭著矣。推测司马懿权威陡增的缘由，我们认为在于通过屠戮曹爽一党，其刑威已立，反对者已是噤若寒蝉，不敢对其所作所为稍有异议；而司马氏党羽亦已觉察其"作家门"之用心，因而望风承旨，竭力推助。

司马懿屠戮曹爽一党，其意义还在另一个重要环节显示出来。我们不妨先看下面的事实。嘉平三年（251）八月，司马懿去世；"十一月，有司奏诸功臣应飨食于太祖（曹操）庙者，更以官为次，太傅司马宣王功高爵尊，最在上"[①]。曹魏飨配功臣于曹操庙，最早是在明帝青龙三年（235），有夏侯惇、曹仁、程昱等三人。第二次是在齐王芳正始四年（243），有曹真、曹休、夏侯尚以下至典韦共20人。其中官阶最高者为以下五人：大将军夏侯惇，大司马曹仁、曹真、曹休，太傅钟繇，他们均为上公。嘉平三年特地以司马懿飨配曹操庙，属第三次。这一次更改了以前的排位次序，据说完全是按官阶高低排列，而司马懿"功高爵尊"，列在首位。我们知道，司马懿的最高官位为太傅，与上述夏侯惇等五人同属上公，并无官阶差别。另外，司马懿去世后追赠相国，但并非实授，而且相国为上公，与大将军、大司马、太傅等亦无官阶差别，因而可以不论。在官阶相等的前提下，司马懿究竟如何"功高爵尊"，能够超越夏侯惇等人，位列

①　《三国志》卷四《三少帝纪》。

功臣之首呢？查史籍可知，司马懿的最后封爵为舞阳侯，属于侯爵中最高的县侯（以下为乡侯、亭侯等），食邑累计增至5万户。夏侯惇等五人中，除夏侯惇在曹丕称帝之前去世，止于乡侯外，其余均为县侯，他们的食邑，自1800户至3500户不等。由此可见，司马懿在享有食邑方面确实远超夏侯惇等人，而爵位本身则无区别，因此，凭封爵并不足以论定其功臣之首的地位，要论定其地位，终究还是在于功勋一项。司马懿的功绩，在建安甚至黄初以前，实无可称述，明帝即位以后，始有擒孟达、拒诸葛亮、平公孙渊等战场之功，尤其是平定割据辽东的公孙渊，有讨灭叛国、拓定疆土的意义，值得称道。但另一方面，夏侯惇、曹仁、钟繇等人很早就跟随曹操征伐天下，颇为曹操倚重，有创业元功，这是司马懿的上述功绩相形见绌的。那么，司马懿究竟"功高"在何处呢？我认为终究还是落实在诛除曹爽一党这件事上。司马懿诛杀曹爽等人，用的是"阴谋反逆"的罪名，则其自身有挫败反逆、匡扶社稷之大功，又因为此功勋几乎为司马懿一人所独擅，不同于夏侯惇等为众人共享创业元功，那么司马懿的功勋自然超压夏侯惇等人而最为显著。另外，司马懿在去世之前讨平王凌的反叛，也须在其功勋中记入一笔，此事与诛除曹爽一党性质类似，而其重要性不及后者。根据以上分析，我们认为，嘉平三年以司马懿缩配曹操庙并位列功臣之首，乃是以国家祭典的形式确认司马懿在曹魏大臣中的首功地位，这项在司马师当政伊始完成的祭典安排，目的是为司马氏家族继续执掌曹魏政权寻找法理依据；而司马懿制造罪名诛除曹爽一党，正是他获得首功地位的关键因素。

在严厉惩治曹爽集团骨干成员的同时，对于其他与曹爽案有牵连的人物，司马懿采取了另一种策略。当政变发生时，曹爽的大将军府司马鲁芝在府中留守，他率领府中骑士自津门斩关出奔曹爽。曹爽准备解除印绶交出权力之际，其主簿杨综予以谏阻。司马懿特意赦免鲁、杨二人之罪，不久擢拜鲁芝为御史中丞，杨综为尚书郎（一说鲁芝为并州刺史，杨综为安东将军参军）。对于司马懿的举措，清代学者王懋竑评论说："鲁芝、杨综之不死而反迁官，此以安朝臣之心，所谓'盗亦有道'者。既灭晏等之族，又迁芝等之官，庆赏刑威皆其所专擅矣。"①由于曹爽被杀，其府中僚属也难免受到牵连。史载"大将军曹爽辅政，高选贤明以为官属"②。曹爽的僚属班子颇具规模，除上述鲁芝、杨综外，见于史籍记载的还有应璩、王基、郑冲、裴秀、王沈、荀勖、王浑、卢钦、阮籍、辛敞等人，他们多为才学之士，有的还是朝中大臣之子。司马懿对这些人的处置，一般只是按惯例免官，不久又都予以叙用和迁升，其中如裴秀、王沈、荀勖等人，还成为司马氏的佐命功臣。司马懿区分不同的对象而分别施以恩威，其政治手段毕竟是高明的。

司马懿诛除曹爽集团以后，出于稳定政局的需要，大量进用司马氏党羽。司马孚、高柔、王观等是政变的参与者，事后司马孚仍为尚书令，"以功进爵长社县侯，加侍中"；高柔仍为司徒，"进封万岁乡侯"；王观"赐爵关内侯，复为尚书，加驸马都尉"③。司马氏的另一些党羽，孙资在曹爽当政时本已逊位，"曹爽诛后，复以资为侍中，领中书令"；孙礼"入为司隶校尉……迁司空，封大利亭侯，邑一百户"；傅嘏"为河南尹，迁尚书"；卢毓在曹爽等人被捕后，司马懿"任毓行司隶校尉，治爽狱"④；王肃为太常⑤。以上诸人或者充任三公而为朝廷名望，或者占据中枢要津，还有的掌握京畿地区的行政监察权，从而有效地控制着朝政。他们中的一些人，如傅嘏、卢毓，尤其是司马孚和王肃，在以后司马氏巩固权力和图谋篡代的过程中，还将发挥重要作用。

嘉平三年四至六月间，司马懿一举讨平了王凌在淮南地区酝酿的反叛，这是自司马懿执掌曹魏政权以后，司马氏同忠于曹魏皇室的地方势力之间的首次较量。据《三国志》卷二八《王凌传》记载：

---

① 《白田杂著》卷五，四库笔记小说丛书本，上海古籍出版社1992年版。

② 《太平御览》卷二三八引臧荣绪《晋书》。

③ 《晋书》卷三七《司马孚传》，《三国志》卷二四《高柔传》《王观传》。

④ 《三国志》卷一四《孙资传》，卷二四《孙礼传》，卷二一《傅嘏传》，卷二二《卢毓传》。

⑤ 据《三国志》卷四《三少帝纪》注引《汉魏春秋》记载，高平陵之变后，"诏使太常王肃册命太傅为丞相"。《三国志》卷一三本传只记王肃在正始年间任太常，此时任太常则缺载。

是时，凌外甥令狐愚以才能为兖州刺史，屯平阿。舅甥并典兵，专淮南之重。凌就迁为司空。司马宣王既诛曹爽，进凌为太尉，假节钺。凌、愚密协计，谓齐王不任天位，楚王彪长而才，欲迎立彪都许昌。

王凌在正始初为征东将军，假节都督扬州诸军事，此后一直主持淮南前线对孙吴的战事，先后迁升车骑将军、仪同三司和司空，曹爽被杀后又进为太尉、假节钺，论权势地位，他都仅次于司马懿。在司马懿诛除曹爽集团之后的曹魏政局下，像王凌这样有实力挑战司马氏的执政地位者，为数寥寥。关于王凌的反司马氏之举，有两个问题值得讨论。首先，王凌的外甥令狐愚为兖州刺史，嘉平元年（249），他与王凌密谋以曹操子楚王彪取代齐王芳，另行定都许昌。这是为对抗司马懿挟天子掌朝政而采取的非常之举，是王凌反叛在政治方面的基本内容。然而，此举历来受到后人指责。王夫之认为，王凌不可以称作"魏之忠臣"，其行径形迹类似于司马懿；"凌欲废无过之主以别立君"[1]，有违"名义"大节。王氏所辩不无道理，但我们还注意到以下事实：一是据《世说新语·文学篇》记载，王凌之子王广与傅嘏、李丰、钟会等辩论"才性四本"，王广主张才性离，其意见与主张才性异的李丰接近，而与主张才性同的傅嘏、主张才性合的钟会大相径庭。一般认为，凡主张才性不必结合者，即是秉承曹操求才三令之重才不重德的宗旨，属于曹党，反之即为司马氏一党。二是据《世说新语·贤媛篇》记载，王广为诸葛诞之婿，而诸葛诞早年就与曹氏亲党夏侯玄关系亲密，以后又继王凌、毋丘俭在淮南举兵反抗司马氏。透过王广的思想和婚姻关系背景，我们不难推断他与曹氏有很深的瓜葛，进而也可以推断，王凌的反司马氏之举，毕竟还是以兴复魏室为出发点，若是单纯以追逐家族利益取代司马氏为目的，实不足以令他以身犯险，挑战势力强大的司马氏。其次，《王凌传》记王凌与王广协商反叛事宜，王广不赞成其

---

[1] 《读通鉴论》卷一〇。

父起兵，裴注引用了习凿齿《汉晋春秋》的一段话，大意是说王广认为"曹爽以骄奢失民"，而司马懿"擢用贤能，广树胜己，修先朝之政令，副众心之所求。爽之所以为恶者，彼莫不必改，夙夜匪解，以恤民为先。父子兄弟，并握兵要，未易亡也"；裴松之以为"如此言之类，皆前史所不载，而犹出习氏。且制言法体不似于昔，疑悉凿齿所自造者也"。对于这段话，南宋人叶适认为："前史载与不载不必问，然此乃魏晋人议论两家根柢，非虚言也。"①当今一些学者论曹氏、司马氏两党优劣，也有直接采用这段话的，所持态度大致与叶适相同。但我们觉得，后人所撰述毕竟有别于当时情况之实录，更何况习氏《汉晋春秋》以晋承汉，尊司马氏为正统，于叙事议论中往往抑魏扬晋，因而即便其撰述不无事实依据，终究因撰述态度的偏颇而背离历史真相，所以为慎重起见，我们还须将这段材料作区别对待。

王凌的反叛之举，因密谋泄露而遭司马懿镇压。王凌自杀，司马懿"收其余党，皆夷三族，并杀彪。悉录魏诸王公置于邺，命有司监察，不得交关"②。经过这一场变故，曹魏皇室的势力被进一步削弱。

二 司马师、司马昭巩固执政地位的措施

司马师自嘉平三年八月接掌曹魏政权，至正元二年（255）闰正月去世，历时四年，这是司马氏巩固其家族执政地位的重要时期。在司马懿去世之前，司马师任中护军，掌典中军，后加拜卫将军，至司马懿去世，遂以抚军大将军录尚书事③，继续辅政。嘉平四年正月，司马师迁任大将军，加侍中，持节、都督中外诸军、录尚书事，这是他确认的正式辅政职位。《晋书》卷二《景帝纪》记述当时的政局说：

① 《习学记言》卷二七。
② 《晋书》卷一《宣帝纪》。
③ 《资治通鉴》卷七五"邵陵厉公嘉平三年八月"条，胡注云："魏、晋之制，骠骑、车骑、卫将军，伏波、抚军、都护、镇军、中军、四征、四镇、龙骧、典军、上军、辅国等大将军，位皆从公；至录尚书事，则专制朝政矣。"

诸葛诞、毌丘俭、王昶、陈泰、胡遵都督四方，王基、州泰、邓艾、石苞典州郡，卢毓、李丰掌选举，傅嘏、虞松参计谋，钟会、夏侯玄、王肃、陈本、孟康、赵酆、张缉预朝议，四海倾注，朝野肃然。或有请改易制度者，帝（司马师）曰："'不识不知，顺帝之则'，诗人之美也。三祖（曹操、曹丕、曹叡）典制，所宜遵奉；自非军事，不得妄有改革。"

此时的政局，有两点值得注意。其一，由后来历史演变的情况可知，在司马师主持下的曹魏政权，无论是地方上督军典州的大将，还是朝廷上理政议事的大臣，明确党附司马氏的固然不少，但也不乏忠于曹魏皇室者，上举诸葛诞、毌丘俭、李丰、夏侯玄、张缉等即属这一类，这部分人的势力影响形成已久，在其政治倾向充分暴露之前，司马师还得任用他们。其二，司马师初主朝政，一则其资历声望远不及乃父，再者司马氏政变夺权还为时不久，其根基尚属浅薄，因此，司马师把稳定摆在施政方针的首位，拒绝"改易制度"的建议，这是与以后司马昭当政时的情形大不相同的。

司马师当政的第四个年头，激烈的政治斗争首先在朝廷中爆发。这一次反司马氏斗争的主谋为中书令李丰，参与者有太常夏侯玄、皇后父光禄大夫张缉，以及李丰子李韬、弟兖州刺史李翼等，同时牵连的还有内侍黄门监苏铄、永宁署令乐敦、冗从仆射刘贤等人。李丰年少知名，正始年间任官至侍中、尚书仆射，其子李韬尚明帝女齐长公主，联姻皇室。当正始末曹爽、司马懿构嫌之际，"丰依违二公间，无有适莫"①，大概因为他未明显倾向于曹爽集团的缘故，司马师对他颇为亲信，任用他为中书令。李丰与张缉都是冯翊人，又有着相同的皇室背景，因而有"通家"之谊，两人对司马师擅权不满，图谋以兵变的方式诛杀司马师，以夏侯玄为大将

① 《三国志》卷九《夏侯玄传》注引《魏略》。

军，取代司马师辅政。嘉平六年（即正元元年，254）二月，司马师挫败了这起阴谋，先杀李丰，随后收治夏侯玄、张缉等人，皆夷三族。

李丰等人被杀后，中领军许允因与李丰、夏侯玄关系亲密，被徙出为镇北将军，假节都督河北诸军事。许允尚未赴任，又以"放散官物"罪被收治，流徙乐浪，死于途中。齐王芳时年23岁，因李丰、张缉之死而深受震动。司马师也顾虑有不测之变，于是图谋废黜皇帝。九月，安东将军司马昭自许昌领兵入洛阳，司马师借此胁迫郭太后，废曹芳为齐王，另立东海王曹霖子曹髦为帝，是为高贵乡公。

经过这一场激烈的宫廷事变，政局发生了有利于司马氏的两大变化。首先，朝廷中的亲曹魏皇室势力遭到了一次大清洗，从而司马氏对朝政的控制更为稳固，也为司马氏集团新一代核心的形成提供了更为有利的空间。以夏侯玄、李丰、许允为代表的亲曹魏皇室势力，在一定意义上是曹爽集团的残余。就夏侯玄而言，他是曹爽外弟，曹爽当政时先后任散骑常侍、中护军及征西将军，为曹爽集团的骨干成员之一。夏侯玄"世名知人"，"格量弘济"，"为海内重人"，[1]其声望影响遍及朝野。这样一个人物的存在，对司马氏发展势力和图谋篡代始终是一个滞碍因素。据《三国志》卷九《夏侯玄传》注引《魏氏春秋》记载：

> 太傅（司马懿）薨，许允谓玄曰："无复忧矣。"玄叹曰："士宗，卿何不见事乎？此人犹能以通家年少遇我，子元（司马师）、子上（司马昭）不吾容也。"

司马懿在政变后未杀夏侯玄，一是由于夏侯玄在正始五年（244）就已迁任征西将军，从而远离京师事态；再者其姊夏侯徽为司马师前妻，与司马氏有"通家"关系，保留夏侯玄，符合司马氏"安朝臣之心"的政治需要。当然，这样做有一个前提，就是司马懿的威望影响足以抑制夏侯玄

---

① 《三国志》卷九《夏侯玄传》及注引《世语》《魏书》。

发挥其影响。然而，对司马师、司马昭而言，夏侯玄却是他们同辈的竞争对手，除掉夏侯玄，更符合他们控制朝政的需要，夏侯玄本人对此是清醒的。李丰、许允亦为有影响的才能之士，他们与夏侯玄一同被清除，亲曹魏皇室势力在朝中再也形成不了气候。

其次，司马师废黜齐王芳，行"伊、霍之举"，极大地强化了司马氏的威势。伊尹放太甲，霍光废昌邑王刘贺，为历史上辅政大臣行使权力的极端形式，后来被权臣借鉴为操纵皇权、震慑嗣君和群臣的非常手段，汉末董卓进京后控制朝政，其重要举措之一就是废少帝刘辩而立献帝刘协。司马师废齐王曹芳而立高贵乡公曹髦，其震慑群臣的效果，与董卓所为并无差异。本来，按司马师的设想，是由彭城王曹据继登皇位，但曹据为曹操子，不符合明帝法统的传承次序，因而为郭太后所抵制。在郭太后的坚持下，高贵乡公曹髦得以继登皇位。司马师择立曹据，当是以他的观察，曹据较为恭顺，是可以同司马氏合作而易于实现篡代的合适人选。但曹髦为郭太后"小时识之"，"才慧夙成"，①他的继立符合明帝法统的传承次序，司马师也不便阻挠。由于高贵乡公曹髦这个"非常之主"的继立，司马氏要实现篡代，还需经历一番周折。

司马师在朝中完成清除异己、废立天子的举措后不久，亲曹魏皇室势力在淮南发动了新的反叛。正元二年（255）正月，镇东将军、都督扬州诸军事毌丘俭，扬州刺史、前将军文钦，"矫太后诏，罪状大将军司马景王（司马师），移诸郡国，举兵反"②。毌丘俭早年为曹叡平原侯文学，明帝即位后，因属东宫旧人而受宠信，相继掌典荆州、幽州，之后转督豫州、扬州，担当方面重任。毌丘俭与夏侯玄、李丰关系亲密，当齐王芳被废时，其子治书侍御史毌丘甸进谏说："大人居方岳重任，国倾覆而晏然自守，将受四海之责。"③毌丘俭深表赞同，遂与文钦图谋反叛。文钦为谯郡人，由于是曹爽"邑人"的缘故，颇受曹爽宠信；"曹爽诛后，进钦为

---

① 《三国志》卷四《三少帝纪》注引《魏略》及陈寿评。
② 《三国志》卷二八《毌丘俭传》。
③ 《三国志》卷二八《毌丘俭传》注引《世语》。

前将军以安其心，后代诸葛诞为扬州刺史"①。毌丘俭、文钦同曹魏皇室及曹爽、夏侯玄等人瓜葛很深，他们反司马氏的立场是鲜明的，所作讨司马师檄文宣布罪状，昭告天下，可谓义正词严。习凿齿称："毌丘俭感明帝之顾命，故为此役。"②一改其抑魏扬晋的态度，对毌丘俭赞誉有加。

毌丘俭、文钦在檄文中数列司马师的十一条罪状，包括擅杀李丰，废黜齐王芳，诛戮张缉及皇后张氏，流徙许允等。除此之外，其第十条为："三方之守，一朝阙废，多选精兵，以自营卫，五营领兵，阙而不补，多载器杖，充聚本营。"第十一条为："多休守兵，以占高第，以空虚四表，欲擅强势，以逞奸心，募取屯田，加其复赏，阻兵安忍，坏乱旧法。"③这两条揭露了司马师为巩固执政地位而采取的新举措，反映了司马氏"作家门"的新动向，尤其值得注意。首先，司马师初主政时拒绝"改易制度"，但并未否定军事方面的"改革"，从檄文揭露的情况看，他改革军事制度和调整军队配置，力度是相当大的。一是对于屯驻京师的京师中央军和屯驻全国各重镇的地方都督兵，采取强干弱枝的策略，加强京师中央军，削弱地方都督兵，具体措施为提高淮南、荆州、关陇等三方守兵轮休的比例，以减少其常备军数额，并从地方都督兵中选取精兵，充实京师中央军。④二是在中军系统里，以精兵充实自己的大将军本营，各类军械也优先装备本营，而屯骑、步兵、越骑、长水、射声等五校尉营所领兵士不满编制，这也是采取强干弱枝的策略。司马氏本以掌握军队、政变夺权取得执政地位，为防止政敌效其故伎，自然十分注重对军队的控制。在京师中央军方面，正始十年（249）司马懿发动政变时，中军系统包括：①大将

---

① 《三国志》卷二八《毌丘俭传》注引《魏书》。

② 《三国志》卷二八《毌丘俭传》注引。

③ 《三国志》卷二八《毌丘俭传》注引。

④ 中央军是曹魏军队的主力，其中一部分长期出征并屯驻全国各重镇，如长安、邺、许昌、寿春等地，由所在都督区都督统率；一部分基本上屯驻京师，负责宿卫宫廷、拱卫京师，由"都督中外诸军事"统率，其中"中军"或"内军"指保卫宫城的禁兵，"外军"指保卫宫城以外、整个洛阳都城的中央军。另有地方军，也称"州郡兵"。关于"都督中外诸军事"所统中、外军的范围，参考祝总斌：《都督中外诸军事及其性质、作用》，《纪念陈寅恪先生诞辰百年学术论文集》，北京大学出版社1989年版。

军曹爽本营，②太傅司马懿本营，③中领军曹羲本营（中垒将军营、中坚将军营已并入其中），④中护军司马师本营，⑤武卫将军曹训营，⑥五校尉营；其中大将军本营、太傅本营各领兵3000人，其余兵力不详。①我们可参照大将军本营、太傅本营的兵力状况，假定原中领军本营、中护军本营及兵力较强的武卫将军营各为3000人，原中垒将军营、中坚将军营各为1000人，五校尉营共计3000人，②那么此时的中军总兵力大约为2万人。除这些中军外，当时洛阳城内外其他驻军甚少。然而，到司马师讨伐毌丘俭时，其所统"中外军"已达"步骑十余万"之多，以后司马昭讨伐诸葛诞，更是"督中外诸军二十六万众"③。何兹全在论述这一变化时指出："司马氏尤其是司马师时代，对军事有很多改革，内则削弱曹氏宿卫兵，外则削弱外镇兵，以加强自己的军权及兵力。自此以后，驻外的兵力渐弱，强兵多聚集京师。京师军队多，不能全驻城内，除负有宿卫责任的军队驻城内外，余者皆屯城外。"④其次，司马师为了取悦于当朝官僚权贵，由朝廷出面招募屯田客，按官阶高低分别赐予各级官僚，免除其租调徭役。《晋书》卷九三《王恂传》所谓"魏氏给公卿已下租牛客户数各有差"，当即指此而言。这项举措已经超出了军事的范围，但为了使官僚权贵获得现实的经济利益以换取支持，却也不妨破例先行一步。

毌丘俭、文钦发动反叛时，司马师正患着严重的眼疾，他抱病率军进讨，而以司马昭兼中领军，留镇洛阳。正元二年（255）闰正月，毌丘俭、文钦的反叛被平定，司马师亦在许昌病逝。当司马师留驻许昌时，司马昭由洛阳前往省疾。司马师去世，高贵乡公亲自发诏，"以东南新定，权留

---

①　参考黄惠贤：《曹魏中军溯源》，《魏晋南北朝隋唐史资料》第14辑，武汉大学出版社1996年版。

②　《三国志》卷一四《孙资传》注引《资别传》云："今五营所领见兵，常不过数百，选授校尉，如其辈类，为有畴匹。"据此，五校尉营当各有数百人；而"五营领兵，阙而不补"，并不是司马师开其端。

③　参考祝总斌：《都督中外诸军事及其性质、作用》，《纪念陈寅恪先生诞辰百年学术论文集》，北京大学出版社1989年版。

④　何兹全：《魏晋的中军》，《读史集》，上海人民出版社1982年版。

卫将军〔司马〕昭屯许昌为内外之援，令〔傅〕嘏率诸军还"①。傅嘏时为尚书，与中书侍郎钟会随从司马师参与机密，两人协议，由傅嘏上表，而与司马昭一起自行率军回到洛阳。二月，高贵乡公被迫以司马昭为大将军，加侍中，都督中外诸军、录尚书事，继司马师辅政。

司马昭辅政后，司马氏与忠于曹魏皇室的地方势力之间的斗争仍在继续。甘露二年（257）五月，征东大将军、都督扬州诸军事诸葛诞又一次在淮南地区起兵反抗司马氏。《三国志》卷二八本传记载："诞既与〔夏侯〕玄、〔邓〕飏等至亲，又王凌、毌丘俭累见夷灭，惧不自安，倾帑藏振施以结众心，厚养亲附及扬州轻侠者数千人为死士。"其时贾充任大将军府右长史，他向司马昭献计，"请遣参佐慰劳四征，且观其志"②。贾充至淮南，与诸葛诞论说时事，并以"禅代"之事相询，遭到断然拒绝。贾充回洛阳后，劝司马昭征诸葛诞入朝，司马昭遂征诸葛诞为司空，由此激起了诸葛诞的反叛。自甘露二年七月至三年二月，司马昭率大军征讨诸葛诞，平定了反叛。在这次军事行动中，司马昭为防止京师生变，将皇帝和皇太后挟持在军中同行。

司马昭镇压了诸葛诞的反叛，其威势也激剧增长，《晋书》卷二《文帝纪》记载："五月，天子以并州之太原上党西河乐平新兴雁门、司州之河东平阳八郡，地方七百里，封帝（司马昭）为晋公，加九锡，进位相国，晋国置官司焉。九让，乃止。于是增邑万户，食三县，诸子之无爵者皆封列侯。"此时的政局，从中央到地方，已完全处在司马氏及其党羽的控制之下，皇帝被彻底架空。至甘露五年四月，高贵乡公迫不得已，"诏有司率遵前命，复进大将军司马文王（司马昭）位为相国，封晋公，加九锡"③。次月，高贵乡公终因不肯"坐受废辱"，以僮仆数百亲自出讨司马昭，遭司马氏党羽贾充、成济弑杀。

①《资治通鉴》卷七六"高贵乡公正元二年闰正月"条。
②《资治通鉴》卷七七"高贵乡公甘露二年四月"条。
③《三国志》卷四《三少帝纪》。

三　司马氏集团核心的形成

司马师、司马昭当政时期，司马氏集团新一代核心逐渐形成。如果说司马懿在高平陵之变后，还较多地依赖老官僚以稳定政局的话，那么司马师当政以后，就不能不大量进用新人以巩固和发展司马氏的势力。首先，正始年间党附司马懿的那部分老官僚，有的稍后相继故世，如刘放、孙礼、孙资均死于嘉平二三年间。有的因年老而逐渐不堪任事，如卢毓在司马师征讨毌丘俭时还"纲纪后事"①，到正元三年以疾病逊位。又如高柔久居太尉位，景元四年（263）以九十高龄去世，《三国志》卷二四本传陈寿评云："柔保官二十年，元老终位；比之徐邈、常林（辞让三公不拜），于兹为疚矣。"意在讥刺他坐视司马氏篡弑且居官不知避让；以高柔的耄耋之年，实为尸位而已。其次，正始年间的司马懿集团成员，除司马氏姻亲、故吏外，基本上为河北士人，他们聚合在司马懿的周围，最初是出于同南方人士争夺权势的需要，②而司马氏集团新一代成员，将要担负起改朝换代的历史使命，那么其社会基础就不能不尽量广泛些，在地域分布上势必打破南北地域的隔阂。

司马氏集团新一代成员的组合，首先当然得利用司马氏已有的人才资源，在这方面，司马懿留下了一份较为丰厚的遗产。《太平御览》卷九五引虞预《晋书》云：

> 上（司马懿）虽服膺文艺，以儒素立德，而雅有雄霸之量。值魏氏短祚，内外多难，谋而鲜过，举必独克。知人拔善，显外（扬）反（侧）陋，王基、邓艾、州泰、贾越之徒，皆起自寒门而著绩于朝。经略之才，可谓远矣。

---

① 《三国志》卷二二《卢毓传》。

② 参看本篇第四章的论述。

文中列举王基、邓艾、州泰、贾越等人，认为司马懿"知人拔善，显扬侧陋"，使他们"皆起自寒门而著绩于朝"。所举四人，除贾越事迹史籍缺载外，其余都有案可查。王基，东莱人，年少而孤，以孝廉、郎中入仕。王凌任青州刺史，两度辟召他为州府别驾。司徒王朗也辟召王基，王凌留而不遣，为此王朗还写信对王凌加以谴责。"大将军司马宣王辟基，未至，擢为中书侍郎。"①由以上事实看来，王基确为起自寒门，也确曾受到司马懿器重，但他仕宦显扬，并不是司马懿拔擢的结果。王基后来被曹爽辟召为大将军从事中郎，高平陵之变后随例免官。但他稍后就被起用为尚书，出为荆州刺史。司马师执政以后，王基积极投靠司马氏，成为替司马氏督军镇守地方的大将。王基在政治倾向上发生根本性转变，可以视作司马氏争取人才的一个典型案例。邓艾，义阳人，年少时为襄城典农部民，因为口吃，只能做小吏。《三国志》卷二八本传记载："后为典农纲纪，上计吏，因使见太尉司马宣王。宣王奇之，辟之为掾，迁尚书郎。"注引《世语》亦称："艾后为典农功曹，奉使诣宣王，由此见知，遂被拔擢。"州泰，南阳人。"初，荆州刺史裴潜以泰为从事，司马宣王镇宛，潜数遣诣宣王，由此为宣王所知。及征孟达，泰又导军，遂辟泰。泰频丧考、妣、祖，九年居丧，宣王留缺待之，至，三十六日，擢为新城太守……后历兖、豫州刺史，所在有筹算绩效。"②邓艾、州泰都是经司马懿拔擢，由小吏而致显官，尤其是州泰，居丧九年，一旦释褐便掌"兵马郡"，甚为时人艳羡。司马懿如此拔擢人才，照上引虞预《晋书》的说法，是出于他的"雄霸之量"，体现了他富于远见的"经略之才"，言外之意，司马懿为了谋求发展家族势力，早就着手培植亲信。这类情况还不仅仅发生在司马懿身上，司马师在拔擢人才、培植亲信方面，亦有乃父之风，甚至在某些环节更富于主见。石苞为渤海人，与邓艾同为襄城典农部民，充当小吏，后被司马师拔擢为中护军司马。《晋书》卷三三本传记载：

---

① 《三国志》卷二七《王基传》。
② 《三国志》卷二八《邓艾附州泰传》注引《世语》。

宣帝闻苞好色薄行，以让景帝。帝答曰："苞虽细行不足，而有经国才略。夫贞廉之士，未必能经济世务。是以齐桓忘管仲之奢僭，而录其匡合之大谋；汉高舍陈平之污行，而取其六奇之妙算。苞虽未可以上俦二子，亦今日之选也。"意乃释。

司马师不拘一格地拔用石苞，颇有曹操"唯才是举"的用人作风，而他把石苞的"经国才略"与管仲、陈平一类的"经济世务"联系起来考虑，其中寄予壮大家族势力的期望，是不难推想的。

魏晋之际是士族形成的时代，高门子弟凭借父祖官爵，通常以郎官、内侍、东宫官之类的"清途"入仕，其政治地位在选官制度上已得到保障。同时，正在形成中的门阀制度还不那么严密和僵化，寒门子弟凭借才华和机缘亦可晋升高官，跻身士流。司马氏争取人才的策略和司马氏集团新一代成员的组合，就是在上述背景下发生的。因此，一方面我们看到，王基、邓艾、州泰、石苞一类出身寒门的人物，经司马懿、司马师的提拔和争取，被网罗到司马氏门下，这些人基本上是掌典州郡和担当军职，在仕途上打下了其家世和文化背景的印记。但另一方面，对于高门子弟的争取和拉拢，在司马氏的人才策略中显然占有更为重要的地位。我们先看一下这方面的几个例子：何曾，太仆何夔子。"嘉平（正始）中，为司隶校尉。……时曹爽专权，宣帝称疾，曾亦谢病。爽诛，乃起视事。魏帝之废也，曾预其谋焉。"①何曾在正始末年就已表现出亲司马氏而疏远曹氏的倾向，到嘉平六年（254）司马师废黜齐王芳，遂参与这起密谋，成为司马氏的死党。陈骞，司徒陈矫子。陈骞受司马氏重用，始于诸葛诞反叛时，他以尚书行安东将军；此后他相继任淮北、豫州、江南、荆州都督，官位也由安东将军迁升至征南大将军。《晋书》卷三五本传说他"与贾充、石苞、裴秀等俱为心膂，而骞智度过之，充等亦自以为不及也"。裴秀，尚书令裴潜子，被大将军曹爽辟召为掾。"爽诛，以故吏免。顷之，为廷尉

---

① 《晋书》卷三三《何曾传》。

正，历文帝安东及卫将军司马，军国之政，多见信纳。"①裴秀的仕途几乎未受曹爽因素的影响，他成为司马氏的亲信，在于他相继充任司马昭的安东和卫将军府司马，而这显然又是出于司马氏的宠待和拉拢。王沈，东郡太守王机子，司空王昶为其从叔。王沈也有在曹爽府中为掾的经历，其仕途受到司马氏的关照，一如裴秀。王沈后来以侍中侍讲宫中，被高贵乡公曹髦尊为"文籍先生"。"及高贵乡公将攻文帝，召沈及王业告之，沈、业驰白帝，以功封安平侯，邑二千户。"②经过这场重大变故的考验，王沈也成为司马氏的死党。贾充，豫州刺史贾逵子。贾充受司马氏重用，是在毌丘俭、文钦反叛时，他以中郎将参军事随从司马师征讨，以后他相继任司马昭的大将军府司马、右长史和中护军。《晋书》卷四〇本传记载："时军国多事，朝廷机密，皆与筹之。帝（司马昭）甚信重充，与裴秀、王沈、羊祜、荀勖同受腹心之任。"上举数例说明，高平陵之变后，司马氏利用手中掌握的权力，蓄意培植亲信势力，宠待和拉拢高门子弟，而那些本来就身居显位的高门子弟，为了继续谋取高官厚禄和保持家族地位，也置君臣大义于不顾，宁愿选择同司马氏合作。

在投靠司马氏的众多高门子弟当中，颍川荀、钟、陈三个大族的人物占有相当重要的分量，他们在魏晋易代之际的政治动向，颇为耐人寻味。钟毓是较早投入司马氏阵营的颍川名士。他在正始末年因与曹爽有嫌隙，由朝官徙出为魏郡太守，高平陵之变后重新受到司马氏重用，入朝为御史中丞、侍中、廷尉。李丰案发生后，钟毓主持治夏侯玄狱，与司马氏相表里；到毌丘俭反叛时，"毓持节至扬、豫州班行赦令，告谕士民"③，为司马氏效命。陈泰也是较早卷入司马氏与曹氏之纷争的颍川名士，他与司马氏的关系却别有一番曲致。当司马懿发动高平陵之变时，陈泰同许允一道，受命向曹爽宣达司马懿的旨意，那时他是曹马两党均可信任的人物，可以推知。此后陈泰代郭淮为雍州刺史，正元二年郭淮去世后，又代郭淮

---

① 《晋书》卷三五《裴秀传》。
② 《晋书》卷三九《王沈传》。
③ 《三国志》卷一三《钟毓传》。

为征西将军，假节都督雍、凉州诸军事，成为关陇地区的最高军事首长。后来陈泰被征入朝中任尚书右仆射，典选举；到诸葛诞反叛，司马昭率大军征讨时，他总署行台。《三国志》卷二二本传说司马师、司马昭"皆与泰亲友"，结合其任职情况看，他无疑是司马氏重用的亲信之一。然而，当司马氏党羽贾充、成济等弑杀高贵乡公曹髦时，陈泰慷慨陈词，要求"诛贾充以谢天下"①，表现了他不同流俗的另一面。我们认为，陈泰之父陈群仕魏朝三世，久居宰辅职位，宠遇过于群臣；以此为背景，陈泰在情感上表现出与曹魏皇室较深的瓜葛，在高贵乡公被弑这类悖逆伦常的事件上反应过激，是不难理解的，但从本质上说，他为保全家世地位而屈从于司马氏，才是其基本政治态度，这是与陈群在汉魏易代之际的政治态度一致的。本传注引《博物记》有这样一段话："太丘长陈寔、寔子鸿胪纪、纪子司空群、群子泰四世，于汉、魏二朝并有重名，而其德渐渐小减。时人为其语曰：'公惭卿，卿惭长。'"这确实是颍川陈氏在王朝更迭之际政治面貌的生动描述。颍川荀氏家族中，投靠司马氏的有荀颛、荀勖。荀颛为荀彧第六子，因父勋而仕途通达，累迁为侍中。"时曹爽专权，何晏等欲害太常傅嘏，颛营救得免。及高贵乡公立，颛言于景帝曰：'今上践阼，权道非常，宜速遣使宣德四方，且察外志。'毌丘俭、文钦果不服，举兵反。颛预讨俭等有功，进爵万岁亭侯，邑四百户。"②荀颛在正始末年就有靠拢司马氏集团的倾向，到司马师执政时，遂投入司马氏阵营，出谋划策。荀勖为汉司空荀爽曾孙，曾被大将军曹爽辟召为掾。后来，他"参文帝大将军军事，赐爵关内侯，转从事中郎，领记室"③，成为司马氏的心腹。颍川荀氏以荀彧、荀攸为代表，在曹魏创业过程中立有大功，但这个家族也表现出较强的政治独立性，荀彧及其从兄荀悦反对曹操建立并实施霸府政治，荀彧甚至因反对曹操晋封魏公而被逼死；此后荀氏与曹氏的关系总显得不那么和谐，荀彧长子荀恽虽是曹操的女婿，却与魏文帝曹丕关

---

① 《三国志》卷二二《陈泰传》注引《晋纪》。
② 《晋书》卷三九《荀颛传》。
③ 《晋书》卷三九《荀勖传》。

系疏远。而另一方面，司马懿十分仰慕荀彧的德行志尚，对他推崇备至；荀恽次子荀霬还是司马懿的女婿，司马师、司马昭都同他关系融洽。以荀氏与曹氏、司马氏关系的疏密为契机，荀氏在政治上转向司马氏，确实在情理之中。

相对上述诸人而言，钟会与司马氏的关系是异乎寻常的。钟会为钟毓弟、魏太傅钟繇小子。正始年间，他相继任秘书郎、尚书郎和中书侍郎。嘉平中在中书侍郎任上，获司马师赏识和重用。司马师征讨毌丘俭，钟会随从"典知密事"；司马师去世，又依从司马昭"谋谟帷幄"。待到司马昭讨伐诸葛诞时，钟会劳心竭虑，居功至多，他也因此受到非同寻常的宠待，成为司马氏最得力的心腹之一。《三国志》卷二八本传记载："寿春之破，会谋居多，亲待日隆，时人谓之子房。军还，迁为太仆，固辞不就。以中郎在大将军府管记室事，为腹心之任。……迁司隶校尉。虽在外司，时政损益，当世与夺，无不综典。嵇康等见诛，皆会谋也。"那时的钟会，对外识察政敌，迫害异己，对内专擅权势，排挤同僚，他在替司马氏作出巨大贡献的同时，也为自己的政治生涯埋下了败亡的隐患。[1]景元三年（262）以后，司马昭筹划大举攻蜀，钟会是唯一赞同此举的大臣，他因此迁任镇西将军、假节都督关中诸军事，受命主持伐蜀事务。作为伐蜀大军的主帅，钟会为司马氏灭亡蜀国、获取禅代的筹码作出了重大贡献。然而，他又图谋借伐蜀威势，发动反叛以取代司马氏，终究败亡。

构成司马氏集团的另一个集中群体是司马氏姻亲宗属。羊祜，泰山大族，司马师妻羊氏亲弟。羊祜曾拒绝曹爽辟召，"文帝为大将军，辟祜，未就，公车征拜中书侍郎，俄迁给事中、黄门郎……钟会有宠而忌，祜亦惮之。及会诛，拜相国从事中郎，与荀勖共掌机密。迁中领军，悉统宿卫，入直殿中，执兵之要，事兼内外"[2]。羊祜不肯委质于曹爽而终究投靠在司马氏门下，他与司马氏的姻亲关系当是考虑的重点。他成为司马氏的心腹是在钟会败亡之后，那时他既掌机密，又典禁兵，"事兼内外"，实

---

① 参考王晓毅：《钟会——名法世家向玄学转化的典型》，《中国史研究》1997年第2期。

② 《晋书》卷三四《羊祜传》。

际上是取代了以前钟会的地位。司马望，司马孚次子。他自嘉平二年（250）接替司马师为中护军将军，居职 6 年；甘露元年高贵乡公继位之后，出为征西将军，持节都督雍凉二州诸军事，又在任 8 年；景元四年征拜卫将军，领中领军，典禁兵。司马望以宗属之亲，内典禁兵，外荷方任，长期执掌兵权，体现了司马氏兵权（尤其是禁卫兵权）优先由姻亲宗属掌握的政策要点。山涛，河内人，年四十始仕州郡。高平陵之变前一年多，山涛预感到曹马之争必将激起巨变，于是弃官不仕，"未二年，果有曹爽之事，遂隐身不交世务"①。在经历一段时间的犹疑观望之后，山涛凭借与司马懿妻张氏的中表亲关系，拜见司马师。司马师也乐于提携山涛，于是他仕途通达，后来做了尚书吏部郎、司马昭的大将军府从事中郎。钟会在蜀谋反，司马昭准备率大军西征，先以"后事"委付山涛，令他"以本官行军司马，给亲兵五百，镇邺"，监视"魏氏诸王公"。②山涛最终成为司马氏的亲信，这是一个名士依据疏亲关系靠拢司马氏的例子。

在司马氏姻亲宗属当中，司马孚和王肃的情况较为特殊，他们本来就是正始年间司马懿集团的骨干成员，在司马师、司马昭执政时期，又继续充当司马氏集团新一代核心的角色。司马孚的重要性在于，在司马氏由姻亲宗属优先掌握兵权的政策里，以他的资历声望，他是除司马师、司马昭之外，在必要时统领京师中央军出征的合适人选，也是司马氏不可多得的一个战略资源。具体例证如下：嘉平五年五月，吴将诸葛恪围攻合肥新城，太尉司马孚受诏督军二十万拒之；正元二年八月，蜀将姜维大败魏军于洮西，魏廷先以长水校尉邓艾行安西将军，复以太尉司马孚为后继，增援关陇前线；甚至在毌丘俭、文钦反叛时，因司马师眼疾严重，有人建议由司马孚代其统兵征讨。西晋王朝在咸宁元年（275）以功臣 12 人飨配宗庙，司马孚是其中之一，他被列入并不是由于其宗室身份，而在于他确有佐命之勋。《晋书》卷三七本传称："后逢废立之际，未尝预谋。景文二帝以孚属尊，不敢逼。"又记述高贵乡公被弑、陈留王退位时司马孚的种种

---

① 《晋书》卷四三《山涛传》。
② 《晋书》卷四三《山涛传》。

悲戚情状，以及他对陈留王所言："臣死之日，固大魏之纯臣也。"我们认为，司马孚在司马氏"作家门"的过程中发挥着重大作用，这是他人无法替代的，而操作禅代程序一类的台前工作，自可假手他人，不必躬亲；他对待曹魏被弒和逊位之君的表现，不过是假道学的做作，而所谓"大魏纯臣"，亦属欺世之谈。

王肃作为司马昭的岳丈，其重要性并不在司马孚之下。他在高平陵之变后再次出任太常，掌典宗庙礼仪事务，那时司马懿独擅朝政，司马氏建立家族独断统治地位的一系列政制礼典开始制作，王肃是这些政制礼典的直接策划者和主持人，其重要作用是不言而喻的。王肃后来担任河南尹和中领军，都是关乎朝政稳定的要职，他还参与了司马师征讨毌丘俭、文钦的决策，这些都证明了他在司马氏集团中的核心地位。王肃未能列入咸宁元年祔配宗庙的功臣名单，当是由于他在甘露元年就已去世，未及参与魏晋嬗代的活动；然而，作为继郑玄之后魏晋间最重要的经学家，他在经学方面的建树，仍然对西晋王朝的创建过程产生了影响。王氏经学以与郑氏经学对立而著称，它的另一个特点是受宋忠的荆州古文经学影响，比较重视义理的阐发。就内容而言，王肃遍注群经，尤其突出礼学，史籍所见的王氏礼学著作达九部之多。[①]《三国志》卷一三本传在记述王肃遍注群经之后说："其所论驳朝廷典制、郊祀、宗庙、丧纪轻重，凡百余篇。"可见王氏礼学的直接目的就是为现实政治服务。王肃本人以其经学造诣和礼官地位替司马氏效命，而在西晋王朝建立之后，他的各种著作都被列于学官，西晋朝廷制定礼仪，在丧服、宗庙等方面都采用了他的主张。清代学者皮锡瑞有鉴于此，把王肃比作替王莽篡汉制造舆论的刘歆。[②]

晋武帝咸宁元年以功臣祔配宗庙，是以国家祭典的形式确认那些佐命功臣的地位，它所划定的功臣名单，实际上提供了一份司马氏集团核心成员构成情况的资料。《晋书》卷一《武帝纪》记载：

① 参考章权才：《魏晋南北朝隋唐经学史》，广东人民出版社1996年版，第58—62页。

② 皮锡瑞：《经学历史》，中华书局2004年版，第109页。

以故太傅郑冲、太尉荀颢、司徒石苞、司空裴秀、骠骑将军王
沈、安平献王孚等，及太保何曾、司空贾充、太尉陈骞、中书监荀
勖、平南将军羊祜、齐王攸等，皆列于铭飨。

这次列于铭飨的 12 人，包括已经去世和仍然健在的各有 6 人。其中，
郑冲为儒雅之士，以儒术仕进，渐登台辅，他因在易代之际依时顺势而为
司马氏所重视，被标榜为士大夫的楷模。郑冲这一类人的存在，使司马氏
的篡代更易于实现。然而，就他在司马氏集团中所起的实际作用而言，却
不甚突出，《晋书》卷三三本传说"冲虽位阶台辅，而不预世事"。由此，
我们可把郑冲排除在司马氏集团核心成员之外。齐王司马攸被列于铭飨，
仅仅是凭借其晋武帝司马炎亲弟的身份，当然不能作为司马氏集团核心成
员看待。这样，除去郑冲、司马攸，加入我们前面讲到的钟会、王肃，司
马氏集团的核心成员大致可以圈定为 12 人。以下我们从年龄构成方面对
这 12 人作些考察，以便进一步明确其身份特征。先从生卒年看，依次为
司马孚 180—272 年，王肃约 195—256 年[1]，何曾 199—278 年，王沈 205—
271 年，石苞约 206—274 年[2]，陈骞 212—292 年，贾充 217—282 年，羊祜
221—278 年，裴秀 224—271 年，钟会 225—264 年；荀颢、荀勖生年不详，
前者卒于 274 年，后者卒于 289 年。我们再把时间定格在正始十年这一关
键年份，那么他们的年龄分别为司马孚 70 岁，王肃约 55 岁，何曾 51 岁，
王沈 45 岁，石苞约 44 岁，陈骞 38 岁，贾充 33 岁，羊祜 29 岁，裴秀 26 岁，
钟会 25 岁；荀颢、荀勖年龄不详。最后，我们把上述诸人的年龄同他们入
仕的时间结合起来分析，他们的身份特征就相当清晰了：除司马孚为建安
年间入仕的老官僚外，王肃、何曾、王沈、石苞、陈骞等 5 人属于黄初以

---

① 《三国志》卷三八《许靖传》注引《魏略》载王朗与许靖书，称王肃"生于会稽"；王朗任会稽
太守，时间在初平四年（193）至建安元年（196）之间。又《三国志》卷二九《方技传》载，王肃 62 岁
时去世；王肃卒于甘露元年（256），由此上推，应生于兴平二年（195）。

② 据《三国志》卷二八《邓艾传》注引《世语》记载，邓艾"与石苞皆年十二三"，"少府吉本起
兵许都"之事发生。假定吉本起兵的建安二十三年（218）石苞为 13 岁，那么他生于建安十一年
（206）。

后入仕的第二代官僚，贾充、羊祜、裴秀、钟会、荀颉、荀勖等6人属于正始以后入仕的第三代官僚，中、青年官僚构成了他们的主体。这样一个集团核心的形成，为司马氏的篡代提供了坚实的政治基础。《晋书》卷四〇《贾充传》有这样一段记载："泰始中，人为充等谣曰：'贾、裴、王，乱纪纲。王、裴、贾，济天下。'言亡魏而成晋也。"这是以精练、生动的语言，道出司马氏篡权窃国的玄机，点明司马氏集团核心成员在此过程中所起的作用。

四　司马昭主持下的景元、咸熙之政

景元（260—264）、咸熙（264—265）是陈留王曹奂在位时的两个年号，这时已经到了魏晋嬗代的前夕。由于高贵乡公曹髦被弑，司马氏清除了通向"禅让"之路的最后一道障碍，史家评云："陈留王恭己南面，宰辅统政，仰遵前式，揖让而禅。"[①]陈留王历史性地成为配合司马氏改朝换代的末代君王。司马昭主持下的景元、咸熙之政，其基本内容就是司马氏在业已巩固家族独断统治地位以后，对曹魏皇室发起的最后一轮冲击，革故鼎新，为最终的嬗代准备条件。

首先，进一步提升司马昭的位望，借以突破旧皇权体制的藩篱，并奠定司马氏新皇权的基础，为此时政治中的头等大事。如前所述，高贵乡公之所以兴兵讨伐司马昭，其直接诱因就是受到司马昭为相国晋公、加九锡之礼这一严重事态的逼迫，而在他被弑后，司马昭获取上述地位的可能性变得更为现实了。根据《三国志》卷四《三少帝纪》的记述，高贵乡公以甘露五年五月己丑（初七）遇害；紧接着在癸卯（二十二），魏廷由郭太后主持（郭太后所下"令书"已改称"诏制"），对司马昭重申相国、晋公、九锡之授。陈留王于六月甲寅（初二）即位，丙辰（初四）即重申前诏，同时增封地二郡，合前八郡为十郡；此后的景元二年八月、四年二月

---

① 《三国志》卷四《三少帝纪》陈寿评。

和十月，又三次重申对司马昭的封授。就郭太后和陈留王而言，如此频繁甚至是急不可待地要封授司马昭以尊显地位，实是迫不得已，这表明曹魏皇室业已丧失对政局最低限度的控制。在司马昭这方面，尽管此时要获取上述地位已属指掌间事，却不急于付诸实施。其中的缘由在于，虽然司马氏一向标榜自己对于曹魏皇室有匡辅之功，但明眼人都知道，司马懿在"魏氏三祖"时代所建立的功勋，与魏祚安危关系并不大，而后来司马氏诛曹爽、平王凌、毌丘俭、诸葛诞，以及杀李丰、夏侯玄等，更是纯属以忠为逆，罔天欺世以为己功；要而言之，司马氏在不断获取巨大权威的同时，却缺乏足以厌服人心的功业作为支撑。正因如此，司马昭在景元四年八月发动了征伐蜀国的战争，两个月后，当伐蜀捷报频频传来时，他当仁不让地进位相国、晋公，加九锡之礼。伐蜀战争的进行及随后蜀国的灭亡，适时地为司马氏摧毁曹氏旧皇权、缔造新皇权注入了一份催化剂，由于策划吞并了蜀汉这样一个与曹魏长期对抗相争的大国，司马氏终于有了一份可以自恃的不世之功。新建立的晋国包括并州七郡、司州二郡、雍州一郡，共十郡之地，它号称魏室之藩，实则是曹魏皇室的对立物，它的建立同时昭示着魏晋嬗代进程的开启。

司马昭一旦突破封藩建国的关键环节，接下来实施"以晋代魏"的步骤，就显得紧凑而有序。据《晋书》卷二《文帝纪》记载，景元四年十月司马昭进位相国、晋公之后，十一月，"天子命晋公以相国总百揆"；景元五年（即咸熙元年，五月改元）三月，"进帝爵为王，增封并前二十郡"；咸熙二年五月，"天子命帝冕十有二旒，建天子旌旗，出警入跸，乘金根车，驾六马，备五时副车，置旄头云罕，乐舞八佾，设钟虡宫悬，位在燕王（陈留王之父曹宇）上。进王妃为王后，世子为太子，王女王孙爵命之号皆如帝者之仪"，同时，"晋国置御史大夫、侍中、常侍、尚书、中领军、卫将军官"。这一系列的步骤，实际上围绕着两个方面推进魏晋嬗代的进程：一是进一步抬高司马昭的位望，由公而王，进而享有等同于皇帝的礼仪规格；二是扩张晋国的规模，依照魏廷设置晋国的职官系列。在这些步骤完成以后，魏晋嬗代便仅一纸之隔了。

其次，就在"以晋代魏"的步骤紧锣密鼓地实施之际，司马昭掀起了大规模的改制活动。首先是在景元五年五月，"晋王奏复五等爵，封骑督以上六百人"①。这次颁授五等爵，正如胡三省的分析，有借平蜀战役胜利之机封赏群臣的意味②，但其深层意义却不限于此。就王朝易代前夕的改制而言，曹操曾在建安二十年设置名号侯至五大夫等四等爵，加上旧有的列侯、关内侯共六等，用以奖赏军功，此举可以深化他行使封爵权的职能并可收笼络臣属之效，是显而易见的。司马昭颁授五等爵，其政治功效与此类似。如果我们作进一步的考察，则司马昭恢复五等爵，与曹操依旧制增设六等军功爵，其改制力度又不可同日而语。据《三国志》卷一四《董昭传》记载，董昭曾建议曹操"宜修古建封五等"，曹操对此予以拒绝，他认为："建设五等者，圣人也，又非人臣所制，吾何以堪之？"就是说五等爵那样的古制，除非是"圣人"和君主，"人臣"不得预其事。由此看来，司马昭恢复五等爵，一扫秦汉以下爵制，远追古代圣贤明君，其气势和影响都超过了曹操。

继爵制改革之后，更大规模的改制也全面展开。咸熙元年七月，"晋王奏使司空荀颛定礼仪，中护军贾充正法律，尚书仆射裴秀议官制，太保郑冲总而裁焉"③。礼仪方面，据《晋书》卷一九《礼志》记载，新礼由荀颛及羊祜、任恺、庾峻、应贞等共同刊定，共一百六十五篇，西晋王朝建立后即沿用这部新礼。另据同书卷二○《刑法志》记载，当时改定法律，共有贾充等十四人参与其事，"凡律令合二千九百二十六条，十二万六千三百言，六十卷，故事三十卷。泰始三年（267），事毕，表上"，泰始四年正月颁行天下。据祝总斌的研究，这部后来被称作泰始律的新律，具有"宽简"和"周备"的特点，其省减法律条文，目的之一就是为了收买人心，特别是拉拢统治集团中人支持司马氏。④这次官制改革的具体内

---

① 《资治通鉴》卷七八"元帝咸熙元年五月"条。
② 《资治通鉴》卷七八"元帝咸熙元年五月"条，胡注云："赏平蜀之功也。"
③ 《资治通鉴》卷七八"元帝咸熙元年七月"条。
④ 祝总斌：《略论晋律的"宽简"和"周备"》，《北京大学学报》1983年第2期。

容，史书没有明文记载。根据祝总斌、熊德基、阎步克三家的研究①，《通典·职官十八》所载《魏官品》，可以确认就是这次改革的主要内容，它的基本原则是把"品"用作最基本的官阶尺度，以取代汉代通行的禄秩制，由此造成了不同职位的官员地位上的升降变化。祝总斌认为："司马氏代魏前夕，为笼络百官，采取了许多措施，则同时颁布官品令，将长期以来官制上的变化固定下来，主要是提高占据要职（如侍中、尚书、中书监令、中领护军等）诸追随司马氏心腹的官品，是完全可能的。"②熊德基也指出："《通典》中《魏官置九品》这个表，则是符合司马氏篡魏后的情况……这实际上只是在魏末晋国正拟代魏之前，为新王朝建立制度过程中的现象，曹魏时并未施行。"③《晋书》卷二四《职官志》记述魏末晋国创置职官的背景说："宣王既诛曹爽，政由己出，网罗英俊，以备天官。及兰卿（曹芳）受羁，贵公（曹髦）显戮，虽复策名魏氏，而乃心皇晋。"这就是说，晋国职官的设置，是适应于司马氏牢固地建立家族独断统治以后，曹魏官员转而向司马氏委质定分的形势。那么，此时配套地出台新的职官等级制度，就可以视作为晋国和新王朝建立制度，使曹魏官员的晋国化进一步落到实处。同样，礼仪和法律方面的改制，也是配合晋国的建立，以晋政取代魏政。总之，通过爵制、礼仪、法律、官制等一系列的改制，曹魏官员实现了向晋国化的转变，晋政取代了魏政，新王朝的规模和形态在曹魏王朝的躯壳内成长起来。

再次，司马氏在代魏之前，已预先做好布置，分派子弟出任几个重要地区的都督。这些都督包括：咸熙元年，司马骏以安东大将军镇许昌，都督豫州；大约在同一年，司马亮以镇西将军都督雍凉诸军事，镇长安；司马遂自景元二年以北中郎将督邺城守诸军事；司马伷以右将军监兖州诸军事（司马遂为司马懿弟司马恂之子，另三人为司马懿子）。这些地区并不

①　参考祝总斌：《两汉魏晋南北朝宰相制度研究》第六章第一节，中国社会科学出版社1990年版；熊德基：《九品中正制考实》，《六朝史考实》，中华书局2000年版；阎步克：《品位与职位——秦汉魏晋南北朝官阶制度研究》第五章，中华书局2002年版。

②　祝总斌：《两汉魏晋南北朝宰相制度研究》，中国社会科学出版社1990年版，第148页。

③　熊德基：《六朝史考实》，中华书局2000年版，第212页。

处于边防前线，其中许昌、邺、长安是大兵站、武库、粮仓，是控制边州、拱卫洛阳的枢纽。魏文帝曹丕在黄初元年以长安、谯、许昌、邺、洛阳为五都，除了谯仅因曹氏故乡，才特予提升之外，其他三个陪都全是军事重镇；自曹魏前期以来，这三个陪都在政治、军事方面一直发挥着重要作用。①以子弟出镇地方，加之中军牢牢地掌握在姻亲宗属和亲信手中（中领军为司马望、羊祜，中护军为贾充），司马氏为了确保顺利嬗代，已在军事上做好了充分的布置。

这个时期，司马氏在朝野已无明确的敌对势力集团，但作为嬗代进程的一部分，分化、拉拢士大夫的工作仍然在积极进行之中。以著名的"竹林七贤"为例，山涛、阮籍都是在高平陵之变后再度出仕，其中阮籍先后在司马懿、司马师、司马昭的府中任从事中郎，沉浮其间而"不与世事"，其政治态度与山涛有本质的区别。司马昭倡导"以孝治天下"，阮籍却"不拘礼教"，居母丧期间饮酒食肉，被"礼法之士"何曾纠劾。②尽管当时"礼教尚峻"③，司马昭却对阮籍网开一面，多方予以庇护。最终在公卿大臣向司马昭劝进九锡时，阮籍执笔作表，屈服于司马氏。七贤中的嵇康，因为与曹魏宗室长乐亭公主结婚，拒不与司马氏合作，并且"非汤、武而薄周、孔"④，影射司马氏，在景元三年被司马昭诛杀⑤。嵇康死后，向秀、刘伶、阮咸、王戎等人相继结束隐居生活，出仕为官。竹林七贤在政治上分化的过程，可以视作司马氏拉拢士大夫的一个缩影。

在上述方方面面的安排就绪以后，魏晋嬗代就进入了最后的操作阶段。当此之际，司马昭在咸熙二年八月去世，太子司马炎嗣位为相国、晋

①　参考唐长孺：《西晋分封与宗王出镇》，《魏晋南北朝史论拾遗》，中华书局1983年版。

②　《晋书》卷三三《何曾传》，卷四九《阮籍传》。

③　《世说新语·任诞篇》注引《竹林七贤论》。

④　嵇康：《与山巨源绝交书》，《文选》卷四三，上海古籍出版社1986年版。"非汤、武"，乃是谴责司马氏的篡弑；"薄周、孔"，则是鄙视司马氏的改制。

⑤　综合《三国志》卷二一《王粲附嵇康传》及裴注，卷二八《钟会传》，以及《晋书》卷四九《嵇康传》的有关记载，山涛和钟会是嵇康之死的主要当事人。嵇康被杀的时间，在山涛始授吏部郎的景元二年与钟会由司隶校尉迁任镇西将军的景元三年之间，而以景元三年的可能性为大，因为在山涛罢吏部郎，举嵇康自代之后，才有嵇康的被杀。

王。其间就如何安排司马昭的葬礼，还有一个重要的情节。据《晋书》卷三三《石苞传》记载：

> 文帝（司马昭）崩，贾充、荀勖议葬礼未定。苞时奔丧，恸哭曰："基业如此，而以人臣终乎！"葬礼乃定。

儒家所倡导的丧葬礼制，基本功能是确认死者生前的功德，并以一定等级的规格确定死者的尊卑身份，其象征意义往往大于实际意义。在为司马昭安排葬礼的特定场合，这种丧葬礼制被赋予了特有的政治内涵。司马昭生前位极人臣，其享有等同于皇帝的礼仪规格已使他距离皇位仅一步之遥，但他终究未能称帝，隔在司马氏与"皇帝"之间的那层薄纸毕竟没有被捅破。当此关头，借着安排司马昭的葬礼，"皇帝"与司马氏的联系拉得更近，也更真切了。司马氏党羽以皇帝的礼仪规格安葬司马昭，主要还是为即将到来的嬗代作铺垫。至十二月，魏帝逊位，司马炎登基称帝，魏晋嬗代最终完成。

五 余论

中国古代的王朝更替，其模式不外乎两种："革命"或者"禅让"。就禅让而言，某个新王朝在其旧王朝的母体内成长起来，需要具备一定的社会、政治条件，这是理所当然的。除此之外，在中国古代的政治伦理，尤其是儒家学说讲究君臣纲常关系的条件下，它还必须向世人说明：新王朝何以能够取代旧王朝而拥有天下？它在"德"上如何胜过旧王朝而为"天命"所归？[1]正是在面临政治伦理的环节上，中国古代王朝更替的禅让模式，相对革命而言，其理由往往显得不那么光明磊落，其程序也显得不怎么干脆利索。

---

[1] "天命无常，惟德是与"，是禅让模式的理论支柱。参考周国林：《魏晋南北朝禅让模式及其政治文化背景》，《社会科学家》1993年第2期。

在中国历史上，通过禅让方式建立新王朝，王莽首开其端。但王莽篡汉建新，仅十余年即遭败亡，算不上成功。进入汉晋之际，曹氏代汉，司马氏代魏，均以禅让方式成功地实现了王朝的更替，并使这一模式固定下来，成为其后南北朝一个相当长时间里王朝更替的基本模式，影响深远。然而，细究魏、晋两朝的篡代，相同之处固然不少，但也存在差异很大的方面。王夫之对此曾作过如下分析：

> 曹操之篡也，迎天子于危亡之中而措之安土；二袁、吕布、刘表、刘焉群起以思移汉祚，献帝弗能制，而操以力胜而得之。……由此言之，虽篡有天下，而岂易易哉？

> 司马懿之于魏，掾佐而已，拒诸葛于秦川，仅以不败，未尝有尺寸之功于天下也；受魏主叡登床之托，横剪曹爽，遂制孱君、胁群臣，猎相国九锡之命，终使其子孙继世而登天位，成一统之业。其兴也不可遏，而抑必有道焉，非天下之可妄求而得也。曹氏之驱兆民、延人而授之也久矣。①

这段话讲出了曹氏代汉、司马氏代魏的不同背景或条件：曹氏先有捍卫汉帝、存续皇统之大功，而后仗恃功业篡有天下；司马氏对曹魏皇室却无功业可言，仅仅凭借暴力和权术，窃取权势而登天位。这个分析，应该说是符合历史实际的。司马氏既然不具备像曹氏代汉那样的功业条件，为何同样可以代魏而兴？其中的缘由，王夫之认为是曹魏"以申、韩之法钳网天下"，民心不附，"司马懿执政，而用贤恤民，务从宽大，以结天下之心。于是而自搢绅以迄编氓，乃知有生人之乐"②。对于这个判断，我们可作些探讨。

曹魏自曹操起，以法治手段矫正汉末弊政，在抑制豪强兼并和整顿吏

---

① 《读通鉴论》卷一〇。
② 《读通鉴论》卷一〇。

治等方面都卓有成效，现代史家公认这是安定民生的积极措施。尽管魏文帝、魏明帝在位期间有滥施刑罚的倾向，明帝时还大兴宫殿，滥用民力，但曹魏政治总体上还算不上很腐败。在司马氏这方面，其执政有"除其烦苛而布其平惠"①之称，也的确可以起到收揽人心的效果。但总体说来，司马氏代魏的过程是统治集团上层进行权力斗争的过程，民心向背至多只是一个笼统的前提，对这一过程并不能产生直接的影响和结果。因此，我们认为，要探究司马氏"作家门"和实现篡代的基本因素，必须着眼于上层政治权力的组合和权力的运作层面。

从本章考察的情况看，在司马氏"作家门"和实现篡代的过程中，如下三个方面的因素显得尤为重要。一是掌握军队，特别是严密地控制京师中央军，运用军事和暴力的手段严厉地打击政敌。二是充分发挥家族的影响力，利用乡里或地域的关系、姻亲宗属的关系、故吏私交的关系，以及政治权势等，蓄意培植亲信，组合势力集团。三是在祭祀典礼（包括葬礼）和制度变革等方面大做文章，借以提升司马氏的位望，深化司马氏的执政地位。我们认为，这三个方面手段的综合运用，是与司马氏的家世条件密切相关的。

关于司马氏的家世，《晋书》卷一《宣帝纪》记载说：

> 楚汉间，司马卬为赵将，与诸侯伐秦。秦亡，立为殷王，都河内。汉以其地为郡，子孙遂家焉。自卬八世，生征西将军钧，字叔平。钧生豫章太守量，字公度。量生颍川太守儁，字元异。儁生京兆尹防，字建公。帝即防之第二子也。少有奇节，聪朗多大略，博学洽闻，伏膺儒教。

据此可知，河内司马氏自东汉司马钧以来，世代为将军、守、尹，是当时的大族。司马钧是司马懿的高祖，曾以左冯翊行征西将军，主持对西

---

① 《三国志》卷四八《三嗣主传》注引《襄阳记》。

羌的战争，事见《后汉书》卷八七《西羌传》，司马氏家族就是由他而起家。据《三国志》卷一五《司马朗传》注引司马彪《序传》记载，司马懿的祖父司马儁"博学好古"，父亲司马防治家礼教甚严，"父子之间肃如"。综合起来看，司马氏的家世特征有两点可说：早期的司马氏是一个军人世家，一直到东汉中期的司马钧，仍不脱尚武之风；东汉晚期的司马氏完成了向儒学的转变，司马儁、司马防已显儒者风范，到司马懿这一辈时，更是以经学为本业，司马朗以经学应举，司马懿"服膺儒教"，司马孚"博洽经史"，一派儒门家风。[①]

河内司马氏虽说是汉末儒学大族，却并非第一流的高门。同当时的高门弘农杨氏、汝南袁氏相比，司马氏缺乏世传的经业（如杨氏世传《欧阳尚书》，袁氏世传《孟氏易》之类），也没有累世公卿的显赫仕宦。《晋书》卷二〇《礼志中》载晋武帝诏，自称"本诸生家，传礼来久"，这句话常被用来说明司马氏的家世特征。我认为晋武帝自述家世，其实没有夸饰的成分，用它来说明司马氏的家世特征，是最为贴切的。"本诸生家"，是说以诸生身份从师受业，而非执经教授，经学修养不甚深厚；"传礼来久"，司马氏治家遵从礼教甚笃，除司马防父子的例子外，《抱朴子·讥惑篇》亦称："吾闻晋之宣、景、文、武四帝居亲丧，皆毁瘠逾制；又不用王氏二十五月之礼，皆行〔二十〕七月服。"[②]

在司马氏"作家门"和实现篡代的过程中，上述家世条件得到充分发挥和利用。首先是军事方面，在汉晋之际这样一个武力争雄的时代，司马氏潜藏的尚武传统重新显露出来，通过掌握军事而不断地获取权势地位，是司马氏建立家族独断统治的重要前提。高度重视军事，严密地控制军队，以及娴熟的军事战略和指挥艺术，使司马氏能够从容地应对各种威胁，巩固家族独断统治地位，为篡代铺平道路。其次是社会影响方面，作

---

① 《三国志》卷一五《司马朗传》，《晋书》卷三七《司马孚传》。参见陈寅恪：《书世说新语文学类钟会撰四本论始毕条后》，《金明馆丛稿初编》，生活·读书·新知三联书店2001年版；万绳楠整理：《陈寅恪魏晋南北朝史讲演录》，黄山书社1987年版。

② 《抱朴子外篇校笺》（杨明照校笺），中华书局1991年版。

为儒学大族和当朝权贵，司马氏具有文化和政治的双重优势，其社会影响力远非一般家族可以比拟。司马氏擅长利用自身多方面的社会影响，营造自己的势力基础，为自己的政治目标服务。最后是政治手段方面，儒学造诣不高但笃于礼教的司马氏，深谙儒家礼教在政治上的效用。司马氏通过安排祭祀典礼为自己的独断统治建立法理依据，利用制度变革实现魏国的晋国化嬗变，以及高举"礼教"大旗，确定区别于曹魏的新的治国方针，其间显示出的自信和娴熟，都是令人瞩目和发人深思的。

第六章 论晋武帝的治国之策

　　长期以来，学术界对于西晋政治史的研究，主要集中在两个方面：一个是延伸魏晋交替之际曹氏、司马氏两集团之间分野的研究思路，用来分析晋初统治集团内部的权力斗争；另一个是对西晋短期而亡的历史原因的探讨——论者普遍认为晋武帝负有不可推卸的责任，而对其责任的认识，往往是从导致"八王之乱"的原因中推导而来。[①]以上两个方面的研究，都取得了丰硕的成果，也各有其局限性，在此不拟详说。本章仅选取如下视角，对晋武帝的治国方略作一综合论述：晋武帝司马炎既是西晋王朝的开国之君，同时又是一个承父、祖之业，继往开来的守成之主；他所面临的晋初形势，既存在魏晋禅代过程中的不少遗留问题，更有新朝建立之初的一系列政策的取向问题。那么，晋武帝在确定治国方略时，有哪些因素受到父辈（主要是司马昭）既定政策的影响？他自己又有哪些创建和改易之处？由此再进一步，我们便可探寻晋武帝治国方略的合理性或利弊得失。这样的探讨，自然是以充分吸取学界已有成果为前提的。

---

　　①　前一类的研究,代表性的著作有:陈寅恪:《书世说新语文学类钟会撰四本论始毕条后》,《金明馆丛稿初编》,生活·读书·新知三联书店2001年版;徐高阮:《山涛论》,《"中央研究院"历史语言研究所集刊》第41本第1分册,1969年;王晓毅:《司马炎与西晋前期玄、儒的升降》,《史学月刊》1997年第3期。后一类的研究,成果相当丰富,参见景有泉、李春祥:《西晋"八王之乱"爆发原因研究述要》,《中国史研究动态》1997年第5期;林校生:《"八王之乱原因论"诸说述要及献疑》,《宁德师专学报》2000年第1期。

一　处理禅代遗留问题

公元265年（魏咸熙二年，晋泰始元年，十二月改元），西晋王朝建立，历时17年的魏晋禅代过程宣告结束。魏晋禅代路上，充满了血腥和恐怖，当时人说是"铁钺屡断，剪除凶丑"①，史家则以沉重的笔调写道："魏晋之际，天下多故，名士少有全者。"②司马氏"创业之始，诛夷名族，宠树同己"③，至代魏前夕，更发生弑杀高贵乡公曹髦这一悖逆名教纲常伦理之巨案。司马氏的禅代，虽然号称"应天顺时"，"有大造于魏"，但这一连串的杀戮事件，却暴露出它的"逆取"性质，④其严重后果是使司马氏皇权的合法性受到世人的质疑，同时也在统治集团内部造成了分裂和对抗。新朝开建，万象更始，晋武帝在登基之初，即把处理禅代遗留问题摆到头等重要的位置。他在禅让仪式后发布的诏书中明确宣布"大赦天下"，具体内容为："除旧嫌，解禁锢，亡官失爵者悉复之。"⑤

晋武帝于泰始元年（265）十二月丙寅（十七）即皇帝位，在这一年接下来不足半个月的时间里，他相继变相地为许允、王凌、王经这三位因反对司马氏的篡代而被杀害的曹魏大臣"恢复"了名誉，并妥善安置了他们的子孙。

其一，许允子许奇，时任太常丞。晋武帝登基后需要到太庙举行祭祀，应由许奇当值行事，"朝廷以奇受害之门，不令接近，出为长史。世祖下诏，述允宿望，又称奇才，擢为尚书祠部郎"⑥。许允另一子许猛，也以礼学造诣和才识，被擢用为幽州刺史。

其二，十二月乙亥（二十六），也就是登基后的第十天，晋武帝下诏

---

① 《晋书》卷四六《刘颂传》。
② 《晋书》卷四九《阮籍传》。
③ 《世说新语·尤悔篇》。
④ 参考阎步克：《西晋"清议"呼吁之简析及推论》，《乐师与史官——传统政治文化与政治制度论集》，生活·读书·新知三联书店2001年版。
⑤ 《初学记》卷二〇引王隐《晋书》，《晋书》卷三《武帝纪》。
⑥ 《世说新语·贤媛篇》刘孝标注引《晋诸公赞》。

对王凌一案的性质作了新的解释。王凌密谋起兵对抗司马懿，其核心内容是废黜齐王曹芳，代之以楚王曹彪；晋武帝以齐王芳最终未能逃脱被废的命运为借口，对王凌的罪责有所宽贷和开脱，并对其亲族予以赦免。《晋书》卷三《武帝纪》载其诏曰："昔王凌谋废齐王，而王竟不足以守位……今大赦其家，还使立后。"

其三，王经在高贵乡公曹髦发动以卵击石的讨伐司马昭之举时，守节不阿，事后被司马昭杀害并株连及其母。晋武帝重新审理了这个历史冤案，对王经的忠君精神作了肯定，并拔擢王经之孙为郎中。据史载："晋武帝泰始元年诏曰：'故尚书王经，虽身陷法辟，然守志可嘉。门户堙没，意常愍之，其赐经孙郎中。'"①

以上三件事，应该属于大赦诏中"除旧嫌"的内容，看来晋武帝确实是以此作为头等大事办理的。晋武帝这样做，除了体现新朝宽释旧嫌的精神，自然也有不少实际的考虑。魏晋时期，权贵高门之间联姻是相当普遍的现象，司马氏在禅代过程中"诛夷名族"，在打击政敌之余，也使联姻的权贵高门受到牵连，这种情况并不鲜见。例一，王凌之妹为魏征西将军郭淮妻，王凌伏诛，其妹亦连坐被收。郭淮被儿子哀求母亲的举止所打动，遣人追回妻子，并致书司马懿说明原委，获得了宽宥。这件事发生在司马懿在世时，远在禅代之前。例二，魏中书令李丰，因组织反司马师的政变而被杀害，其女李婉为贾充妻，受父案牵连而离婚徙边。晋武帝颁布大赦诏后，李婉结束流放生活，从辽东回到洛阳，而作为司马氏头号功臣、身居车骑将军高位的贾充，早已娶了城阳太守郭配之女郭槐。为了解决这个婚姻矛盾，晋武帝破例特许贾充可以有地位相等的二位正妻，《晋书》卷四〇《贾充传》载："武帝践阼，李以大赦得还，帝特诏充置左右夫人。"晋武帝优待李婉，还有一个重要的背景——李婉与贾充所生之女贾荃，正是齐王司马攸妃。例三，诸葛诞起兵反抗司马昭，兵败被杀，而其女为琅邪王司马伷妃。诸葛诞子诸葛靓逃亡入吴，吴平后回到洛阳，依

---

① 《三国志》卷九《夏侯玄传》注引《汉晋春秋》。

于其姊琅邪王妃，晋武帝屈身与他相见，并下诏拜为侍中。这项诏命虽然被诸葛靓拒绝，但晋武帝的良苦用心，却是昭然可见的。总体说来，魏晋革易之际因陷入政争而罹祸的名士和名族为数不少，受牵连的婚姻之家就更多，甚至司马氏皇族也不能置身其外。①晋武帝处理这类问题，一是像前述对待许允、王凌、王经等人那样特事特办，重在宣示标榜，再者作为一项基本政策，长时期地替受害及牵连之家消除法律羁绊，给予仕途优待。据《晋书·武帝纪》所说，晋武帝"宽惠仁厚，沉深有度量"，这一个性特征在此确实得到了充分的印证；而晋武帝的上述作为，对于缓解统治集团内部的紧张和对抗，以及清洗父祖辈遗留下来的血腥印迹，都是必要的和及时的。

二　建构政治权力秩序

西晋王朝由曹魏王朝的躯壳中脱胎蜕变而来。魏晋禅代前夕，司马昭出台了一系列的政令制度，在军事上也做了周密部署，这些政治措施和军事安排构成了西晋王朝政治体制的雏形，也成为晋武帝进一步建构政治权力秩序的基础和起点。当然，随着王朝政治的逐步展开和各种矛盾的不断发展，晋武帝需要对现行的一些政策作出调整，也必然要对一些矛盾的焦点问题作出处置和决断。以下我们从几个方面对晋武帝的决策加以论述。

1.五等分封及其变化

魏咸熙元年（264），由晋王司马昭倡议并主持，"始建五等爵"②。有关这一制度的具体记载，见于《晋书》卷一四《地理志上》、《通典》卷三一《职官十三》、《太平御览》卷一九九引《魏志》，而以《晋书·地理志》

---

①　这一类的例子，我们还可举出一些。《晋书·贾充传》载："时沛国刘含母，及帝舅羽林监王虔前妻，皆毌丘俭孙女。此例既多，质之礼官，俱不能决。虽不遣后妻，多异居私通。"毌丘俭因起兵反抗司马师，兵败被杀，其家亦为刑家。嵇康为"竹林七贤"名士之一，因拒不与司马氏合作，被司马昭杀害，其子嵇绍，以刑家子久不为选官所举；山涛领选，拟举用嵇绍为秘书郎，而晋武帝擢用他为秘书丞。

②　《晋书》卷二《文帝纪》。

的记载较为翔实准确，其文称：

> 晋文帝为晋王，命裴秀等建立五等之制，惟安平郡公孚邑万户，制度如魏诸王。其余县公邑千八百户，地方七十五里；大国侯邑千六百户，地方七十里；次国侯邑千四百户，地方六十五里；大国伯邑千二百户，地方六十里；次国伯邑千户，地方五十五里；大国子邑八百户，地方五十里；次国子邑六百户，地方四十五里；男邑四百户，地方四十里。……江左（应为"江右"）诸国并三分食一。

此即所谓咸熙五等爵制，杨光辉《汉唐封爵制度》把它与周制作比较，概括出三项特点，其结论基本正确，但也有可商榷处。[1]第一，五等封爵因有大、次国之别而层次增加。《晋志》中男仅一级，但《太平御览》所引《魏志》记有"次国男，方二十五里，邑二百户"，因而认为男亦分大次，则所谓五等，实为十个等级。董慧秀对《魏志》此条详加辨析，认为《魏志》谬误甚多，此条记述尤其不可信，五等封爵实为五等九级；[2]今从董说。第二，划分五等九级（杨氏原文作"十级"），依据的是封疆和户邑两项标准。对此我们也需补充说明一点：制度明确规定各级爵位相对应的封疆里数和食邑户数，这种整齐的数字规定本身就意味着"裂土分封"是徒有虚名的[3]，仅具象征意义。第三，五等封爵以三分食一为统一的食租税率。

司马昭颁布五等爵制时，他本人已依曹操故事先后进封晋公、晋王，禅代的关键环节已然达成，为何还要出台这一制度呢？原因可能是多方面

---

① 杨光辉：《汉唐封爵制度》，学苑出版社2002年版，第29—30页。
② 董慧秀：《论晋武帝对异姓功臣的处置》，武汉大学2003年硕士学位论文，第8—9页。
③ 《资治通鉴》卷七八"魏元帝咸熙元年五月"条胡注："魏王操置名号侯以赏军功，虚封自此始矣。今虽复五等爵，亦虚封也。"

的，但根本原因在于清人赵翼所说的魏、晋禅代背景不同。[1]司马氏代魏，既不具备如曹氏代汉那样诛暴乱、延皇祚的功业条件，也没有像曹操那样长期经营之后形成的稳固势力，那么以情理而论，司马昭称公称王之后，势必不能独享高位尊爵，而就禅代形势来说，他更是需要通过颁授五等封爵这一制度形式，确立晋王主导下的忠于晋廷的职官系列，化"魏臣"为"晋臣"，从而奠定司马氏皇朝的雏形。据《晋书》卷三五《裴秀传》记载："秀议五等之爵，自骑督已上六百余人皆封。"可见这次颁授五等封爵，涉及的官员范围很广。

咸熙五等制确定的功臣爵序，构成了晋初政治权力的一个重要基础。可是，在司马氏皇权已然确立以后，此制"裂土专封"的原则（尽管只是象征性的）和爵恩普施的现状，就与专制皇权颇为冲突了。晋武帝在泰始元年、二年之间，对咸熙五等制进行了改易。泰始元年，在分封宗室诸王的同时，封石苞等异姓功臣十二人为公[2]，其余增封进爵各有差，同时规定："罢五等之制，公侯邑万户以上为大国，五千户以上为次国，不满五千户为小国。"[3]泰始二年二月，又下诏："五等之封，皆录旧勋。"[4]结合其他史传记述，泰始初改易五等封爵，应包含以下一些原则和精神：

第一，受封对象的变化。据《晋书》卷四八《段灼传》，泰始改制后"公侯伯子男五百余国"，相对于咸熙分封的"六百余人"，少了约一百人。虽说司马氏宗室因进封为王而脱离五等爵，但曹魏宗室也因降封而归入五等爵，可见有相当一部分五等爵被刊除。据杨光辉考证，被刊除的"当是本人不具备佐命之勋的功臣后嗣"[5]；也就是说，经过这次清理，五等爵

---

① 赵翼《廿二史札记》，王树民校证本，中华书局1984年版，卷七"魏晋禅代不同"条称："曹之代汉，司马氏之代魏，其迹虽同，而势力尚有不同者。曹操自克袁尚后，即居于邺……一切用人行政，兴师讨伐，皆自邺出令，莫敢有异志。司马氏辅魏，则身常在相府，与魏帝共在洛阳……是可见其一日不敢离城社也。"

② 《晋书》卷三《武帝纪》只载石苞等十一人，另据卷三四《羊祜传》，羊祜本来封郡公，但他固辞，只进爵为钜平侯。又据卷三九《王沈传》，王沈封博陵郡公，亦固让，遂进爵为县公，则实际封郡公十人。

③ 《晋书》卷一四《地理志上》。

④ 《晋书》卷三《武帝纪》。

⑤ 杨光辉：《汉唐封爵制度》，学苑出版社2002年版，第132页。

的受封对象被严格圈定为禅代功臣（曹魏宗室例外），即所谓"五等之封，皆录旧勋"①。

第二，爵制内容的变化。首先是调整爵级序列。《通典》卷三一《职官十三》"历代王侯封爵"条，杜佑自注引《晋令》曰："有开国郡公、县公、郡侯、县侯、伯、子、男及乡、亭、关中、关内外等侯之爵。"令中属于五等爵的有郡公、县公、郡侯、县侯、伯、子、男，共五等七级，这比旧制的五等九级显得精简。

其次是"罢五等之制"，其实际含义应是停止颁授新的五等封爵，而不是真的罢除五等爵制。这涉及两个方面的变化，一是"罢除那种地方七十五里、地方七十里之类裂土专封的魏末之制，其目的在于限制异姓诸侯"②；当然，这是针对五等封爵中的大多数爵级而言，"郡公侯"另有安排。二是划定少数仍然享有封国权的爵级，元年诏规定"公侯邑万户以上为大国，五千户以上为次国，不满五千户为小国"，就是为此而设。据董慧秀考定，只有郡公、郡侯才享有封国权，其余县公、县侯及伯、子、男等均无此权利；元年诏中依次享有大国、次国、小国的"公侯"即郡公、郡侯，另有文献称之为"郡公侯"③。

第三，分封精神的变化。咸熙五等爵的颁授原则是"或以进德，或以酬功"④。为了营建晋王主导下的晋朝廷，司马氏刻意拉拢曹魏三公王祥（太尉）、何曾（司徒）、荀颛（司空）和位在三司之上的郑冲（太保）等人，这些人位高名重、德行显扬，⑤在旧五等爵中都是爵位极高的大国侯⑥；从实际操作情况看，封爵的主要依据是个人受封前的官职和原有的

---

① 《太平御览》卷二〇〇引王隐《晋书》所载泰始元年封功臣诏曰："腹心股肱，文武之臣，光济帝业，余嘉乃勋，庆赏之行，其用宜速。"这是对"旧勋"的明确解释。

② 周国林：《西晋分封制度的演变》，《华中师范大学学报》1993年第3期。

③ 董慧秀：《论晋武帝对异姓功臣的处置》，武汉大学2003年硕士学位论文，第17页。

④ 《晋书》卷三八《齐王攸传》。

⑤ 《晋书》卷三三《郑冲传》说"冲以儒雅为德"；王祥、何曾、荀颛都以"至孝"著称，见各自本传，这正符合司马氏标榜的"以孝治天下"。

⑥ 《晋书》卷三三《王祥传》载："五等建，封睢陵侯，邑一千六百户。"邑一千六百户即大国侯。据此推断，同为三公的何曾、荀颛和位居其上的郑冲也应是大国侯。其时郡公仅司马孚一人，县公仅曹氏外戚郭建、郭德二人。

爵位。而泰始分封注重的是对禅代功臣的封授，对旧五等爵的增封进爵也就没有完全依照咸熙旧制的爵位序列，在对最高一等"郡公"爵位的封授上，这一精神被充分地体现出来。据董慧秀考定，泰始元年进封为公的十二人（实受十人）中，郑冲、王祥、何曾、荀颉等四人均由大国侯进为县公，石苞、陈骞、贾充、裴秀、王沈、荀勖、羊祜等七人分别由次国侯、伯、子进为郡公，另有卫瓘由次国侯进为县公。①

上述石苞等七人之所以能越过旧有爵位、资历、名望均居其上的郑冲等人，超授为郡公，在于他们都是晋武帝的亲信大臣，在禅代之际"同受腹心之任"，共谋"创业之事"，实实在在地拥有"佐命之勋"。值得注意的是，泰始新制仅郡公、郡侯享有封国权，那么按晋武帝的本意，他特许这几位亲信大臣拥有封土，看来是要在新的形势下，胶固君臣关系，与他们共建"维城之业"，巩固司马氏皇权。

2.分封宗室和宗王出镇

咸熙开建五等，司马氏宗室与异姓同时受封，其中司马孚为郡公，司马望、司马骏、司马攸等三人为侯，其余则爵位不高，多在伯、子、男几等，与异姓相比，司马氏并无明显优势。同时在魏晋之际，人们有一种议论，认为曹氏代汉，司马氏代魏，都是由于汉魏宗室失位，藩王无权。所以晋武帝于泰始元年登基之初，即大封宗室，自皇叔祖父司马孚以下，共封二十七人为王，同时规定："诸王以郡为国。邑二万户为大国，置上中下三军，兵五千人；邑万户为次国，置上军下军，兵三千人；五千户为小国，置一军，兵千五百人。王不之国，官于京师。"②

泰始分封的实际执行情况又如何呢？首先，据《晋书》诸宗王传，泰始二年后有部分宗王就国，但多数在不久后出任官职或去而复回，尊长亲贤辈则一直任职中央或出镇方面。其次，制度规定诸王"皆自选其文武官"③，但王国官的选任权实际上难以落实。《晋书》卷三七《安平王孚

① 董慧秀：《论晋武帝对异姓功臣的处置》，武汉大学2003年硕士学位论文，第19页。
② 《晋书》卷一四《地理志上》。
③ 《晋书》卷二四《职官志》。

传》：“有司奏，诸王未之国者，所置官属，权未有备。帝以孚明德属尊，当宣化树教，为群后作则，遂备置官属焉。”卷三八《琅邪王伷传》：“武帝践阼，封东莞郡王……始置二卿，特诏诸王自选令长。”这说明王国官的设置和选任，都须经皇帝特诏许可。不仅如此，诸王“自选”官属，还要受到朝廷的监督。《晋书》卷三八《梁王肜传》：“肜以汝阴上计吏张蕃为中大夫。蕃素无行……为有司所奏，诏削一县。”再次，《晋书》卷三七《义阳王望传》载：“武帝受禅，封义阳王，邑万户，给兵二千人。”这是同书中给宗王兵的唯一记载，说明王国置兵也是特例。复次，诸王虽“以郡为国”，但实际食户只占所在郡国的一部分，所食租赋仅“三分食一”，其财权也是有限的。从这些情况看，泰始分封宗王，只是改变咸熙旧制中司马氏与异姓混杂且爵位不高的状况，按照改朝换代的惯例，正式确立司马氏的皇族地位。诸王食租而不治民，难以起到藩屏皇室的作用，故而在分封不久，便有人提出批评意见。①

咸宁三年（277），晋武帝对分封制度作了改易。《晋书》卷二四《职官志》载：

咸宁三年，卫将军杨珧与中书监荀勖以齐王攸有时望，惧惠帝后有难，因追故司空裴秀立五等封建之旨，从容共陈时宜于武帝，以为“古者建侯，所以藩卫王室。今吴寇未殄，方岳任大，而诸王为帅，都督封国，既各不臣其统内，于事重非宜。又异姓诸将居边，宜参以亲戚，而诸王公皆在京都，非扞城之义，万世之固”。帝初未之察，于是下诏议其制。

以下记“有司”拟定之制：将封国划分为大国、次国、小国三等，封国不满万户的，以邻近县增补；郡公、郡侯比照小国王及不满五千户王；非皇子不得为王，诸王支庶依始封国大小和世次按公、侯、伯、子、男五

---

① 参见《晋书》卷四八《段灼传》。

等传封；王、公、侯依封国大小和世次置三军至一军不等，未之国者置守土若干人。这段志文最后说："既行，所增徙各如本奏遣就国，而诸公皆恋京师，涕泣而去。"又，同书卷三九《荀勖传》载有晋武帝征求荀勖意见的细节，有助于我们理解制度的内容和精神。①

咸宁分封的主要目的是遣诸王就国，因此对旧制不适当之处作了调整。其中最突出的义项是"追故司空裴秀立五等封建之旨"，建立了五等传封制。此制规定非皇子不得为王，诸王支庶依五等传封，它首先强调维护皇室嫡宗的地位以拱卫皇权，同时解决了宗室封王不便传封的问题，使分封宗室与五等爵制结合起来，把宗室与异姓纳入同一制度体系，并以此凸显出皇室嫡宗、一般宗室与异姓的亲疏、等级差别。值得注意的是，晋武帝本来打算借这次改制之机，罢除异姓享有的五等爵，由于荀勖提出五等封爵徒有虚名，"若造次改夺，恐不能不以为恨。今方了其大者，以为五等可须后裁度"②，这才作罢。

咸宁分封的另一个关键义项，就是解决诸王出镇方面、封国与都督区隔离的矛盾，实行移封就镇。宗王出镇的做法，要追溯到司马氏代魏之前，那时司马昭为谋求顺利禅代，已预先作好布置，分派子弟出任几个重要地区的都督，泰始元年改朝以后，又继续留任。杨珧在上武帝的建议中，认为诸王任都督，而所督之州与封国不相关，"各不臣其统内，于事重非宜"，这个问题需要加以解决，其办法就是《荀勖传》所说"使军国各随方面为都督"，简言之，即是出任都督的宗王移封就镇。据本纪及诸宗王传，这一措施在本年付诸实施，《资治通鉴》卷八〇综述此事称："诸王为都督者，各徙其国使相近。八月，癸亥，徙扶风王亮为汝南王，出为镇南大将军，都督豫州诸军事；琅邪王伦为赵王，督邺城守事；勃海王辅为太原王，监并州诸军事；以东莞王伷在徐州，徙封琅邪王；汝阴王骏在

① 《职官志》的记述与《荀勖传》所记发生矛盾，唐长孺认为这是由于唐修《晋书》删节综合旧文失当造成的，见唐长孺：《西晋分封与宗王出镇》，《魏晋南北朝史论拾遗》，中华书局1983年版。

② 《晋书》卷三九《荀勖传》。

关中，徙封扶风王；又徙太原王颙为河间王，汝南王柬为南阳王。"

新的措施使诸王所封之国与所督的方面一致，唐长孺认为，"这是个综合古之方伯、连率和宗王出镇而制定的奇特制度"。另据唐长孺考证，依照此制，势必使任都督的宗王或者终身久任，或者迁镇必迁国，这是难以持久的，但在晋武帝在世时自咸宁三年至太熙元年（277—290）14年间，是严格执行了的，其结果是使出镇的宗王半固定化。[①]

3.权力核心及其结构

晋武帝通过泰始分封改制，确立了亲信集团在晋臣中的特殊地位。以此为背景，晋武帝对亲信集团授以军政要职，赋予重要权力，构建了晋初的权力核心框架。据《晋书》各本传并参万斯同《晋将相大臣年表》《晋方镇年表》，入晋后王沈最先得到武帝重用，以佐命之勋录尚书事，他在"帝方欲委以万机"之时，于泰始二年去世。接着由裴秀任尚书令，但裴秀主政，有交关人事、侵占官稻田等过失，屡遭检举，晋武帝不得已把他调离，另授司空荣衔。裴秀之后，贾充于泰始四年继任尚书令，直至咸宁二年解职，但仍以太尉录尚书事。晋初王沈、裴秀、贾充等相继出任宰辅的事实[②]，恰与当时"王、裴、贾，济天下"[③]的民谣形成照应，彰显出亲信为政的中枢权力特点。王沈等三人之外，荀勖自泰始初为中书监，到太康八年（287）迁尚书令止，凡在中书二十余年，号称"久典内任"，"专管机事"。石苞自泰始初以大司马都督扬州诸军事，镇寿春，至四年以事见疑，征还；陈骞则以车骑将军都督荆州诸军事，镇襄阳，泰始五年，又以大将军都督扬州诸军事，至咸宁三年入朝；而淮南、荆州都处在对吴作战的前线，兵多粮足，地位相当重要。羊祜在泰始初先后以中军将军、卫将军掌典禁兵，晋武帝曾有意让他"总枢机之重"，授为尚书左仆射；因准备平吴战争的需要，泰始五年，又以羊祜出督荆州诸军事，至咸宁四年

[①] 唐长孺：《西晋分封与宗王出镇》，《魏晋南北朝史论拾遗》，中华书局1983年版。

[②] 祝总斌认为：西晋尚书台长官不但握有实权，而且在舆论上也开始被视为宰相。参见祝总斌：《两汉魏晋南北朝宰相制度研究》，中国社会科学出版社1990年版，第152页。

[③] 《晋书》卷四〇《贾充传》。

以疾征还。

同样是以分封制为基础，司马氏宗室"或出拥旄节，莅岳牧之荣；入践台阶，居端揆之重"①，全面地渗入到中央政权和地方军政事务之中。中央政权方面，司马孚于泰始初"进拜太宰、持节、都督中外诸军事"，居位至泰始八年去世；司马望以司徒兼中领军，后进为太尉、大司马，仍兼领军将军，泰始七年去世；司马攸自泰始初以卫将军"总统军事，抚宁内外"，其后屡有加拜，居朝中至太康四年去世。继这三人之后，司马亮、司马骏也在咸宁初入朝秉政，太熙元年（290）晋武帝病笃，"诏留亮委以后事"，而为杨骏所排挤。至于地方军政事务，据唐长孺的考察，终武帝之世，宗王出镇大约占了都督的半数，其中豫州、冀州、雍凉、青徐四大镇，基本上由司马氏掌握。②

晋武帝通过任用亲信集团，压制了其他异姓功臣分割政治权力的欲望，这一用人政策被其他异姓功臣视为"示人以私"③，这恰好反映出晋武帝利用亲信集团执政的目的，就是把他们作为驾驭群臣的工具，实现政自己出。《晋书·贾充传》称"充有刀笔才，能观察上旨"，"专以谄媚取容"；而《荀勖传》说"勖久管机密，有才思，探得人主微旨，不犯颜忤争，故得始终全其宠禄"，这些都是亲信权臣承顺皇帝旨意、充当皇权的工具之明证。最能说明晋武帝与亲信权臣之间关系的，莫过于下面一则事例：泰始七年，朝廷中贾充、荀勖及左卫将军冯紞等亲信权臣与侍中任恺、河南尹庾纯、侍中裴楷等正直大臣之间的党争趋于激化，任恺、庾纯以秦雍地区变乱需重臣出督为借口，建议武帝让贾充出镇长安，在任恺等人的计谋几乎得逞时，荀勖为贾充定计，以贾充女结婚太子，使贾充得以留任。这场斗争中的一个幕后人物羊祜的表现，颇为耐人寻味。《贾充传》载："先是羊祜密启留充，及是，帝以语充。充谢祜曰：'始知君长者。'"本来，羊祜正直无私，疾恶邪佞，荀勖、冯紞等贾充党羽都很嫉恨他，那

① 《晋书》卷五九《八王传序》。
② 唐长孺：《西晋分封与宗王出镇》，《魏晋南北朝史论拾遗》，中华书局1983年版。
③ 《晋书》卷三五《裴秀传附从弟裴楷传》。

么他为何还要维护贾充的执政地位呢？清人王鸣盛以为"羊祜亦党贾充"①，恐未解其中玄奥。唐人李德裕"羊祜留贾充论"认为：

> 祜岂悦贾充者哉！良以爱君体国，发于至诚耳。晋氏倾夺魏国，初有天下，其将相大臣非魏之旧臣，即其子孙，所寄心腹唯贾充而已。充亦非忠于君者，自以成济之事，与晋室当同休戚，此羊祜所以愿留也。昔汉高不去吕后，亦近于此。……汉高弃之如去尘垢，实以惠帝闇弱，必不能自揽权纲，其将相皆平生故人，俱起丰沛，非吕后刚强，不能临制，所以存之，为社稷也。②

李德裕曾身居宰相，谙熟上层权力内幕，所论至为深刻。在晋初特定的政治形势下，晋武帝为了驾驭群臣，还须如汉高祖之留吕后，借贾充之威重以揽权纲。羊祜亦为武帝心腹，对此必定深有感触，由他建议武帝留贾充，实不足为怪。西晋前期朝廷内党争纷然，贾充之徒颇为孤立，但贾充的执政地位始终未能动摇，其缘由即在于此。

然而，晋武帝对亲信集团并不放心，又分封宗室并赋予宗王军政大权，借以牵制包括亲信集团在内的异姓功臣。泰始四年石苞遭猜忌被废一事，颇能说明问题。自魏甘露三年（258）平诸葛诞后，石苞即镇守淮南，士马强盛，威惠甚著。淮北监军王琛嫌忌石苞，"密表苞与吴人交通"，武帝遂疑石苞，又鉴于当时事态，以为石苞必叛，于是下诏策免其官，"遣太尉义阳王望率大军征之，以备非常。又敕镇东将军、琅邪王伷自下邳会寿春"③。其后石苞用计释疑，仍被征还。在这次事件中，晋武帝以司马望所率中军和司马伷所统青徐镇兵合击淮南的军事部署，是引人注目的。

对于晋初以分封制为基础形成的政治权力结构，当时人陆机说是"立其封疆之典，裁其亲疏之宜，使万国相维，以成磐石之固；宗庶杂居，而

---

① 王鸣盛：《十七史商榷》卷四八，上海书店出版社2005年版。
② 李德裕：《李卫公外集》卷一，四库唐人文集丛刊本，上海古籍出版社1994年版。
③ 《晋书》卷三三《石苞传》。

定维城之业"①。"万国相维"固然有些夸张，但五等分封和分封宗室确实是西晋政权最重要的基础；"宗庶杂居"，本意指宗室与异姓封土交错，但把它引申为双方在中央和地方政权中错居相维，也是适切的。对此，唐长孺亦有精辟论断："西晋政权结构是以皇室司马氏为首的门阀贵族联合统治。皇室作为一个家族驾于其他家族之上，皇帝是这个第一家族的代表以君临天下，因而其家族成员有资格也有必要取得更大权势以保持其优越地位。"②在此需要说明的是，当时包括亲信集团在内的异姓功臣，正是一批已经形成和正在形成中的"门阀贵族"。

三　筹划治国方针政策

晋武帝统治的26年（265—290）中，先后经历了朝代转换和平吴统一全国两次大的政局变化，这两次变化对于他在治国方针政策方面作决策取向的影响颇有差异：应对前一次变化，晋武帝需要确立新朝的基本国策以显示其"维新"之义；后一次变化则牵涉到汉末丧乱之后近百年间积累的不少问题，他也必须作出政策调整以适应统一的新格局。这里仅着眼于晋武帝治国方针政策的因革兴替之处，举其荦荦大者以见其基本倾向和特点。

在治国方针方面，晋武帝的决策可以概述为如下几点：第一，"仁俭"方针。《资治通鉴》卷七九"泰始元年十二月"条称："帝承魏氏刻薄奢侈之后，矫以仁俭。"这个说法大概本自《晋书·武帝纪》："〔武帝〕承魏氏奢侈刻弊之后，百姓思古之遗风，乃厉以恭俭，敦以寡欲。"此外依史传有所综合补说。按，曹魏立法，素以"严苛"著称③，魏明帝时又有大兴宫室、极尽奢华之举，司马懿父子当政时矫正其弊，始获"除其烦苛而

① 《晋书》卷五四《陆机传》。
② 唐长孺：《西晋分封与宗王出镇》，《魏晋南北朝史论拾遗》，中华书局1983年版。
③ 《晋书》卷三六《卫瓘传》载："时魏法严苛，母陈氏忧之。"

布其平惠"①之誉；晋武帝登基后，以"仁俭"为基本国策并有不少新的举措。他相继罢除魏宗室和汉宗室禁锢，先后解除了部曲将、长吏和部曲督的质任，足见其易严苛以宽仁。又《晋书》卷五四《陆云传》载陆云上书吴王晏说："臣窃见世祖武皇帝临朝拱默，训世以俭，即位二十有六载，宫室台榭无所新营，屡发明诏，厚戒丰奢。"陆云所说并非虚言，纪传中颇见其实例。干宝《晋纪总论》称："至于世祖，遂享皇极。正位居体，重言慎法，仁以厚下，俭以足用；和而不弛，宽而能断。故民咏惟新，四海悦劝矣。"②这是晋人对于晋武帝，已有"仁以厚下，俭以足用"的评价。《晋书·武帝纪》唐太宗制曰："〔武帝〕绝缣纶之贡，去雕琢之饰，制奢俗以变俭约，止浇风而反淳朴。"可见后人对他"制奢俗以变俭约"，也是给予肯定的，尽管在史实方面，这种主观努力与其实际效果的反差较大。

第二，以孝治天下。西晋未禅代前，司马昭即标榜"以孝治天下"③；晋武帝即位后，也以此作为一项基本国策，宣示于天下。《晋书》卷二〇《礼志中》载："文帝（司马昭）之崩，国内服三日。武帝亦遵汉魏之典，既葬除丧，然犹深衣素冠，降席撤膳。"朝中大臣自司马孚以下奏请武帝"宜割情以康时济俗"，武帝作诏答称："吾本诸生家，传礼来久，何心一旦便易此情于所天！"虽经反复劝谏，武帝不从，"遂以此礼终三年。后居太后之丧亦如之"。晋武帝这一释服犹行三年之丧的变通做法，当时人称为"心丧三年"，它改变了自汉文帝以来通行数百年的帝王短丧之制，对当时的社会风气产生了很大影响。晋武帝还借审理庾纯、贾充争讼案，申明父老归养之制；④泰始元年至三年，相继令将吏、二千石得终三年丧，"听士卒遭父母丧者，非在疆场，皆得奔赴"，至太康七年，又"制大臣听终丧三年"⑤，以此倡导官员和百姓履行孝道。

---

① 《三国志》卷四八《三嗣主传》注引《襄阳记》。
② 《文选》卷四九。
③ 《晋书》卷三三《何曾传》。
④ 《晋书》卷五〇《庾纯传》。
⑤ 《晋书》卷三《武帝纪》。

第三，儒道兼济，互为补充。司马氏代魏前，"礼法尚峻"①，大体上恢复了名教的统治地位。晋武帝登基后，继续崇隆礼教，《晋书》卷九一《儒林传》称："武帝受终，忧劳军国，时既初并庸蜀，方事江湖，训卒厉兵，务农积谷，犹复修立学校，临幸辟雍。"这是说晋武帝在处理军国万机之余，不忘兴复儒学礼教。同书卷七五《荀崧传》载荀崧上元帝疏，备述武帝"崇儒兴学"云：

> 世祖武皇帝应运登禅，崇儒兴学。经始明堂，营建辟雍，告朔班政，乡饮大射。西阁东序，《河图》秘书禁籍。台省有宗庙太府金墉故事，太学有石经古文先儒典训。贾、马、郑、杜、服、孔、王、何、颜、尹之徒，章句传注众家之学，置博士十九人。九州之中，师徒相传，学士如林，犹选张华、刘寔居太常之官，以重儒教。

疏文述及当时经营礼制建筑和举行礼仪之繁多，秘阁、台省、太学藏书之完备，还说到先儒传注兼容并包，广置博士，儒学传习之盛，太常官遴选之重，等等，可以概见晋武帝崇重儒学礼教的大致情形。②

在倡导儒学礼教的同时，晋武帝的治国思想中也渗入了不少道家的成分。泰始元年十二月，晋武帝为祭祀五岳四渎及禁淫祀下诏，借用《老子》语为立论根据："以道莅天下者，其鬼不神，其神不伤人。"③泰始四年下诏宣政，明确说到"思与万国以无为为政"④。泰始初，晋武帝拟以羊祜辅政，下诏称羊祜"虽处腹心之任，而不总枢机之重，非垂拱无为委任责成之意也"⑤。这些都说明，晋武帝是自觉地利用道术，与儒学礼教

---

① 《世说新语·任诞篇》注引《竹林七贤论》。

② 1931年，河南洛阳县城外大东郊出土了《晋辟雍碑》，碑文记"皇帝三临辟雍"和具体时间、礼仪事项，又记皇帝诏书及其他内容，可印证文献记载，亦可补文献记载之缺。要之，晋武帝多次行"临雍"礼，颇具宣示意义。参考余嘉锡：《晋辟雍碑考证》，《余嘉锡文史论集》，岳麓书社1997年版。

③ 《晋书》卷二〇《礼志中》。

④ 《晋书》卷三《武帝纪》。

⑤ 《晋书》卷三四《羊祜传》。

互为补充；当时"世之私议"把他比作汉文帝[①]，大概就是基于对这种统治作风的认识。实际上，在玄学已经形成、玄学名士充斥朝廷的西晋初年，道家思想言论是无处不在的。晋武帝曾下诏"议省州郡县半吏以赴农功"，荀勖建议以为："省吏不如省官，省官不如省事，省事不如清心。"[②]这是典型的道家言论。

我们再看晋武帝的治国政策，其较显著者有如下数项：其一，贯彻儒家礼教德治。清人王夫之概括晋武帝"行政"说："晋武之初立，正郊庙，行通丧，封宗室，罢禁锢，立谏官，征废逸，禁谶纬，增吏俸，崇宽弘雅正之治术，故民藉以安。"[③]吕思勉叙述晋武帝为政，较为具体而不失精当：

> 武帝尝诏郡国守相，三载一巡行属县；申戒郡国计吏、守相、令长：务尽地利，禁游食商贩；临听讼观录囚徒；守令有政绩及清称者，赐之以谷；诏刺史、二千石纠秽浊，举公清；令内外群臣举清能，拔寒素；又屡诏举人才；可见其非无意于为治。[④]

在此我们不对有关史实作展开讨论，仅合以上两家之说，已可见晋武帝在其统治的前期，确实曾经励精图治，他的许多德治措施也颇为值得称道。

其二，开明的民族政策。自汉魏以来，我国西部和北部边境的少数民族入居塞内者不断增多，他们散布郡县，与汉民杂居，民族关系呈现出复杂态势。应对少数民族的内迁，晋武帝采取招抚与镇服相结合的民族政策，而以招抚为主，《晋书》卷九七《四夷传序》称："武帝受终衰魏，廓境全吴，威略既申，招携斯广，迷乱华之义，矜来远之名，抚旧怀新，岁

---

① 《晋书》卷四六《刘颂传》。
② 《晋书》卷三九《荀勖传》。
③ 王夫之：《读通鉴论》卷一一，中华书局1975年版。
④ 吕思勉：《两晋南北朝史》，上海古籍出版社1983年版，第11页。

时无怠。"

对于晋武帝招纳匈奴等少数民族入居内地，西晋朝廷内颇有争议。一些大臣依据"非我族类，其心必异"的古训，认为戎狄居于境内，对西晋王朝构成了威胁；侍御史郭钦明确地提出"徙戎"的建议，被晋武帝拒绝。在晋武帝的招抚政策推动下，匈奴、鲜卑、羌胡等少数民族大批地入塞定居，与汉民杂处，据史载："爰及泰始，匪革前迷，广辟塞垣，更招种落，纳萋莎之后附，开育鞠之新降，接帐连辕，充郊掩甸"①；"关中之人百余万口，率其少多，戎狄居半"。②对于晋武帝的民族政策，旧史皆持批评态度。我们认为，晋武帝处理民族矛盾的某些策略或可异议，但其招抚政策顺应了当时民族融合的趋势，值得肯定。另据《晋书·武帝纪》所载，晋武帝在位的26年中，有110多个少数民族政权和国家来晋贡献近200次，③这是自秦汉大一统政权建立以来，周边民族和国家与中原王朝沟通往来的极盛景象。

其三，罢除州郡兵。太康元年平吴之后，天下安定，军役骤减；在这样的形势下，晋武帝实行改制，罢除州郡兵。《晋书》卷四三《山涛传》载："吴平之后，帝诏天下罢军役，示海内大安，州郡悉去兵，大郡置武吏百人，小郡五十人。"这是《晋书》中明确讲到"去州郡兵"的唯一记载，内容相当简略。《续汉书·百官志五》"刺史"条刘昭注录有晋武帝太康初诏书，先述改制缘由，接下来说：

> 今赖宗庙之灵，士大夫之力，江表平定，天下合之为一，当韬戢干戈，与天下休息。诸州无事者罢其兵，刺史分职，皆如汉氏故事，出颁诏条，入奏事京城。二千石专治民之重，监司清峻于上，此经久之体也。其便省州牧。

---

① 《晋书》卷九七《四夷传》。
② 《晋书》卷五六《江统传》。
③ 参考尚志迈：《晋武帝与太康之治》，《内蒙古大学学报》1996年第3期。

诏书讲到改制的大体构想。《北堂书钞》卷七二引王隐《晋书》又说："太康三年，罢刺史将军官。刺史依汉制，三年一入奏事。"这里明确讲到改制的具体时间。唐长孺在这些材料之外，又广搜史传及碑志记载，对罢州郡兵一事有精确的论证，其结论为：诸州无事者罢其兵；刺史只作为监司（实际并未做到），罢将军名号，不领兵，也不兼领兵的校尉官；实行军民分治，都督、校尉治军，刺史、太守治民。这些新规定在武帝统治时期（自太康三年以后）基本上是实行了的，惠帝时才破坏。[①]

其四，实行占田制。对于占田制，今人论述颇丰，无烦赘述。这里仅作两点揭示：一是此制中依官品占田荫客的规定，与魏末司马氏主政时实行的"给客制度"有直接的渊源关系，而对官员占田依次划定限额，可以视作汉代师丹"限田"之议在特定环境（晋初土广人稀）下得以落实；二是此制确实包含了有利于百姓的积极因素，如占田数高于课田数，因而在短期内能够起到阻止百姓成为私家奴客和劝民归农的效果。

四 评价及推论

对于晋武帝司马炎，晋朝人和后来人都有不少议论：当时人的评价，大抵上是毁誉参半；后人的议论，往往着眼于晋武帝统治政策和措施的种种失误，并追究其诱发"八王之乱"和西晋短期崩溃的责任，自然是毁多誉少；20世纪下半叶的学界，更是把晋武帝与当时门阀士族的腐朽联系起来，有全盘否定的倾向。在此，我们又如何看待晋武帝和他的统治呢？

如上所述，晋武帝的治国方针具有他所处时代的明显特征，并受到其父祖辈的直接影响，他标榜"仁俭"和孝道，尊崇名教礼法，本身都具有逻辑上的合理性，也受到了当时人的称誉；他的一些治国政策，大都能顺应时势变化而有所兴造或调整。总体上说，在我们所讨论的"治国方针政策"方面，晋武帝是成功的，至少在他统治的前期是如此。干宝《晋纪总

---

① 唐长孺：《魏晋州郡兵的设置和废罢》，《魏晋南北朝史论拾遗》，中华书局1983年版。

论》称："太康之中，天下书同文，车同轨。牛马被野，余粮栖亩……故于时有天下无穷人之谚。虽太平未洽，亦足以明吏奉其法，民乐其生，百代之一时也。"话中虽不无溢美之处，但太康治世的存在，则属无疑。《晋书·武帝纪》唐太宗制曰："于时民和俗静，家给人足。"这是后人对于晋武帝的统治，也有肯定的评价。

　　然而，我们在肯定晋武帝于制礼作乐、立制垂范有所建树的同时，却不能不注意到事情的另一面，即晋武帝的统治中包含着不少弊病。例如，刘颂上疏晋武帝，指出"陛下每精事始而略于考终"[1]，即建立制度之后未必能认真地贯彻其精神并予以落实；干宝则批评他多"苟且之政"[2]。王夫之从"用人与行政"的关系评说晋武帝的统治，既显明其"行政"之得，亦揭露其"用人"之失："晋承魏之安处，时非无贤，而奖之不以其道，进之不以其诚，天下颓靡，而以老、庄为藏身之固，其法虽立，文具而已。"[3]当时人的见解和后人的评断都表明，晋武帝是一个相对缺乏治世精神的君主，故而其统治表面上"宽弘雅正"，骨子里却积弊深重，难怪刘毅把他比作汉世之桓、灵二帝。对于晋武帝缺乏治世精神的后果，当时人已有深切的认识，《晋书》卷三三《何曾传》称："国家应天受禅，创业垂统。吾每宴见，未尝闻经国远图，惟说平生常事，非贻厥孙谋之兆也。及身而已，后嗣其殆乎！"然而，就晋武帝本人而言，他非但认识不到危机的存在，反而在平吴之后，因群臣称颂功德、鼓动"封禅"而萌生骄心，以至于奢靡淫逸，怠于政事，西晋王朝的统治危机也就伴随着晋武帝的这一转变而益发深重。

　　探讨晋武帝统治的得失，我们终究还是要落实到寻绎诱发"八王之乱"的原因方面来。《晋书·武帝纪》唐太宗只把八王之乱的起因归结为晋武帝"建立非所，委寄非才"，即立惠帝失当和托杨骏辅政失策，两者中当以错立惠帝为关键。宋人叶适的议论，对"惠帝定嗣"及此事所牵涉

----

① 《晋书》卷四六《刘颂传》。
② 干宝：《晋纪总论》，《文选》卷四九。
③ 王夫之：《读通鉴论》卷一一，中华书局 1975 年版。

的政治纠葛有精当的分析,《习学记言》卷二九称:

> 晋武帝时大议论有四:惠帝定嗣,一也;贾后为冢妇,二也;贾充、荀勖进退,三也;齐王攸去留,四也。晋之治乱存亡虽在此四者,然不过一本。昔周子有兄而无慧,不能辨菽麦,故不可立。武帝二十五子,惠之无慧,帝自知之,而终不决者,恃愍怀尔;又明见充女不可,然竟纳为妇,以成愍怀之酷,实勖辈弥缝其间;末年恐攸挟众望夺嫡,又为逐去,以速其死:帝本于一事不了,故四事无不然。①

晋武帝时朝廷内党争不断,此伏彼起,后来党争的焦点便集中到惠帝废立一事上,叶适所论清楚地揭示了其中的因果关系。可以说,晋武帝明知惠帝不慧而执意要立他为嗣,是导致在他去世后政局失控的直接根源,对这一点的认识,可谓古今一辞,并无异议。

但是,问题恰恰在于,为什么晋武帝明知惠帝不慧,还要立他为嗣而不改易呢?按《晋书》卷三一《武元杨皇后传》所说,杨皇后以“立嫡以长不以贤,岂可动乎”为辞,打消了武帝的废立之念。《晋书·武帝纪》则称:“爰及末年,知惠帝弗克负荷,然恃皇孙聪睿,故无废立之心。”这是说武帝寄希望于皇孙司马遹(愍怀太子)。我们认为,就细节而言,这两点都会对晋武帝立嗣的决策产生一定的影响,但问题的关键不在这里,而在于晋武帝对自己亲手建构的政治权力秩序感到比较放心,相信惠帝在大臣的辅弼下,能够保住司马氏的基业;晋武帝晚年能够“怠于政术,耽于游宴”②,也是基于这一判断。

然而,“八王之乱”正是在晋武帝建构的政治权力秩序这一“沃土”上萌发的。八王之乱由杨骏擅权、贾后干政的宫廷斗争发端,继之则拥有实力的宗王先后登场,角逐中枢权力。在此过程中,晋武帝生前培植的后党(杨氏)、太子妃党(贾氏)只能假皇帝之威行事,力量较为脆弱,真

---

① 《习学记言》,四库笔记小说丛书本,上海古籍出版社1992年版。
② 《晋书》卷三《武帝纪》。

正具有强大实力和持久影响力的变乱主角无疑是司马氏宗王。那么，宗室诸王的实力从何而来？又如何能够参与到中枢权力斗争中来？归根到底，晋武帝实行的分封宗室、宗王出镇和宗王参政等一整套制度，为宗室诸王参与中枢权力斗争提供了实力基础和相应的参与机制，八王之乱"是西晋宗王政治派生的宗王参政、宗王分封、宗王出镇等一系列弊端所引起的必然结果"[①]。要而言之，关于八王之乱的成因，尽管说法很多，但我们倾向于基于政治权力结构和权力运作的"多因素论"，即八王之乱是晋武帝"建立非所，委寄非才"的人事因素与重用宗王的制度因素交互作用的结果。

鲁力最近的一项研究，使我们对八王之乱成因的认识趋于具体化。他把八王之乱中先后上台掌握或争夺中枢权力的各种势力作了排比，进而对这些势力先后上台和灭亡的原因作了剖析，得出了令人信服的结论。[②]这就是，在晋武帝生前形成了一个金字塔式的权力结构，自上而下依次为：皇帝（晋武帝），外戚（后党、太子妃党），宗王（尊亲、至亲、疏亲），门阀。这个权力结构是由皇帝一手构筑的，同时也由皇帝来操纵。晋武帝死后，即位的惠帝是弱智，来自顶端的操纵力量不复存在，后党、太子妃党、尊亲、至亲、疏亲于是依次上台和灭亡。整个事件之所以发生，追根溯源，都是因为皇权与门阀这一矛盾的存在，中间的所谓外戚与宗王，都是为加强皇权而在门阀之上人为培植出来的叠加势力，八王之乱不过是这些叠加势力的汇演。令人眼花缭乱的外戚与宗王掩盖了八王之乱的本质，待这些人死丧略尽、尘埃落定之后，门阀势力才居于主导地位，出现东晋的门阀专政局面。

如果我们作一番联系的考察，则王夫之评论晋武帝定制说："魏之削诸侯者，疑同姓也；晋之授兵宗室以制天下者，疑天下也。疑同姓而天下乘之，疑天下而同姓乘之，力防其所疑，而祸发于所不疑，其得祸也异，

---

① 陈长琦：《两晋南朝政治史稿》，河南大学出版社1992年版，第78页。

② 鲁力：《"八王之乱"成因新见》，《武汉大学学报》2005年第4期。

而受祸于疑则同也。"①我们认为，在中国传统的宗法制小农经济社会里，皇权是最重要的社会统合力量，一个健全稳定的皇权，是社会繁荣进步的前提条件；而在皇位传承的"家天下"体制下，一姓皇室为了维护独享的皇权而加强皇族力量，本身也无可厚非，但要有效地维护皇权，最根本的还在于皇权体制下的理性行政因素，包括皇帝自身的行政能力、健全的官僚制度和官吏奉公守法等。晋初的情况有其特殊性，如曹魏禁锢宗室的前车之鉴、门阀势力日益增长等；在这样的形势下，晋武帝为了防范门阀势力，"疑天下"而过分重用宗王，另一方面又忽视皇权体制下的理性行政因素，由此造成其统治倚重倚轻的失衡局面，这或许是其统治政策失败的症结所在。

①　王夫之：《读通鉴论》卷一一，中华书局1975年版。

下篇

第一章　论汉魏之际的"北海派"士人

从东汉末期到三国政权建立的时代，在政治社会和学术文化领域活跃着一大批儒学士人。由于汉末清流名士与浊流势力的激烈斗争，以及接踵而来的军阀纷争、人民流徙，作为社会中坚力量的士人也经历着分化重组、迁移嬗变的复杂过程，其中，地域文化因素始终是影响这些士人各种活动的决定性要素。从文化地理变迁的视角看，西汉的政治中心是在关中地区，也就是秦之故地，文化中心是在故齐地区；东汉时政治文化中心发生转移，中州（或称"河南"）地区既是学术中心，也是政治中心。①东汉时期，齐地文化整体上略有衰退，然而，位于山东半岛中部的北海国，西汉时还比较落后，此时却获得了很大发展，汉末更是学术昌盛，士人活跃，形成独特的地域人文景观。本文拟以"北海派"士人为探讨对象，揭示其基本面貌，进而探寻其地域文化特征及影响。

一　"北海派"士人的组成

日本学者川胜义雄在其著作中，最早对北海派士人给予了关注和论列。川胜氏通过考察曹魏政府的首脑人物，发现"颍川派"和"北海派"的存在，"即大多数位列台阁的文官都是以颍川、北海为中心的清议之士，

---

① 参考胡宝国：《汉唐间史学的发展》附录《汉代政治文化中心的转移》，商务印书馆2003年版。

或者是与其关系密切的人物"。①他还从探寻汉末清流势力的结构入手，勾画出"颖川集团"和"北海集团"的关系图。其中，"北海集团以大儒郑玄及北海相孔融为核心"，其成员包括国渊、崔琰、王修、邴原、管宁、华歆、王朗等数人。②以上扼要的论述，为我们提供了探讨的线索和方向。

北海派士人的组成，首先牵涉到对"北海"地理区域的界定。在上古文献中，"海"这个词有泛称和确指两种用法。前者如"四海"，是指囊括东、西、南、北四方的天下各地。后者即以"北海"为例，《左传》齐桓公言："寡人处北海。"就是直指齐地；又《孟子》言："伯夷辟纣，居北海之滨。"则是指渤海湾。③宋代洪迈认为："海一而已，地之势西北高而东南下，所谓东、北、南三海，其实一也。北至于青、沧，则云北海，南至于交、广，则云南海，东渐吴、越，则云东海，无由有所谓西海者。《诗》《书》《礼》经所载四海，盖引类而言之。"④据此可知，确指意义上的北海就是渤海湾或濒临渤海湾的齐地。作为行政区域的北海郡，最初于汉景帝中元二年（前148）设置。汉武帝元封五年（前106），"初置刺史部十三州"⑤，青州领郡国9个，北海郡居其一。东汉青州辖地与西汉大体相当，郡国并省为6个，即济南国、平原郡、乐安国、北海国、东莱郡、齐国。

北海派士人因北海国而得名，然而，作为代表地域文化特色而共同发挥影响的士人群体，北海派又不只局限于北海国一隅。在汉代的行政和选官体制之下，士人通常对本郡、本州有着很强的归属感，由郡及州，容易造成政治文化一体化的态势。有鉴于此，本文所探讨的北海派士人，就地理范围而论，是以东汉北海国为中心而延及整个青州。很明显，这种界定

---

① 川胜义雄：《六朝贵族制社会研究》，上海古籍出版社2007年版，第6页。
② 同上，第13页。对于以北海为中心的清议之士，川胜氏使用了"北海派"、"北海清流集团"（简称"北海集团"）、"北海清流党"等称呼；本文则一律称之为"北海派"，避免使用"集团"一词，以示区别于内部结构较紧密、政治目标较为一致的颖川集团。
③ 参考顾炎武著，黄汝成集释：《日知录集释》卷二二《四海》，上海古籍出版社1985年版。
④ 洪迈：《容斋随笔》卷三《四海一也》，上海古籍出版社1996年版。
⑤ 《汉书》卷六《武帝纪》。

兼顾了行政地理和自然地理，所谓"海、岱惟青州"①，相当于北起渤海湾、南临泰山的山东地区，也就是齐地北部一带。

　　下面，我们针对川胜氏所列的北海派士人，逐一稽考其籍贯和行迹，以明确其身份特征。郑玄（127—200），字康成，北海高密（今山东高密西南）人，少为乡啬夫，而笃志慕学。后来名列党锢名士"八俊"的颍川杜密，时为北海相，"行春到高密县，见郑玄为乡佐，知其异器，即召署郡职，遂遣就学"②。郑玄在洛阳太学师事京兆第五元先，又从东郡张恭祖受业；以山东无足问者，乃西行入关，师事大儒扶风马融。游学十余年，始归乡里，因家贫客耕东莱，教授生徒。复因党事起，遭禁锢十四年，遂隐修经业，杜门不出。汉末党禁解除，郑玄连遭公卿辟召、荐举和朝廷征拜，终以无意仕途及世乱道险，未获就职。在汉代学术史上，郑玄以"通儒"的面貌出现，遍注群经，兼通今古文学，成为汉世经学的集大成者。《后汉书·郑玄传》概括其学术影响说："至于经传洽孰，称为纯儒，齐鲁间宗之。"③就北海国乃至青州的地域文化而言，郑玄无疑是一个标志性的人物。

　　孔融（153—208），字文举，鲁国（今山东曲阜）人，孔子二十世孙；他的七世祖孔霸，曾为元帝师，位至侍中。在汉魏之际的历史舞台上，孔融是以言行激进迂诞的疏狂名士形象载入史册的。《世说新语》等典籍载有孔融四岁让梨以及十岁至洛阳拜见李膺时的机智问答，显示出他的早慧和善于辞令。他十六岁时，党锢事起，因为掩护前来避难的党人张俭脱走，孔融与其兄孔褒一同被捕，上演了兄弟母子三人争死的悲壮一幕，"融由是显名，与平原陶丘洪、陈留边让齐声称"④。凭借显赫的家世和响亮的名声，孔融屡辟公府，在朝多历显职。汉献帝初平元年（190），董卓擅权，他因言论触犯董卓，被贬迁为北海相，当时北海国正遭受黄巾军围

---

① 《汉书》卷二八《地理志》。
② 《后汉书》卷六七《党锢·杜密传》。
③ 《后汉书》卷三五《郑玄传》。
④ 《后汉书》卷七〇《孔融传》。

攻。孔融在北海国整六年，以其特有的施政理念和方式与这块地域结下不解之缘，当时就赢得人们以"孔北海"相称呼。建安元年（196）以后，孔融进入许都，先后任将作大匠、少府、太中大夫等职，"每朝会访对，融辄引正定议，公卿大夫皆隶名而已"①；终因言论激怒曹操，招致杀戮。

王修，北海营陵（今山东昌乐东南）人。年幼时以孝行感动乡里，"初平中，北海孔融召以为主簿，守高密令"，"举孝廉，修让邴原，融不听"②。孔融又署王修为功曹，常仰赖他脱免于祸难。袁谭据有青州，王修仕袁氏，后归附曹操。魏国既建，为大司农、郎中令。邴原，北海朱虚（今山东临朐东南）人，"少与管宁俱以操尚称"，"孔融为北海相，举原有道"③。一度前往辽东避乱，后归依曹操，为司空掾、丞相征事。邴原有高行，通经术，"是时海内清议，云青州有邴、郑之学"④。管宁，北海朱虚人，"与平原华歆、同县邴原相友，俱游学于异国，并敬善陈仲弓（陈寔）。天下大乱，闻公孙度令行于海外，遂与原及平原王烈等至于辽东"⑤。魏文帝即位，管宁就征还郡，屡辞朝廷"征命"，淡泊自守。以上三人同属北海国。

国渊，乐安益（今山东寿光东南）人⑥，"师事郑玄。后与邴原、管宁等避乱辽东。既还旧土，太祖（曹操）辟为司空掾属"⑦。其后主持屯田事务，绩效显著，官至太仆卿。华歆，平原高唐（今山东高唐东北）人，"少以高行显名"，据称"歆与北海邴原、管宁俱游学，三人相善，时人号三人为'一龙'，歆为龙头，原为龙腹，宁为龙尾"⑧。汉末外戚何进辅政，他作为"海内名士"被征入朝，后为豫章太守，在江东也享有盛名。

① 《后汉书》卷七〇《孔融传》。
② 《三国志》卷一一《王修传》。
③ 《三国志》卷一一《邴原传》。
④ 《三国志》卷一一《邴原传》注引《原别传》。
⑤ 《三国志》卷一一《管宁传》。
⑥ 《三国志》卷一一《国渊传》记国渊为"乐安盖人"，但据《续汉书·郡国志四》，乐安国有"益侯国"，无盖县，"盖"实为"益"形近而讹。参考卢弼：《三国志集解》卷一一《国渊传》，中华书局1982年版，第328页。
⑦ 《三国志》卷一一《国渊传》。
⑧ 《三国志》卷一三《华歆传》注引华峤《谱叙》及《魏略》。

受征入许都，累官至尚书令；魏国既建，为御史大夫。以上二人同属青州。

崔琰，清河东武城（今山东武城西）人，曾经"就郑玄受学，学未期"①。先仕袁绍，后归曹操，官至魏国尚书。崔琰为曹操主持选举，在朝野享有重望，被推为冀州人士之首②。王朗，东海郯（今山东郯城）人，以"通经"仕进，为汉末名士，后为曹魏著名三公。以上二人，崔琰属冀州，王朗属徐州。

通观郑玄、孔融等九人，无一不具有儒学名士的身份，他们属于当时的清流势力。这种清流势力的结构恰如川胜氏所论："在政治上依据共通的儒家国家理念，在个人交际上依靠共通的儒家道德感情形成了广泛的舆论，以此确定代表者，互相取得联络。"③要而言之，上述诸人具备通过一定的联络渠道结成士人群体的先天条件。不过，当我们把"北海派"定位于代表地域文化特色的士人群体并界定其地理范围时，川胜氏列举的名单就不免显得宽泛而有所疏失。

崔琰属籍冀州，不过清河郡与青州平原郡邻接，东武城亦在今山东省境内，崔琰本人还是郑玄门下著名的弟子。从政治关系上讲，当袁绍政权跨有青、冀、幽、并四州，势力达到鼎盛时，冀州、青州士人同在袁氏治下，彼此之间瓜葛较深④，因此，把崔琰列入"北海派"是有一定道理的。从严格的地理关系视角考虑，在此我们不把崔琰划归北海派士人群体，而是作为一个外围的参照对象。至于属籍徐州的王朗，虽说东海郯县也在今山东省境内，但由于东海郡与北海国相距悬远，再者王朗与上述诸人并无实质性的密切关系，把王朗列入"北海派"，实属牵强，理当摒除。总之，我们确认的北海派士人群体，包括郑玄、孔融、国渊、王修、邴原、管宁、华歆等，总共七人。从内部结构看，他们中间存在着两条明显的关系

---

① 《三国志》卷一二《崔琰传》。
② 《三国志》卷一二《崔琰传》注引《魏略》称："崔林尝与司空陈群共论冀州人士，称琰为首"。
③ 前揭川胜义雄《六朝贵族制社会研究》，第12页。
④ 参见本书上篇第三章。

纽带：一是师生友人关系，连接着郑玄、国渊、邴原、管宁、华歆等人；二是府主故吏关系，连接着孔融、郑玄（孔融曾荐举郑玄，详下）、王修、邴原等人。很明显，大儒郑玄和北海相孔融分别处在这两条关系纽带的交结点上，确为这个士人群体的代表和核心。还需注意的是，当上述北海派士人以群体方式从事社会活动时，他们的周围往往伴随着不少本籍士人，其中有的还具有名士身份，这些人构成了该群体的下层社会基础；对此，我们将在下面随文列叙。

二 "北海派"士人的政治倾向和处世态度

如所周知，汉末地域性的士人群体，最令人瞩目的是曹魏政权中的颍川集团，其政治地位和作用相当突出。如若着眼于社会、文化和政治领域的综合影响，豫州汝南、颍川及荆州南阳等毗邻三郡士人通常作为一个整体而展现其地域风貌，学术界又有"汝颍集团"的称谓。相比之下，北海派士人尽管政治地位优越，社会影响广泛，却未能作为一个整体而获得学界的重视。[①]为什么会出现这样的局面？原因在于北海派士人独特的内部结构：他们往往特立独行，彼此之间在政治倾向和处世态度方面差异颇大。依照个体的差异，我们把北海派士人划分为三种类型，分别加以考述。

1. 主流派

所谓主流派，是指这一类人能够顺应时势变化，积极投身到现政权之中，施展自己的抱负和才能，他们体现了一种理性务实的政治态度和达观进取的人生态度，代表着当时士人的主流。在北海派士人群体中，王修、国渊、华歆等三人属于这一类型。

王修被西晋史家陈寿评为"忠贞"之士[②]，以事君尽责、勇于赴难著

---

① 吴有祥撰《东汉人文三"北海"》（《潍坊学院学报》2008年第3期）已经注意到北海国的地域人文特征，并将郑玄、孔融、管宁三人合并论述，但还不是真正意义上的整体研究。

② 《三国志》卷一一《王修传》陈寿评。

称。他在北海相孔融属下为官，"融每有难，修虽休归在家，无不至"①。后在袁谭属下任职，竭尽心智出谋划策；谭死，又不惜犯禁为其收尸。归依曹操后，王修对新主也忠心耿耿。严才反于邺都，王修"将官属步至宫门。太祖在铜爵台望见之，曰：'彼来者必王叔治也。'"②王修居官治事才能突出，颇受曹操器重，曹操兴盐铁之利以赡军国之用，即选用王修行司金中郎将，掌典其事。王修治理地方，还以裁抑豪强、执法刚严闻名。他在守高密令任上，惩治豪侠不法的高密孙氏；守胶东令时，更是以铁腕手段剿灭结营对抗官府的公沙卢宗族。对于推行裁抑豪强政策的曹操来说，王修堪称得力助手，他也因此被选授为下辖邺城的魏郡太守，"为治，抑强扶弱，明赏罚，百姓称之"③。同王修一样，国渊也是受曹操器重的能臣。他任曹操的司空掾属，"每于公朝论议，常直言正色，退无私焉"④，其立身处世具备儒家士大夫风范。曹操扩大屯田规模，国渊继任峻之后主持这项事务，劳心尽责，功绩卓著。《三国志·魏书·国渊传》记载此事说："太祖欲广置屯田，使渊典其事。渊屡陈损益，相土处民，计民置吏，明功课之法，五年中仓廪丰实，百姓竞劝乐业。"⑤

如果说王修、国渊是以忠贞练事见信时主，那么华歆走的就是另一条路径，他以识见明达和享有高名见重于世，在汉末乱世不废官禄，在魏朝更是位列三公，参议朝政。值得注意的是，在华歆的政治生涯中，发生过三桩关系到"名节"的大事，令他饱受世人讥议。其一，孙策略地江东，先攻会稽，太守王朗战败而降。待到孙策进攻豫章，时任太守的华歆尽管自承汉室"剖符吏"，但慑于孙策兵威，仍然采纳功曹赵壹之议，效法王朗，以郡降孙策。华歆此举，东晋史家孙盛斥责为"失王臣匪躬之操"，"节堕于当时"。⑥其二，建安十九年（214），汉献帝伏后因涉嫌谋反事件，

① 《三国志》卷一一《王修传》。
② 《三国志》卷一一《王修传》。
③ 《三国志》卷一一《王修传》。
④ 《三国志》卷一一《国渊传》。
⑤ 《三国志》卷一一《国渊传》。
⑥ 《三国志》卷一三《华歆传》注引《江表传》及"孙盛曰"。

被曹操所逼遭废杀。《后汉书·皇后纪》记述当时情景："以尚书令华歆为
郗虑副，勒兵入宫收后。闭户藏壁中，歆就牵后出。"①华歆直接充当曹操
杀戮伏后的"帮凶"，在正统儒学之士看来，实属大逆不道。其三，《三国
志·魏书·华歆传》注引《魏书》记载："文帝受禅，歆登坛相仪，奉皇
帝玺绶，以成受命之礼。"②又引华峤《谱叙》曰：

> 文帝受禅，朝臣三公已下并受爵位，歆以形色忤时，徙为司徒，
> 而不进爵。魏文帝久不怿，以问尚书令陈群曰："我应天受禅，百辟
> 群后，莫不人人悦喜，形于声色，而相国及公独有不怡者，何也？"
> 群起离席长跪曰："臣与相国曾臣汉朝，心虽悦喜，义形其色，亦惧
> 陛下实应且憎。"帝大悦，遂重异之。③

华歆为魏文帝曹丕充当"奉玺绶"的角色，本身就引人注目，而他当
时表里不一的反常表现，的确耐人寻味。华歆不便明言的苦衷，与他有相
同经历的陈群代为揭开了全部谜底：尽管华歆、陈群之流早已死心塌地弃
汉投魏，但慑于东汉"尚名节"传统的余威④，表面上还不得不惺惺作态，
这是改朝换代之际"遗臣"们必须面对的尴尬。

2.保守派

所谓保守派，是指当时颇具势力和影响的传统儒学之士，他们抱持旧
有的正统思想和名教观念，政治倾向和处世态度较为保守，在彰显其独立
人格的同时与现政权有所隔膜。在北海派士人群体中，孔融、邴原是这一
类的典型。

孔融是汉魏之际具有多方面影响、让人无法忽视的焦点人物，在某种
意义上也可以说，他的身上集中地反映出这个时代的精神和矛盾。孔融被

---

① 《后汉书》卷一〇《皇后纪》。
② 《三国志》卷一三《华歆传》注引《魏书》。
③ 《三国志》卷一三《华歆传》注引华峤《谱叙》。
④ 参考赵翼：《廿二史札记》卷五"东汉尚名节"条，王树民校证本，中华书局1984年版。

曹丕推许为"建安七子"之首，他的文学成就令他名噪当时，并且流芳后世；因与本文论题关系不大，此节可以存而不论。作为政治人物的孔融，他任北海相期间的种种活动，是我们首先需予以关注的。孔融在北海，组织吏民抵抗黄巾军，同时积极推行礼治教化。据《后汉书·孔融传》记载：

> 更置城邑，立学校，表显儒术，荐举贤良郑玄、彭璆、邴原等。郡人甄子然、临孝存知名早卒，融恨不及之，乃命配食县社。其余虽一介之善，莫不加礼焉。郡人无后及四方游士有死亡者，皆为棺具而敛葬之。①

这些举措充分说明，孔融具有儒家以道自任的济世情怀和担当意识，他不仅是以"吏"的身份管理地方，更是以"师"的身份担负起教化百姓的职责，从汉代政治文化传统的角度来说，这是典型的循吏风范。②孔融相北海时，郑玄已年满64岁，对于这位年长自己26岁的耆老硕儒，他倍加礼敬；《后汉书·郑玄传》称："国相孔融深敬于玄，屣履造门。告高密县为玄特立一乡，曰：'……然则公者仁德之正号，不必三事大夫也。今郑君乡宜曰"郑公乡"。'"③然而，孔融终究只是一介书生，志大才疏，治事无方，加之军事上接连遭受失败，故而"志在靖难，而才疏意广，迄无成功"④。

进入许都后的孔融，基本上是以议论朝政为专职，他本来的官守反倒在其次。通观孔融所议诸事，比如议太傅马日磾奉使失节，论不宜恢复肉刑，不应为早殇幼王设祭等，多能持正据典，缘情入理，对朝政有所补益；而他议刘表僭伪郊祀，以为宜隐忍不发，则是以权谋见长，隐含着对

---

① 《后汉书》卷七〇《孔融传》。
② 参考余英时：《士与中国文化》，上海人民出版社2003年版，第182—183页。
③ 《后汉书》卷三五《郑玄传》。
④ 《后汉书》卷七〇《孔融传》。

于曹操窃据朝权的不满。孔融的相当一部分言议都是针对曹操而发，每当此节，则"嘲戏"而不"持论"①，走向极端；而他与曹操的"劫缘"，也成为千古以来人们热议的一个话题。

孔、曹论争的情节，无须一一罗列。据本传记载："时年饥兵兴，操表制酒禁，融频书争之，多侮慢之辞。既见操雄诈渐著，数不能堪，故发辞偏宕，多致乖忤。又尝奏宜准古王畿之制，千里寰内不以封建诸侯。操疑其所论建渐广，益惮之。"②孔融处处与曹操作对，问题的症结其实只有一个：反对曹操专擅朝政和图谋代汉。还在袁绍、曹操两强对峙之时，有属下劝他有所结纳，"融知绍、操终图汉室，不欲与同，故怒而杀之"。他建议"宜准古王畿之制，千里寰内不以封建诸侯"，③目的就是要阻止曹操封藩建国、进而取代汉室，看似迂腐荒诞，"不识时务"，④实则深藏玄机，刺中要害。颇为耐人寻味的是，曹操诛杀孔融，竟然是借用他"不忠不孝"的言论定罪，事后又专门下令，宣示他"违天反道，败伦乱理"⑤，借以杜塞世人之议。关于此节，鲁迅有深刻的分析："表面上是毁坏礼教者，实则倒是承认礼教，太相信礼教了……比曹操司马懿们要迂执得多。"⑥归根结底，孔、曹斗法，双方都打着礼教的旗号，但两人内心对于礼教的信念不啻有天壤之别。

邴原德行清高，"进退以道"⑦，既不同于与时推移、积极进取的王修等人，也与固守旧轨、傲世不群的孔融迥然有别。他先在北海相孔融属下担当郡职，据理谏阻其滥杀行为；又以朝政混浊，举家避居海岛之中；远涉辽东之后，秉持正义，帮助同郡士人刘政脱离辽东太守公孙度的迫害。处在乱世的邴原力图全身远害，但并没有消极避世、放弃儒家扶衰救弊的

---

① 《三国志》卷二一《王粲传》注引《典论》。
② 《后汉书》卷七〇《孔融传》。
③ 《后汉书》卷七〇《孔融传》。
④ 《三国志》卷一二《崔琰传》注引张璠《汉纪》。
⑤ 《三国志》卷一二《崔琰传》注引《魏氏春秋》。
⑥ 鲁迅：《而已集·魏晋风度及文章与药及酒之关系》，《新版鲁迅杂文集》之《华盖集、而已集》，浙江人民出版社2002年版，第438—439页。
⑦ 《三国志》卷一一《邴原传》陈寿评。

社会责任。

邴原进入曹魏政权以后，其政治倾向得以集中地表现出来。史载"原女早亡，时太祖爱子仓舒（曹冲）亦没，太祖欲求合葬"，邴原以"合葬，非礼也"作答，①拒绝了曹操的请求。此事关系到社会风俗礼制，显示了邴原持守礼教、不避强权的态度。邴原任曹操的丞相征事，这是一个不担事责、仅备顾问的高级侍从角色；可是，"原虽在军历署，常以病疾高枕里巷，终不当事，又希会见"，完全是一副依托重名、我行我素的态度，曹操因此感叹邴原"不为孤用"②。邴原进入曹魏政权却又没有完全融入其中，身在官署仍然竭力维护自己的独立人格和价值取向，其总体政治倾向可以归入"保守"一类；现存史料不载他对于曹操图谋代汉的立场，大概是采取了"无可无不可"的回避态度。

3.隐逸派

隐逸之士，自古有之。有关隐逸的思潮和理论，先秦典籍中已经有较为充分的表述。追溯渊源，隐逸之风的形成与儒家，尤其是道家关系密切。当汉末乱世，政治黑暗，官场污浊，兵革不断，隐遁不仕遂成为不少士人现实的人生选择。范晔撰《后汉书·逸民传》，对士人隐逸避世的种种情由作了归纳："或隐居以求其志，或回避以全其道，或静己以镇其躁，或去危以图其安，或垢俗以动其概，或疵物以激其清。"③在北海派士人群体中，郑玄、管宁堪称隐士的典型。西晋皇甫谧撰《高士传》，"采古今八代之士，身不屈于王公，名不耗于终始，自尧至魏，凡九十余人"④，其中就包括郑玄和管宁。

郑玄以其经学成就著名海内，先后被多个权势人物辟召、荐举，均推辞不受，《高士传》概述说："大将军何进辟玄，州郡迫胁，不得已而诣。进设机杖之礼以待玄。玄以幅巾见进，一宿而逃去。公府前后十余辟，并

① 《三国志》卷一一《邴原传》。
② 《三国志》卷一一《邴原传》注引《原别传》。
③ 《后汉书》卷八三《逸民传》。
④ 《高士传·序》，辽宁教育出版社1998年版。

不就。"①建安初年，他以古稀之年遭逢仕宦机遇的高潮，本传载："时大将军袁绍总兵冀州，遣使要玄……绍乃举玄茂才，表为左中郎将，皆不就。公车征为大司农，给安车一乘，所过长吏送迎。玄乃以病自乞还家。"②终其一生，除了少年时充当执役小吏，他从未真正入仕为官。

汉代经学被普通士人视作"禄利之路"，以经术取官禄原本是极为荣显之事，郑玄乃当世大儒，反而逃避官禄唯恐不及，其卓异品格可以想见。自孔子以下，人们对于士人求学的目的进行过认真的思考，并且把学者分为两种类型：为人者与为己者。《后汉书·桓荣传》范晔论曰："孔子曰：'古之学者为己，今之学者为人。'为人者，凭誉以显物；为己者，因心以会道。"③"为人者"的学问只是获取外物的工具，只有"为己者"才会把治学与自身的人格修养联系在一起，视学问为完善主体人格的内在需求。从这个意义上说，郑玄治经乃是"为己之学"。在《戒子益恩书》中，他自述学术旨趣和人生目标说："但念述先圣之元意，思整百家之不齐，亦庶几以竭吾才，故闻命罔从。"④可见他是从经学本身的命运出发，自觉地承担起学术变革的使命，而为了完成这一历史重任，他宁愿坚守布衣学者的身份，以保持学术研究的自由和自身人格的独立。

管宁是汉魏之际具有很大影响和持久魅力的隐士，他的事迹广为多种史传记述和传诵。《世说新语·德行篇》载有管宁与华歆"割席断交"的故事，说明他恬静寡欲，不慕荣利，乃是发自天性。从汉灵帝中平元年（184）黄巾起义爆发，到黄初元年（220）魏文帝即位，"宁在辽东，积三十七年乃还"⑤，这段时间天下走向大乱，继而重归安定，管宁避难辽东，度过了他的壮年时期。客居期间，管宁传播儒学礼教，率导百姓遵礼息讼，泽教流于东土，详见下节所论。

管宁隐遁不仕，却未曾放弃儒家救世济民的人文关怀，其隐逸行为中

① 《高士传》卷下《郑玄传》。
② 《后汉书》卷三五《郑玄传》。
③ 《后汉书》卷三七《桓荣传》范晔论。
④ 《后汉书》卷三五《郑玄传》。
⑤ 《三国志》卷一一《管宁传》注引《傅子》。

儒家的思想成分明显多于道家。《高士传》记载："管宁自越海及归，常坐一木榻，积五十余年，未尝箕股，其榻上当膝处皆穿。"①古代的坐姿相当于现在的跪，坐时两膝着地、臀部压在脚跟上，这种坐姿是严肃恭敬的表示；而两腿前伸、臀部着地的坐姿则称为"箕踞"或"箕股"，是一种随意而不雅的姿势。管宁五十余年未尝箕股，以致木榻上当膝处皆穿，足见其以礼教自律的坚忍毅力。卢云讨论先秦隐逸之风的形成，提出一个很有见地的判断，认为在齐之滨海地区和楚之淮汉流域同时兴起的隐逸之风特点不同，楚地隐士的特点在于恬淡人生、达观无为、独行于世，追求人与自然的和谐，并偏向于哲学的默想，而齐地隐士更注重于人格的力量与完美，讲究去就之节，向往超然于世俗权力、高踞于显贵之上的自由境地。②我们认为，先秦时期形成的齐地隐逸文化传统在汉代得到很好的承袭，并且由于儒学名教的强大影响，其中渗入了较多的儒家文化因素，郑玄逃官，以经学变革为使命，管宁隐居，不忘倡导儒学礼教，都是明证。

三　"北海派"士人对地方社会的影响

北海国僻处海隅，远离封建王朝的政治中心；自秦汉以来，这里也罕有右姓甲族。在一个相对较大的文化区域——青州范围以内，齐国是自古以来的区域中心。然而，由于齐鲁文化的浸润滋养，北海国的学术文化在东汉长足发展，汉末更是大放异彩，不仅取代了齐国的中心地位，也是当时齐鲁文化的象征。关于上述变化，卢云在《汉晋文化地理》中作了具体的揭示："东汉时北海人士著书65种，在诸郡国中居第二位。北海私家教授也特别兴盛，收徒千百人的经学大师就有9例，东汉初有周泽、牟融，此后又有徐房、甄宇、甄承、郎颉、边韶、邴原等。至东汉末，北海产生了兼通今古文，以五经教授的鸿儒郑玄，'齐鲁间宗之'，门徒几乎遍于天

---

① 《三国志》卷一一《管宁传》注引《高士传》。
② 卢云：《中国知识阶层的地域性格与政治冲突》，《复旦学报》1990年第3期。

下。"①依照卢著的揭示，北海学术文化的崛起具有两大内在动因：一是当地私家教授特别兴盛，文化土壤相当丰厚；二是一代儒宗郑玄发挥了特殊的作用。

除上述以外，在促成北海地区人文昌盛方面，我们还不能忘记第三个因素，即北海相孔融所起的作用。孔子有"变齐至鲁，变鲁至道"的名言，清儒顾炎武分别撰《变齐变鲁》《周末风俗》两文，对这一命题作了阐释和推演，他指出："盖自春秋之后，至东京，而其风俗稍复乎古，吾是以知光武、明、章果有变齐至鲁之功，而惜其未纯乎道也。"②结合顾氏在《两汉风俗》一文中的论述，可以确认他赞许的东汉三帝"变齐至鲁之功"，就是他们实行名教之治所取得的社会政治功效。我们认为，孔融以鲁人和圣人后裔的身份宰治北海，虽在衰乱之世，仍然执着地推行礼治教化，试图以儒学名教挽救世道人心，这本身就颇具"变齐至鲁"的意味；孔融在保境安民方面的失误毋庸讳言，至于推动政教结合、促成地方人文兴盛，其功绩还是显而易见的。

北海派士人在地方上的活动，主要集中在游学、私学教育、乡里教化等几个方面。就活动地域而言，他们的本籍北海国及青州自然是根本所在；此外，由于他们的远游和外迁，涉及的其他地域相当广泛。

首先，大多数士人都有游学的经历。例如王修"年二十，游学南阳"③，郑玄游学洛阳、东郡、扶风等地，已如前述。需要指出的是，郑玄长期在外游学，特别是师从大儒马融，在门下勤修三年，使他经业大进，由此奠定了他日后成为第一流经师的基础，马融所谓"郑生今去，吾道东矣"④，可以视作其游学收获的恰当注脚。华歆、邴原和管宁三人曾经结伴"游学于异国"，从他们"敬善"颍川人陈寔的记载看，颍川是主要的游学目的地，而邴原游学的经历，尤其具有典型意义。据《三国志·

---

① 卢云:《汉晋文化地理》,陕西人民教育出版社1991年版,第66—67页。
② 前揭《日知录集释》卷一三《周末风俗》。
③ 《三国志》卷一一《王修传》。
④ 《后汉书》卷三五《郑玄传》。

魏书·邴原传》注引《原别传》记载：邴原打算远道游学，先咨询同郡安丘人孙崧。孙崧认为郑玄"学览古今，博闻强识，钩深致远，诚学者之师模也"，建议他不必舍近求远；邴原则答以"人各有志，所规不同"，坚持己见。邴原出游，"单步负笈，苦身持力，至陈留则师韩子助（韩卓），颍川则宗陈仲弓，汝南则交范孟博（范滂），涿郡则亲卢子幹（卢植）"。①从这个记载看，邴原游学的目的，不只限于增进经业，还在于交接名士以增广见识、砥砺德行操守，而后者似乎更为他所看重，所以他游学时所拜之师，都是当时党锢之争中的领袖人物或名士。邴原在游学旨趣上与郑玄的差异，直接催生了后来与"郑学"齐名的"邴学"。

其次，郑玄、国渊、邴原、管宁等人都从事过私学教育，其中郑玄、邴原的影响较大。国渊、管宁的教学活动发生在客居辽东期间，史称"渊笃学好古，在辽东，常讲学于山岩，士人多推慕之"②，管宁也曾以《诗》《书》讲授。郑玄学成东归，"客耕东莱，学徒相随已数百千人"，在他60岁时，居本乡教授，"弟子河内赵商等自远方至者数千"，③直接授徒的人数达到如此规模，在整个东汉私学教育史上几乎无人能及。史籍又载"徐州黄巾贼攻破北海，玄与门人到不其山避难。时谷籴县乏，玄罢谢诸生"④，这是在乱世坚持传授经业，其足迹已经跨出州境。郑玄开门收徒时间长，规模大，其成绩自然相当显著，本传载："其门人山阳郗虑至御史大夫，东莱王基、清河崔琰著名于世。又乐安国渊、任嘏，时并童幼，玄称渊为国器，嘏有道德，其余亦多所鉴拔，皆如其言。"⑤邴原客居辽东期间，也有过教学活动，本传称"原在辽东，一年中往归原居者数百家，

<hr/>

① 《三国志》卷一一《邴原传》注引《原别传》。
② 《三国志》卷一一《国渊传》注引《魏书》。
③ 《后汉书》卷三五《郑玄传》。
④ 《三国志》卷一二《崔琰传》。
⑤ 钱大昕《廿二史考异》（上海古籍出版社2004年版）卷一一《后汉书二》云："《魏志》，基卒于元帝景元二年，不言年寿若干，而《基碑》云年七十二。溯其生年，当在初平元年庚午。康成以建安五年庚辰卒，其时基仅十一岁，不得在弟子之列，恐范《史》误也。基治经常申郑而驳王肃，故蔚宗疑为康成弟子。要是私淑郑学，非亲受业者也。"

游学之士，教授之声，不绝"①。回归本郡后，邴原开门授徒，颇具规模和特色。汉末，名士郑太谈论天下形势及士风民情，其中说道："东州郑玄学该古今，北海邴原清高直亮，皆儒生所仰，群士楷式。"②又，邴原本传注引《原别传》记载："自反国土，原于是讲述礼乐，吟咏诗书，门徒数百，服道数十。时郑玄博学洽闻，注解典籍，故儒雅之士集焉。原亦自以高远清白，颐志澹泊，口无择言，身无择行，故英伟之士向焉。是时海内清议，云青州有邴、郑之学。"③

两段记述都是把邴原与郑玄相提并论，对照出所谓"邴学"与"郑学"各自的特点和彼此间的差异。邴原以"清高直亮"为士人所敬仰和遵奉，其教学也以经明行修、学行合一为旨趣，大约走的是"不为章句，举大义而已"的路数，史籍不载他有经学著述传世，可为佐证。重在养志修行的邴学之所以风靡一时，不能不说是顺应了东汉名教统治的时代潮流，论其学术底蕴，终究不及郑学深厚，一旦时势转移，必然走向衰歇。

再次，在率导乡里、教化百姓方面，管宁和邴原有突出的表现。邴原居辽东十余年，传播儒学，破除淫祀，颇有导化之功。管宁长期居留辽东，其影响更为深远。据《三国志·魏书·管宁传》注引《傅子》记载："宁往见〔公孙〕度，语惟经典，不及世事。还乃因山为庐，凿坯为室。越海避难者，皆来就之而居，旬月而成邑。遂讲《诗》《书》，陈俎豆，饰威仪，明礼让，非学者无见也。由是度安其贤，民化其德。"④本传注引《高士传》还具体地记述管宁以礼让为表率，疏导乡邻停止斗讼的感人事迹，称道说："是以左右无斗讼之声，礼让移于海表。"⑤管宁是儒学文化的传薪人，也是儒家礼教的践行者，他通过言传身教移易当地的风俗，也赢得东土民众的敬仰，《高士传》称"辽东郡国图形于府殿，号为贤者"⑥。

---

① 《三国志》卷一一《邴原传》。
② 《后汉书》卷七〇《郑太传》。
③ 《三国志》卷一一《邴原传》注引《原别传》。
④ 《三国志》卷一一《管宁传》注引《傅子》。
⑤ 《三国志》卷一一《管宁传》注引《高士传》。
⑥ 《高士传》卷下《管宁传》。

值得特别注意的是，汉末公孙度统治下的辽东郡隔绝海外，相对安定，是当时中土百姓迁居避难的一个主要目的地，其中，从山东半岛越海度辽的士民占到移民的相当一部分。上层士人中，除了我们讨论的国渊、邴原、管宁等人，还有北海刘政、东莱太史慈、平原王烈等，他们也都属籍青州。总体上看，上述青州士人作为移民中的精英，在传播中原儒学文化和促进辽东地区开发方面做出了重要贡献。①

四　结语

《汉书·地理志》记西汉末年齐地风俗曰："初太公治齐，修道术，尊贤智，赏有功，故至今其土多好经术，矜功名，舒缓阔达而足智。"②又记鲁地风俗曰："孔子闵王道将废，乃修六经，以述唐虞三代之道，弟子受业而通者七十有七人。是以其民好学，上礼义，重廉耻。"③东汉时代，齐、鲁文化走向融合，代表今文经学的齐学和代表古文经学的鲁学统一于"郑学"，"上礼义，重廉耻"的鲁地风俗通过名教统治浸透到齐地。汉末的齐鲁文化，是以"青徐儒雅"的面目被士人认知的。④

汉末，汝南、颍川一带是重要的政治中心，汝颍士人通过清议活动和党锢之争发展了其政治才能，他们以主动选择、变革进取的姿态活跃于政治舞台，备受士林瞩目，号称"汝颍固多奇士"⑤。同一时期的北海派士人，则较多地表现出其传统厚重的一面，他们对现实政治并非十分敏感，政治倾向和处世态度也复杂多端；他们在回应时代主题的同时，也顽强地表现着自身的地域文化特点。举例来说，汉朝统治者大力提倡忠君观念，以此作为巩固皇权统治的重要手段，同时基于"家国同构"的理论设计，

---

① 参考王永平：《汉末流寓辽东士人之遭遇及其影响考论》，《社会科学战线》2006年第3期。
② 《汉书》卷二八下《地理志下》。
③ 《汉书》卷二八下《地理志下》。
④ 《晋书》卷七一《陈頵传》。
⑤ 《三国志》卷一四《郭嘉传》。参考胡宝国：《汉晋之际的汝颍名士》，《历史研究》1991年第5期。

把倡导孝亲观念作为培植忠君意识的具体途径；降至东汉，践行忠孝伦理是社会的主流思潮，也是士人从事政治活动的灵魂所在，所谓"东汉尚名节"，其主要内容也在于此。然而，在东汉统治面临崩溃之际，忠孝观念（包括忠孝关系）也经受着严峻的挑战。那么，北海派士人是如何应对忠孝观念面临挑战这一时代主题的呢？我们看到，王修有"忠贞"之名，每事一主，必定尽心尽责，然而他前后转投在孔融、袁谭、曹操三人属下，这种行为本身就表明他的"忠贞"是相对的和有限的，他是把对故主的"忠"收藏在一个角落而不妨碍自己投效新主。王修面对的新旧转换局面尚属"小节"，而华歆面对的汉魏禅代局面则关系到士人之"大节"，如前所述，他是以惺惺作态的遮掩手法蒙混过关的。总体上说，即便是王修、华歆等主流派士人，由于受传统的深重影响，他们的政治行为多少会受到名节观念的牵累。属于保守派的孔融，其忠君观念根深蒂固自不必说，而邴原在与曹丕辩论"君父先后"问题时，以"父先君后"的明确答案宣示了其忠君观念的动摇。[1]属于隐逸派的郑玄、管宁等人，则是以隐遁不仕的举动表明忠君观念上的淡漠和回避态度。无论具体的表现形态和价值取向如何分歧，北海派士人回应时代主题时深受传统的影响，则是无疑的。

在另一个方向上，厚重的传统显示了巨大的价值。一部分北海派士人与现实政治保持适当的距离，转而致力于学术研究、私学教育和乡里教化，在促成地方社会人文兴盛方面做出了重要的贡献，也充分地展示了齐鲁文化的影响力和生命力。

---

① 参考唐长孺：《魏晋南朝的君父先后论》，《魏晋南北朝史论拾遗》，中华书局1983年版。

第二章　论汉晋之际的北地傅氏家族

汉末至西晋时期是中国历史上的大变革时代，这种变革是全方位的，包括社会结构、阶级关系、政治格局、思想学术，乃至人口地理等诸多方面。北地傅氏家族是这个时期相当活跃的一支北方大族，其家族迁徙、政治动向和思想学术倾向，都具有鲜明的时代特色。因此，对北地傅氏家族进行个案的剖析探讨，对于我们充实和加深对这个时代某些方面的认识，应当有所裨益。①

一　北地傅氏的家世渊源及其在汉末的政治动向

北地傅氏始兴于西汉中期，汉末至西晋时期是其发展的鼎盛阶段。现存史籍中，较为系统地记载北地傅氏家世的是《新唐书》。该书卷七四《宰相世系表四》（下文简称《新表》）记述说：

〔傅说〕裔孙汉义阳侯介子始居北地。曾孙长复，封义阳侯。生章，章生叡，叡生后汉弘农太守允，字固。二子：嘏、松。嘏字兰石，魏尚书仆射、阳都元侯。……清河傅氏出自后汉汉阳太守壮节侯燮，字南容。生幹，字彦林，魏扶风太守。生晋司隶校尉、鹑觚刚侯玄，字休弈。生司隶校尉、贞侯咸，子孙自北地徙清河。

① 目前学术界对北地傅氏家族的研究集中于傅玄，除通论性的文学史著作外，专题论文有10余篇。比较重要的成果是两部专著：魏明安、赵以武：《傅玄评传》，南京大学出版社1996年版；高新民：《傅玄思想研究》，兰州大学出版社1996年版。

　　傅氏得姓，可以追溯到商王武丁时的国相傅说，但此后的世系传衍却湮没无闻。北地傅氏最早引起人们注意，是由于汉昭帝时的傅介子。傅介子为北地义渠人，以从军得官。昭帝元凤年间，介子以骏马监的身份出使大宛，同时奉诏谴责勾结匈奴遮杀汉使的楼兰、龟兹国王。介子不辱使命，回朝后又向大将军霍光建议刺杀龟兹国王，示威西域诸国。霍光允议，让他就近刺杀楼兰国王。介子再次出使西域，取得楼兰国王首级而还。朝廷嘉奖其功，封为义阳侯，事迹载于《汉书》卷七〇本传。

　　显名于汉晋之际的北地傅氏共有二支。原藏日本的宋本《世说新语》①，附录宋人汪藻所作《世说人名谱》一卷，其北地傅氏谱亦作二支分叙，北地傅氏自傅叡以下共六世，清河傅氏自傅燮以下共十世。对照上引《新表》，傅叡一支的世系渊源是相当清晰的，他们是傅介子之后，传自介子曾孙傅长，自介子至叡已历六世。后来被称作清河傅氏的傅燮一支，自东汉末年始由傅燮而显名。傅燮，《后汉书》卷五八有传，字南容，北地灵州人，然未叙其先世。按《后汉书》列传叙例，一般是传主先世可溯至西汉，则贯叙《汉书》所载之先世。显然，傅燮一支并非传自傅介子，当是介子同族。

　　北地郡为秦国故地，西汉时属凉州，《汉书》卷二八《地理志》论其风俗曰："及安定、北地、上郡、西河，皆迫近戎狄，修习战备，高上气力，以射猎为先。……汉兴，六郡良家子选给羽林、期门，以材力为官，名将多出焉。"北地郡及陇西、天水、安定、上郡、西河等六郡，是西汉都城长安以西、以北的缘边诸郡，这一带由于迫近戎狄，民众尚武成风，西汉朝廷则把当地作为禁卫军的兵源征集地，造成当地名将辈出的局面。植根于这块地域的北地傅氏家族，其仕宦和家风都深受这一背景影响。傅介子以从军得官，应该就是被征集为禁卫军的"六郡良家子"；他孤胆深入，扬威异域，其胆识和气概受到世人敬仰，班超投笔从戎，就是受了傅

---

① 《世说新语》，中华书局影印本1999年版。

介子和张骞事迹的激励。

东汉末年，北地傅氏已发展成为北方大族。傅叡、傅燮年辈相当，傅叡官至代郡太守，事迹不详。傅燮少时师从太尉刘宽受业。灵帝末年，以护军司马随皇甫嵩镇压黄巾军，其间上疏谏诛宦官，言辞激烈，后为议郎。其时西羌反叛，边章、韩遂作乱陇右，司徒崔烈为此主张放弃凉州，傅燮在朝议中严词驳斥崔烈，"由是朝廷重其方格，每公卿有缺，为众议所归"①。

傅燮因得罪宦官，被徙出为汉阳太守。中平四年（187），王国、韩遂等叛将率军围攻汉阳，城中兵少粮尽，傅燮坚决固守。当时，北地胡骑数千随叛军攻城，他们感怀傅燮恩德，请求护送傅燮回归乡里。傅燮子傅幹年仅13岁，也向他进谏。傅燮慨然说道："世乱不能养浩然之志，食禄又欲避其难乎？"②于是指挥属下进兵，临阵战死。朝廷谥傅燮为壮节侯。

东汉末年的傅氏家族以傅燮为代表，在当时政治衰败、变乱日益加剧的局势下，竭力坚守儒家的政治信念，保持士大夫的节操风范。进入汉魏之际，社会、政治嬗变更趋复杂多端，傅氏家族人物在此际的政治动向也差异很大。

生活在汉魏之际的傅氏家族人物，包括傅叡子傅巽、傅允，傅燮子傅幹。傅允，上引《新表》说他是东汉弘农太守，字固，《三国志》卷二一《傅嘏传》注引《傅子》则说："〔傅嘏〕父充，黄门侍郎。"《世说人名谱》记述为："允，叡子，黄门侍郎。"参酌各书同异，傅允本名不误，字固，仕汉官至弘农太守，仕魏为黄门侍郎，但其事迹却不显著。

在汉魏之际的傅氏家族中，傅巽是一位活跃的人物。《三国志》卷六《刘表传》注引《傅子》记述其生平说：

> 巽字公悌，瑰伟博达，有知人鉴。辟公府，拜尚书郎，后客荆州，以说刘琮之功，赐爵关内侯。文帝时为侍中，太和中卒。巽在荆

---

① 《后汉书》卷五八《傅燮传》。
② 《后汉书》卷五八《傅燮传》。

州，目庞统为半英雄，证裴潜终以清行显；统遂附刘备，见待次于诸
葛亮，潜位至尚书令，并有名德。及在魏朝，魏讽以才智闻，巽谓之
必反，卒如其言。

傅巽早年辟公府，拜尚书郎，走的是一条仕进坦途，而这种途径通常
只有名士才有资格和机缘获得。事实上，傅巽正是一个擅长人物识鉴的名
士，他称庞统为"半英雄"，预言裴潜"终以清行显"，正是汉末名士品题
人物的传统做法；他一生的政治活动，虽然因政局的变化而明显地区分为
三个不同的阶段，但各个阶段活动的基点，终究与鉴别人物有关。

傅巽政治生涯的第二个阶段是在荆州度过的。自献帝初平元年至建安
十三年（190—208）的19年中，荆州由刘表统治。在此期间，荆州政局
安定，经济发达，饱受战乱之苦的北方人民大量迁入当地。史载"关中膏
腴之地，顷遭荒乱，人民流入荆州者十万余家"[①]；"关西、兖、豫学士归
者盖有千数，〔刘〕表安慰赈赡，皆得资全"[②]。以三辅（京兆、冯翊、扶
风）为中心的关中地区由于遭受董卓凉州兵的劫掠，逃入荆州的百姓数量
最多，而投靠荆州的文人学士，则来自关中和关东的广大地区。据《宋
书》卷四八《傅弘之传》记载："傅氏旧属灵州，汉末郡境为虏所侵，失
土寄寓冯翊，置泥阳、富平二县，灵州废不立，故傅氏悉属泥阳。"汉末
傅氏已由原北地灵州徙居冯翊郡境，傅巽一家很可能在战乱初起时随三辅
流民潮南下荆州。

傅巽在刘表政权中任东曹掾，这是一个重要的职位，其职责是主管辖
境内地方长吏和军队将吏的选任。值得注意的是，刘表统治荆州期间，前
来避乱的士人相当多，刘表可能由于怕引起侨土之间的矛盾，也可能认为
外州人不可靠，他在政治上几乎绝不任用他们，王粲曾批评他不能任用海

---

① 《三国志》卷二一《卫觊传》。
② 《后汉书》卷七四下《刘表传》。

内之士。刘表主要是利用这些文人学士，开展学术文化事业。①由此看来，傅巽被刘表委以要职，实在是一个例外。我们不清楚刘表这样做的具体动机，但傅巽所具有的识鉴人物的专长，肯定是他被授以选职的重要条件。

荆州归顺曹操后，傅巽以说服刘琮之功，赐爵关内侯。自此至魏明帝太和年间傅巽去世，他相继任魏国尚书、散骑常侍，魏朝侍中、尚书和冀州刺史，仕途通达。在此期间，他先后参与了劝进曹操为魏公和劝进曹丕称帝的活动，属于当时依顺时势、赞助新朝的主流派士大夫。

傅幹是汉魏之际傅氏家族中另一位较为活跃的人物，但其政治倾向却与傅巽迥然不同。傅幹，上引《新表》说他"字彦林，魏扶风太守"，《世说人名谱》所记略同。《三国志》卷一《武帝纪》裴注则说："幹字彦材，北地人，终于丞相仓曹属。""彦林"与"彦材"，仅一笔之差，难定正误；但裴注说他"终于丞相仓曹属"，叙事确凿，那么《新表》所谓"魏扶风太守"，应该是指在汉末建安年间任扶风太守，实非魏朝扶风太守。查《晋书》卷四七《傅玄传》，记傅幹为"魏扶风太守"，则《新表》为沿袭《晋书》之误。

傅幹的政治活动，最早见于史籍记载是在建安七年（202）。当时曹操率军攻袁谭、袁尚于黎阳，袁尚遣所置河东太守郭援，与并州刺史高幹、匈奴南单于一同进攻河东，同时遣使与马腾等关中诸将连兵；曹操也派司隶校尉钟繇围攻南单于于平阳，双方在河东郡展开一场激战势所难免，而关中诸将的态度将决定这场战役的结局。傅幹在马腾军中劝说马腾摒弃袁氏，助曹操进攻袁军，被马腾采纳。最终在马腾军队的帮助下，钟繇战胜袁军，平定河东。

马腾属于边章、韩遂一系的凉州军阀，据此可以推知，傅幹自其父傅燮在汉阳战死以后，一直沦陷在这支凉州军阀之中。傅幹再次出现于史籍，是在建安十八年。这一年刘备进袭益州牧刘璋，曹操的丞相掾赵戬对此发表看法，认为刘备不会取得成功；"征士傅幹"的意见恰好与赵戬相

---

① 参考唐长孺：《汉末学术中心的南移与荆州学派》，《唐长孺社会文化史论丛》，武汉大学出版社2001年版。

反，他认为："刘备宽仁有度，能得人死力。诸葛亮达治知变，正而有谋，而为之相；张飞、关羽勇而有义，皆万人之敌，而为之将：此三人者，皆人杰也。以备之略，三杰佐之，何为不济也？"①傅幹此时的身份是"征士"，说明他是从地方上征召而来，尚未授予官职。曹操于建安十六年（211）率大军进入关中，击破马超、韩遂等大小军阀，平定关中，傅幹当是在此时摆脱凉州军阀，应征入朝的。

建安十九年七月，曹操出师征讨孙权。时任丞相参军的傅幹谏阻曹操兴兵，他提出："治天下之大具有二，文与武也；用武则先威，用文则先德，威德足以相济，而后王道备矣。"要求曹操息武用文，"全威养德，以道制胜"②。这是傅幹进入曹操政权以后，首次对曹操施政发表不同的意见，他提出要遵循王道，施用文德，有约束曹操施政行为的倾向。大概就在此后不久，傅幹作了一篇《王命叙》，针对当时政局的焦点问题，集中而全面地阐述了自己的主张。

《王命叙》全文共832字，先叙天命历数，指出："虽五德殊运，或禅或征，其变化应天，与时消息，其道一也。故虽有威力，非天命不授；虽有运命，非功烈不章。"次述汉之高祖刘邦、世祖刘秀顺天应人而成帝王之业，指出："未见运叙无纪次，勋泽不加于民，而可力争觊觎神器者也。"再次列举历代因不识天命妄动而丧生者，以及因见天祚之兆而享福，或因蔽逆顺之理而罹祸者，以此说明趣舍之道；复次讲述世祖刘秀所由兴起的种种根据，以及刘邦、刘秀应天受命之征符；文章最后指出："览废兴之运会，观征瑞之攸祚，审天应之萌兆，察人物之所附，念功成而道退，无非次而妄据。后之人诚能昭然远览，旷然深悟……则福禄衍于无穷，亦世不失其通路矣。"③

《王命叙》纵论古今，构思宏大；叙事、说理融为一体，极富感染力，堪称政论鸿篇。然而，它在构思、结体等方面均取法两汉之际班彪的《王

① 《三国志》卷三二《先主传》注引《傅子》。
② 《三国志》卷一《武帝纪》注引《九州春秋》。
③ 《艺文类聚》卷一〇。

命论》，所以其文学价值不免要大打折扣，倒是它所表达的政治见解值得我们关注。班彪作《王命论》，是因为他目睹刘秀即位称帝以后，仍有隗嚣割据陇右，公孙述称帝蜀汉，"天下云扰，大者连州郡，小者据县邑"①，他劝谏隗嚣归顺刘汉而遭拒绝，所以要著论立说，匡救时局。傅幹作《王命叙》，则是把议论的目标，直接指向图谋代汉的曹操。

曹操自建安十八年（213）五月晋爵魏公、建立魏国以后，加紧实施"以魏代汉"的步骤。与此同时，围绕如何对待汉献帝，要不要"以魏代汉"，曹操政权内部的矛盾也日趋激化。主流派士大夫固然可以顺应时势，推动汉魏禅代进程，而那些存在着浓厚正统观念，或者与东汉皇室瓜葛很深的亲汉势力，他们对这一进程所造成的阻力也不容小觑。就现存史籍反映的情况看，从舆论宣传方面反对曹操的篡代行径，傅幹大概是最露骨的一个。在《王命叙》中，傅幹强调帝王之兴，必须天命与功烈兼备，而不可力争觊觎神器；又大肆宣扬刘邦、刘秀所以成就帝王之业的天命人事依据，这些都是要为汉室的存续论证其合理性。他提出"念功成而道退，无非次而妄据"，则是公开要求曹操交出权力，放弃推行禅代步骤。而他借用班彪批评隗嚣、公孙述等人的形式，不啻是把曹操视作乱臣贼子。

傅幹的反曹舆论，在当时有何影响或意义呢？我们再看如下史实。当曹操加紧实施代汉步骤的紧要关头，在建安二十三年正月和建安二十四年九月，许都和邺城相继发生了两起针对曹操的谋反案。其中，前一起谋反案的两个主谋：金祎为京兆人，是汉武帝时的功臣金日磾之后；耿纪为扶风茂陵人，是东汉开国功臣耿弇之后，他们都与汉室渊源极深。这次谋反事件的背后，更牵涉到不少亲汉的大族势力，史称"于时衣冠盛门坐〔耿〕纪罹祸灭者众矣"②。后一起谋反案的主谋魏讽则是曹操亲信的"谯沛人"，其他参与者也都与曹操政权关系密切。③像这类牵涉社会政治力量很广，对现政权触动很大的谋反事件，在舆论宣传方面必定要经历一个充

① 《汉书》卷一〇〇《叙传》。
② 《后汉书》卷一九《耿弇传》。
③ 参看上篇第六章的论述。

分酝酿、发动的阶段，正是在这个环节上，傅幹的反曹舆论显示了它的价值。尤其值得注意的是，傅幹本人很可能是在这两次谋反案的某一次中罹祸身亡。前已述及，傅幹"终于丞相仓曹属"，则他生活的时间不出建安年间；又，《晋书·傅玄传》说"玄少孤贫"，可以印证傅幹为英年早逝。《傅玄传》还讲到，"玄少时避难于河内"。傅玄为何要避难？当时天下已经安定，他所要躲避的，不会是战乱，而只能是家祸。因此我们推断，傅幹是死于谋反事件，傅玄由于是刑家之子，又时隔较近，受到了禁锢和歧视之类的迫害。

纵观傅幹的生平履历，在建安十八年39岁以前，他有25年时间是伴随凉州军阀度过的。此后，他大概先任丞相参军，后为扶风太守，再后任丞相仓曹属，因涉嫌谋反而罹祸身亡。

二 曹魏时期傅嘏的学术和政治活动

曹魏时期，傅嘏是傅氏家族的代表人物，他在学术和政治等方面的诸多活动，都与当时的学界和政界有重大关联。傅嘏为傅允子，字兰石，《三国志》卷二一把他同王粲、刘劭等人列在一起，合为"文士传"。

据本传记载，傅嘏"弱冠知名，司空陈群辟为掾"。陈群初任司空，是在黄初七年（226），其时魏明帝已继位登基，尚未改元，此后他一直居司空职位，至青龙四年（236）终于任上。又按本传，傅嘏于高贵乡公正元二年（255）去世，时年47岁，则他生于建安十四年（209）。从上述情况看，傅嘏初仕，很可能是在太和年间（227—233），那时他正是一个20岁左右的青年。

太和年间的魏都洛阳，聚集着一批青年名士，他们互相交游，品评人物，探讨宇宙人生之哲理，悄然兴起一股新的学术风尚。据《三国志》卷一〇《荀彧传》注引何劭《荀粲传》记载：

> 粲字奉倩。粲诸兄并以儒术论议，而粲独好言道，常以为子贡称

夫子之言性与天道，不可得闻，然则六籍虽存，固圣人之糠秕。粲兄俣难曰："《易》亦云圣人立象以尽意，系辞焉以尽言，则微言胡为不可得而闻见哉？"粲答曰："盖理之微者，非物象之所举也。今称立象以尽意，此非通于意外者也，系辞焉以尽言，此非言乎系表者也；斯则象外之意，系表之言，固蕴而不出矣。"及当时能言者不能屈也。……太和初，到京邑与傅嘏谈。嘏善名理而粲尚玄远，宗致虽同，仓卒时或有格而不相得意。裴徽通彼我之怀，为二家骑驿，顷之，粲与嘏善。夏侯玄亦亲。

这段资料经常被用来说明玄学起源时的情形，其中值得探讨的问题有两点：一是荀粲、傅嘏等人谈论的命题与玄学的关系。按《荀粲传》所说，"〔傅〕嘏善名理，而〔荀〕粲尚玄远"；《世说新语·文学篇》对此的表述略有差异："傅嘏善言虚胜，荀粲谈尚玄远。"对照以上两处记述，可知当时人对荀粲、傅嘏等谈论的内容，分别有"玄远""虚胜""名理"的不同看法。关于这三组词语所表达的内涵，汤一介有一段精辟的论述，兹摘录如下：

　　所谓"玄远""虚胜""名理"三者的涵义既有区别，又有联系。所谓"名理"，开始盖为讨论"名分之理"，人君臣民各有其职守，如何使其名实相符而天下治，此为政治理论的问题；后来渐进而讨论鉴识人物的标准问题，于是"名理之学"趋向"辩名析理"，向着抽象原则的方面发展，如当时有钟会、傅嘏、李丰、王广等所谓"四本才性"问题的讨论。"虚胜"则谓为"虚无贵胜之道"，盖所论不关具体事实，而以谈某些抽象原则为高明，但似仍未离政治人伦的抽象原理而进入宇宙本体的形而上学领域。"善言虚胜"者必"善名理"，所以《世说新语·文学》说傅嘏"善言虚胜"，而《荀粲传》说他"善名理"，这就很自然了。然"善名理"者则不一定都能"达虚胜之道"……"玄学"（玄远之学）则更前进一步，把讨论天地万物存在的根据问题作为中心课题，要为政治人伦找一形而上学的根据，而进入本体论问题的讨论。①

汉末魏晋间学术思想的演变，大抵是从分析、批判东汉名教之治出发，探讨如何选举用人及评定人才，使名实相符而天下治，进而演化为"辩名析理"，把人物批评抽象化并作原则上的探讨，此即名理学（形名学）。玄学则是名理学发展到更高阶段的产物，虽然它借鉴了名理学的思辨方法，但作为一种形而上学的本体论，它与讨论政治人伦的名理学毕竟有根本的差别；或者说，从名理学过渡到玄学，存在一个思想转换的关节。从思想史的角度看，《荀粲传》中荀粲重提"夫子之言性与天道，不可得闻"的话头，最早触及这一关节。葛兆光分析说："儒学传统中，有一个最薄弱与最柔软的地方特别容易受到挑战，他们关于宇宙与人的形而上的思路未能探幽寻微，为自己的思想理路找到终极的立足点，而过多地关注处理现世实际问题的伦理、道德与政治的思路，又将历史中逐渐形成的群体的社会价值置诸不容置疑的地位。于是，当人们不断追问这一思路的起源以及其合理性依据时，它就有些捉襟见肘。……在汉魏之际，信奉道家思想的人就不约而同地从儒典中找到了自己立言的典据与问题的合理性，进而瓦解着儒者的思想。""荀粲关注'性与天道'，追寻的是思想幽深玄远的依据，是儒者所回避或所搁置的本原"；"性与天道，儒家话题的终点成为玄学话题的起点。"②把这段分析与汤一介的论述结合起来，我们就不难理解荀粲与傅嘏所谈旨趣的差异，大抵傅嘏是从儒学立论，所谈"名理""虚胜"，仍属名理学范畴，荀粲则是就道家立言，所谈"玄远"，已达玄学之境；而是否愿意为政治人伦找一形而上学的根据及是否由儒入道，正是由名理学过渡到玄学的思想转换关节，也即是傅嘏与荀粲产生分歧的症结所在。

《荀粲传》中值得探讨的第二个问题是：当时与傅嘏一起谈论的青年

---

① 汤一介：《郭象与魏晋玄学》（增订本），北京大学出版社2000年版，第12页。
② 葛兆光：《中国思想史》第一卷，复旦大学出版社1998年版，第441—443页。

名士有哪些，傅嘏与他们的关系如何？据傅嘏本传注引《傅子》记载：
"是时何晏以材辩显于贵戚之间，邓飏好变通，合徒党，鬻声名于闾阎，
而夏侯玄以贵臣子少有重名，为之宗主，求交于嘏而不纳也。嘏友人荀
粲，有清识远心，然犹怪之。"《世说新语·识鉴篇》也以《傅子》的这段
记述为蓝本，作了转录。按《傅子》的说法，夏侯玄、何晏、邓飏等人都
请求结交傅嘏而被他拒绝，然而在《荀粲传》的记述中，除荀粲、裴徽与
傅嘏结交谈论外，"夏侯玄亦亲"，两者的说法明显矛盾。由于《傅子》的
作者傅玄是傅嘏从弟，两人在正始时期都是何晏的政敌，后来又都成为司
马氏的死党，所以历代史家都怀疑《傅子》的这段记述的真实性。余嘉锡
详考有关史实，认为："谓玄欲求交，而嘏不许，此矫诬之言，但欲以欺
天下后世，而无如同时之何劭已载笔而从其后，何也？盖玄与嘏最初皆欲
立功于国，已而各行其志，嘏为司马氏之死党，而玄则司马师之仇敌也。
二人之交，遂始合而终睽。抑或玄败之后，嘏始讳之，饰为此言以自解
免。傅玄著书，为其从兄门户计，又从而傅会之耳。"①此论最为公允，夏
侯玄固然是傅嘏当初的清谈密友之一，而何晏、邓飏也是一时名士，即便
傅嘏同他们没有深交，也不至于高标自持，拒绝交往。

傅嘏的学术活动，除上述以外，史籍还留下如下记录：傅嘏本传：
"嘏常论才性同异，钟会集而论之。"注引《傅子》曰："嘏既达治好正，
而有清理识要，好论才性，原本精微，鲜能及之。"《世说新语·文学篇》
"钟会撰四本论始毕"条刘孝标注："《魏志》曰：'会论才性同异，传于
世。四本者：言才性同，才性异，才性合，才性离也。尚书傅嘏论同，中
书令李丰论异，侍郎钟会论合，屯骑校尉王广论离。'"《文心雕龙·论说
篇》："魏之初霸，术兼名法，傅嘏王粲，校练名理。迄至正始，务欲守
文，何晏之徒，始盛玄论；于是聃周当路，与尼父争涂矣。详观兰石之才
性，仲宣之去代（伐），叔夜之辨声，太初之本玄（无），辅嗣之两例，平
叔之二论，并师心独见，盖人伦（论）之英也。"②这些记载表明，傅嘏是

①　《世说新语·识鉴篇》该条余嘉锡笺疏（《世说新语笺疏》，上海古籍出版社1993年版）。
②　周振甫：《文心雕龙注释》，人民文学出版社1981年版。

以谈论才性问题享誉学界的，他撰写的有关论著，受到世人推崇。论才性者有"四本"之说，自魏晋迄于南朝，为清谈中经久不衰的热门话题之一。关于才性四本的内容及魏晋人讨论才性问题的现实意义，唐长孺有详确的分析，[①]可以参看。

傅嘏不仅擅长清谈，而且精于政论，在政界颇为活跃。魏明帝景初元年（237），"诏散骑常侍刘邵（即刘劭）作考课法。邵作《都官考课法》七十二条，又作《说略》一篇，诏下百官议"[②]。明帝之所以打算推行考课法，是出于抑制"浮华"的需要，听取了吏部尚书卢毓的意见。当时对考课法发表不同意见的，主要有司隶校尉崔林、黄门侍郎杜恕，以及司空掾傅嘏等人。傅嘏论考课法，主旨是说考课法的实行，必须以"建官均职"为前提，而在曹魏，这一前提并不成立，他认为："夫建官均职，清理民物，所以立本也；循名考实，纠励成规，所以治末也。本纲末举而造制未呈，国略不崇而考课是先，惧不足以料贤愚之分，精幽明之理也。"[③]总之，考课法在当时不宜推行。另据本传记载："嘏常以为'秦始罢侯置守，设官分职，不与古同。汉、魏因循，以至于今。然儒生学士，咸欲错综以三代之礼，礼弘致远，不应时务，事与制违，名实未附，故历代而不至于治者，盖由是也。欲大改定官制，依古正本，今遇帝室多难，未能革易'。"这段议论发表在司马氏执政时期，它与以上论考课法的观点形成照应，反映出傅嘏的政治思想中存在浓厚的复古倾向。

傅嘏最重要的政治活动，是在齐王曹芳正始年间（240—249）参与曹氏、司马氏之间的党争，以及在此后的司马氏执政时期，替司马氏出谋划策。关于傅嘏投靠司马懿的经过，傅嘏本传记载："正始初，除尚书郎，迁黄门侍郎。时曹爽秉政，何晏为吏部尚书，嘏谓爽弟羲曰：'何平叔外静而内铦巧，好利，不念务本。吾恐必先惑子兄弟，仁人将远，而朝政废

---

① 参考唐长孺：《魏晋才性论的政治意义》，《魏晋南北朝史论丛》，河北教育出版社2000年版。

② 《资治通鉴》卷七三。

③ 《三国志》卷二一《傅嘏传》。

矣。'晏等遂与嘏不平，因微事以免嘏官。……太傅司马宣王（司马懿）请为从事中郎。"这就是说，傅嘏因离间何晏与曹爽兄弟的关系而遭受打击，在司马懿的拉拢下投入其怀抱。正始十年（249）高平陵之变后，傅嘏重新受到重用，先为河南尹，不久迁任尚书。高贵乡公正元二年（255）正月，镇东将军毌丘俭、扬州刺史文钦在淮南举兵，反抗执政的大将军司马师。当时司马师正患着严重的眼疾，"或以司马景王（司马师）不宜自行，可遣太尉〔司马〕孚往，惟嘏及王肃劝之。景王遂行。以嘏守尚书仆射，俱东"①。同年闰正月，毌丘俭、文钦的反叛被平定，司马师亦在许昌病逝。由于司马师猝然去世，司马氏的执政地位突然出现一个权力交接的危机。据《资治通鉴》卷七六记载："中书侍郎钟会从〔司马〕师典知密事，中诏敕尚书傅嘏，以东南新定，权留卫将军〔司马〕昭屯许昌为内外之援，令嘏率诸军还。会与嘏谋，使嘏表上，辄与昭俱发，还到洛水南屯住。二月，丁巳，诏以司马昭为大将军、录尚书事。"傅嘏和钟会协助司马昭，以非常手段取得执政地位，继司马师辅政。在这场历时三个月的政治事变中，傅嘏以自己的才智谋略，替司马氏立下大功。

　　在傅嘏从事上述政治活动的过程中，他与当时的政界人物有着密切的交往，这方面的情况也值得注意。傅嘏本传注引《傅子》记载："嘏自少与冀州刺史裴徽、散骑常侍荀虮善，徽、虮早亡。又与镇北将军何曾、司空陈泰、尚书仆射荀颙、后将军钟毓并善，相与综朝事，俱为名臣。"此外还提到傅嘏结交钟会，以及与李丰不善。后人稽考傅嘏结交人物的行迹以推断其态度，认为他基本上是以党援相结纳，因名与势以为离合，清代学者王懋竑即评价说："其与何晏、邓飏及〔夏侯〕玄、〔李〕丰不平，皆以其为魏故，而自与钟毓、钟会、何曾、陈泰、荀颙善，则皆司马氏之党也。所讥议晏等语，大率以爱憎为之。"②总体看来，傅嘏一生中主要的政治活动，是与司马氏集团的利益联系在一起的。

①　《三国志》卷二一《傅嘏传》。
②　王懋竑：《白田杂著》卷五，四库笔记小说丛书本，上海古籍出版社1992年版。

三 西晋时期傅氏家族的政治和思想动向

西晋王朝建立后，北地傅氏迎来了其家族发展史上的鼎盛期。生活在西晋时期的傅氏家族人物，主要有傅玄、傅咸父子，以及傅嘏子傅祗。

傅玄字休奕，北地泥阳人，《晋书》卷四七本传说他"少孤贫，博学善属文，解钟律。性刚劲亮直，不能容人之短"，概括了其才艺特征和性格面貌。他于晋武帝咸宁四年（278）去世，享年62岁，则应生于建安二十二年（217），比其从兄傅嘏年少8岁。傅玄初仕，大约是在魏明帝末年，本传说他"州举秀才，除郎中，与东海缪施俱以时誉选入著作，撰集《魏书》"。正始年间，他因与何晏、邓飏等人构嫌，曾一度遭到排抑。高平陵之变后，他相继在司马昭的安东和卫将军府参军事，后任温令、弘农太守，领典农校尉；司马炎即晋王位，以他为散骑常侍。

在西晋初年的政坛上，傅玄是以关切时政、直言敢谏而著称的。泰始初，傅玄与散骑常侍皇甫陶共掌谏职。傅玄上疏云：

> 臣闻先王之临天下也，明其大教，长其义节；道化隆于上，清议行于下，上下相奉，人怀义心。亡秦荡灭先王之制，以法术相御，而义心亡矣。近者魏武好法术，而天下贵刑名；魏文慕通达，而天下贱守节。其后纲维不摄，而虚无放诞之论盈于朝野，使天下无复清议，而亡秦之病复发于今。陛下圣德，龙兴受禅，弘尧舜之化，开正直之路，体夏禹之至俭，综殷周之典文，臣咏叹而已，将又奚言！惟未举清远有礼之臣，以敦风节；未退虚鄙，以惩不恪，臣是以犹敢有言。①

---

① 《晋书》卷四七《傅玄传》。

在这段讨论"治道"的奏疏里，傅玄由社会风俗教化立论，站在名教的立场上抨击前朝政治，并对本朝政治提出针对性的意见，要求恢复"清议"，"举清远有礼之臣"。傅玄之所以发表上述见解，是有其时势依据的。司马氏篡魏建晋以后，大体上恢复了名教的统治地位。然而，司马氏是角逐政权的胜利者，却不是思想学术的胜利者。玄学作为一种代表士族门阀利益的意识形态，在士族门阀势力抬头的西晋初年，以不可遏止之势蔓延开来，它所散布的"虚无放诞之论"，从文化层面消解、侵蚀着官僚们的法纪和士气，对封建王朝的政治秩序构成了威胁。另一方面，晋武帝以"逆取"方式夺得皇位，对禅代功臣宠遇过度，贾充、何曾等奸佞之徒充斥朝廷，故而无法整肃朝纲，反倒多"苟且之政"。①傅玄作为正直的事功派官僚，对这类问题是不能不忧虑于心的。总体看来，这是一段充分反映傅玄的政治识见和思想倾向的文字。

继上述奏疏之后，傅玄再次上疏，要求"尊儒尚学，贵农贱商"。不久他迁任侍中，泰始四年（268）转御史中丞。其时颇有水旱之灾，他上疏陈"便宜五事"，"言农事得失及水官兴废，又安边御胡政事宽猛之宜"，②受到晋武帝嘉许。泰始五年，傅玄为太仆，稍后迁任司隶校尉。据本传记载："玄天性峻急，不能有所容；每有奏劾，或值日暮，捧白简，整簪带，竦踊不寐，坐而待旦。于是贵游慑伏，台阁生风。"执法严谨，纠劾不避权贵，这是傅玄从政的另一个鲜明风格。

傅玄的一生，著述颇为丰厚。据本传记载：

撰论经国九流及三史故事，评断得失，各为区例，名为《傅子》，为内、外、中篇，凡有四部、六录，合百四十首，数十万言，并文集百余卷行于世。玄初作内篇成，子咸以示司空王沈。沈与玄书曰："省足下所著书，言富理济，经纶政体，存重儒教，足以塞杨墨之流遁，

---

① 参考阎步克：《西晋"清议"呼吁之简析及推论》，《乐师与史官——传统政治文化与政治制度研究》，生活·读书·新知三联书店 2001 年版。

② 《晋书》卷四七《傅玄传》。

齐孙孟于往代。每开卷，未尝不叹息也。'不见贾生，自以过之，乃今不及'，信矣！"

傅玄的著作，包括政论性的《傅子》和文集两大部分。大体上说，从《傅子》可见其作为思想家的风貌，从《傅玄集》可知他的文学成就。囿于本文的主旨，这里仅依据《傅子》，对傅玄的思想略作评析。

《傅子》一书，清代以前归类于杂家，由《四库全书》起，多归类于儒家。《四库全书总目》卷九一《子部·儒家类一》称：

> 晋代子家，今传于世者，惟张华《博物志》、干宝《搜神记》、葛洪《抱朴子》、稽（嵇）含《草木状》、戴凯之《竹谱》尚存。然《博物志》《搜神记》皆经后人窜改，已非原书；《草木状》《竹谱》记录琐屑，无关名理；《抱朴子》又多道家诡诞之说，不能悉轨于正。独元（玄）此书所论，皆关切治道，阐启儒风；精意名言，往往而在。以视《论衡》《昌言》，皆当逊之。①

四库馆臣认为《傅子》所论，基本上是体现儒家的治国理念，"皆关切治道，阐启儒风"，因而给予很高的评价。四库馆臣把《傅子》定义为儒家，很可能还参考了前引傅玄本传中王沈的评语。王沈褒扬《傅子》内篇"言富理济，经纶政体，存重儒教，足以塞杨墨之流遁，齐孙孟于往代"。这里所说的"杨墨"，并非实指杨朱和墨子的学说，而是泛指当时除儒家以外的其他各家学派，主要的则是名、法、道诸家；在王沈看来，《傅子》内篇"经纶政体，存重儒教"，足以与其他各家学说相抗衡，继孟子、荀子（即"孙孟"）之后，将儒学发扬光大于当世。这个评价较之四库馆臣的评断，实在是有过之而无不及，而王沈以当时人论当时事，自有其深切感受，其评语也更值得我们重视。结合今存《傅子》遗文的内容

---

① 《四库全书总目》，中华书局影印本1965年版。

看，傅玄的思想是以儒学为根本而兼综各家，显示出取各家之长，改造和更新儒学的倾向。[①]

傅玄有子傅咸。"咸字长虞，刚简有大节。风格峻整，识性明悟，疾恶如仇，推贤乐善"[②]，其立身处世颇有乃父之风。他生于魏明帝景初三年（239），晋惠帝元康四年（294）去世；自晋武帝咸宁初（275）拜太子洗马，历官尚书右丞、冀州刺史、司徒左长史、车骑将军司马、尚书左丞；惠帝继位后，转太子中庶子，迁御史中丞，又以议郎"长兼司隶校尉"，大部分时间是在京为官，其间两度兼任本郡中正。傅咸于晋武帝在位时期，先后上疏言政事损益，议"并官省事"，谴责"世俗奢侈"等。惠帝之世，外戚杨骏、汝南王司马亮相继专权，傅咸屡有规谏驳正之举，及任司隶校尉，于"豪右放恣"、朝官失职多所纠劾。

傅嘏子傅祗，字子庄。"祗性至孝，早知名，以才识明练称"，他生于曹魏正始四年（243），晋怀帝永嘉五年（311）去世。傅祗早授清职，"武帝始建东宫，起家太子舍人，累迁散骑黄门郎"；此后仕途通显，自荥阳太守而后，历任多种朝官，其中包括散骑常侍、侍中、司隶校尉等。"八王之乱"期间，傅祗权位显赫而为朝廷倚重，赵王伦、成都王颖、东海王越先后执政，他都身居显职。洛阳陷落后，傅祗建行台于河阴，"以司徒、持节、大都督诸军事传檄四方"，继而暴病去世。[③]

西晋时期，北地傅氏的两支均仕宦通显，若以同辈的傅咸、傅祗相比较，则傅祗年少而入仕在先，官宦也更为显达。再就地方上的影响而言，傅祗也略胜一筹，傅咸兼任北地郡中正，傅祗则兼任雍州大中正。究其原因，傅祗才识突出是一个方面，傅嘏创业功勋的余荫恐怕也有影响。

---

① 关于《傅子》的著录、流布和辑佚情况，各篇内容的区分，傅玄的思想倾向和特点等，前揭魏明安、赵以武著《傅玄评传》均有详悉的论述，可以参看。只是作者把傅玄的思想归结为"杂家"，本人不敢苟同，此问题已超出本章范围，当另文讨论。

② 《晋书》卷四七《傅咸传》。

③ 《晋书》卷四七《傅祗传》。

四 后论

以上我们对北地傅氏家族分阶段作了考察。在此基础上，若着眼于较长的历史时段并置于宽广的历史空间，对傅氏家族活动的一些侧面作全局性的考察，那么下面几个方面就显得突出而引人注目。

首先是北地傅氏的郡望和与之相关联的家族迁徙活动。北地郡汉初隶属雍州，汉武帝分天下为十三州部，改雍州曰凉州，北地仍为其属郡，郡治为马领（今甘肃庆阳县西北）。两汉之际，天下扰攘，北境的羌胡叛乱内侵愈演愈烈。东汉初，北地郡受陇右军阀隗嚣控制，羌胡盘踞，士民内徙。光武帝建武二十六年（50），北地等边郡"郡民归于本土"[1]，恢复后的北地郡治富平（今宁夏灵武县），仍属凉州。然而终东汉一代，羌胡内侵始终困扰着东汉政权。安帝永初五年（111），北地郡内徙池阳（今陕西泾阳县）；顺帝永建四年（129），还治旧土；永和六年（141），又徙居冯翊郡境。此后直至魏、晋，北地郡再也没有恢复旧土失地，始终寄寓在原冯翊西部，夹在冯翊、扶风二郡之间。汉献帝建安十八年（213），北地郡改属雍州，此后至魏、晋不变，郡治改在泥阳（今陕西耀县）。汉代至西晋，北地郡不但地理位置前后有多次变化，其辖境、民户亦渐趋缩减。西汉北地郡辖19县，有64000余户，21万余口；[2]东汉中期，寄寓冯翊的北地郡辖富平、泥阳、灵州等六城，有3100余户，8600余口；[3]西晋初，北地郡仅辖泥阳、富平二县，有2600户。[4]以上情况说明，作为傅氏家族郡望所系的北地郡，其实土所指是有变化的；同时还反映出，傅氏家族依托于一个郡境迁移、人民流散的乡里社会，这对其家族势力的成长是相当不利的。

---

① 《后汉书》卷一《光武帝纪》。
② 《汉书》卷二八《地理志》。
③ 《续汉书·郡国志五》。
④ 《晋书》卷一四《地理志上》。

除上述以外，傅氏家族具体的县籍亦需考究。傅介子始居义渠，介子之后，至北地郡内徙冯翊之前，傅氏基本上居灵州。据前引《宋书·傅弘之传》，自寄寓冯翊后，因仅置泥阳、富平二县，"灵州废不立（有灵州城而无灵州县），故傅氏悉属泥阳"。该传接着说："晋武帝太康三年，复立灵州县，傅氏还属灵州。弘之高祖晋司徒祗，后封灵州公，不欲封本县，故祗一门还复泥阳。"傅祗封灵州县公在晋惠帝永平元年（291），自此至南北朝，北地傅氏的两支在标注各自籍贯时便有了明显的差别，傅咸之后称"北地灵州"，傅祗之后称"北地泥阳"。

傅氏家族郡望发生显著变化而衍生出"清河傅氏"一支，是由傅咸引起的。前引《新唐书·宰相世系表》讲述"清河傅氏"的由来，明确提到傅咸"子孙自北地徙清河"。傅咸子孙为何要徙往清河？据《太平寰宇记》卷六六"河北道瀛州河间县"条记载："傅咸冢。晋之文士，葬于此。"①这条记载为我们探寻傅咸子孙迁徙的缘由提供了线索，但也存在某些疑点。一是傅咸终于司隶校尉，为何不按惯例葬于京师洛阳或其本籍北地郡？傅咸曾为冀州刺史，但按本传所说，"继母杜氏不肯随咸之官，自表解职"，实际上他并未赴任，那么他在冀州辖境内自择葬地的可能性并不存在。二是傅咸葬于河间，但其子孙所徙之地却是清河，西晋时清河国在南，河间国在北，中间尚隔着安平国和勃海郡，若按子孙守护先人坟墓的旧俗来要求，也是不太契合的。这类无法用常理解释的疑点，促使我们向更为宽广的历史背景中寻求答案。前已论及，傅氏家族所依托的北地郡乡里社会对其家族势力的成长相当不利。不仅如此，从文化区域的视角看，两汉至魏晋政治文化中心迁移的趋向也制约着傅氏家族的发展。大致说来，西汉的政治中心是在关中地区，也就是秦之故地，而文化中心是在东部的故齐境内。东汉以后，不论是政治中心还是文化中心都在中原地区，也就是被称作"中州"或"河南"的兖、豫二州所在地区。②汉晋之际，

---

① 《太平寰宇记》，光绪八年（1882）金陵书局刻本。
② 参考胡宝国：《汉代政治文化中心的转移》，《汉唐间史学的发展》，商务印书馆2003年版。

关中地区饱经战乱，士人流散，其政治文化影响力不但无法与河南相比，甚至连河北地区也不如。河北地区以冀州为中心，东汉末年曾由袁绍政权统治达十余年；而在曹魏政权中，以冀州士人为首的河北士人是一支举足轻重的势力。曹魏后期曹爽集团与司马懿集团的斗争，实际表现为南方士人与河北士人之间的对抗，在这场斗争中，傅嘏、傅玄等傅氏家族人物，由于政治立场和文化背景同河北士人接近，站到了司马氏集团一边。[1]明白了上述关节，我们就不难想到，北地傅氏家族为了谋求较为优越的发展条件，迁徙居住地是其必然要考虑的一个步骤，河北冀州由于地域和文化背景与关中地区接近，很自然地成为其迁徙的目的地，清河国则因交通便利，经济、文化发达，大族集中，成为其最终目的地。傅咸选择葬于河间，其中或许有某种机缘，譬如在当地有姻戚关系，但为子孙迁徙创造一个契机，应该是此举的终极出发点。傅咸子孙徙居清河而非河间，也是以选择居住地为主要目的而采取的变通之举。

然而，北地傅氏家族的迁徙举动并未给他们带来现实的利益。由于西晋王朝在短期内崩溃和"五胡"内侵，傅氏家族不得不同其他北方大族一样，面临新一轮更大规模的离散和迁徙浪潮。北地傅氏的两支中，傅咸有三子：傅敷、傅晞和傅纂。傅敷在永嘉之乱时避地会稽，元帝引为镇东从事中郎，傅晞为上虞令，均渡江南迁。这一支在江左堪称枝叶繁茂，刘宋时有傅迪、傅亮兄弟，傅隆及傅和之等三个支属，傅亮活跃于政界，傅隆、傅和之以学业知名。相比之下，傅祗一支的遭际就要曲折得多。傅祗子傅畅，"没于石勒，勒以为大将军右司马。谙识朝仪，恒居机密，勒甚重之。作《晋诸公叙赞》二十二卷，又为《公卿故事》九卷。咸和五年（330）卒。子咏，过江为交州刺史、太子右率"[2]。傅畅另一子傅洪，"晋穆帝永和中，胡乱得还"[3]。傅洪传子歆之，歆之传子弘之，弘之于晋宋之际以武略受刘裕重用。南渡后的傅氏后裔，不仅是傅祗一支，即便是傅

---

① 参看本篇第四章的论述。
② 《晋书》卷四七《傅祗传》。
③ 《宋书》卷四八《傅弘之传》。

咸一支，仍然以"北地"旧籍标示其郡望，对他们来说，"北地"才是铭记其家族荣耀的徽标，"清河"是无法承载其家族历史的。不过，傅咸后裔迁往清河后，终究在北方留下了"清河傅氏"一支。北魏时的傅永和傅竖眼两家，均出自清河，他们应当就是傅咸后裔。傅咸三子中，傅敷、傅晞在永嘉之乱时南迁，留在北方的傅氏后裔，当为傅纂所传。为了直观地说明问题，兹据《世说人名谱》，参照正史的有关记载，作《北地傅氏谱》如下：

傅叡—巽、允—嘏、松（允子）—祇（嘏子）—宣、畅—冲、咏、洪（畅子）—歆之（洪子）—弘之

傅燮—幹—玄—咸—敷、晞、纂—（？）—瑗（咸曾孙）—迪、亮（瑗子）、隆（晞曾孙）、和之（咸五世孙）—淡（和之子）—昭、映

　　其次是傅氏家族的家风和学风，也就是文化面貌方面的情况。北地傅氏在傅介子始发迹时，凭借的是勇武和事功。在世家大族势力长足发展的东汉时代，傅氏家族也完成了向儒学大族的转变。汉末的傅燮和傅巽，是傅氏家族初出的两个名士，傅燮以儒学议论而注重事功，傅巽长于人物识鉴，各具风格。此后傅氏家族又出了两三代名士。通观汉晋之际北地傅氏家族的文化面貌，则表现为明显的北方大族特征，在这个时期士风演变和思想学术嬗变的潮流中，相当典型而自成风格。

　　就傅氏家族的家风而言，其特点之一是重视宗法血缘关系。傅氏家族的两支，同辈间世代以从兄弟相称，例如傅咸为御史中丞，上表申理秦国郎中令、始平中正李含遭劾奏事，提及傅祇时称"臣从弟祇"[①]。然而，傅咸与傅祇的祖先，上溯至西汉中期仍非一支，如此相隔累世仍称"从兄弟"，实别有根由。《颜氏家训·风操篇》称："凡宗亲世数，有从父，有

---

① 《晋书》卷六〇《李含传》。

从祖，有族祖。江南风俗，自兹已往，高秩者，通呼为尊，同昭穆者，虽百世犹称兄弟；若对他人称之，皆云族人。河北士人，虽三二十世，犹呼为从伯从叔。"①看重宗法血缘关系，同宗族间以"骨肉"视之，正是北方大族的显著特点。北地傅氏的个案说明，这种风俗自汉晋至南北朝，是一脉相承的。

与重视宗法血缘关系相联系，傅氏家族的家风还表现为治家严谨，事亲至孝。《傅子》称傅燮"奉寡嫂甚谨，食孤侄如赤子"②。傅燮以下，傅咸尽心侍奉继母，傅祗"性至孝"，见于各自本传。傅玄曾著论盛赞何曾和荀颛事亲尽孝③，何、荀二人在政治表现上实属傅玄所谴责的奸佞之臣，然而在此场合，傅玄竟对他们推崇备至，由此可见他对孝道是何等看重。

重视宗法人伦秩序的傅氏家族，在政治活动方面表现为注重事功而勤于政事。自傅燮以下，傅氏家族的代表人物如傅嘏、傅玄、傅咸等，莫不如此。干宝《晋纪总论》批评西晋为官之臣言谈虚薄，行事放浊，仕进以苟得为贵，当官以望空为高，举其反面例证则称"刘颂屡言治道，傅咸每纠邪正"④。在西晋王朝士风颓废、官场腐败的普遍形势下，傅玄、傅咸等事功派官员是居于少数的另类。

北地傅氏家族的家风和学风是互相渗透和融合的。从一个方面说，傅氏家族植根于北方宗法社会的深厚土壤之中，注重现实人伦政治的家族风尚深刻地影响着其自身思想学术发展的趋向。傅嘏、傅玄是傅氏家族在思想学术方面的代表人物，傅嘏在曹魏前期探讨名理，傅玄兼综各家学术而洞悉其底蕴，他们都对当世思想学术具有敏锐的观察力并积极参与其中。然而，他们的理论探讨终究局限在政治人伦的范畴之内，在魏晋之世玄学思潮渐成风气的大背景下，他们不但不达玄学境界，甚至与玄学思想格格不入。与此相联系的是，他们的政论贯穿着儒家的治国理念，甚至于存在

---

① 王利器集解：《颜氏家训集解》，上海古籍出版社 1980 年版。
② 《太平御览》卷五一二引。
③ 《晋书》卷三三《何曾传》。
④ 《文选》卷四九。

着相当程度的复古倾向。

傅氏家族保守的学风，还可从思想学术发展的延续性上得到印证。田余庆考察魏晋士族的文化面貌演变，得出一个基本判断："两晋时期，儒学家族如果不入玄风，就产生不了为世所知的名士，从而也不能继续维持其尊显的士族地位。"①如果说两晋之际是玄儒升降及士风转变的一个分水岭，那么我们就能看到，此前傅氏家族凭借儒学立身朝廷，维持着相当尊显的士族地位，此后其门户便渐趋衰落，而具有象征意义的是，傅氏家族迄两晋之际未能产生一个真正的玄学名士。东晋南朝以后的傅氏家族，仍然保持着儒学传家的风尚，接受玄学影响甚微。傅咸所传三个支属中，傅亮父瑗，"以学业知名"，兄迪，"亦儒学"②；傅隆"博学多通，特精《三礼》"③，宋文帝曾以新撰《礼论》征求他的意见；傅昭"祖和之，父淡，善《三礼》，知名宋世"④。以上三支均传习儒学，尤其精于《三礼》之学。我们知道，礼经一类的学问，基本上只涉及人伦政治等现实层面的内容，是很难与玄学发生关系的。至于傅祗、傅畅所传的傅氏另一支，陷于羯胡后染习胡俗，家传儒学似已中断，傅歆之、傅弘之父子均以武略见称。与西晋时傅氏家族的尊显地位相比，在门阀士族当政、玄风畅行的东晋时代，傅氏家族一度在政界沉寂，它在晋宋之际再次崛起于政坛，则是由于门阀士族衰落，以刘裕为代表的寒门士族乘时而起。傅氏家族地位的曲折变迁，从一个侧面反映了其家风、家学在不同时代所产生的影响。

再次是傅氏家族的政治动向，特别是在汉魏、魏晋易代之际的政治表现。关于汉魏、魏晋禅代，古今学者有不少议论。人们通常认为，东汉一代倡导儒学，实行名教之治，造就了一大批儒学传家、"经明行修"的大族，这些大族具有浓厚的正统思想和节义观念，构成了皇权最坚实的社会基础。东汉末期"主荒政缪"，皇权摇摇欲坠，但无论何种势力想要取代

① 田余庆：《东晋门阀政治》，北京大学出版社1996年版，第356页。
② 《宋书》卷四三《傅亮传》。
③ 《宋书》卷五五《傅隆传》。
④ 《梁书》卷二六《傅昭传》。

东汉皇权，都是相当困难的。曹操、曹丕父子经过长期经营，终究篡夺了东汉皇权。然而，"曹魏政权有点特殊，它并未等到真正稳固下来，就被强大的宗族司马氏取代了"①。拿曹氏代汉与司马氏代魏作比较，则东汉皇权已坠而曹氏篡夺颇难，曹魏皇权尚未衰败而司马氏成事较易，在前后两次皇权转换的过程中，大族势力的政治动向及其所起的作用是迥然不同的。傅氏家族的相关活动，为我们了解其中的一些细节，恰好提供了一个典型的实例。

概括而言，傅氏家族的发迹史与汉朝皇室密切相关，其家族荣耀亦系于汉室，因而它具有浓厚的正统思想和节义观念，是很自然的。傅巽在汉魏易代之际依顺时势，赞助新朝，为傅氏家族在新时期的发展创造了条件，这当然是必要的。然而，傅氏家族真实的政治意愿却是通过傅幹表达出来的。傅幹从舆论宣传方面强烈谴责曹操的篡代行径，他本人也以身殉道，这使得傅氏家族与曹魏政权的合作蒙上了一层阴影。在曹魏后期司马氏篡权夺国的过程中，傅嘏和傅玄加入司马氏阵营，他们的行为实际上带有相当程度的自觉性。究其原因，他们虽说是曹魏王朝的新一代官僚，但由于承载着太多的历史纠葛，他们对曹魏王朝的认同感是相对缺乏的，相关的节义观念自然也很淡漠。傅氏家族的情况比较特殊，但在前后两次皇权转换的过程中，与傅氏家族有着类似的政治心态演变轨迹的大族，相信不在少数。曹氏代汉之难与司马氏代魏之易，在此似可找到部分答案。

---

① 田余庆：《东晋门阀政治》，北京大学出版社1996年版，第342页。

第三章 论汉晋时期的"威惠"型官吏

一 引论：从循吏到"威惠"型官吏

有关中国古代官吏形象及其政治实态的研究，迄今在秦汉史断代领域已有相当充分的展开。余英时所撰《汉代循吏与文化传播》[1]，是较早的研究汉代循吏政治的大文章，该文揭示"循吏"概念的变迁和循吏的政治实态，创获颇多；尽管余氏过于强调循吏文化传播的功能，并且将吏事与教化对立起来，否认教化的制度背景，立论偏颇而未为允当，但该文对于我们从事相关研究，还是具有很大的启发和借鉴意义。另据余氏介绍，此前日本学者冈崎文夫、今村城太郎等已在其论著中对循吏及酷吏有所探究，国内政治学者张纯明曾以英文发表了一部研究循吏的专著[2]。20世纪80年代以后，中国大陆学界对汉代循吏、酷吏等官吏形态的探讨趋于活跃，其成果已相当可观。

与秦汉史领域的活跃面貌形成明显反差的是，人们对于魏晋时期官吏形态的研究，似乎措意不多，尚显冷清。日本学者葭森健介所撰《魏晋时

---

① 收于余英时：《士与中国文化》，上海人民出版社2003年版，第117—189页。

② 余英时：《士与中国文化》，上海人民出版社2003年版，第186—188页。

期的中央政界与地方社会——围绕西晋刘弘墓的发掘问题》[①]，是国内所见第一篇以魏晋时期官吏形态为研究对象的论文，该文围绕西晋刘弘墓的疑点展开问题，提出魏晋时期存在着一类"威惠"型地方官，他们"是继承汉代循吏的传统，最大限度地发挥国家的领导作用，维护治安，提高生产，促进民生安定的政治态度"，相对应地，"魏晋之时逐渐占有优势地位的，是以'文人贵族'式的人品为基础，以'无为'之态进行地方统治的所谓'清简'型地方官僚"；对于"威惠"型官僚的群体构成和政治特色，以及他们与"清简"型官僚之间的关系，该文都做了初步的揭示。这篇论文发表后，杨德炳撰《刘弘与应詹——围绕刘弘为何葬在湖南安乡问题》[②]，除了深入细致地解析刘弘墓的疑点，对"威惠"型地方官的论题也有所回应。不过，葭森氏等人对"威惠"型官吏所做的探究，仍然是粗略的。当我们进一步思索这一论题时，就会在若干方向上产生浓厚的兴趣：比如"威惠"型官吏的生成途径，它与汉代循吏相同或相异的一些政治特色，它所体现出的某些政治文化特征，等等。本文的主旨，就是试图解答这一类的问题。

二 "威惠"型官吏的生成途径

在考察汉代循吏政治的过程中，研究者注意到这样一个现象：汉代循吏和酷吏的消长以及政风的变迁，除了帝王个人和时代的因素之外，还存在地域性的差异这一因素，即循吏政治的推行，受到一定地域内社会环境的限制。[③]从地域性差异的视角加以考察，我们看到在循吏、酷吏之外，一种被标榜为"威惠"的官吏在东汉时期开始萌生。《后汉书》卷八六

---

① 收于中国魏晋南北朝史学会编：《魏晋南北朝史研究》，湖北人民出版社1996年版；下引此文不再注。葭森氏另外撰有《"清简"与"威惠"》，《名古屋大学东洋史研究报告》第8号，1982年。

② 收于武汉大学历史系魏晋南北朝隋唐史研究室编：《魏晋南北朝隋唐史资料》第16辑，武汉大学出版社1998年版。

③ 参考余英时：《士与中国文化》，上海人民出版社2003年版，第138页；陈苏镇：《汉代政治与〈春秋〉学》，中国广播电视出版社2001年版，第307—308页。

《南蛮传》载："延熹三年，诏复拜夏方为交阯刺史。方威惠素著，日南宿贼闻之，二万余人相率诣方降。"同书卷八七《西羌传》载："永寿元年，校尉张贡卒，以前南阳太守第五访代为校尉，甚有威惠，西垂无事。"这两则事例，讲的是个别地方长官对于边地少数民族的治理，采取镇压与绥抚相结合的两面手法，以"威惠"服众，成效显著。

与"威惠"意思相近、可以互通的词语是"威恩"，它也被用来描述地方长官的治理特色。《后汉书》卷一六《邓禹附子训传》："训抚接边民，为幽部所归。〔建初〕六年，迁护乌桓校尉，黎阳故人多携将老幼，乐随训徙边。鲜卑闻其威恩，皆不敢南近塞下。"同书卷二四《马援附兄子严传》："顺帝时，〔严子续〕为护羌校尉，迁度辽将军，所在有威恩称。"又同书卷二六《宋弘附从孙汉传》："永建元年，为东平相、度辽将军，立名节，以威恩著称。"又同书卷四八《应奉传》："延熹中，武陵蛮复寇乱荆州，车骑将军冯绲以奉有威恩，为蛮夷所服，上请与俱征。拜从事中郎。"这几则例子中的地方长官，其治理对象都是边地少数民族，他们以"威恩"并施的手段，安辑边地。"威恩"的具体内容，《后汉书》卷五一《李恂传》提供了一则实例："后复征拜谒者，使持节领西域副校尉。西域殷富，多珍宝，诸国侍子及督使贾胡数遗恂奴婢、宛马、金银、香罽之属，一无所受。北匈奴数断西域车师、伊吾，陇沙以西使命不得通，恂设购赏，遂斩虏帅，县首军门。自是道路夷清，威恩并行。"李恂是汉廷驻西域的使者和行政副长官，他对待西域诸国示以恩惠，而针对北匈奴的寇掠予以严厉打击，两者结合起来便是"威恩"。

东汉自建国之初，民族问题就呈现出复杂的态势；除了与匈奴进行长期的斗争，东北有鲜卑、乌桓寇掠边郡，南方有武陵、交阯蛮夷频繁骚动，西北羌胡的侵扰尤为剧烈，至中叶遂酿成严重的"羌患"。在东汉，处理民族事务和治理民族地区是朝廷和地方长官普遍重视的大事，相关政策的探讨未曾间断。安帝延光四年（125），时任许令的马融上书，借天象"灾异"议论时政，重点剖析针对"西戎、北狄"的对策。书疏称：

边郡牧御失和，吉之与凶，败之与成，优劣相悬，不诫不可。审择其人，上以应天变，下以安民隶。窃见列将子孙，生长京师，食仰租奉，不知稼穑之艰，又希遭厄困，故能果毅轻财，施与孤弱，以获死生之用，此其所长也。不拘法禁，奢泰无度，功劳足以宣威，逾滥足以伤化，此其所短也。州郡之士，出自贫苦，长于捡押，虽专赏罚，不敢越溢，此其所长也。拘文守法，遭遇非常，狐疑无断，畏首畏尾，威恩纤薄，外内离心，士卒不附，此其所短也。必得将兼有二长之才，无二短之累，参以吏事，任以兵法。有此数姿，然后能折冲厌难，致其功实，转灾为福。①

治理边郡少数民族地区，关键在于审才得人。汉廷相当重视边郡将帅的选任，其候选对象不外乎列将子孙和州郡吏民两类，基本要求是"武猛"②。据马融分析，"列将子孙"和"州郡之士"在遵守法令程式和临机决断两方面，各有其长也各有其短，必得将才兼有二者之长而无二者之短，方能克定边患，安辑民众。细绎其意，马融强调树立"威恩"是任职边郡者必须具备的一项条件，而要做到这一点，就得在基本遵循法令的前提下，保持相当大的自主决断权力。透过马融的书疏，我们看到，所谓"威惠"型官吏，最初是适应治理边地少数民族的需要而萌生的，其地域性和特殊性是明显的。

然而，东汉中期以后，标榜为"威惠"的官吏也在内地产生，逐渐呈现出普遍化的趋势。《续汉书》所记张纲事迹，是颇为典型的。据记载：

汉安元年，拜光禄大夫。〔帝遣八使巡行风俗，〕与侍中杜乔等八人同日受诏，持节分出，案行天下贪廉，墨绶有罪便收，刺史二千石以驿表闻，威惠清忠，名振郡国，号曰"八隽"。〔皆宿儒要位，唯纲年少官微。〕是时，大将军梁冀侵扰百姓，乔等七人皆奉命四出，〔各

---

① 《续汉书·五行志六》刘昭注引《马融集》。
② 参考徐天麟：《东汉会要》卷二六《选举上》"将帅"条，中华书局1955年版。

之所部，〕唯纲独埋车轮于洛阳都亭不去。〔或问之，〕曰："豺狼当路，安问狐狸！"①

此时正值顺帝末年，朝政已显衰败迹象，地方吏治颇有废弛。张纲、杜乔等奉顺帝诏令案行天下，县令、长一类的"墨绶"官有罪，当即予以收治，若是刺史与"二千石"郡守，则举劾上报，其惩治措施有力，震慑效果明显，张纲等八人也因此获得"威惠清忠"的美名。不仅如此，八人中最年轻的张纲，还把矛头直接指向当权的外戚大将军梁冀，上书揭露其贪婪残暴，要求顺帝加以剪除。

张纲等人所实行的"威惠"政治，具有明显的士大夫政治色彩，它所推行的区域，不再是边地少数民族地区，而是普遍及于天下郡国，其内容也转变为以惩治地方贪官污吏为主，并且这种政治的推行，日益与朝廷中士大夫反外戚、宦官的斗争牵连在一起。据余英时考察，"〔东汉〕中叶以后，士大夫集团与外戚宦官之势力日处于激烈争斗之中，士之群体自觉意识遂亦随之而日趋明确"②。当时的情形，外戚、宦官不仅迭相把持朝政，构陷忠良，而且极力扩张他们在地方上的势力，祸害百姓。例如较早的外戚窦宪等专权，"树其亲党宾客于名都大郡，皆赋敛吏人，更相赂遗，其余州郡，亦复望风从之"③；到梁冀专权时，外戚贪暴更是极一代之盛。再往后宦官擅权，流毒愈益深广，史称"子弟支附，过半于州国。……皆剥割萌黎，竞恣奢欲。构害明贤，专树党类"④。作为外戚、宦官等"浊流"势力的对立面，清流派士大夫一边抗争于朝廷，更多的是以强力手段，在地方上打击党附于"浊流"的不法官吏和豪强。《后汉书·党锢传》所列党锢名士三十五人，其中不少是在地方官任上裁抑权豪，树立威名

---

① 《三国志》卷四五《张翼传》注引《续汉书》，中华书局标点本1959年版；参考周天游辑注：《八家后汉书辑注》，上海古籍出版社1986年版，第431页。

② 余英时：《汉晋之际士之新自觉与新思潮》，《士与中国文化》，上海人民出版社2003年版，第251页。

③ 《后汉书》卷四五《袁安传》。

④ 《后汉书》卷七八《宦者传》。

的。例如颍川杜密，"三迁太山太守、北海相。其宦官子弟为令长有奸恶者，辄捕案之"；再如中山刘祐迁河东太守，"时属县令长率多中官子弟，百姓患之。祐到，黜其权强，平理冤结，政为三河表"；又如勃海苑康，"迁太山太守。郡内豪姓多不法，康至，奋威怒，施严令，莫有干犯者。先所请夺人田宅，皆遽还之"。[①]颍川李膺在诸名士中名声颇高，他在地方上的治绩亦相当突出。史载李膺迁青州刺史，"守令畏威明，多望风弃官"[②]；尤可注意的是，他的所作所为，当时是以"威政"著称的[③]。李膺打击宦官势力也不遗余力，中常侍张让弟朔为野王令，贪残无道，李膺为司隶校尉，强取而杀之，众宦官一时为之慑服。

东汉中后期士大夫集团反抗外戚、宦官势力的斗争，其内涵和影响自然是多方面的，而它给予地方政治的主要影响之一，就是加剧了州郡官吏和地方豪强的分化，促使地方吏治在对抗和紧张中逐渐偏离正常的轨迹，对抗的双方都愈来愈倾向于超脱法令的约束而使用非常手段。这场运动的另一个主要影响，就是地方州刺史和郡守乘机扩张了自己的权力，从而使州郡相对于朝廷的独立性或离心倾向进一步加重。[④]汉末崔寔所撰《政论》称："今典州郡者，自违诏书，纵意出入。每诏书所欲禁绝，虽重恳恻，骂詈极笔，由复废舍，终无悛意。故里语曰：'州郡记，如霹雳，得诏书，但挂壁。'"[⑤]以上情况表明，东汉后期的地方政治环境相对于前期已经发生了显著的变化，地方吏治在清流派士大夫的主导和推动下，也经历着深刻的嬗变，其最突出的表现就是州郡长官实行"威惠"政治并使之普遍化和经常化。这种"威惠"政治本身是既往循吏政治的延续，但在当时官僚士大夫反外戚、宦官斗争的大形势下，其实际运作往往偏重于"威政"

①　《后汉书》卷六七《党锢·杜密传》《刘祐传》《苑康传》。
②　《后汉书》卷六七《党锢·李膺传》。
③　《后汉书》卷六六《陈蕃传》。
④　严耕望认为，汉代"郡守掌治一郡，诸凡民、刑、财、军诸权，无不综揽，实为一典型之元首性地方长官"，见所著《中国地方行政制度史》甲部（《秦汉地方行政制度》）"序言"，"中央研究院"历史语言研究所1990年版。
⑤　《全后汉文》卷四六崔寔《政论》，见严可均辑，陈延嘉等校点：《全上古三代秦汉三国六朝文》，河北教育出版社1997年版。

一端。

党锢之祸和黄巾起义相继发生以后，东汉王朝的统治迅速走向崩溃。汉末及三国时期的乱世环境，为地方军政长官施展政治才能提供了广阔的活动空间，一批具有"威惠"特色的地方官涌现出来，他们给这一时期的地方政治打上了深刻的历史印记。

三　"威惠"型官吏的政治特色

陈寿撰《三国志》，其《魏书》部分记述汉魏之际勋绩显著的地方官，多有用到"威惠""威恩"一类词语者。例如《三国志》卷一八《二李臧文吕许典二庞阎传》，其中记文聘兼及桓禺曰："聘在江夏数十年，有威恩，名震敌国，贼不敢侵。……嘉平中，谯郡桓禺为江夏太守，清俭有威惠，名亚于聘。"又记吕虔："虔在泰山十数年，甚有威惠。"传末更有陈寿评曰："李通、臧霸、文聘、吕虔镇卫州郡，并著威惠。"这个合传中，近半数的传主是"镇卫州郡"而著"威惠"之名，从陈寿的笔法和评论看，该传隐含着些许"类传"的成分，表明当时的"威惠"型地方官形成了一个群体。

《三国志》卷一五《刘司马梁张温贾传》所记传主，包括刘馥、司马朗、梁习、张既、温恢、贾逵等六人，都有担任州刺史，显名迹于一方的经历，其角色类型更为集中。传末陈寿评曰："自汉季以来，刺史总统诸郡，赋政于外，非若曩时司察之而已。太祖创基，迄终魏业，此皆其流称誉有名实者也。咸精达事机，威恩兼著，故能肃齐万里，见述于后也。"此评既注意到汉末刺史职权的变化，"刺史总统诸郡，赋政于外"，又着重说明一些著名刺史的施政特点，"咸精达事机，威恩兼著"。虽说《三国志》没有一个专门的"威惠"型官吏的类传，然而通过以上两个合传，我们还是看到陈寿对这一类官吏给予了足够的注意。

魏晋时期的"威惠"型官吏是一脉相承的。《晋书》卷九○《良吏传》，传末有"布政宣条，存树威恩，没留遗爱"的评语，但据传序，该传所叙人物仅为"政绩可称者"，其角色类型并不突出。而我们统计《晋书》列传中人物（载记部分除外），可得任职地方官而以"威惠"见称者12人，以"威恩"见称者4人，合计16人；这从一个侧面说明，"威惠"型官吏在晋代继续存在并构成为一种稳定的官吏形态。为使论题相对集中，兹以汉末至两晋之交为时间限断，以角色类型的群体特征为着眼点，结合施政环境的变化，对"威惠"型官吏的政治特色作一番稽考。

"威惠"型官吏的群体构成，葭森氏通过考察"刘弘周围的人物"，已有所论列；今申而论之，可举出三个有代表性的群体类型。

其一，荆州地域型。这一类型可以溯源到汉末党锢名士出身的刘表①。其后文聘被曹操授为江夏太守，"使典北兵，委以边事"②；文聘在江夏数十年，号称有"威恩"。入晋以后，荆州地区又相继出现羊祜、杜预、刘弘等著名的"威惠"型官僚，从而在一个相当长的时间段落内，形成一种独特的政治文化景观。需要说明的是，这一类型与下文叙述的另外两个类型，较多地构成交叉重合关系。

其二，刘氏祖孙相继的家族型。刘馥，沛国相人，建安初年被曹操"任以东南之事"，授扬州刺史；他招抚流民，整顿州境，"数年中恩化大行，百姓乐其政，流民越江山而归者以万数。于是聚诸生，立学校，广屯田，兴治芍陂及茄陂、七门、吴塘诸堨以溉稻田，官民有畜"。③这是一个政绩突出的"威惠"型官吏的典型。刘馥子刘靖，为政"有馥遗风"，他在河南尹任上的治绩，被称誉为"虽昔赵、张、三王之治，未足以方也"④；其后他任镇北将军、假节都督河北诸军事，业绩更为显著："遂开拓边守，屯据险要。又修广戾陵渠大堨，水溉灌蓟南北；三更种稻，边民

---

① 刘表其人，历来都是把他看作汉末割据者之一，评骘其得失优劣，这种做法本身无可厚非。然而，从"威惠"型官吏的视角考察刘表的行迹，那么他正是这类官吏最早的一个典型，其政绩亦相当突出；限于篇幅，此不详论。

② 《三国志》卷一八《文聘传》。

③ 《三国志》卷一五《刘馥传》。

④ 《汉书》卷七二《王吉附子骏传》载："先是京兆有赵广汉、张敞、王尊、王章，至骏皆有能名，故京师称曰：'前有赵、张，后有三王。'"这里是把刘靖治河南与赵广汉等治京兆相提并论。

利之。"①刘靖子刘弘，与晋武帝司马炎"同年，共研席"。他受到张华赏识，被授为宁朔将军、假节监幽州诸军事、领乌丸校尉，在镇"甚有威惠，寇盗屏迹，为幽朔所称"。惠帝太安年间，刘弘以使持节、南蛮校尉、荆州刺史的身份，率军征讨流民张昌，稍后进为镇南将军、都督荆州诸军事。平定张昌后，"弘于是劝课农桑，宽刑省赋，岁用有年，百姓爱悦"；又安辑流民，随才叙用。在八王之乱造成"天下大乱"的局面下，刘弘"专督江汉，威行南服"，赢得了当地民众的拥戴，及其病逝，"士女嗟痛，若丧所亲矣"。②刘氏祖孙三世为政，均以"威惠"深得民心；史称"自靖至弘，世不旷名，而有政事才"③，鲜明地道出了这个家族的特点。

同刘氏祖孙一样，杜畿祖孙是这一类型的另一个范例。杜畿，京兆杜陵人，建安初年被荀彧荐举为河东太守。河东"被山带河，四邻多变"④，地理位置相当重要，杜畿内弭叛乱，外御寇暴，很快安定了郡境；其后他宽惠养民，平理词讼，积极倡导教化。据《三国志》卷一六本传载：

> 班下属县，举孝子、贞妇、顺孙，复其繇役，随时慰勉之。渐课民畜牸牛、草马，下逮鸡豚犬豕，皆有章程。百姓勤农，家家丰实。畿乃曰："民富矣，不可不教也。"于是冬月修戎讲武，又开学宫，亲自执经教授，郡中化之。

杜畿在河东郡的表现颇有汉代循吏之风范，其"先富后教"、致力于教化和传播儒学的做法尤为值得称道。⑤本传注引《魏略》曰："博士乐详，由畿而升。至今河东特多儒者，则畿之由矣。"证实他兴复儒学的成绩是显著的。杜畿子杜恕，在弘农太守等地方官任上，"务存大体而已，

①　《三国志》卷一五《刘馥附子靖传》。刘靖修造戾陵堨，《水经注》卷一四《鲍丘水》有详细的记述，见郦道元注，杨守敬、熊会贞疏：《水经注疏》，江苏古籍出版社1989年版。

②　《晋书》卷六六《刘弘传》。

③　《三国志》卷一五《刘馥传》注引《晋阳秋》。

④　《三国志》卷一六《杜畿传》。

⑤　参考余英时：《士与中国文化》，上海人民出版社2003年版，第163—164页。

其树惠爱，益得百姓欢心，不及于畿"①，仅略得乃父遗风。及至杜恕子杜预，又是一个"威惠"型官吏的典型，详情见下文。

其三，羊祜荐杜预式的官场结合型。羊祜，泰山南城人，司马师妻景献羊皇后同产弟，是晋初统治集团的核心成员之一。羊祜在泰始初年出镇荆州后，"开设庠序，绥怀远近，甚得江汉之心"；他缓和与吴国的紧张关系，开诚布信，怀柔降者，并以余力兴办屯田，最后竟有"十年之积"。羊祜在镇仁德深渥，他去世时，"南州人征市日闻祜丧，莫不号恸，罢市，巷哭者声相接。吴守边将士亦为之泣"。②他是以担当灭吴重任出镇荆州的，及其病笃，乃举杜预自代。杜预平吴后，还镇荆州，"勤于讲武，修立泮宫，江汉怀德，化被万里"；他平定了周围的"山夷"，整修水利，勘定地界，"众庶赖之，号曰'杜父'"；又开杨口运河，连接江、汉，沟通"零桂之漕"，赢得"南土"百姓的歌颂。③羊祜、杜预治理地方都注重惠民兴功，他们在策划灭吴大计上有着共同的立场，两人因政治信念而互相推许，被后世传为美谈。

羊祜又提拔过刘弘，他任用刘弘为参军，预言"其后当居身处"④。还有一个提拔刘弘的人，就是上文提到的张华。张华本人曾经出为都督幽州诸军事、领护乌桓校尉，他"抚纳新旧，戎夏怀之"⑤，声威及于东夷二十余国，表明他正是一个"威惠"型的官僚。刘弘镇荆期间，也提拔了两名"威惠"型官吏——南蛮校尉府长史陶侃、镇南将军府长史应詹，这两人在东晋初期的政局中发挥过重要作用。⑥葭森氏分析说："在西晋时代，'威惠'型的官员并非是孤立地存在的，他们相互之间结成了密切的关系。"这个判断是恰当的。

"威惠"型官吏的政治特色，葭森氏通过对刘馥祖孙三代施政业绩的

---

① 《三国志》卷一六《杜畿附子恕传》。

② 《晋书》卷三四《羊祜传》。

③ 《晋书》卷三四《杜预传》。

④ 《晋书》卷六六《陶侃传》。

⑤ 《晋书》卷三六《张华传》。

⑥ 参考杨德炳：《刘弘与应詹——围绕刘弘为何葬在湖南安乡问题》，《魏晋南北朝隋唐史资料》第16辑，1998年。

考察，概括为如下三点："（1）稳定治安；（2）通过发展水利事业等提高以农业为主的各项生产能力；（3）对民众施以教化。"我们不妨拿这一结论与汉代循吏作一对比。张纯明分析中国历史上的循吏，指出他们的成就表现出三个主要特征：（1）改善人民的经济生活；（2）教育；（3）理讼。①这一分析结果自然适用于汉代循吏，或者说汉代循吏在历代循吏中最具有代表性。于是我们看到，前者的三项与后者的三项基本上呈对应关系，所不同者，仅在于"稳定治安"较之"理讼"在内容上要丰富一些，同时在实施过程中处于较为优先的位置。这种情况恰好说明，汉末魏晋时期的"威惠"型官吏确为汉代循吏传统的继承者。

鉴于上述承袭关系，过多地罗列"威惠"型官吏的"治绩"无助于问题的深入，而我们把考察的重心放在"威惠"型官吏区别于汉代循吏的新变化上，却能够获得对于其政治特色的深一层认识。在这方面，我们看到了两个重要的变化。

第一，久任并专权。汉末曹魏时期的"威惠"型官吏，有不少是在同一地方、同一官位上长期任职的。例如前文提到的文聘，在江夏太守任上凡数十年，名震敌国；又有吕虔领泰山太守，前后历十数年，荡平以民情复杂著称的泰山郡境，曹操特意作教令予以褒奖，比之为汉世"寇恂立名于汝、颍，耿弇建策于青、兖"②。其他如刘馥治扬州，历时约十年，梁习治并州，"在州二十余年"，杜畿"在河东十六年"，③这一类例子是屡见不鲜的。我们知道，地方官在一个地方长期任职，是其建立功绩、树立名声的一项基本条件，而在东汉的大部分时间和绝大多数场合，地方官的迁调是较为频繁的④；职是之故，东汉循吏在地方上取得治绩，实属难能可贵。地方官久任的情况在汉末曹魏较为常见，这应该是"威惠"型官吏生成的重要前提之一。

①　参见余英时：《士与中国文化》，上海人民出版社2003年版，第159页。
②　《三国志》卷一八《吕虔传》。
③　《三国志》卷一五《刘馥传》《梁习传》，卷一六《杜畿传》。
④　参考徐天麟：《东汉会要》卷二一《职官三》"久任"条。

与久任相伴随的必然是专权。首先是州郡长官普遍拥有领兵征伐的权力。按光武帝建武六年（30），省诸郡都尉，并职太守，仅边郡置都尉，可知各内郡领兵有限，不足以遂行征讨之事。东汉后期边患和内乱增多，郡兵的使用范围有所扩大，而在黄巾起义爆发后，各州郡拥兵便演变为一种常态。[①]其次，地方军政长官专权还表现为专杀。《三国志》卷一八《李通传》载，"是时杀生之柄，决于牧守"，而此例中操有"杀生之柄"的，正是作为郡一级长官的阳安都尉李通。由于专杀的应用场合较为宽广，促使魏、晋朝廷制定出一套系统的地方军政长官授职系列，以"节"为中心规范其专杀行为。[②]

第二，群体构成呈整体上移的趋势。西汉时的循吏基本上是地方郡守，也就是汉宣帝特别注重的"良二千石"[③]。东汉时的情况略有差别，地方郡守仍然是循吏的主体，但县令长一级的人物也占有相当大的比重。[④]汉末魏晋时期的"威惠"型官吏，郡守一级的人物仅占一部分：考其施政环境，则所典之郡往往与敌国邻接，或者地理位置重要且民情复杂，论其施政手段，大都有保境安民、剪除寇盗一类的举措，表现出威猛、刚严的一面。上文所述文聘、吕虔、杜畿等人，正是郡守一级的"威惠"型官吏。作为"亲民长吏"的郡守，"威惠"型官吏人数不多，这并不意味着当世良吏寡少，关键在于史官视野里的"威惠"型官吏是有其特定内涵的。

《三国志》卷一六《任苏杜郑仓传》所叙传主五人，按陈寿的说法，"皆魏代之名守"；不过，他们施政是各具特色的，"苏则威以平乱，既政事之良，又矫矫刚直，风烈足称。杜畿宽猛克济，惠以康民"，这两人可归入"威惠"型官吏，而"郑浑、仓慈，恤理有方"，仍然属于汉代循吏的类型。该传又附记曰："自太祖迄于咸熙，魏郡太守陈国吴瓘、清河太

---

① 参考徐天麟：《东汉会要》卷三三《兵中》"郡国兵"条。
② 《宋书》卷三九《百官志上》。参考陶新华：《魏晋南朝中央对地方军政官的管理制度研究》，巴蜀书社2003年版，第101页。
③ 参见《汉书》卷八九《循吏传》。
④ 参考余英时：《士与中国文化》，上海人民出版社2003年版，第165—167页。

守乐安任燠、京兆太守济北颜斐、弘农太守太原令狐邵、济南相鲁国孔乂，或哀矜折狱，或推诚惠爱，或治身清白，或摘奸发伏，咸为良二千石。"这些被陈寿视为"良二千石"的人物，大抵都属于循吏一类。对照《三国志·魏书》为著名地方官设立合传的笔法，再由陈寿的评断探其本意，可知"威惠"型官吏的基本内涵：他们不只是汉代循吏传统的继承者，还突出地表现为拥有稳定治安方面的专断权力，施政作风含有威猛、刚严的成分。

与郡守相对应，刺史和都督构成了"威惠"型官吏的另一个主体部分。造成这一事态的制度背景是人所熟知的：汉末改刺史为州牧，州牧兼领民事和军务，权力颇重，从而使州演变为郡以上的一级地方行政组织；曹魏时期都督制形成，全国划分为几个大的都督区，它实际上是权兼军、政的最高一级地方行政组织。"威惠"型官吏从刺史、都督等更高级别的地方官中涌现，正好说明了它与地方权力扩张趋势的伴生关系。

四　"威惠"型官吏的政治文化特征

中国古代的官吏形态随着时代的前进而演变。据余英时考证，司马迁所谓循吏是指"文、景时代黄老无为式的人物"，而《汉书》所载循吏是"教化型的"，其行事特征是"儒家的有为"[1]。朝廷政策给予官吏行政的指导性影响，在此是清晰可见的。据研究，汉代的官僚阶层大体上存在一个由儒生与文吏分途到两者互相融合的过程，其政策背景就是汉宣帝宣称的"霸王道杂之"，以及光武帝倡导的"经术"与"吏化"并重的方针；儒生与文吏的融合，导致了一种"亦儒亦吏"的角色的产生，此即所谓"儒吏"。[2]汉末演化为典型形态的"威惠"型官吏，正是上述历史进程的产物，其第一政治文化特征表现为"儒吏"。

汉末王粲所撰《儒吏论》曰："吏服训雅，儒通文法，故能宽猛相济，

---

① 参考余英时：《士与中国文化》，上海人民出版社2003年版，第137—138页。
② 本段综合了阎步克《士大夫政治演生史稿》（北京大学出版社1996年版）的相关论述。

刚柔自克也。"①所谓"宽猛相济，刚柔自克"，如前文所述，正是"威惠"型官吏的施政作风，那么这类官吏兼具儒生和文吏两种才能，是可以推知的；而王粲以当时人论当时事，必定是有感而发。无独有偶，魏文帝曹丕也注重从文官素质上鉴别官吏。《三国志》卷一五《梁习传》注引《魏略·苛吏传》曰：

> 〔王〕思与薛悌、邰嘉俱从微起，官位略等。三人中，悌差挟儒术，所在名为闲省。嘉与思事行相似。文帝诏曰："薛悌驳吏，王思、邰嘉纯吏也，各赐关内侯，以报其勤。"

曹丕把"差挟儒术"的薛悌称作"驳吏"，而把完全不习儒术的王思、邰嘉称作"纯吏"，此"驳吏"大约相当于王粲所谓"儒吏"，而"纯吏"仍然属于汉代的文法吏一类。这两类官吏受到最高统治者的注意，表明他们的存在带有普遍性。

征诸史实，汉末以"威惠"著称的地方官，有不少出自地方豪强或侠士，如吕虔、李通、臧霸之属，他们大都疏于儒学；然而即便是豪强出身，也有像李典那样"好学问，贵儒雅"的人物②。再有一种是郡吏出身，如梁习、张既、贾逵之属，他们应当是"儒吏"中练达吏事而"差挟儒术"的一群。最后一种是"儒吏"中儒学素养较高的一群，他们在"威惠"型地方官中占有较大的比重，其中司马朗、温恢、杜畿等人是大族出身，家传儒学，杜畿甚至能够亲自执经教授。曹魏中期以后，大族势力抬头，门阀制度逐渐形成，"威惠"型地方官的儒学素养也随之普遍提升。如果说作为"儒吏"的形象，"威惠"型官吏主要表现为儒法合流、礼刑并用的政治文化特征，那么在汉晋之际思想学术嬗变的潮流影响之下，综贯儒道、礼玄双修的倾向在他们身上也渐次有所显露。据《晋书》卷三四《羊祜传》记载，羊祜"在军常轻裘缓带，身不被甲……而颇以畋

---

① 《全后汉文》卷九一王粲《儒吏论》。
② 《三国志》卷一八《李典传》。

渔废政"，"祜乐山水，每风景，必造岘山，置酒言咏，终日不倦"，这完全是玄学名士放达风流一类的举止；本传又记羊祜撰有《老子传》，说明他确实对道家精神心领神会。然而，羊祜行迹的另一面，却是"孝思过礼"，谨守礼法，他甚至倡议恢复三年之丧，其服膺儒教的内在精神是昭然可见的。总体上看，虽说"威惠"型官吏在个体的文化面貌上表现不尽一致，要之都属于封建官僚中的事功派，与所谓"清简"型官僚有着明显的差别。

在寻求建立事功和追求个人名声方面，以羊祜、杜预为代表的"威惠"型官吏继承并发展了汉代循吏的传统。汉代循吏在地方上致力于发展生产和推行教化，赢得了百姓的爱戴和称颂，见于史籍和碑刻者可谓俯拾皆是。汉代人对于循吏的评价，大致涵盖了吏、父、师三重价值标准[①]，换言之，循吏的政治、社会和文化价值都得到了充分的肯定；在循吏这方面来说，通过惠民兴功而获得赞誉，乃是一种"国家社会个体"的"社会自我"的重要表现[②]，这种行为倾向得到了朝廷的默许甚至鼓励。上述政治传统在魏晋时代得到延续，羊祜、杜预等人还以自己对于人生终极价值的体认与追求，给这一传统注入了新的内涵。

《晋书》卷三四《羊祜传》载，羊祜曾对部属感言人生的幻灭无常，隐然有立德垂后、与岘山共存天地间之意愿；他去世后，"襄阳百姓于岘山祜平生游憩之所建碑立庙，岁时飨祭焉。望其碑者莫不流涕，杜预因名为堕泪碑。荆州人为祜讳名，屋室皆以门为称，改户曹为辞曹焉"。功业镌刻于碑石，恩德铭感于百姓，羊祜期于不朽的愿望终究得以实现。与羊祜相比，杜预希求建功立言、扬名后世的意愿更为明确。《晋书》卷三四《杜预传》载："预博学多通，明于兴废之道，常言：'德不可以企及，立功立言可庶几也。'"表明他信服古人关于人生"三不朽"的说教[③]，又结

---

① 参考阎步克：《士大夫政治演生史稿》，北京大学出版社1996年版，第340页。

② 参考马小虎：《魏晋以前个体"自我"的演变》，中国人民大学出版社2004年版，第338页。

③ 《左传·襄公二十四年》鲁大夫叔孙豹曰："豹闻之，大上有立德，其次有立功，其次有立言，虽久不废，此之谓不朽。"见阮元校刻：《十三经注疏·春秋左传正义》，中华书局1980年影印本。

合自身的资质条件，确定人生的目标并践行之。杜预"立言"，撰成《春秋左氏经传集解》传世，撰作期间他耽思竭虑，自谓有"《左传》癖"；"立功"方面则如前文所述，赢得了"杜父"的称号和百姓的歌颂。本传又载："预好为后世名，常言'高岸为谷，深谷为陵'，刻石为二碑，纪其勋绩，一沉万山之下，一立岘山之上，曰：'焉知此后不为陵谷乎！'"杜预如此直率地，或者说露骨地追求个人名声，这与汉代人在"国家社会个体"认同的支点上寻求人生的价值，已经相去甚远，更多地表现为魏晋玄学影响下个性的解放，以及对终极价值的直接诉求。

汉末魏晋时期，"威惠"型官吏是最富有特色与活力的一个地方官群体，在此政局复杂多变之世，他们所发挥的政治作用是令人瞩目的。日本学者的相关研究，为我们探讨这一环节提供了有益的启示。川胜义雄围绕六朝贵族制社会如何成立的主题，对汉末的社会结构和政治势力做过深入的剖析。他认为，汉末的豪族依仗财力与武力，十分露骨地想支配自己周遭的乡邑社会，这种倾向可以称为"豪族的领主化倾向"，它导致了乡邑秩序的分裂和一连串的抵抗运动。作为抵抗运动中坚力量的是汉末受到党锢之禁的清流势力，其中包括反对领主化倾向的豪族出身者即"清流豪族"。从结果来看，这种巨大的抵抗运动阻止了武人领主阶级的形成，同时还促成了文人"士"阶层的建立。产生魏晋贵族的母胎即是汉末清流势力，后者对前者的性质影响甚巨。[1]川胜氏所谓"豪族的领主化倾向"，是对汉末社会走势的准确把握，循着这条阐释路径考察抵抗领主化路线的力量，我们可以看到"威惠"型官吏所起到的独特作用。

从历史渊源上说，汉代郡守被赋予打击地方豪强势力的重要职责，这种职责通过刺史监郡的环节体现出来。史载刺史"以六条问事"，其中第一条为裁抑强宗豪右势力，第六条为限制郡守阿附豪强，[2]这两条规定显

---

[1] 本段综合了川胜义雄《六朝贵族制社会研究》（上海古籍出版社2007年版）第一编"贵族制社会的形成"的相关论述。川胜氏所谓"豪族"与"贵族"，分别对应于中国学者使用的"豪强"与"大族""士族"概念。

[2] 《汉书》卷一九《百官公卿表》颜师古注引《汉官典职仪》。

示了汉代地方吏治的基本倾向。这种倾向同样在汉末魏晋时期得到延续，地方郡守、刺史和都督作为朝廷实施中央集权路线的执行者，无疑站在反领主化路线的前沿，"威惠"型官吏则是其中的中坚力量。如前文所述，"稳定治安"是"威惠"型官吏施政的首要任务，而对豪强势力的清剿和压制，即是"稳定治安"的一个重要内容。《三国志》卷一五《梁习传》提供了这方面的典型实例：梁习领并州刺史，其时并州新附，胡狄猖獗，豪强拥兵，"习到官，诱谕招纳，皆礼召其豪右，稍稍荐举，使诣幕府；豪右已尽，乃次发诸丁强以为义从；又因大军出征，分请以为勇力。吏兵已去之后，稍移其家，前后送邺，凡数万口；其不从命者，兴兵致讨，斩首千数，降附者万计"。梁习以强力手段和合理步骤清除豪强势力，获得了巨大的成功。当然，在此中央集权政治相对衰弱的时代，"威惠"型官吏与地方豪强势力之间的关系，实际上呈现出复杂的态势。一则如前文所述，他们中的一部分本身就是豪强出身，这些人在放弃领主型的政治军事权力成为朝廷官僚的同时，其经济特权及在地方上的影响必定有所保留。再者，他们在清剿不法豪强势力时，往往需要依赖其他大族豪强的支持。例如吕虔由泰山太守迁徐州刺史，"请琅邪王祥为别驾，民事一以委之"[①]；王祥在讨伐"寇盗"方面颇有作为，"时人歌之曰：'海沂之康，实赖王祥。邦国不空，别驾之功。'"[②]琅邪王氏即是本郡有名的大族。这种复杂态势表明，"威惠"型官吏拥有地方行政的较大运作空间和经营个人势力的有利条件。

如果说"威惠"型官吏对于地方行政不遗余力的话，那么他们与中央政权的关系则是相对疏离的。自东汉以来，士大夫阶层在个人与国家关系方面表现出新的趣向。据陈启云分析，后汉著作中个人和国家间的显著分裂，与西汉思想家所抱有的世上包罗万象的统一体的幻想，形成了鲜明的对比；越来越多的杰出人物对朝廷政治完全绝望，宁愿退处州郡。按照儒家的说法，当这些杰出人物对帝国一级的"大同"大失所望时，他们便退

①　《三国志》卷一八《吕虔传》。
②　《晋书》卷三三《王祥传》。

而在地方一级上为自己营求"小康"局面。[1]把这个分析应用于汉末魏晋时代，也是完全适当的，我们甚至可以说，这个时代的士大夫阶层对于朝廷的离心倾向较之东汉进一步加重。拿西晋来说，自立国之初朝廷里的党争就从未间断，继之则是旷日持久的八王之乱，对于志在建立事功的"威惠"型官僚来说，这种现状是足以令他们对朝廷政治绝望的。像羊祜、杜预那样以皇室贵戚的身份而宁愿出镇，应该有避开朝中党争而立功地方的考虑。八王之乱爆发后，"威惠"型地方官大多采取守境自保以观时变的态度，他们对于朝廷的独立性更加明显。《三国志》卷一五《刘馥传》注引《晋诸公赞》记载："于时天下虽乱，荆州安全。〔刘〕弘有刘景升保有江汉之志，不附太傅司马越。"刘弘在八王之乱期间虽然承受朝廷节度，但与轮流执政的诸王都保持适度的距离，其内心的打算则是效法汉末刘表"保有江汉"，即割据一方以待天下安定。这种情况说明，"威惠"型官吏作为地方上的实力派，具备在中央政界陷于混乱之时可以独立甚至取而代之的实力，同时也预示着荆州地域的"威惠"型官吏传承不绝，必将对此后的历史进程产生影响。

---

[1]　参考崔瑞德、鲁惟一编：《剑桥中国秦汉史》，中国社会科学出版社1992年版，第854—855页；另见陈启云：《中国古代思想文化的历史论析》，北京大学出版社2001年版，第210—211页。

第四章　魏晋易代之际的家族主义法和婚姻伦理

魏晋时期，王朝鼎革兴替的"禅让"模式已然确立。在此模式下的异姓易代，虽然避免了大规模的战乱，但是政治斗争暗流涌动，危机四伏，杀戮篡弑前后踵继，株连所及，酷烈异常，其中又以司马氏取代曹魏的过程最为引人注目。职是之故，当人们从法律史层面探讨古代族刑的演变时，魏晋易代之际便成为关注度比较高的一个时段。我们认为，司马氏铲除政敌，一再祭出"夷三族"的屠刀，影响所及不止于族刑等法律层面，更牵涉到婚姻家庭等广泛的社会伦理层面，若能对后者同样给予足够的关注，以此观察危机下的人心世态，那么我们对于魏晋时代政治社会的认识，将会进一步加深。此即本文立论的出发点。

一　魏晋易代之际族刑的应用及变化

关于家族主义法，丁凌华先生指出："家族主义法与家族法不同，前者指国家法律中的家族等级制的体现，后者指宗族内部制定的规范。" 这个定义稍嫌笼统，丁氏又依照中国古代家族主义法的内容随时代演进而增益的情况，把它们概括为族刑、家庭关系上尊卑相犯、"准五服制罪"等几个方面①，内涵较为具体。族刑是家族主义法的主要内容之一，魏道明先生认为："中国古代的法律规定有亲属共同刑事责任制度，一人犯罪，

---

① 参见丁凌华：《中国丧服制度史》，上海人民出版社2000年版，第192—193页。

其亲属也要连带受刑，族刑，便是近世以来人们对这一制度约定俗成的称谓。”魏氏详细考辨文籍所见的有关法律词汇，特别强调：族刑的“刑”并非是一种刑罚方式，而是一种刑事责任制度；族刑是在亲属团体共同刑事责任制的前提下，根据责任大小及与正犯的亲等关系分别给予不同的刑罚。①本文的论述，以“家族主义法”的概念从总体上把握问题，具体叙论族刑，则借鉴魏氏的考辨成果作为分析工具。

司马氏家族执掌曹魏政柄，发端于正始十年（249）的高平陵之变，司马懿以突然袭击的方式，一举倾覆曹爽集团。事态平息后，司马懿严厉打击政敌，将曹爽兄弟及何晏、邓飏、丁谧、毕轨、李胜、桓范、张当等曹氏同党定罪“皆为大逆不道”，“于是收爽、羲、训、晏、飏、谧、轨、胜、范、当等，皆伏诛，夷三族”。②这是司马氏得势之后发起的第一起带有政治色彩的重案，株连甚广。在接下来的十数年间，司马氏家族与亲曹势力在地方和中央政权中又多次发生激烈的争斗，而每一场决斗，除军事镇压、政治清洗之外，司马氏当权人物无不兼以法律手段严惩政敌，“夷三族”的案例屡屡出现。其具体案例如下：嘉平三年，以太尉、假节钺身份专兵淮南的王凌，与其外甥兖州刺史令狐愚密谋拥立楚王曹彪，以此对抗司马懿专擅朝政，因事机泄露，王凌被缚后自杀，“彪赐死，诸相连者悉夷三族”③；正元元年（254），中书令李丰、皇后父光禄大夫张缉等图谋以兵变的方式诛杀司马师，以太常夏侯玄代之辅政，同时涉事的还有内侍苏铄、乐敦、刘贤等人，事情败露后，李丰被杀，夏侯玄、张缉等被移送廷尉治罪，“于是丰、玄、缉、敦、贤等皆夷三族，其余亲属徙乐浪郡”④；正元二年，镇东将军、都督扬州诸军事毌丘俭联络扬州刺史、前将军文钦，在淮南举兵反叛，司马师平定反叛后，“夷俭三族”⑤；甘露二年（257），征东大将军、都督扬州诸军事诸葛诞又一次在淮南地区举兵，

---

① 参见魏道明：《始于兵而终于礼——中国古代族刑研究》，中华书局2006年版，第1—4页。
② 《三国志》卷九《曹爽传》。
③ 《三国志》卷二八《王凌传》。
④ 《三国志》卷九《夏侯玄传》。
⑤ 《三国志》卷二八《毌丘俭传》。

司马昭率大军平定反叛，"斩诞，传首，夷三族"①。此外，另有一则特殊的案例：甘露五年，高贵乡公曹髦见威权日去，不肯"坐受废辱"，以僮仆数百亲自出讨司马昭，遭司马氏党羽贾充、成济弑杀；司马昭迫于巨大的政治压力，不得已牺牲成济作为替罪羊，乃上书引律条云："科律：大逆无道，父母、妻子、同产皆斩。"②司马昭上议后，"太后从之，夷济三族"③。这次事件还有一个重要的枝节：高贵乡公举事时，侍中王沈、尚书王经、散骑常侍王业在宫中提前得到消息，王沈、王业迅疾驰告司马昭，王经却拒绝随二人同往。事后，王经和其母亲遭司马昭杀戮，其余家属亦受株连。这起族诛案充分显露出其暴虐性质，因为若一定要给王经的行为定罪，便只能归之"莫须有"。最后，比较典型的族刑案例还有邓艾案、钟会案，两案的正犯本来属于司马氏阵营，其发案缘由也与以上各案迥然有异。邓艾在灭蜀之后骄矜自大，不受朝廷节度，被槛车征还；其后发生变乱，邓艾被杀，"子忠与艾俱死，余子在洛阳者悉诛，徙艾妻子及孙于西域"④。钟会则是步邓艾后尘，专制蜀地，公然举兵反叛，结果为属下军兵所杀；钟会无子，"会兄子邕，随会与俱死。会所养兄子毅及峻、辿等下狱，当伏诛"，其后经过司马昭疏解，"峻、辿兄弟特原，有官爵者如故。惟毅及邕息伏法"⑤。

上述夷三族、族诛之类的重案，不仅有着令人瞩目的政治背景，在行法的依据或者法律的适用性方面，也有若干需要探究、厘清的地方。《晋书·刑法志》所载"魏律序"云：

> 又改《贼律》，但以言语及犯宗庙园陵，谓之大逆无道，要（腰）斩，家属从坐，不及祖父母、孙。至于谋反大逆，临时捕之，或污

---

① 《三国志》卷二八《诸葛诞传》。
② 《三国志》卷四《高贵乡公髦传》。
③ 《晋书》卷二《文帝纪》。
④ 《三国志》卷二八《邓艾传》。
⑤ 《三国志》卷二八《钟会传》。

潴，或枭菹，夷其三族，不在律令，所以严绝恶迹也。[1]

魏律系依据汉律改进而来，所以魏律的这段文字必须同汉律联系起来，才能正确理解。依据魏道明先生的研究，魏律将汉律中的大逆无道罪拆分为大逆无道、谋反大逆两罪，其中，大逆无道是专指言论罪及犯皇家宗庙园陵。"家属从坐"中的"家属"是指及正犯三代之内的亲属，也即父母、妻子、同产，正犯的祖、孙即便与之同居，也不在缘坐之列。这是其一。其二，所谓"至于谋反大逆……夷其三族，不在律令"，不是说法律中没有对谋反大逆的处罚规定，而是说夷三族的酷刑不见于正式的法典。魏律中有对谋反大逆的法定刑罚措施，即斩三代内直系亲属（父母、妻子、同产），收孥旁系亲属（叔、侄等）的"收、夷三族"，只是因完全继承了汉律的规定，故省略不记。但为严惩恶迹，曹魏对谋反大逆，往往法外用刑，夷其三族。[2]需要说明的是，汉初律、令对谋反罪的处罚并不相同：按汉律为"父母、妻子、同产无少长皆弃市"，再加上没三代之内的旁系亲属为奴，实际上就是"收、夷三族"；按令却是夷三族。而在司法实践中，谋反者一般是要按令夷三族的。所谓夷三族，即诛杀三族内的所有亲属，包括三代内的直系亲属（父母、妻子、同产）和旁系亲属（叔、侄等）。[3]魏氏依据汉代律、令规定和司法实践推阐魏律阙略隐含的内容，是颇有理据的，可以作为我们进一步讨论的基础。

拿魏律的文本规定与上述族刑案例作对比考察，我们不难发现，除王经案罪名难定，属于特例之外，其余案例同样是"谋反大逆"罪，因正犯身份和案情的不同，其处罚措施存在着相当大的差异，明显地表现为两个不同的类别。第一类为邓艾、钟会两案。邓艾虽矜功失节，但并无明显反迹，只因事当非常时期，难免从重论罪。西晋泰始三年（267），议郎段灼

---

① 《晋书》卷三〇《刑法志》。
② 参见魏道明：《始于兵而终于礼——中国古代族刑研究》，第116—118页。
③ 参见魏道明：《始于兵而终于礼——中国古代族刑研究》，第107页。

上疏理艾，"言艾不反之状"①，适可反证邓艾案是以谋反大逆定罪，同时也足以说明定罪的理由是比较牵强的。邓艾诸子被杀，妻子则免于一死，妻子及孙被流徙，这样的处罚结果，相较于律条规定的刑罚，还是有所宽宥的，而之所以有此结果，应是综合考量了案情及邓艾有平蜀功勋等因素。钟会案的处罚措施与邓艾案有相似之处，具体情节又别有一番样态。钟会在司马氏政权中"典知密事"，"谋谟帷幄"，②颇建功勋，然而其举兵反叛，罪迹昭昭在目，这足以使其过往业绩一笔勾销而单论当下之罪。该案的处罚措施"惟毅及邕息伏法"，是分别追究钟会、钟邕的罪责，株连及二人之子，其中钟会养子仅钟毅一人受株连，这在谋反大逆罪中显然属于较轻的处罚，同时"峻、辿兄弟特原，有官爵者如故"，则反映了司马昭惩罚与宽宥并重的政治策略。之所以如此处理，照司马昭表奏的说法，是顾念会父钟繇佐命之勋，会兄钟毓干事之绩，"以会、邕之罪，而绝繇、毓之类，吾有愍然"③；概括而言，钟繇在曹魏王朝的显赫地位和颍川钟氏家族的巨大社会影响，钟毓、钟会兄弟与司马氏家族的特殊关系，共同起了作用。

　　第二类是邓艾、钟会两案以外的其他案例，它们的共同特点是：正犯及其三代内的亲属，包括直系亲属和旁系亲属，全部被诛杀，遭受的是所谓"夷三族"的酷刑，惨烈异常。显而易见的是，除成济案之外的这一类案例，都有着强烈的政治色彩，即司马氏为了打击政敌，不遗余力地法外用刑，肆其酷烈；换言之，政治因素是促成这一类案例的症结所在。我们可以通过首案即曹爽案来加以说明。司马懿掌控曹魏政局以后，以曹爽所亲信的黄门张当为突破口，"收当治罪。当陈爽与晏等阴谋反逆"④，接下来便有公卿朝臣议定曹爽等"大逆不道"罪，以及曹爽等被"夷三族"。然而，蜀汉大将军费祎却对此案有截然不同的评断，他先设甲乙论平议曹

① 《三国志》卷二八《邓艾传》。
② 《三国志》卷二八《钟会传》。
③ 《三国志》卷二八《钟会传》。
④ 《三国志》卷九《曹爽传》。

爽、司马懿二人是非，得出"爽无大恶"的结论，然后对司马懿滥杀无辜的行径予以严正谴责："若懿以爽奢僭，废之刑之可也，灭其尺口，被以不义，绝子丹（曹真）血食，及何晏子魏之亲甥，亦与同戮，为僭滥不当矣。"①费祎所表达的是中立的第三方见解，应该能够代表一般的人心取向。从另一方面看，司马懿刻意制造罪名，肆行屠戮，的确有着现实的政治目的。据《晋书·宣帝纪》记述："诛曹爽之际，支党皆夷及三族，男女无少长，姑姊妹女子之适人者皆杀之，既而竟迁魏鼎云。"②这是把司马懿屠戮曹爽一党与司马氏最终迁移魏鼎联系起来，认为两者是前因后果的关系。我们有充分的事实证明，司马懿在政变后迅速提升其个人权势和家族地位，而在他去世之后，司马师又以国家祭典的形式确认其在曹魏大臣中的首功地位，为司马氏家族继续执掌曹魏政权建立法理依据，都与他制造罪名，肆行屠戮有直接的关系。③综括而论，司马氏对政敌施行夷三族的酷刑，可以视为其军事、政治手段的延伸，对于司马氏"营立家门"，进而缔造新皇权，起到了催化剂的作用，曹爽案是这样，之后的王凌等案也是如此。

　　透过上述案例，我们能够真切地感受到汉律对于魏律的深刻影响。例如成济案，成济亲手杀害高贵乡公曹髦，在事实层面属于魏律认定的谋反大逆罪，这是毫无疑问的，但是司马昭援引"科律"，却称之为"大逆无道"。魏道明先生分析，"司马昭或许是沿用了汉代的习惯称法"④；也就是说，因汉律的大逆无道罪兼容了魏律的大逆无道、谋反大逆二罪，司马昭所引律文，于魏律并不确切，于汉律则是吻合的。类似的情况又见于曹爽案。依据张当所供述，曹爽等为"阴谋反逆"，实即魏律认定的谋反大逆罪，而公卿朝臣所议定，却是"大逆不道"罪，这也是沿用了汉代的习惯称法。再就前揭两类刑罚措施差异颇大的族刑案例而言，汉代律、令对

①　《三国志》卷四四《费祎传》注引殷基《通语》。
②　《晋书》卷一《宣帝纪》。
③　参见本书中篇第五章第一小节。
④　参见魏道明：《始于兵而终于礼——中国古代族刑研究》，第118页。

于族刑差别处置的司法取向，在魏律的司法实践中也是班班可考的；不过，司马氏对于普通族刑采取法内宽宥的态度，而对于夷三族的酷刑，则有法外用刑扩大化的趋势，这种两极分化的格局，反映了曹魏刑律变化的新动向。

二　魏晋易代之际由族刑引发的婚姻伦理问题

中国古代盛行族刑，根本原因在于家族主义的文化传统和家族本位的社会结构。家族本位，意味着个人不是单独存在的，而是与亲属一体共存的，因此个人的荣辱即是家族的荣辱，一人犯罪，连带亲属共同受刑，便是自然而然的事情。比较特别的是，在朝代更替、皇位易主的政治斗争激烈的非常时期，族刑往往被用作消灭政敌的工具，滥用的倾向更加突出。我们看到，曹魏后期司马氏主政的时代，由于夷三族酷刑的一再使用以及株连范围的扩大，受牵连的对象已不限于案犯的同宗本族，而是扩展到其姻亲戚属，在此情势下，受牵连的另一方的家庭关系，包括婚姻关系就受到严峻的挑战和考验，由此也造成严重的社会问题。

已出嫁之女为父家坐罪，就是当时族刑中的突出现象，也是引发社会上婚姻家庭危机的重要根源。从渊源上讲，出嫁女为父家坐罪，战国时已见其例。按照一般的情形推断，秦汉时出嫁女性仍负有为父家坐罪的义务，但一般性的犯罪不株连出嫁女性，谋反一类的犯罪才殃及出嫁女。[1]不过，我们在史籍中确实见不到相关案件的实例，说明出嫁女为父家坐罪是罕有实施的。然而，曹魏后期司马氏主政时，在以谋反大逆定罪、施行夷三族酷刑的场合，出嫁女为父家坐罪，则是明白无误的事实。司马懿剿灭曹爽集团，涉案八族不但同宗三族内男女皆被诛杀，而且同宗之外，"姑姊妹女子之适人者皆杀之"。[2]这种追戮已出嫁之女的做法，除了给人以僭滥、酷暴的突出印象，更为重要的则是因为牵连到其他家族，从而在

---

[1]　参见魏道明：《始于兵而终于礼——中国古代族刑研究》，第27页。
[2]　《晋书》卷一《宣帝纪》。

更为广泛的范围内造成了婚姻家庭关系的撕裂，以及社会的震荡。

我国古代特别重视婚姻关系。《礼记·昏义》云："昏礼者，将合二姓之好，上以事宗庙，而下以继后世也，故君子重之。"① "合二姓之好"，说明婚姻不是个人的事情，婚姻双方是代表各自的宗族而结合到一起的；婚姻被赋予尊祖敬宗、奉祀祖先和繁殖后代、传宗继嗣的功能，关系到两个宗族的实际利益。在宗法伦理的支配下，夫妻关系被定义为"夫妻一体"。《说文》称："妻，妇与夫齐者也。"② 《白虎通·嫁娶》也说："妻者，齐也，与夫齐体。"③ 所谓"齐体"，当然不是讲夫妻间的平等，而是说夫妻共同承担宗族的重任，缺一不可，妻子应当受到丈夫的尊重。妻子在家庭和夫妻关系中的地位如此重要，当出嫁女因父家之祸而遭到杀戮时，受伤害最重的实际上是其丈夫家庭。

前述嘉平三年的王凌案，便遭遇到出嫁女为父家坐罪，从而引发夫家家庭危机的严重问题。《三国志》卷二六《郭淮传》注引《世语》记载：

> 淮妻，王凌之妹。凌诛，妹当从坐，御史往收。督将及羌、胡渠帅数千人叩头请淮表留妻，淮不从。妻上道，莫不流涕，人人扼腕，欲劫留之。淮五子叩头流血请淮，淮不忍视，乃命左右追妻。于是追者数千骑，数日而还。淮以书白司马宣王曰："五子哀母，不惜其身；若无其母，是无五子；无五子，亦无淮也。今辄追还，若于法未通，当受罪于主者，觊展在近。"书至，宣王亦宥之。

此事又被《世说新语·方正篇》记载，过程和情节大致相同，但也有明显差异之处，譬如记述"州府文武及百姓劝淮举兵，淮不许"④，即不同于《世语》所载"督将及羌、胡渠帅数千人叩头请淮表留妻，淮不从"，

① 《礼记·昏义》，阮元校刻：《十三经注疏·礼记注疏》，中华书局影印本 1980 年版，第3647 页。
② 《说文解字》卷一二下《女部》，中华书局影印本 2013 年版。
③ 陈立：《白虎通疏证》卷一〇《论妻妾》，中华书局 1994 年版。
④ 《世说新语·方正篇》，余嘉锡：《世说新语笺疏》，上海古籍出版社 1993 年版。

值得注意。

郭淮镇守关陇地区长达三十余年，官至征西将军，都督雍、凉诸军事，屡建战功，甚得民情。司马懿讨平王凌之后，又追戮已为郭淮妻的王凌之妹，虽是循例而为，未免不顾及郭淮的感受和影响，这中间应当有试探郭淮的政治态度之意图。站在郭淮的立场上看，此举既有损于其政治威信，更是严重地侵害到其家族利益，这在他与司马懿的书信中有明确的表白。有学者认为，郭淮遣发妻子时群情激愤的场面，"显然有郭淮鼓动的成分在内"①，这个判断是有道理的。这场家庭危机和政治风波得以化解，郭淮采取了正确的行动步骤和斗争策略是关键。郭淮的步骤就是走了服从—抗争—请求的"三步曲"，其中隐含的策略则是，凭借自身的政治、军事实力，以对司马氏表示服从为筹码，换取家族利益的保全。作为事件的另一方，司马懿真正关心的也正是郭淮的政治态度，他当然不会为了一刑家女子的生死而不顾大局。

这场危机中互结婚姻的两个家族太原王氏和太原郭氏，都是地方上有名的大族。魏晋时期是士族门阀形成的时代，就婚姻关系而言，人们通常是通论魏晋，认为当时婚姻的主流是门第婚；也有学者提出不同意见，认为三国婚姻不重视门第，强调三国婚姻的政治性。②就个人读史所见，政治性婚姻在三国前期比较突出，婚姻不重视门第的现象在某些家族中也确实存在，然而在三国政权相继建立并渐趋稳定以后，社会上层婚姻的主流实际上是权势相结与门第相尚并重，又因为权势之家的高贵地位随着时间推移而趋于固化，所以门第婚是婚姻演变的基本方向。在此婚姻大环境之下，由夷三族酷刑而追戮已出嫁之女，便动辄殃及互结婚姻的权贵高门，愈发暴露其破坏性而受到人们的质疑和抵制。

《晋书·刑法志》记载：

---

① 范兆飞：《中古太原士族群体研究》，中华书局2014年版，第51页。
② 参见薛瑞泽：《嬗变中的婚姻——魏晋南北朝婚姻形态研究》，三秦出版社2000年版，第7—25页。

及景帝辅政，是时魏法，犯大逆者诛及已出之女。毌丘俭之诛，其子甸妻荀氏应坐死，其族兄颛与景帝姻，通表魏帝，以匄其命。诏听离婚。荀氏所生女芝，为颍川太守刘子元妻，亦坐死，以怀妊系狱。荀氏辞诣司隶校尉何曾乞恩，求没为官婢，以赎芝命。曾哀之，使主簿程咸上议曰："……大魏承秦汉之弊，未及革制，所以追戮已出之女，诚欲殄丑类之族也。然则法贵得中，刑慎过制。臣以为女人有三从之义，无自专之道，出适他族，还丧父母，降其服纪，所以明外成之节，异在室之恩。而父母有罪，追刑已出之女；夫党见诛，又有随姓之戮。一人之身，内外受辟……男不得罪于他族，而女独婴戮于二门，非所以哀矜女弱，蠲明法制之本分也。臣以为在室之女，从父母之诛，既醮之妇，从夫家之罚。宜改旧科，以为永制。"于是有诏改定律令。①

程咸上议主张废止"追戮已出之女"的做法，其理由有两点：一是"举服叙为例，认为女子出嫁前为父服斩衰，故应从父母之诛；女子出嫁后为父降服不杖期，而为丈夫服斩衰，就应只从夫家之罚"。②二是认为出嫁女需要为父党、夫党双方承担刑责，"一人之身，内外受辟"，在执法上对女性严重不公。从宗法伦理的原则和司法公正的立场上讲，这两点理由都是相当充分的。程咸上议，起因是为了挽救毌丘甸女毌丘芝的性命，毌丘甸妻荀氏是推动案件发展的关键人物。由于出自颍川荀氏家族，更兼以族兄荀颛为司马氏心腹且与司马师有姻亲关系（荀颛从侄荀霬妻为司马师妹），荀氏不仅自己被特许离婚以免祸，还能够进一步替女儿求情，最终促成刑事律令的变革，整个事件中所包含的家世、婚姻关系和政治因素，是值得我们特别留意的。

如果说"追戮已出之女"的酷暴做法往往引发短暂的危机事态，那么在以流刑或收孥替代死刑的场合，为父家坐罪的出嫁女性及其夫家就要面

---

① 《晋书》卷三〇《刑法志》。
② 丁凌华：《中国丧服制度史》，上海人民出版社2000年版，第203页。

对婚姻破裂、家庭关系扭曲的长期困扰。这方面的典型事例，恰恰与司马氏心腹、大功臣贾充有关联。贾充的原配妻子为李丰之女，李丰等人因谋反被夷三族，"其余亲属徙乐浪郡"。所谓"其余亲属"，是指除三代内直系亲属和旁系亲属以外的其他亲属，虽然具体范围无法确认，但出嫁女肯定包含在内。此案发生时，贾充刚投靠司马师不久，并无实力保全妻子。李氏被流徙后，贾充又娶郭淮弟城阳太守郭配之女郭槐为妻。待到晋武帝司马炎登基，在外流离达十余年的李氏因大赦得还，武帝特诏贾充置左右夫人，以平衡其家庭关系。然而，贾充忌惮后妻郭槐妒悍，却不敢迎前妻李氏归家，而是另筑别室安置，不与往来。《晋书·贾充传》还记载："时沛国刘含母，及帝舅羽林监王虔前妻，皆毌丘俭孙女。此例既多，质之礼官，俱不能决。虽不遣后妻，多异居私通。"[1]在重视"礼教"的西晋时代，夫妻关系不能循礼而正，确实是一个不小的社会问题，由此亦可窥见族刑的负面影响之深远。

在同样遭受夷三族酷刑的条件下，也有出嫁女免受牵连的情况，其特殊性是颇为耐人寻味的。诸葛诞女嫁司马懿子司马伷为妻，在诸葛诞因反叛被夷三族之后，其女未受株连，婚姻关系也一如既往。这是因为诸葛氏女作为司马氏妇，已经与司马氏家族融为一体，父党与夫党对于她孰轻孰重是不言而喻的。与此类似的另一个案例，则与羊祜有关。羊祜妻为夏侯霸之女。曹爽被杀后，时为征蜀护军的夏侯霸自疑，逃亡入蜀，"以〔夏侯〕渊旧勋赦霸子，徙乐浪郡"[2]。夏侯霸叛降敌国，按律条是应当以谋反大逆定罪的，尽管夏侯霸子以乃祖旧勋被赦宥，仅处以流徙之刑，但这并不意味着其他亲属也可以获得减刑待遇。《晋书·羊祜传》记载："夏侯霸之降蜀也，姻亲多告绝，祜独安其室，恩礼有加焉。"[3]"姻亲多告绝"，说明此案依然株连深重，受牵连的姻亲大多不得不通过离婚来免祸。羊祜在此恐怖高压的环境下维护妻子，存续婚姻，其仁义和担当是值得世人称

---

① 《晋书》卷四〇《贾充传》。
② 《三国志》卷九《夏侯渊传》。
③ 《晋书》卷三四《羊祜传》。

道的。不过，如果考虑到羊祜特殊的姻亲背景，我们对此事的认识就没有那么简单。泰山羊氏是自汉代以来的高门，羊祜姊嫁司马师为妻，尽管该案发生时羊祜在政治上与司马氏无甚瓜葛，但凭借如此强硬的姻亲关系，他要保全妻子并使自己不受牵累，还是不成问题的。总之，在族刑案的处理方面，涉案人与司马氏家族关系的亲疏程度，是影响案件最终结果的重要因素，有时甚至是决定性因素。

三　结语

魏晋鼎革兴替的"禅代"路上，充满了血腥和恐怖。照西晋时人的说法，是"铁钺屡断，剪除凶丑"①。史家则以沉重的笔调写道："魏晋之际，天下多故，名士少有全者。"②司马氏铲除政敌，除了一些零星的杀戮行为之外，大量地使用族刑，尤其是夷三族酷刑，是其主要手段，由此造成的杀戮之深重，是令世人震骇的，例如曹爽案，曹爽、何晏等"同日斩戮，名士减半"③。司马氏的禅代，虽然号称"应天顺人"，"有大造于魏"，但是一连串的杀戮事件，却暴露出它的"逆取"性质，其严重后果就是使司马氏皇权的神圣性、正统性受到世人的怀疑。④

司马氏滥用族刑的另一个严重后果，就是造成了社会上婚姻家庭关系的严重破坏，使统治集团内部形成了持久的分裂和对抗。正因如此，晋武帝登基伊始，即把处理禅代遗留问题摆到头等重要的位置。他在禅让仪式后发布的诏书中明确宣布"大赦天下"⑤，具体内容为："除旧嫌，解禁锢，亡官失爵者悉复之。"⑥围绕这个问题，晋武帝做了许多实实在在的工

---

① 《晋书》卷四六《刘颂传》。

② 《晋书》卷四九《阮籍传》。

③ 《三国志》卷二八《王凌传》注引习凿齿《汉晋春秋》。

④ 参见阎步克：《西晋"清议"呼吁之简析及推论》，《乐师与史官——传统政治文化与政治制度论集》，生活·读书·新知三联书店2001年版，第226—267页。

⑤ 《初学记》卷二〇，中华书局影印本1962年版。

⑥ 《晋书》卷三《武帝纪》。

作。①他的所作所为，对于缓解统治集团内部的紧张和对抗，是必要的和及时的，却不能说是充分的。《晋书·诸葛恢传》记载：诸葛诞子诸葛靓先前逃亡入吴，吴平后回到洛阳，"诏以为侍中，固辞不拜，归于乡里，终身不向朝廷而坐"。②禅代过程中的杀戮在士大夫心理上留下的阴影，绝不可能在短期内得到消解。

　　从法律史的视角看，当我们把族刑定义为一种刑事责任制度时，与死刑相关的族诛、夷三族之类的重案无疑是族刑中最具有代表性的。在汉代，导致族诛、夷三族重案的是大逆无道罪；曹魏则将汉律中的大逆无道罪拆分为大逆无道、谋反大逆两罪，其中谋反大逆罪须处以族诛（或称"收、夷三族"）、夷三族的刑罚。曹魏后期族刑的应用，相较于汉代既表现出总体司法取向上的一致性和继承关系，也有一些体现时代特点的新变化。首先，对于普通族刑，司马氏采取了法内宽宥的举措，而不是像汉代那样，一概施行"父母、妻子、同产无少长皆弃市"。其次，对于夷三族酷刑，司马氏则有法外用刑扩大化的趋势，"追戮已出之女"，李丰案株连及三族以外的"其余亲属"，均为其证。第三，魏末刑律变革中，主张废止"追戮已出之女"做法的呼声甚高，变革的方向则是引入服叙原则作为株连正犯亲属的依据。种种迹象显示，曹魏后期的族刑朝着株连范围扩大化、株连对象及刑罚措施差别化的方向演变，而服叙原则的引入和应用则成为这一过程的终极目标。《晋书·刑法志》称《晋律》"峻礼教之防，准五服以制罪"。③学者们公认，这是中国古代刑律制度的重大变革，是中国法律儒家化进程中的标志性事件。我们上面的分析表明，《晋律》"准五服以制罪"原则的确立，应当充分地借鉴、吸取了曹魏后期司法实践的经验。

---

① 参见本书中篇第六章第一节。
② 《晋书》卷七七《诸葛恢传》。
③ 《晋书》卷三〇《刑法志》。

附篇

第一章　东、西曹考述

　　西曹、东曹本来是西汉丞相府、东汉三公府的下属办事机构，西曹主管府内事务，东曹主管府外事务，地位突出，它们在协助丞相、三公处理政务，履行封建国家赋予的行政职能方面发挥着重要作用。作为封建国家最高行政长官所属的主要办事机构，西曹、东曹的演变与封建国家中央行政权力的分配和宰辅执政权力的升降关系密切。东汉时期，西曹、东曹的设置范围扩大到军府。而自东汉末年以后，由于分裂割据局面加重，中央与地方的行政关系发生一些新的变化，西曹、东曹的设置范围进一步扩大，呈现出由中央向地方下移的趋势。东、西曹存在的时间很长，跨越许多朝代，纪传体正史是记录其实况的主要资料。通过检索台湾"中央研究院"汉籍电子文献之"二十五史"，我们可以很方便地得到正史中有关东、西曹的记载：包括正文部分和注释部分，涉及西曹的共计159条，涉及东曹的共计62条，其中有不少交叉重复之处（西曹、东曹同出一段史料而分别列出，同纪一事而多处史料互见）。另外，因省称而未出现"西曹""东曹"字样，而实为记两曹史事，但无法检索到的材料，也偶有所见。本文拟以正史记载为主，参考其他文献，对东、西曹演变的情况作一考察叙述。①

---

　　①　对于西曹、东曹，目前学界尚无专文研究。通论性的著作中，安作璋、熊铁基撰《秦汉官制史稿》上册（齐鲁书社1984年版），祝总斌撰《两汉魏晋南北朝宰相制度研究》（中国社会科学出版社1990年版），对西汉丞相府、东汉三公府西曹、东曹的职能，有比较多的论述；此外的政治制度史论著，基本上未对西曹、东曹的有关问题展开讨论。

一 西汉丞相府、东汉三公府的东、西曹

西汉前期的中央决策行政体制号称三公制度，但实际发挥作用的却是丞相制。由于太尉不常置，御史大夫的地位又不及丞相和太尉，因而丞相几乎无所不统，权力也最重。安作璋、熊铁基先生合著的《秦汉官制史稿》，把西汉丞相的具体职权归纳为五个方面，概括而言，则是用人和出谋定策两个方面①。丞相掌握重大权力，职事繁重，必须设置属官，协助处理各类事务。据卫宏《汉旧仪》记载：

> 丞相初置，吏员十五人，皆六百石，分为东、西曹。东曹九人，出督州为刺史。西曹六人，其五人往来白事东厢，为侍中；一人留府，曰西曹，领百官奏事。②

这里讲的是丞相初置时的属官。另外，丞相一度更名为相国，但其职权并无变化，属官的设置也应大体类似。据此可知：丞相初置时，丞相府的建制相当简略，吏员十五人，皆六百石，通称为史，而无等级区分；其职能分为两个部分，西曹六人，领百官奏事，为丞相决策提供参考意见，东曹九人，出督州为刺史。西汉最高行政长官丞相的下属办事机构，最早就是以东、西曹分立，西曹主内、东曹主外的形态出现的。

丞相属官人数扩大并出现等级差别，大约始自汉文帝时。"文帝二年复置一丞相，有两长史，秩千石。……武帝元狩五年初置司直，秩比二千石，掌佐丞相举不法。"③长史相当于丞相府的总管，"盖众史之长也，职无不监"④；自武帝置司直以后，司直又成为丞相府中的最高属官。汉武

---

① 参见安作璋、熊铁基：《秦汉官制史稿》上册，齐鲁书社1984年版，第30—34页。
② 孙星衍等辑，周天游点校：《汉官六种》，中华书局1990年版。
③ 《汉书》卷一九上《百官公卿表上》。
④ 《通典》卷二一《职官三·宰相》。

帝时代，在开边拓土的同时，各种制度兴造很多，导致丞相属官人数大增，形成规模。《汉旧仪》记载："武帝元狩六年，丞相吏员三百八十二人（案：实为三百六十二人）：史二十人，秩四百石；少史八十人，秩三百石；属百人，秩二百石；属史百六十二人，秩百石。"①这是除司直、长史以外的丞相府一般属官，他们已区分为秩石不同、称号各异的四个等级。丞相属官队伍庞大，其选拔任用逐渐形成制度，《汉旧仪》称："〔丞相吏员〕皆从同秩补。……官事至重，古法虽圣犹试，故令丞相设四科之辟，以博选异德名士，称才量能，不宜者还故官。第一科曰德行高妙，志节清白。二科曰学通行修，经中博士。三科曰明晓法令，足以决疑，能案章覆问，文中御史。四科曰刚毅多略，遭事不惑，明足以照奸，勇足以决断，才任三辅剧令。皆试以能，信然后官之。第一科补西曹南阁祭酒，二科补议曹，三科补四辞八奏，四科补贼决。"②此时的丞相府一般属官，全部由丞相自行辟召，按德才要求不同的"四科"分别遴选；其任用则与选拔相对应，补入职掌各异的四个分支机构。由此也可看到，随着属官队伍扩大，丞相府在西曹、东曹以外，逐步分出议曹、奏曹等其他分支机构。

在丞相府分支机构增多的情况下，东、西曹的职掌有何变化呢？《汉旧仪》记述丞相属官的分工说："掾有事当见者，主簿至曹请，不传召，掾见脱履，公立席后答拜。百石属不得白事，当谢者西曹掾为通谢部。吏二千石初除，诣东曹掾拜部，谒者赞之。"③西曹本来主管全部府内事务，分曹后原有的大部分职能丧失，此时似仅专管府中僚属事务。东曹则不受分曹的影响，其督察州部的职能没有变化。据《汉旧仪》的记载，由东曹掾充任的"丞相刺史"，除巡视所部郡国，以"六条"督察长吏外，还负有荐举人才，以备朝廷选用的职责。

由于武帝元封五年（前106）设置专职刺史，东曹的职权开始发生重要变化。据《汉书·百官公卿表》记载："监御史，秦官，掌监郡。汉省，

---

① 孙星衍等辑：《汉官六种》。
② 孙星衍等辑：《汉官六种》。
③ 孙星衍等辑：《汉官六种》。

丞相遣史分刺州，不常置。武帝元封五年初置部刺史，掌奉诏条察州，秩六百石，员十三人。"汉代中央对郡国实施监察，由秦代御史监郡制度演变而来，这也是"汉承秦制"的一个例证。但汉代监察郡国的具体做法，却并非简单的因袭秦代，而是经历了曲折的变化。《通典》卷三二《职官一四》对此有较为详细的记述：

> 秦置监察御史。汉兴省之。至惠帝三年，又遣御史监三辅郡，察词讼，所察之事凡九条，监者二岁更之。常以十月奏事，十二月还监。其后诸州复置监察御史。文帝十三年，以御史不奉法，下失其职，乃遣丞相史出刺并督监察御史。武帝元封元年，御史止不复监。至五年，乃置部刺史，掌奉诏六条察州，凡十二州焉（案：应为十三州）。

拿上引《百官公卿表》的记载对照本段文字，可知西汉建立之初，仅有"丞相史"以州为区划不定期地对郡国实施监察（此时的州，大约是依《禹贡》九州之区划）。自惠帝三年（前192）遣御史监三辅郡以后，各郡国又普遍派遣监察御史。到文帝十三年（前167），开始定期地派遣丞相史出刺，并督所在州部的监郡御史，大体上形成了州郡两级的监察体制。以上可以看作是西汉地方监察制度的初期阶段。汉武帝出于加强集权统治的需要，对监察体制实行变革，废除御史、丞相史监郡之制，在全国设置十三州部，每州派刺史一人。十三州刺史受中央御史中丞管辖，直接对皇帝负责。同前期御史、丞相史并出，职事重叠、各自为政相比，这是一种比较成熟的监察制度。

自有专职刺史以后，丞相东曹便不再对郡国实施经常性的监察。但是，这并不意味着东曹主外的职能从此丧失。《汉书》卷七四《丙吉传》记载了这样一件事："〔丞相丙吉的驭吏〕知虏入云中、代郡，遽归府见吉白状，因曰：'恐虏所入边郡，二千石长吏有老病不任兵马者，宜可豫视。'吉善其言，召东曹案边长吏，琐科条其人。"丙吉在宣帝朝任丞相，而劾案百官是丞相的固有职权，本传的事例告诉我们，丞相履行劾案地方"二千石长吏"的职能，主要是通过东曹进行具体操作的。我们不妨这样认为，丞相东曹的主管对象自来就是地方"二千石长吏"即郡国守相，只不过其职权大小随时势不同而有伸缩，在东曹不再对郡国守相进行经常性监察之后，其考察郡国守相的职能仍然残留下来。另外，《丙吉传》还记载，上述驭吏曾因嗜酒醉呕丞相车上，"西曹主吏白欲斥之"，说明此时的丞相西曹确以主管府中僚属为职责。

在东、西曹的职掌发生变化的同时，东、西曹掾的地位同样发生了重要变化。《汉旧仪》说武帝时丞相史"秩四百石"，其中包括东、西曹掾在内，他们由丞相自行辟召，与丞相的关系如同"师弟子"。这与丞相初置时丞相史"皆六百石"，并且须经朝廷任命相比，有相当大的差别。在汉代禄秩制的职官等级系列里，六百石是一个重要的职位，它是高官与低官之间的分水岭。汉代的官吏，大体上存在六百石以上为官、以下为吏这一分野，六百石以上官享有赋税、刑法、服制、车制等方面的特权，他们在享有俸禄方面，也与六百石以下吏相差很大。① 《汉旧仪》载："或曰：汉初掾史辟，皆上言，故有秩皆比命士。"② 六百石官"位下大夫"③，必须经过朝廷任命，汉初的丞相史亦须经过朝廷任命，所以"秩比命士"，为六百石。从秩六百石的"命士"到自行辟召的秩四百石吏，东、西曹掾的地位发生了实质性的下降，这一变化恰与东、西曹掾职权的减轻相对应。

西汉末成、哀之世，在复古思潮的推动下，中枢体制呈现出由丞相制向三公制转变的趋势。成帝绥和元年（前8），令大司马置印绶官属，改御史大夫为大司空，与丞相合称三公。但仅过三年，即哀帝建平二年（前5），由于时任大司空的朱博上书反对，三公制瓦解，大司空复为御史大夫，大司马省去印绶官属。到哀帝元寿二年（前1）五月，"正三公官分

---

① 参考上田早苗：《贵族官僚制度的形成》，《日本中青年学者论中国史·六朝隋唐卷》，上海古籍出版社1995年版，第15页；黄惠贤、陈锋主编：《中国俸禄制度史》，武汉大学出版社1996年版，第44页。

② 孙星衍等辑：《汉官六种》。

③ 《汉书》卷八三《朱博传》称"刺史位下大夫"，而刺史为秩六百石。

职"①，复置大司马印绶官属，改丞相为大司徒，御史大夫为大司空，三公之制终于确立。三公制使丞相职权一分为三，由此也导致东、西曹的设置范围扩大。

东汉初年，三公名号承哀帝之旧。光武帝建武二十七年（51），以太尉、司徒、司空为三公新名号。当时太尉分工管军事，司徒分工管民政，司空分工管工程，地位相等，无轻重之分。遇到郊祀、大丧及"大造大疑"，他们都有权参预，或者分工处理，或者联合论争，不允许任何一方具备特殊权力。陈仲安先生认为，地位相等、权力平衡，是三公制的内涵要素，因而三公制的正式形成，是在东汉时期。②东汉一代的三公府属官，在经历西汉以来的发展完备以后，建制较为稳定，《续汉书·百官志一》对此有详细记述。其中记太尉府属官云：

> 长史一人，千石。本注曰：署诸曹事。掾史属二十四人。本注曰：《汉旧注》东西曹掾比四百石，余掾比三百石，属比二百石，故曰公府掾，比古元士三命者也。……西曹主府史署用。东曹主二千石长吏迁除及军吏。户曹主民户、祠祀、农桑。奏曹主奏议事。辞曹主辞讼事。法曹主邮驿科程事。尉曹主卒徒转运事。贼曹主盗贼事。决曹主罪法事。兵曹主兵事。金曹主货币、盐、铁事。仓曹主仓谷事。黄阁主簿录省众事。令史及御属二十三人。

太尉府设置十二个曹，分别管理各类事务，另有黄阁主簿录省众事，长史总署诸曹事，其主要职能机构大抵如此；令史及御属等，则分别处理府中各种杂务。该志未记述司徒府和司空府的机构设置情况，这应该是司徒府、司空府的机构设置基本上与太尉府相同，故行文从略。

东汉一代，三公仍然是当然的宰相，但尚书权力增重，在很大程度上侵夺了三公的权力。三公执政权力的伸缩，与三公府下属机构行使自身职

---

① 《汉书》卷一一《哀帝纪》。
② 参见陈仲安、王素：《汉唐职官制度研究》，中华书局1993年版，第7页。

能的状况密切相关，东曹在反映这层关系方面，颇为突出而引人注目。前引《续汉书》称太尉所属东曹"主二千石长吏迁除及军吏"，祝总斌先生根据这条记载，并稽考有关三公职掌的文献，认为："由于司徒拥有此殿（百官朝会殿），接受郡国上计，又亲自了解统治情况，虽然以这些为依据所进行的考课和奏行赏罚，是由三公共同商定，但太尉偏重边郡，司空偏重涉及水土工程的郡国，所以一般郡国恐怕是司徒起主要作用。"[①]太尉主军吏迁除，而郡国二千石长吏的考课、奏行赏罚以及迁除，则是三公各有所掌；具体地说，这些事务是由三公府的东曹分别负责的。

　　然而，《后汉书》卷三三《朱浮传》却记载："旧制，州牧奏二千石长吏不任位者，事皆先下三公，三公遣掾史案验，然后黜退。帝时用明察，不复委任三府，而权归刺举之吏。"朱浮为此上疏指出："窃见陛下疾往者上威不行，下专国命，即位以来，不用旧典，信刺举之官，黜鼎辅之任，至于有所劾奏，便加免退，覆案不关三府，罪谴不蒙澄察。陛下以使者为腹心，而使者以从事为耳目，是为尚书之平，决于百石之吏。"这段记载牵涉到三公与州牧（刺史）、尚书之间行使职权的纠葛。本来，州牧劾奏郡国二千石长吏，须告知三公，由三公遣东曹掾史案验，然后黜退。但光武帝有意绕开三公，在州牧劾奏之后，直接由尚书作出黜退的裁决。如此一来，光武帝通过委任"台阁"尚书和"外台"州牧，侵夺了三公劾奏二千石长吏的权力，达到了"黜鼎辅之任"，分散、削弱相权的目的。在这一过程中，三公东曹履行其案验职能的程序遭到破坏。

　　东汉时期，三公府的东、西曹掾是辟召制下所能得到的最高职位，表面上看，其比四百石的秩位比西汉丞相东、西曹掾秩四百石略低，但其实际地位似较后者更高。首先在享受特权方面，自光武帝建武三年（27）以后，三百石以上官均可得到"有罪先请"的待遇[②]，东西曹掾自不例外，而此前这种待遇仅限于六百石以上官。更为重要的是，在东汉征辟制盛行

---

　　① 参见祝总斌：《两汉魏晋南北朝宰相制度研究》，中国社会科学出版社1990年版，第69页。

　　② 《后汉书》卷一《光武帝纪》。

的选举条件下，三公府辟召是除皇帝征召之外的相当荣显的仕进坦途。崔寔《政论》称："三府掾属，位卑职重，及其取官，又多超卓，或期月而长州郡，或数年而至公卿。"①包括东、西曹掾在内的"三府掾属"，虽然职位不高，却能得到迅速迁升的机会，因而引得士人及权贵之家争相趋附。

二　东汉末年军府、公府的东、西曹

西汉的丞相，东汉的太尉、司徒和司空，都是秩位为公的宰相，西曹、东曹则是他们专设的下属机构。然而在东汉时期，西曹、东曹的设置范围呈现出扩大的趋势。一些职位比同三公的将军，如车骑将军、大将军等，他们的军府也渐次设置西曹、东曹；当然，这种情况的出现，与东汉中枢政治的演变，尤其是外戚专权局面的发展，有着密不可分的关系。

《续汉书·百官志一》记述将军云：

> 将军，不常置。本注曰：掌征伐背叛。比公者四：第一大将军，次骠骑将军，次车骑将军，次卫将军。又有前后左右将军。

该条刘昭补注引蔡质《汉仪》，内容要充实一些："汉兴，置大将军、骠骑，位次丞相，车骑、卫将军、左、右、前、后，皆金紫，位次上卿。典京师兵卫，四夷屯警。"西汉时期，大将军、骠骑将军是最重要的将军称号，他们与丞相的地位是相当的。其中，霍光、王凤先后以"大司马大将军"领尚书事，为中朝官之首、辅政大臣，其实际地位比丞相还要高。车骑将军、卫将军的地位也很高，东汉以后与三公的地位相当。西汉时

---

① 虞世南编：《北堂书钞》卷六八《设官部二十》，学苑出版社影印本1998年版。按原书无"位卑职重"四字，据孙启治《政论校注》补。参见孙启治校注：《政论校注》，中华书局2012年版，第189页。

前后左右将军"位上卿，金印紫绶"①，宣、元以后，多充任中朝官，参预朝政。以上自大将军至前后左右将军，均为重号将军，是皇帝的最高级武官。

西汉后期，以大将军为代表的诸重号将军在中枢政治中发挥着重要作用，他们的幕府分别设置有员额不等的属官。这些属官可以分两大类：一类是属于军队系统的，如校尉、司马以及军监、千人等；另一类是长史、从事中郎以及各种掾、史，这些是管理府内事务的。②总体看来，这些军府的属官设置与当时丞相府或三公府的建制有很大差异。东汉以后，情况就大不一样了。据《后汉书》卷四二《东平宪王苍传》记载，明帝十分器重同母弟东平王刘苍，"及即位，拜为骠骑将军，置长史、掾史员四十人，位在三公上"。刘苍以宗王辅佐朝政，因为身份特殊，故不在三公之列，另拜骠骑将军，位在三公之上。他的军府掾史多达40人，超过了当时太傅府和三公府的规模，由于他是只理政而不领兵，估计其军府机构的主要部分是仿照三公府的建制，与普通军府有差别。同书卷二七《吴良传》载，吴良一度被骠骑将军东平王刘苍辟署为西曹掾，可以为上述推测提供佐证，这也是史籍所见将军府设置西曹的最早记录。此后，将军开府制度在和帝朝得到重大发展。永元元年（89），窦太后兄窦宪请求出击北匈奴，"乃拜宪车骑将军，金印紫绶，官属依司空"③。同年九月，窦宪班师凯旋，拜为大将军。据《后汉书》卷二四本传记载："旧大将军位在三公下，置官属依太尉。宪威权震朝庭，公卿希旨，奏宪位次太傅下，三公上；长史、司马秩中二千石，从事中郎二人六百石，自下各有增。"窦宪拜车骑将军时"官属依司空"，应该理解为依照司空府的员额和建制配置车骑将军府的属官。因为《续汉书·百官志一》记述诸重号将军的属官云：

长史、司马皆一人，千石。本注曰：司马主兵，如太尉。从事中

---

① 《汉书》卷一九上《百官公卿表上》。
② 参见安作璋、熊铁基：《秦汉官制史稿》上册，齐鲁书社1984年版，第256—257页。
③ 《后汉书》卷二三《窦融传附曾孙宪传》。

郎二人，六百石。本注曰：职参谋议。掾属二十九人。令史及御属三
十一人。本注曰：此皆府员职也。又赐官骑三十人，及鼓吹。其领军
皆有部曲。

此处把将军的属下明确地记述为两个部分：自长史、司马、从事中郎
以下，包括掾属、令史及御属，"此皆府员职也"，即通常情况下的军府属
官；将军领兵时另有"部曲"，配置属于军队系统的各类军吏。据此记载，
窦宪本传所说的车骑将军"官属"，并不包括其所领各类军吏，这部分
"官属"依照司空府的建制予以配置，突出政务方面的职能，是容易理解
的。窦宪领兵出击北匈奴，军事行动是暂时的，但他却在窦太后的支持
下，乘机拜授地位尊显的车骑将军，又依照司空府的建制设置其军府，这
些都是从长远着眼，巩固窦氏的执政地位。窦宪旋即拜为大将军，除了按
旧制依太尉府设置其军府①，还使大将军位在三公之上，次于太傅为上公，
令属官增秩，其中长史、司马秩中二千石，同于九卿，窦氏权势显赫一
时。窦宪在和帝朝专权，开东汉一代外戚专权之端，在此过程中，形成了
与外戚专权相适应的将军开府制度。与西汉相比，东汉的车骑将军府、大
将军府基本上是依三公府的建制设置，突出政务职能和行使这一职能的稳
定性。东汉中后期，执政的外戚或任车骑将军，或任大将军，形成惯例。

如上所述，东汉中后期执政的外戚，其车骑将军府或大将军府，均应
设有西曹、东曹。作为例证，汉末何进的大将军府，有蒯越任东曹掾，伍
孚任东曹属。董卓之乱以后，东汉朝廷名存实亡，大小军阀蜂起，在经过
一番兼并之后，形成了几个大的军阀集团。这些据州兼郡的大军阀，为了
实现对辖境内军政大权的有效控制，其最方便的途径，就是仿照三公府的
建制，设置自己的军府。当然，具体情况还要视各个军阀向朝廷窃取的名
号而定。下面，我们依据史籍所载录，就一些军阀任职和设置东、西曹的
情况，依次加以考察。

---

① 查史籍可知，在窦宪之前，东汉无任大将军者。窦宪本传所谓"旧大将军位在三公下，置
官属依太尉"，应当是仅有制度规定，至窦宪任大将军，始付诸实施。

刘虞，灵帝中平六年（189）以幽州牧加拜太尉，不久改拜大司马；属下有东曹掾魏攸。刘表，献帝初平三年（192）拜镇南将军、荆州牧，假节；属下有东曹掾傅巽。刘备，献帝建安四年（199）拜左将军，后自领益州牧；属下有左将军西曹掾刘巴。孙权任职的情况较为复杂，他在建安五年拜讨虏将军，领会稽太守；十四年，自为行车骑将军，领徐州牧；二十四年，拜骠骑将军，假节领荆州牧。至魏文帝黄初二年（221），接受魏帝封拜，为大将军，使持节督交州、领荆州牧事；次年自立年号为黄武，宣告建国。在孙权任以上职位的几个阶段，先后在其军府任职的有：讨虏将军东曹掾顾徽；车骑将军西曹掾张敦，东曹掾冯熙、步陟；骠骑将军西曹掾张承、阚泽，东曹掾刘基；大将军西曹掾沈珩。此外，张允亦曾为孙权东曹掾，陆逊曾在幕府任东、西曹令史，但任职时间不详。公孙渊，其祖父公孙度在汉末割据辽东，父康、叔父恭相继嗣位。魏明帝太和二年（228），渊胁夺恭位，明帝拜渊扬烈将军、辽东太守；其属下有西曹掾公孙珩。

从史籍反映的情况看，汉末军阀设置和运作东、西曹，具有如下明显的特点。首先，在王纲解纽、割据相争的局面下，对各军阀而言，争夺人才，着力加强政权建设，无疑是头等大事。东汉三公府的西曹、东曹，本来就分别掌管对内、对外人事处置权，因此，仿照三公府的建制，在自己的军府设置西曹、东曹，使之成为政权建设的枢纽，就是他们最方便的选择。从各军阀具体的任职情况看，刘虞为太尉、大司马，刘备为左将军，孙权后来为车骑将军、骠骑将军和大将军，他们以三公或重号将军的身份设置东、西曹，在制度上应当不存在障碍；而刘表为镇南将军，孙权先前为讨虏将军，公孙渊为扬烈将军，都只是杂号将军，其设置东、西曹，则是突破了旧制的轨范。由此说明，由于东、西曹处在政权建设的枢纽地位，各军阀无论其名号如何，也无论其是否完全照搬三公府的建制，东、西曹都是要优先设置的；东、西曹在汉末呈现出前所未有的活跃面貌，原因就在于此。

其次，各军阀都相当重视东、西曹掾属的选任，被选用者均为才智之士。例如刘表的东曹掾傅巽，是一个典型的人物识鉴专家。孙权的东曹掾顾徽"有才辩"，后拜辅义都尉，出使曹操。另一东曹掾冯熙，后来拜立信都尉，使蜀吊刘备丧；又为中大夫，出使魏国。孙权的大将军西曹掾沈珩，"少综经艺，尤善《春秋》内、外传。权以珩有智谋，能专对，乃使至魏"①。这些人充当使节，不辱使命，不损国威，自非一般凡才。

在汉末军阀中，曹操的情况比较特殊。他在建安元年（196）把汉献帝挟持至许，取得"挟天子而令诸侯"的政治地位，由普通军阀跃升为朝廷宰辅。当年九月，曹操拜大将军，两个月后，由于袁绍的反对，他辞去大将军职位，转拜司空。自此至建安二十五年曹操去世，他相继为汉丞相、魏公和魏王，以霸府政治的模式实现对国家的控制。在此期间，其司空府、丞相府的僚属机构不断发展膨胀，其中东、西曹尤为活跃，大量的文献记录，充分地为我们展示了当时东、西曹运作的实态。

首先，曹操大将军府、司空府和丞相府的东、西曹，先后在其中任职者人数众多，见于史载的有满宠、毛玠、陈群、梁习、王思、崔琰、蒋济、陈矫、卢毓、郭湛、丁仪、胡质、徐奕、何夔、邢颙、徐宣、常林、徐邈、司马懿等，共19人。这些人具体的任职有三种，即东、西曹掾，东、西曹属和东、西曹令史。

其次，先后任西曹掾的，有陈群、崔琰、郭湛、丁仪等4人，任东曹掾的有毛玠、崔琰、何夔、邢颙、徐宣、陈群等6人，而毛玠、崔琰主持东、西曹的时间最长、影响最大。当时，中央和地方的选官之权基本上归属曹操霸府的东、西曹。在内部分工方面，仍然遵循着西曹主内、东曹主外的旧制框架，但东、西曹之间的合作有强化的趋势。例如，陈群任司空西曹掾属，"时有荐乐安王模、下邳周逵者，太祖（曹操）辟之。群封还教，以为模、逵秽德，终必败"②。这是西曹主府吏署用之证。毛玠长期主持东曹事务，"其典选举，拔贞实，斥华伪，进逊行，抑阿党。诸宰官治民功绩不著而私财丰足者，皆免黜停废，久不选用。于时四海翕然，莫

---

① 《三国志》卷四七《吴书·吴主传第二》。
② 《三国志》卷二二《魏书·陈群传》。

不励行。至乃长吏还者，垢面羸衣，常乘柴车。军吏入府，朝服徒行"。①东曹主管地方宰官治民的长吏和军吏，于此清晰可见。东曹主管军吏，尚有丁斐的事例为证。丁斐任典军校尉，多有不法行径，曹操曾言"东曹毛掾数白此家，欲令我重治"②。由于东曹的职能范围较广，集中了大部分的选举事务，因而它成了当时选举斗争的焦点。

再次，在操作选举方面，对候选对象的德才进行考察评定的环节得到加强。崔琰任东曹掾时，曾为丞相征事邴原、议郎张范作评状云："征事邴原、议郎张范，皆秉德纯懿，志行忠方，清静足以厉俗，贞固足以干事，所谓龙翰凤翼，国之重宝。举而用之，不仁者远。"③这种评状应该就是九品官人法下为士人作状的肇端。《三国志》卷一二《崔琰传》注引《先贤行状》称："魏氏初载，委授铨衡，总齐清议，十有余年。文武群才，多所明拔。朝廷归高，天下称平。"所谓"委授铨衡，总齐清议"，表明崔琰主持东、西曹，其主要职责是掌典对候选对象的品评推荐，这与上举事例可互相印证；而所谓"朝廷归高，天下称平"，则是对崔琰把握人物评论尺度的肯定。上举事例中，崔琰以东曹掾的身份品评丞相府属官邴原、朝官张范，反映出东、西曹之间配合紧密，以及东、西曹掌选的范围很广。

三　魏晋南北朝公府、州府的东、西曹

魏晋南北朝时期，中央决策行政体制沿着东汉以来的轨迹继续发展，并发生了重大变化：东汉时期的太尉、司徒和司空等三公，已经丧失实权，成为虚衔；作为辅佐皇帝进行决策和实施政务的权力机构，是中书、门下和尚书等三省。在地方行政体制方面，州、郡、县三级行政机构已经形成，都督制发展成熟。其时州刺史、郡太守多带将军称号，治民而又领兵；同时，以军将为都督，督一州至数州，或一郡至数郡，往往又兼任军

---

① 《三国志》卷一二《魏书·毛玠传》注引《先贤行状》。
② 《三国志》卷九《魏书·曹爽传》注引鱼豢《魏略·桓范传》。
③ 《三国志》卷一一《魏书·邴原传》。

府所在地的州刺史或郡太守，形成地方政权军事化的明显特征。这个时期，西曹、东曹的设置范围进一步朝着扩散和下移的方向发展，而上述中央和地方政制的变化，对这一过程给予了直接或间接的影响。此外，这个时期政权更迭频繁，造成各个政权之间政制发生差异的因素较多，也增加了当时东、西曹设置情况的复杂性。下面，我们就此期东、西曹的设置和运作情况，分类加以叙述。

1. 魏晋南朝公府的东、西曹

三国西晋时期，名号为公的高官群体呈扩大趋势。当时的丞相，或称相国，不常置；置则多系权臣居此职。丞相之下，曹魏、孙吴均有太尉、司徒、司空等三公官，蜀汉曾以许靖为司徒。曹魏又曾置太傅、太保、大司马、大将军等，位在三公之上；孙吴、蜀汉仅有大司马和大将军。综上可知，三国时除丞相、相国之外，实际上是七公并置。[1]西晋建立之初，尊宠禅代功臣，凡八公同时并置，盛况空前。

除正式的公以外，三国西晋时还广置从公，这是导致公族群体扩张的另一个主要途径。所谓从公，即文武高官以本官加"开府仪同三司"名号，从而获得等同于三公的地位和相应的权力。关于开府仪同三司的渊源，《晋书》卷二四《职官志》称："开府仪同三司，汉官也。殇帝延平元年，邓骘为车骑将军，仪同三司；仪同之名，始自此也。及魏黄权以车骑将军开府仪同三司；开府之名，起于此也。"同《志》还论及以开府而位为从公者，诸开府从公主要是高级武将，文官仅限于带左右光禄、光禄三大夫等散号者。洪饴孙《三国职官表》于曹魏开府仪同三司有考，该表称："仪同三司，无员，魏加官，景初三年初置。加是官者皆以本官开府。可考者八人。"[2]以上《晋志》、洪《表》论述开府仪同三司的渊源和范围，甚为明晰、准确。

曹魏时诸公及从公设置僚属的情况，史不备书。西晋建立以后，对从公以上设置僚属有明确的制度规定，《宋书》卷三九《百官志上》称：

---

① 黄惠贤：《中国政治制度通史·魏晋南北朝卷》，人民出版社1996年版，第81—83页。

② 熊芳等撰，刘祜仁校：《后汉书三国志补表三十种》，中华书局1984年版，第1315页。

晋初凡位从公以上，置长史、西阁、东阁祭酒、西曹、东曹掾、户曹、仓曹、贼曹属各一人；加兵者又置司马、从事中郎、主簿、记室督各一人，舍人四人；为持节都督者，置参军六人。

《晋书·职官志》所记略同，但细节较为详备。从晋初的制度看，诸公及从公府的基本建制为僚属八人，包括长史和西、东阁祭酒各一人，西、东曹掾各一人，户、仓、贼曹属各一人，相当精简。同东汉太尉府相比，置曹数由十二曹减为五曹，掾属由二十四人减为五人，这反映出诸公及从公处理政务的职能确实很有限；当然，这也正是诸公及从公得以广为设置的前提条件。就内部关系而言，西、东曹置掾，其余三曹置属，西、东曹仍然保持着较高的地位。

东晋南朝以降，公族群体依旧庞大，与曹魏西晋无异；但诸公及从公名号虚衔化的倾向更加明显，甚至成为"赠官"。在设置僚属方面，据《宋书·百官志上》记载："江左以来，诸公置长史、仓曹掾、户曹属、东、西阁祭酒各一人，主簿、舍人二人，御属二人，令史无定员。领兵者置司马一人，从事中郎二人，参军无定员；加崇者置左右长史、司马、从事中郎四人，掾、属四人，则仓曹增置属，户曹置掾，江左加崇，极于此也。"公府仅置仓、户二曹，传统上作为公府基本配置的西、东曹已经裁撤，这意味着诸公及从公基本上丧失人事处置权，其处理政务的职能更为有限。然而，宋志载录的情况似乎仅为一般的制度规定，它对普通身份的诸公及从公当然具有约束力，但对特殊身份的诸公及从公，却未必有效。东晋南朝时期，公府的东、西曹实际上并未绝迹，而是在一定范围内继续存在。我们不妨先看如下史实。

西曹方面：东晋初，谢尚为司徒王导西曹属；宋末，顾宪之为太尉萧道成西曹掾，沈昭略为相国萧道成西曹掾；齐末，陆杲为相国萧衍西曹掾；梁武帝时，张种为中卫将军、开府仪同三司西昌侯萧渊藻西曹掾，萧渊藻同时兼任中书令、侍中；梁元帝时，陆山才为征东将军、开府仪同三司王僧辩西曹掾，王僧辩同时兼任尚书令、江州刺史。东曹方面：东晋会稽王司马道子为骠骑将军，"加开府，领司徒"①，其府中设有东曹②；宋文帝时，沈文季为太尉江夏王刘义恭东曹掾；齐武帝时，张稷为大司马豫章王萧嶷东曹掾；齐郁林王时，孔逷为卫将军、开府仪同三司武陵王萧晔东曹掾；梁武帝时，陆倕为骠骑将军、开府仪同三司临川王萧宏东曹掾，张种被选为征西将军、开府仪同三司、益州刺史武陵王萧纪东曹掾，未就职；陈后主时，孔绍忠为镇卫将军、开府仪同三司鄱阳王陈伯山东曹掾。以上西曹6例，东曹7例；由于公府的西曹和东曹向来是同时并置，所以我们可以看作是东晋南朝公府置东西曹共计13例。从这些例子看来，当时有资格设置东西曹的有两类人：一是非宗室的权臣，其中王导是东晋江左政权的重要奠基人之一，备受东晋初年诸帝尊宠，不仅居中枢重地，见待礼节也过于群臣，因而不能以普通诸公看待，其他如宋末的萧道成、齐末的萧衍、梁末的王僧辩等，他们都是朝廷的实际当权者；一是位望崇显的宗室诸王（个别为侯），他们也分别掌握着中央或地方的重要权力。我们知道，在影响东晋南朝政局走向的各种因素里，宗室诸王和非宗室权臣是两支决定性的力量，这两类人享有设置东、西曹的权力，是否暗示着东、西曹在掌握权力方面的重要意义呢？

2. 两晋南朝司徒府的左西曹

西晋的诸公及从公府一般设置五曹，但司徒府是一个例外。《晋书·职官志》载："司徒加置左右长史各一人，秩千石；主簿、左西曹掾属各一人，西曹称右西曹，其左西曹令史已下人数如旧令。"司徒府比一般公府多出一个左西曹，有掾属各一人，由此形成左、右西曹对应的局面。司徒加置左西曹，与司徒领选有关。"司徒府领天下州郡名数户口簿籍"③，九品中正制确立以后，司徒府便承担起选任州郡中正，主持中正品第人物，以及用黄纸写定品第供吏部采用等职责。司徒操纵中正品第与吏部主

①　《晋书》卷六四《会稽文孝王道子传》。
②　参见《宋书》卷四二《王弘传》。
③　《南齐书》卷一六《百官志》。

持铨选，是当时选官制度中互相衔接、缺一不可的两个环节。我们不清楚司徒府左、右西曹的分工情况，但加置左西曹，是为了充实操纵中正品第方面的人手，应该没有疑问。

东晋南朝时期，司徒府依然保持着与其他公府的差别。《宋书·百官上》记载："司徒若无公，唯省舍人，其府常置，其职僚异于余府。有左右长史、左西曹掾、属各一人，余则同矣。余府有公则置，无则省。"司徒府无论有无司徒公其人，都是常置不废的，其缘由在于司徒府掌握着一部分选举环节，不可一日或缺。当无司徒公时，司徒府很可能是由吏部代领。司徒府常置不废，"余府有公则置，无则省"①，这是两者歧异处之一。其时一般公府仅置仓、户二曹，西晋时的五曹撤去三曹，司徒府在依一般公府保留仓、户二曹，撤去另外三曹的同时，仍然较一般公府多置一个左西曹，这是两者歧异处之二。

司徒左西曹在两晋南朝存在的实况，史籍留下了如下记录：西晋刘卞为司徒左西曹掾；东晋庾登之为司徒左西曹属；顾琛"祖履之，父恢，并为司徒左西曹掾"②，时间当在两晋；顾觊之"父黄老，司徒左西曹掾"③，时间当在东晋；宋张岱"为司徒左西曹"④；齐顾暠之为司徒左西曹掾；梁孔奂为司徒王僧辩左西曹掾，等等。需要说明的是，这个时期有关"司徒西曹"的记载集中在西晋，东晋以后仅见一例，即上述东晋初谢尚任司徒王导西曹属，这一例出现的条件比较特殊，所以从总体上看，西晋司徒府与东晋以后司徒府在建制上的差异，还是很清楚的。

3. 两晋南北朝州府的西曹

两晋南北朝时期，东、西曹在设置范围方面的一个重大变化，就是各州普遍设置西曹。《宋书》卷四〇《百官志下》记南朝州府属官云：

① 《宋书》卷三九《百官志上》。
② 《南史》卷三五《顾琛传》。
③ 《南史》卷三五《顾觊之传》。
④ 《南史》卷三一《张裕传附子岱传》。

今有别驾从事史、治中从事史、主簿、西曹书佐、祭酒从事史、议曹从事史、部郡从事史；自主簿以下，置人多少，各随州，旧无定制也。……别驾、西曹主吏及选举事，治中主众曹文书事。西曹，即汉之功曹书佐也。祭酒分掌诸曹兵、贼、仓、户、水、铠之属。

同《志》还载录有东汉州府属官制度。拿南朝制度与汉制作比较，两者之间的因革之处是显而易见的：别驾、治中、部郡从事史及主簿等主要属官，南朝均因袭汉代；南朝州府设有西曹、议曹及兵、贼、仓、户、水、铠等曹，汉代仅有兵曹、功曹、簿曹等三曹，前者倍于后者。就南朝州府的西曹而言，其直接渊源恰如《宋志》所说，就是汉代的功曹书佐。不过，西曹在很长时期里都是公府专设的下属机构，州府借用这个名称，不能不认为是某种历史机缘起了作用。上节已经谈到，汉末军阀多以军号开府，同时兼领所割据州的州府事务，军府与州府一地并置，军府主导州府，那么当两府的某些机构职能相同时，军府所属的机构就有可能独自担负起共同的职能，从而使州府所属的机构空虚化；当时军府西曹与州府功曹的关系，大概就是如此，而正是这种关系，混淆了两者的界限，使两者在一定条件下互相置换成为可能。此外，从汉末到魏晋，政治版图统一的时间不长，地方州镇权力增长的趋势不断强化，最终州府地位上升，西曹、议曹及兵、贼、仓、户等汉代的公府曹，或者名称被州府借用，或者被纳入州府系统。因此，从上面揭示的这层意义上说，两晋南北朝州府的西曹，仍然可以看作是汉代公府西曹的扩散与下移。

两晋南北朝州府普遍设置西曹，史籍记载颇丰，无须罗列。就大的方面而言，首先，在政区分布上，两晋南朝的荆州、扬州、江州、湘州，东晋南朝的侨州豫州、徐州、南徐州、兖州、雍州，南朝增置的郢州，北朝的司州、雍州等，都有设置西曹的史实记录。其次，州府西曹的主事者，一般称"西曹书佐"或"西曹主簿"，这与公府的西曹掾属称呼不同，体现了州府与公府的差别。再次，南朝有一特殊现象，即某些州设有专职的

"送迎西曹"，例如宋初荆州人龚祈，"乡党举为州迎西曹"[①]，宋明帝时有"兖州都送迎西曹解季逊"[②]；梁时到洽"为徐州迎西曹行事"[③]，等等。州府设置送迎西曹，与当时官场普遍盛行的"送故迎新"风气有关。[④]

以上所揭示，均为魏晋南北朝时期东、西曹存在的主要形态。此外，由于十六国北朝政权与东晋南朝有很大差异，它们对汉魏旧制的继承既不全面，并且即便是采用旧制，随意性也较大，因而在东、西曹的设置上，十六国北朝有一些不寻常的现象，在此作一概说。

其一，十六国政权的一些统治者，有采用东、西曹的现象，如石勒属下有东曹掾傅遘，秃发傉檀属下有西曹从事史暠，姚兴所署的抚军将军属下有东曹属姜虬，等等。其二，北魏的太子东宫曾设东、西曹，例如殷绍"给事东宫西曹"[⑤]，韩麒麟"为东曹主书"[⑥]，均在拓跋晃以太子身份监国时，当为一时特例。其三，北朝还有在郡、县设置西曹的现象，例如房景伯为清河太守，署郡民刘简虎之子为西曹掾，时在北魏中期；北齐制度明确规定，郡、县一律设置西曹。这种在郡、县设置西曹的现象，恰好反映了北朝采用汉魏旧制时的随意性，因为北朝郡、县的西曹相对于传统意义上的公府西曹，除了借用名称之外，基本上没有什么联系。

魏晋南朝时期，公府东、西曹掾的地位大体上与东汉时期相当。据上田早苗研究，魏晋以后的清官官品应是指七品以上，而作为清官的五、六、七品的起家，是参照东汉的六百石起家（外戚的子弟和征召）与比四百石的起家，根据社会的变化而稍加修改形成的。[⑦]晋宋之制，公府掾、属位列第七品。梁朝采取十八班官阶，以班多者为贵，其中司徒左西曹掾、司徒属，皇弟皇子公府掾属，均为八班，相当于六品。陈承梁制，司

① 《宋书》卷九三《隐逸·龚祈传》。

② 《宋书》卷八五《王景文传》。

③ 《南史》卷二五《到彦之传附族子洽传》。

④ 参考周一良：《魏晋南北朝史札记》"送故"条，中华书局1985年版，第82—85页。

⑤ 《魏书》卷九一《术艺·殷绍传》。

⑥ 《魏书》卷六〇《韩麒麟传》。

⑦ 上田早苗：《贵族官僚制度的形成》，《日本中青年学者论中国史·六朝隋唐卷》，上海古籍出版社1995年版，第16页。

徒左西曹掾属、皇弟皇子公府掾属，亦为六品。一般说来，由包括东、西曹掾在内的公府掾属起家，是除高门士族之外，普通士族子弟的入仕途径。至于此期州府西曹的主事者，地位则较低，通常为第九品。

四　结语

两汉魏晋南北朝时期是历史上东、西曹存在的主要时段。西曹、东曹最初是西汉丞相府的下属办事机构，分别主管府内事务和府外事务；此后作为东汉三公府的主要下属机构，职能固定为掌管人事，即西曹主府吏署用，东曹主二千石长吏迁除及军吏。东汉时期，西曹、东曹的设置范围扩大到军府；尤其是汉末军阀普遍设置东、西曹，把它们作为政权建设的枢纽，东、西曹因此呈现出前所未有的活跃面貌。魏晋以后，西曹、东曹的设置范围进一步朝着扩散和下移的方向发展。由于东、西曹掌管着封建官府职能中最重要的人事处置权，其设置范围和行使职能状态的变化，与现实政治联系紧密；两汉魏晋南北朝封建国家中央行政权力的分配和宰辅执政权力的升降，中央与地方行政关系的变化，在一定程度上通过东、西曹演变的历史过程折射出来。

隋唐以降，官僚制度从中央到地方都发生了巨大变化，存在于两汉魏晋南北朝的公府东、西曹及州府西曹，基本上退出历史舞台。不过，作为一种制度现象，东、西曹在此后的历史时期仍然有其遗迹，我们也在此作一概说。

首先，隋朝采取州、县（文帝时）或郡、县（炀帝时）两级地方行政体制，州或郡设有西曹和东曹。例如隋炀帝时元褒任齐郡太守，郡官中有西曹掾；窦轨，"隋大业中，为资阳郡东曹掾"[1]。其次，唐高宗永淳元年（682），立皇太孙李重润，开府置官属，官属中有东、西曹掾。再次，唐德宗建中年间（780—783）发生"四镇之乱"，朱滔、田悦、王武俊、李

---

[1] 《旧唐书》卷六一《窦威传附兄子轨传》。

纳等分别僭号称王；冀王朱滔开府置官属，其中有东曹给事、西曹舍人、东、西曹仆射等官。自唐末以后，东、西曹几乎绝迹，其最后一次出现，是在数百年之后的元朝，即泰定帝泰定年间（1324—1328），贾鲁任丞相东曹掾。此后，东、西曹终于从历史中消失。

第二章 傅玄思想评议

傅玄是西晋时期著名的文士和政论家，其文学成就在古代文学史著作中多有论及，他的思想近些年来也受到学界关注。魏明安、赵以武先生合撰的《傅玄评传》①，堪称研究傅玄的力作。该评传对傅玄思想阐析入微，钩玄提要并总揽全局；然而在对傅玄思想作总体把握即定性上，认为傅玄思想属于"杂家"，似欠妥当。笔者撰写《论汉晋之际的北地傅氏家族》一文时②，傅玄的思想曾经是考察的一个重要环节，但囿于该文主题和篇幅，仅略记考察结论。现撰此文，申述笔者的考察意见，并向评传作者求教。

一 傅玄的生平和治世主张

傅玄字休奕，北地泥阳人，《晋书》卷四七本传说他"少孤贫，博学善属文，解钟律。性刚劲亮直，不能容人之短"，概括了其才艺特征和性格面貌。他以晋武帝咸宁四年（278）去世，享年62岁，则应生于汉献帝建安二十二年（217）。傅玄初仕，大约是在魏明帝末年，本传说他"州举秀才，除郎中，与东海缪施俱以时誉选入著作，撰集《魏书》"。齐王曹芳正始年间，他因与当权的何晏、邓飏等人构嫌，曾一度遭到排抑。高平

---

① 参见魏明安、赵以武：《傅玄评传》，南京大学出版社1996年版。
② 参见柳春新：《论汉晋之际的北地傅氏家族》，原载《史学集刊》2005年第2期，收入本书下篇。

陵之变后，司马氏得势，他相继在司马昭的安东和卫将军府参军事，后任温令，弘农太守，领典农校尉。司马炎即晋王位，擢任他为散骑常侍。

在西晋初年的政坛上，傅玄是以关切时政、直言敢谏而著称的。泰始初，傅玄与散骑常侍皇甫陶共掌谏职。傅玄上疏云：

> 臣闻先王之临天下也，明其大教，长其义节；道化隆于上，清议行于下，上下相奉，人怀义心。亡秦荡灭先王之制，以法术相御，而义心亡矣。近者魏武好法术，而天下贵刑名；魏文慕通达，而天下贱守节。其后纲维不摄，而虚无放诞之论盈于朝野，使天下无复清议，而亡秦之病复发于今。陛下圣德，龙兴受禅，弘尧舜之化，开正直之路，体夏禹之至俭，综殷周之典文，臣咏叹而已，将又奚言！惟未举清远有礼之臣，以敦风节；未退虚鄙，以惩不恪，臣是以犹敢有言。[1]

在这段讨论"治道"的奏疏里，傅玄由社会风俗教化立论，站在名教的立场上抨击前朝政治，并对本朝政治提出针对性的意见，要求恢复"清议"，"举清远有礼之臣"。傅玄之所以发表上述见解，是有其时势依据的。司马氏篡魏建晋以后，大体上恢复了名教的统治地位。然而，司马氏是角逐政权的胜利者，却不是思想学术的胜利者。玄学作为一种代表士族门阀利益的意识形态，在士族门阀势力抬头的西晋初年，以不可遏止之势蔓延开来，它所散布的"虚无放诞之论"，从文化层面消解、侵蚀着官僚们的法纪和士气，对封建王朝的政治秩序构成了威胁。另一方面，晋武帝以"逆取"方式夺得皇位，对禅代功臣宠遇过度，贾充、何曾等奸佞之徒充斥朝廷，故而无法整肃朝纲，反倒多"苟且之政"。[2]傅玄作为正直的事功派官僚，对这类问题是不能不忧虑于心的。他倡导"清议"舆论，借以抵

---

[1]　《晋书》卷四七《傅玄传》。

[2]　参见阎步克：《西晋"清议"呼吁之简析及推论》，《乐师与史官——传统政治文化与政治制度论集》，生活·读书·新知三联书店2001年版，第226—267页。

制和破除玄谈虚言；建议进用秉承儒家礼教精神的"清远有礼之臣"，沙汰奸佞虚鄙之徒，都是强调儒学礼教的治国功能，力图把名教之治落到实处。从中我们看到，傅玄抱有浓厚的济世情怀，他的政治思想是以儒学为根本，具有强烈的目的性和功利性。

继上述奏疏之后，傅玄再次上疏，要求"尊儒尚学，贵农贱商"①。不久他迁任侍中，泰始四年（268）转御史中丞。其时颇有水旱之灾，他上疏陈"便宜五事"，"言农事得失及水官兴废，又安边御胡政事宽猛之宜"②，受到晋武帝嘉许。泰始五年，傅玄为太仆，稍后迁任司隶校尉。据本传记载："玄天性峻急，不能有所容；每有奏劾，或值日暮，捧白简，整簪带，竦踊不寐，坐而待旦。于是贵游慑伏，台阁生风。"③执法严谨，纠劾不避权贵，这是傅玄从政的另一个鲜明风格。以上傅玄的政论主张和政治表现，对于我们全面了解和剖析他的思想，颇具参考价值。

二　《傅子》的流布和分篇

傅玄的一生，著述颇为丰厚。据本传记载：

> 撰论经国九流及三史故事，评断得失，各为区例，名为《傅子》，为内、外、中篇，凡有四部、六录，合百四十首，数十万言，并文集百余卷行于世。玄初作内篇成，子咸以示司空王沈。沈与玄书曰："省足下所著书，言富理济，经纶政体，存重儒教，足以塞杨墨之流遁，齐孙孟于往代。每开卷，未尝不叹息也。'不见贾生，自以过之，乃今不及'，信矣！"④

----

① 《晋书》卷四七《傅玄传》。
② 《晋书》卷四七《傅玄传》。
③ 《晋书》卷四七《傅玄传》。
④ 《晋书》卷四七《傅玄传》。

傅玄的著作，包括政论性的《傅子》和文集两大部分。大体上说，从《傅子》可见其作为思想家的风貌，从《傅玄集》可知他的文学成就。这里仅就《傅子》的著录、流布情况略作勾稽，以便于探究傅玄思想的倾向和特征，并窥见其时代精神。

清代以前《傅子》的著录和流布情况，《四库全书总目》卷九一《子部·儒家类一》有一段概括性的说明："《隋书·经籍志》《唐书·艺文志》皆载《傅子》一百二十卷，马总《意林》亦同，是唐世尚为完本。宋《崇文总目》仅载二十三篇，较之原目已亡一百一十七篇，故《宋史·艺文志》仅载有五卷。其后惟尤袤《遂初堂书目》尚见其名。元明之后，藏书家遂不著录，盖已久佚。"①由此可知，《傅子》原有140篇，分为120卷；宋代仅存23篇，另定为5卷。由于《傅子》自宋代以后已经散佚，后人要了解傅玄的思想，就不得不花费一番辑佚的功夫。最早对《傅子》进行辑佚的是《四库全书》。上引《四库全书总目》继续说："今检《永乐大典》中散见颇多，且所标篇目咸在。谨采掇裒次，得文义完具者十有二篇……又文义未全者十二篇……篇目视《崇文总目》较多其一。疑《问刑》《法刑》本属一篇，《永乐大典》误分为二耳。其《宋志》五卷原第，已不可考。谨依文编缀，总为一卷。其有《永乐大典》未载而见于他书所征引者，复搜辑得四十余条，别为附录，系之于后。"是为四库本《傅子》。

四库本《傅子》于辑佚有开创之功，但也存在"疏略"的弊病。其弊病主要有两点：一是比《永乐大典》所收早出，且更为完整的唐初《群书治要》，乾隆年间日刊本未引入国内，四库馆臣还漠然不知，无从比对，致使采集所得的主体部分很不完善；二是辑佚的范围十分有限，许多散见于其他书中的《傅子》文字，大多未遑辑录。在四库本之后，清代延至民国，各种初排、重刻、辑佚、订校本相继出现。其中可取者，为方濬师、严可均、叶德辉的三种辑本。约略而言，这三种辑本的辑录方法大致相

---

① 《四库全书总目》卷九一《子部·儒家类一》，中华书局影印本1965年版。

同，即以《群书治要》为主，参订《永乐大典》；进而广搜群书，荟集佚文，重加编排。相比之下，叶德辉本考订精审，具有比方本、严本更谨严的学术价值和更可靠的使用价值；而严可均本收录于《全上古三代秦汉三国六朝文》之《全晋文》中，最便于学者利用。

《傅子》原书分内、外、中三篇，而内篇最能体现傅玄的思想倾向，因此，判别现存遗文分属哪一部分，尤其是确定内篇的基本内容，就显得很重要。《傅玄评传》认为：内篇为"撰论经国"的内容；外篇、中篇为撰论"九流、三史故事"的内容，因遗文不多，已难强为区别；傅玄所撰《魏书》底本肯定收入了书中，当与"三史故事"合篇。就内篇的内容而言，今存《傅子》较完整的内容，即《群书治要》所存27段文（《永乐大典》略同）、唐赵蕤《长短经》另录4段文，共计31段文字，正是内篇遗文。[1]我们赞同这些意见。

三　傅玄思想的倾向和特征

《傅子》一书，清代以前归类于杂家，由《四库全书》起，多归类于儒家。上引《四库全书总目》接着说：

> 晋代子家，今传于世者，惟张华《博物志》、干宝《搜神记》、葛洪《抱朴子》、稽（嵇）含《草木状》、戴凯之《竹谱》尚存。然《博物志》《搜神记》皆经后人窜改，已非原书；《草木状》《竹谱》记录琐屑，无关名理；《抱朴子》又多道家诡诞之说，不能悉轨于正。独元（玄）此书所论，皆关切治道，阐启儒风；精意名言，往往而在。以视《论衡》《昌言》，皆当逊之。

四库馆臣认为《傅子》所论，基本上是体现儒家的治国理念，"皆关

---

①　参见魏明安、赵以武：《傅玄评传》，南京大学出版社1996年版，第87—89页。

切治道，阐启儒风"，在玄风畅行的两晋时代独树一帜，因而给予很高的评价。确切地说，这实际上是就《傅子》内篇立论的，因为四库本《傅子》采集有限，其主体部分即《永乐大典》所收遗文，一般认为就是内篇的主要内容。四库馆臣将《傅子》（实指内篇）定义为儒家，很可能还参考了前引傅玄本传中王沈的评语。王沈褒扬《傅子》内篇"言富理济，经纶政体，存重儒教，足以塞杨墨之流遁，齐孙孟于往代"。[①]这里所说的"杨墨"，并非实指杨朱和墨子的学说，而是泛指当时除儒家以外的其他各家学派，主要的则是名、法、道诸家；在王沈看来，《傅子》内篇"经纶政体，存重儒教"，足以与其他各家学说相抗衡，继孟子、荀子（即"孙孟"）之后，将儒学发扬光大于当世。这个评价较之四库馆臣的评断，实在是有过之而无不及，而王沈以当时人论当时事，自有其深切感受，其评语也更值得我们重视。

我们今天要了解傅玄的思想倾向和特征，自然离不开对《傅子》遗文的剖析。据《傅玄评传》的研究，《傅子》成书于入晋之前，其中内篇所论，用意有二：一是在"越名教而任自然"的玄学思潮影响下，坚持"存重儒教"的方针；二是在实现魏晋禅代的进程中，探讨如何"经纶政体"，这些都是要为司马氏谋"君人南面之术"。傅玄是一位政论家，而不是哲学家，其政论集中于《傅子》内篇，以荀子思想为宗，又吸收了汉魏思想家、政论家的思想成分，显示了儒法兼济的特点。[②]

如果说《傅子》内篇主要是以儒术议论的话，那么内篇以外的散见遗文，就广泛地涉及各家学说。傅玄对包括儒家在内的各家学术思想的看法，尤其值得注意。我们看下面的表述：

> 见虎一毛，不知其斑。道家笑儒者之拘，儒者嗤道家之放，皆不见本也。[③]

---

① 《晋书》卷四七《傅玄传》。
② 参见魏明安、赵以武：《傅玄评传》，南京大学出版社1996年版，第143、254页。
③ 《意林》卷五，中华书局1991年版。

> 设所修出于为道者，则言自然而贵玄虚；所修出于为儒者，则言分制而贵公正；所修出于为纵横者，则言权宜而贵变常。九家殊务，各有所长。①

> 圣人之道如天地，诸子之异如四时。四时相反，天地合而通焉。②

这些言论清楚地表明，傅玄的思想是以儒学为根本而兼综各家。所谓"九家殊务，各有所长"，就是承认各家学说均有其内在合理性和存在价值；而"诸子之异"由"圣人之道""合而通"，则是以儒学为最终归宿，显示出取各家之长，改造和更新儒学的倾向。傅玄受荀儒影响较深，而我们知道，荀子是先秦儒家的集大成者，他批判地继承了先秦学术思想中诸子的成就，兼综各家之长，构成了自己的思想体系，发展了儒学。傅玄效法荀儒，两者实有不少可供比较之处。

钱锺书先生讲到，司马谈"论六家之要指"以前，于一世学术能概观而综论者，荀况《非十二子》篇与庄周《天下》篇而已。荀门户见深，伐异而不存同。庄豁达大度，能见异量之美；司马谈殆闻其风而说者。两者皆言术之相非者各有其是，道之已分者原可以合。《傅子》"合而通"之说，即其遗意。③我们认为，荀子的执着、偏狭与傅玄的通达、兼容，可以从他们各自所处的时代和古代思想学术演变的趋势加以说明。在"道术将为天下裂"的战国晚期，诸子各以其学说取悦各国君主，并且彼此攻讦，是很自然的。荀子有志于改造现实世界，像庄子那样以个人主义为特征，于当世思想学术超然视之的态度，自然与他扞格不入。傅玄所处的时代则不同，一则自战国末到秦汉之际，中国古代的各种思想逐渐走向融合交汇，思想综合的结果使各家的界限日益淡化，汉代乃至魏晋的思想家自然没有必要像先秦诸子那样各执一偏，自封门户。更重要的还在于，汉代

---

① 《长短经·大体第一》，上海古籍出版社1992年版。
② 《意林》卷五。
③ 参见钱锺书：《管锥编》第一册，中华书局1979年版，第389—390页。

定于一尊的儒家思想随着东汉名教之治的崩溃而发生动摇，若要重新论证名教之治的合理性，恢复儒学的尊崇地位，实有取资于名、法、道等其他各家学说的必要，譬如魏晋玄学的产生，走的就是这条路径。不过，"荀子对诸子的批判，却受了他所批判的对象的影响"，这种批判"有功于诸子思想的综合"[①]；傅玄则是相对宽容地看待当时的各家学说，自觉地取其所长。无论荀子的执着、偏狭抑或傅玄的通达、兼容，他们都是在各自的历史条件下批判地吸收各家学说以更新和发展儒学，其出发点和归结点则是一致的。从这个意义上说，傅玄的思想与荀儒在本质上是相同的；再结合傅玄本传中王沈的评语，同时参考前述傅玄的政论主张和政治表现，我们认为傅玄的思想属于儒家。

那么，对于旧史把《傅子》归类于"杂家"，我们又该如何看待呢？《傅子》归入杂家，肇始于《隋书·经籍志》，而为两《唐志》、《宋志》及《崇文总目》等所沿袭。对于"杂家"的特点，《隋书》卷三四《经籍志三》是这样归纳的：

> 杂者，兼儒、墨之道，通众家之意，以见王者之化，无所不冠者也。古者，司史历记前言往行，祸福存亡之道。然则杂者，盖出史官之职也。放者为之，不求其本，材少而多学，言非而博，是以杂错漫羡，而无所指归。

这与《汉书·艺文志》对"杂家"的定义略有差异：《汉志》认为杂家出于"议官"，出于"史官"者为道家，而不是《隋志》所说的杂家出于"史官之职"；至于对杂家内涵的体认，两者实无不同。今检《傅子》内篇遗文，其论政体治道，大抵本于儒术；即便《法刑》《重爵禄》《问刑》《释法》诸篇所议内容皆与法家有关，也必定折衷以儒术，可视为"援法入儒"。若以《隋志》"杂错漫羡，而无所指归"的标准相绳，《傅

[①]　参见侯外庐等：《中国思想通史》第一卷，人民出版社1957年版，第302—303页。

子》内篇显然是无法归类于杂家的。如此看来，问题可能出在内篇以外的内容方面。今存《傅子》遗文涉及面很广，除对道家、墨家、纵横家的评价以外，还有反映兵家、阴阳家、五行相术的内容，而记录名家言论尤多，这些内容均与政体治道无关，当出于内篇以外。因此，若站在文献分类学的立场上，合《傅子》通篇而观之，把《傅子》归入杂家大概是最稳妥和最方便的，《隋书·经籍志》等旧籍正是这样做的。但我们觉得，探究傅玄的思想与判别《傅子》的内容，还须有所区别。探寻某个思想主体的思想，关键在于把握其主流和实质，进一步则可厘清不同思想成分的主从关系。就傅玄而言，其思想主流和本质主要通过《傅子》内篇表达出来，即以儒为本、儒法兼济，属于荀儒一类的儒家；至于内篇以外涉及各家的内容，一则反映傅玄的学术兴趣广泛，博采兼收，再者对其内篇主流思想的形成有借鉴或针砭作用。个人认为，传统文献分类学的做法与现代思想研究的方法完全可以并存不废，《傅玄评传》认为傅玄政论以荀子思想为宗，的确是个卓见，但它又把傅玄的思想归结为"杂家"，却不免拘泥于传统文献学的观念，而有悖于上述判断。反过来看，《四库全书》把《傅子》归入儒家，于文献分类固然有采辑不广、难免以偏概全的缺陷，但其评语准确地把握住了傅玄思想的本质。

第三章 《魏略》考论

西晋陈寿撰《三国志》，记述魏、蜀、吴三国鼎立时期的史事；此书号称"善叙事"，在我国古代史籍中享有盛名，然而"失在于略"。南朝宋裴松之奉诏注《三国志》，"鸠集传记，增广异文"，与陈寿本书相得益彰。清代考据学兴起以来，学者们对陈《志》和裴注的研究持续不断，蔚为大观。仅就裴注而言，裴注引用书目就是一个重要的探讨对象，"清代嘉庆以降，考证裴注引书和根据裴注引书编辑索引者已达19家之多，学者们的不断探索使结果日臻完善"[①]。

《三国志》的《魏书》部分，无论陈《志》或裴注，鱼豢所撰《魏略》都是主要的资料来源。随着裴注引书的研究日趋深入，《魏略》的史料和史学价值更加凸显出来，对《魏略》进行专门研究就显得很有必要。早在20世纪20年代，张鹏一对散落在《三国志注》等文献中的《魏略》材料进行辑佚，编成《魏略辑本》二十五卷。张氏此举显然是认识到《魏略》的特殊价值，启发后人从事专门研究。遗憾的是，《魏略辑本》仅有少量刻本存世，一时竟不能获得。笔者利用电子版《二十五史》和《四库全书》的检索系统，仍然可以获取《魏略》佚文的信息，满足研究的需要。

---

① 伍野春：《裴松之〈三国志注〉引书辨析》，《东方论坛》2005年第2期。

一 《魏略》与《典略》的关系及相关问题

在展开问题之前，我们先对《魏略》和鱼豢的基本情况作些了解。《史通》卷一二《古今正史》载："魏时京兆鱼豢私撰《魏略》，事止明帝。"[①]《隋书》卷三三《经籍志》杂史类载："《典略》八十九卷，魏郎中鱼豢撰。"据此有限资料，我们只知道鱼豢是魏时京兆人，居官仅至"郎中"这一无具体职事的冗散之职。[②]鱼豢的史学著作传世的有两种，即《魏略》和《典略》，两书之间的关系是颇为微妙的。《旧唐书》卷四六《经籍志》正史类载："《魏略》三十八卷，鱼豢撰。"又杂史类载："《典略》五十卷，鱼豢撰。"《新唐书》卷五八《艺文志》杂史类载："鱼豢《魏略》五十卷。"综合各书所记，《旧唐志》把《魏略》《典略》分别加以著录，是比较清楚的，而《隋志》著录的"《典略》八十九卷"，与《旧唐志》著录的《魏略》《典略》两书总卷数仅相差一卷，似有合两书为一书之嫌，至于《新唐志》著录的"《魏略》五十卷"，对照《旧唐志》，可能是误以《典略》为《魏略》。无论如何，这种记载的歧异，表明《魏略》与《典略》的关系密切，是我们必须优先弄清的问题。

清代学者考证《魏略》与《典略》的关系，成绩卓著。卢弼《三国志集解》集中了多家之说[③]，文约事备。兹参考各家原文，转述如下。

首先，杭世骏提出《魏略》与《典略》为同一书的看法，他说："《唐艺文志》有《魏略》而无《典略》，《隋志》无《魏略》，裴注引《魏略》，又引《典略》，盖一书也，《御览》直称《魏典略》。"[④]杭氏的说

[①] 《史通·古今正史》，浦起龙释：《史通通释》，上海古籍出版社1978年版。

[②] 参考阎步克：《察举制度变迁史稿》附录二《魏晋的散郎》，辽宁大学出版社1997年版。《三国志》卷一三《王肃传》裴注引《魏略·儒宗隗禧传》，记载黄初年间鱼豢从隗禧问学的情形，这是了解鱼豢生平的一条线索。

[③] 卢弼：《三国志集解》卷一，中华书局1982年版。

[④] 原文见杭世骏：《诸史然疑》，丛书集成初编本，中华书局1985年版。

法引起章宗源的质疑，章氏称："《典略》所载，惟裴注、章怀注专引汉末及三国事。《史记索隐》《初学记》《书钞》《文选·魏都赋注》《御览》所引，纪载既广，体裁亦杂，与《魏略》断代为书者，一为正史，一为杂史，杭大宗乃误以为一书。"①姚振宗针对旧籍著录两书的歧异，作了三点辨析：第一，"《新唐志》有《魏略》五十卷，卷数与《旧志》《典略》同，疑《新志》《魏略》是《典略》之误"。第二，"《魏略》有纪、志、列传，自是正史体裁，《典略》《隋志》列之史钞一类，申明是别为一书。杭氏以《御览》引《魏典略》，遂谓一书，不知《御览》称《魏典略》者，所以别于唐人之《三国典略》。且裴氏奉诏注书，凡所称引，例必画一，必不使一书两称，自贻诘问也"。②第三，《隋志》《典略》"八十九卷，即《旧唐志》之《魏略》三十八卷、《典略》五十卷也。两书合并凡八十八卷，本志或有录一卷，故多出一卷耳"。③沈家本在章氏、姚氏论说的基础上，进一步考证说：

裴注引鱼书最多，其言汉末事，如董卓、袁绍、公孙瓒、吕布、韩遂诸人，凡未臣于魏者，并称《典略》，昭烈亦在《典略》之中。又如荀彧、王粲、陈琳、阮瑀、刘桢、繁钦、路粹诸人，皆卒于建安中，亦称《典略》。其言曹氏事，则称《魏略》。是《典略》《魏略》实是二事，其事相续，其文相接，故其书亦合行。正如孔衍《汉魏春秋》本是一书，而《唐志》分汉、后汉、魏为三也。隋录《典略》而不复录《魏略》之名，统言之也。《旧唐志》分列《典略》《魏略》，其卷数视《隋志》仅少一卷，盖析言之也。《新志》删正史类之《魏略》，而改杂史类之《典略》为《魏略》，恐失其实。李善《文选》亦分引《典略》《魏略》，明非一书。④

①　原文见章宗源：《隋书经籍志考证》卷三，《二十五史补编》第四册，中华书局1955年版。
②　原文见姚振宗：《三国艺文志》卷二，《二十五史补编》第三册，中华书局1955年版。
③　原文见姚振宗：《隋书经籍志考证》卷一三，《二十五史补编》第四册，中华书局1955年版。
④　原文见沈家本：《三国志注所引书目》，《二十五史三编》第四分册，岳麓书社1994年版。

沈氏从两书叙事时间限断的差别加以考察，有力地证明《典略》《魏略》实为不同的二书；又从两书联系紧密的角度，探讨旧籍著录两书的歧异所以产生的原因，对姚氏论说有所补正。以上各家均为卢弼所列，此外侯康撰《补三国艺文志》，赞同杭世骏的见解。

沈家本撰《三国志注所引书目》，其结论为："依《隋书·经籍志》之例分为四部：计经部廿二家，史部一百四十二家，子部廿三家，集部廿三家，凡二百十家。"①沈氏的这一考证结果，被后来考证裴注引书和编制裴注引书索引者广泛借鉴，影响较大；这也表明，沈氏以《典略》《魏略》为"二事"的见解，得到后来学者的广泛认同。另外，沈氏之前的乾嘉学者钱大昕、赵翼、钱大昭、赵绍祖等，都考证过裴注引书，前两家书目中均将《魏略》《典略》并列，自是作为二书看待；钱大昭所撰《三国志辨疑自序》，则有《魏略》而无《典略》，而赵绍祖虽然并列两书，却在《典略》下注"疑与《魏略》为一书"②。沈家本之后，认同杭世骏，以《典略》《魏略》为一书的意见，也并未绝响。张鹏一编辑《魏略辑本》，王树民撰《廿二史札记校证》，都沿袭了杭氏的见解。

以上讨论已经涉及《魏略》叙事时间限断的问题。《魏略》与《典略》相对而存在，两书在载录汉末及三国史事时有较为明确的分工，沈家本已有所考析。今检《三国志》裴注，《典略》载录的范围，分为三种情况：一是汉末割据群雄崛起不久即灭亡者，包括董卓、袁绍、公孙瓒、吕布、刘表、刘焉、马腾、韩遂、张杨、张燕、张鲁等人，《三国志·魏书》列有《董二袁刘传》《吕布臧洪传》《二公孙陶四张传》，上述人物大多包含在内，这三个合传的撰写，必定参考了《典略》。二是蜀汉、孙吴两个政权的创建者，包括刘备、关羽、马超、孙坚、孙策等人，他们与上述群雄属于同一个时代但有所差别，鱼豢把他们收于《典略》而区别于"曹氏事"，对陈寿分别作《蜀书》《吴书》应有所启发。三是荀彧、王粲、陈

---

① 原文见沈家本：《三国志注所引书目》，《二十五史三编》第四分册，岳麓书社1994年版。

② 赵绍祖：《读书偶记》卷七《三国志注所引书名》，中华书局1997年版。

琳、阮瑀、刘桢、繁钦、路粹诸人，除荀彧外，都是著名的文人，沈家本认为他们"皆卒于建安中，亦称《典略》"。这个意见当然不误，但未尽其义。荀彧作为公认的曹魏第一创业功臣，按理是应该列入"曹氏事"的，例如同样是曹魏创业功臣的夏侯渊在建安末年战死，鱼豢即归之于《魏略》；荀彧被列入《典略》，当是由于他晚年倾向于汉室而背离曹氏。对荀彧归属的安排颇能体现鱼豢史学的特点：叙事限断以时间为主要标准，同时兼顾传主的政治立场。对照《典略》的叙事范围，《魏略》所载应是以上三种情况之外的汉末曹魏人物及史事。

关于《魏略》叙事的下限，前引《史通·古今正史》说到"《魏略》事止明帝"。张鹏一《魏略辑本》有云："考《魏略》有司马宣王、景王之称，而懿卒于齐王嘉平二年，师卒于高贵乡公正元二年。又记赵王幹卒、司马文王西征，事当陈留王景元二年（案：司马昭西征在景元四年）。其书非止明帝，《史通》有误。"[①]今按：《魏略》记述魏末史事，称呼"司马宣王""宣王""司马景王""景王"的材料有多处，与这种称呼相关联，考察司马懿、司马师的卒年是必要的，但更能说明问题的是他们的定谥之年。《三国志·魏书》和《晋书》明确记载，司马懿、司马师分别被追谥为晋宣王、晋景王，是在晋国建立的咸熙元年（264），泰始元年（265）司马炎称帝后，又分别追谥他们为宣皇帝、景皇帝。这两个年份仅相隔一年，说明鱼豢必定生活至晋初，《魏略》定稿也是在晋初，如此才会出现晋代人对司马懿、司马师的通常称呼。《魏略》叙事的确切下限，实际上是可以考见的。《三国志·魏书》裴注所引《魏略》，记述明帝之后、齐王曹芳时期史事的材料颇多，集中于《三少帝纪》《曹爽传》《夏侯玄传》和《王凌传》，内容涉及正始年间曹爽与司马懿之争，嘉平年间司马懿平王凌之叛、司马师清除夏侯玄等曹氏党羽及废黜齐王。其中，《三少帝纪》注引《魏略》记述司马师废黜齐王、改立高贵乡公曹髦一事，文字较长而细节俱备，时间为嘉平六年（254）九月，在所有材料中居后。我们看到，

---

① 杨翼骧编：《中国史学史资料编年》第一册，南开大学出版社1987年版，第76页。

齐王一朝的史事，《魏略》是整体记述且首尾完备的，而与此形成鲜明对照的是，齐王之后，高贵乡公和陈留王曹奂时期的史事，却绝不见《魏略》记录而为裴注采用。由此我们认为，《魏略》叙事的下限为齐王时期，《史通》"事止明帝"一句，当是"事止齐王"之误。至于张鹏一提到《魏略》记有"赵王幹卒、司马文王西征"，时在齐王之后，我们认为应该是叙事中偶尔补入后来的情况所致，对我们判断《魏略》的整体叙事时限并无多大影响。

《魏略》得名，也牵涉到它与《典略》的关系。《史通》卷四《题目》称："鱼豢、姚察著魏、梁二史，巨细毕载，芜累甚多，而俱榜之以略，考名责实，奚其爽欤！"①刘知幾指责《魏略》名不符实，而《魏略》之所以产生这样的偏差，实与《典略》有关。《典略》记述的范围，包罗战国秦汉并远及三代和古帝，所记之事也很繁杂，章宗源《隋书经籍志考证》有所论列。《典略》删约古代史事为一书的做法，是符合当时学术潮流的。《隋书》卷三三《经籍志》杂史类载："自后汉已来，学者多钞撮旧史，自为一书，或起自人皇，或断之近代，亦各其志，而体制不经。"据胡宝国先生研究，"从两汉之际到东晋，先是在经学领域，而后又在史学领域中出现了一种追求简略的风气"；具体到史学领域中，删减旧史、改作新篇的现象，史传多有记载。②《典略》正是上述删减之风影响下的史书，姚振宗对其内容做了一个推断："或《典略》分代纪，有周、秦、汉、魏等目。"③这个推断是富有启发性的，无论《典略》的本来面目如何，它叙述周、秦、汉等朝代的那些内容，必定由删减旧史而来，相当简略，正适合以"略"命名。同时，无论《魏略》是包容于《典略》还是相对独立，当鱼豢把自己的同类著作当作一个整体看待时，他把接续于周、秦、汉的"曹氏事"部分同样命名为"略"，也是容易理解的。但问题在于，《魏略》所记述的是当代史，而当代史的撰作，不能不以叙事具体为准则，由此必

---

① 《史通·题目》。《史通·载文》亦称："若乃历选众作，求其秽累，王沈、鱼豢是其甚焉。"
② 胡宝国：《汉唐间史学的发展·〈三国志〉裴注》，商务印书馆2003年版。
③ 姚振宗：《三国艺文志》卷二，《二十五史补编》第三册，中华书局1955年版。

然导致《魏略》叙事与前面的周、秦、汉部分大异其趣，再加上作者文笔方面的因素，"芜累"就在所难免了。

以通达的眼光审视，刘知几以古代史书文笔的通常准则来要求《魏略》，自然是对的。按我们的理解，《魏略》除了叙事略嫌累赘，列目、取材也有芜杂之弊。如下文所揭示，《三国志·魏书》裴注提到《魏略·游说传》，但对该传的内容却全然不加注录，这说明以"增广异文"为主旨的裴注，也对该传的史料价值持否定态度。尽管如此，站在现代史料学的立场上看，《魏略》叙事具体、全面，更有利于人们了解史实真相，其优点更为突出，而缺点反而不那么明显。

二 　《魏略》的编撰体例和史学特色

汉代史学最重要的成就是纪传体"正史"的创立。魏晋时期则是我国史学进一步走向繁荣、活跃的时代，史学呈现出多途发展的面貌：一则封建王朝的史官制度有所发展，再者私家撰史也蔚为风气。作为一部私撰史书，《魏略》肯定要受到当时官修史书的影响，也必然具有一些不同于官修史书的特点。

《魏略》的编撰体例，章宗源《隋书经籍志考证》卷一有较为全面的阐述，其中指出："《魏略》有纪、志、列传，自是正史之体。"①钱大昕《廿二史考异》卷一五对其列传标目亦有所论列。首先在本纪方面，《文选》卷一一《景福殿赋》注引《魏略·文纪》曰："神龟出于灵池。"②这是所有可考文献中唯一标明《魏略》有本纪的材料，考虑到《魏略》志、列传齐备的情况，仅此亦足以说明《魏略》不缺本纪。稍作推论的话，《魏略》应有武帝、文帝、明帝、齐王四纪。

其次，《魏略》有志。《初学记》卷二引《魏略·五行志》曰："延康

---

① 章宗源:《隋书经籍志考证》,《二十五史补编》第四册,中华书局1955年版。
② 萧统编,李善注:《文选》,上海古籍出版社1986年版。

元年，大霖雨五十余日，魏有天下乃霁，将受大禅之应也。"①此条亦为《太平御览》卷一一引述，文字略有差异。这也是所有可考文献中唯一标明的《魏略》志目，不过该志的材料有不少散布在古代类书等文献中，我们不难窥见其梗概。兹举数例如下：

《魏略》曰："诏以汉火行，火忌水，故去'洛'水而加佳。魏于行次为土，水得土而流，土得水而软，故除佳加水，变'雒'为'洛'。"②

鱼豢《魏略》曰："景初中，洛阳城东桥、城西桥、洛水浮桥三柱三折。三柱，三象也。时徭役大兴，三公垂头隐匿故也。"③

《魏略》曰："正始元年，南风大起数十日，发屋折树，动太极殿东阁，正旦大会又甚，倾杯案，曹休（爽）将诛之征也。"④

《魏略》曰："梁州柳谷有石无故自崩，石有文如率马之状，后司马氏得天下之应。"⑤

以上内容都是讲天地间的五行变化关乎人事吉凶和皇朝兴衰，是典型的五行志材料。此外，《艺文类聚·祥瑞部》集中了9条《魏略》的材料⑥，都是讲曹丕嗣立为魏王、受禅称帝之前，天下郡国奏闻祥瑞，包括"醴泉涌，木连理"，"甘露二十七降"，"黄龙十三见"，"白雀十九见"，"白雉十九见"，"白鹿十九见"，"白虎二十七见"，"九尾狐见于谯、陈"，"神龟出于灵池"，等等。这些材料都有可能出自《魏略·五行志》，可见该志的内容是相当丰富的。

《魏略》有《百官志》，尽管史无明文，仍然可以考见。鱼豢撰写《百官志》，是具有一定基础的。《南齐书》卷一六《百官志序》称："今则有《魏氏官仪》、鱼豢《中外官》。"这里提到鱼豢撰有《中外官》一书。所谓"中外官"，实际上有脱文，宋代孙逢吉所撰《职官分纪》卷一、王应麟所

---

① 《初学记》，中华书局1962年版。
② 《太平御览》卷一七，中华书局1960年版；《水经注》卷一五"洛水"条所引，文字略有差异。
③ 《初学记》卷七。
④ 《太平御览》卷二九。《艺文类聚》卷四所引，文字略有差异。
⑤ 《太平御览》卷五一。
⑥ 《艺文类聚》，上海古籍出版社1999年版。

撰《玉海》卷一一九转录《南齐书·百官志》的这段材料，均作"鱼豢《中外官名》"①。既然鱼豢撰有《中外官名》，他对曹魏百官制度必定相当熟谙，以此为基础撰作《百官志》，是容易成事的。搜检类书，《北堂书钞·设官部》所引《魏略》材料既多且杂，共计57条，《艺文类聚·职官部》所引有9条，《初学记·职官部》所引有10条，《太平御览·职官部》所引亦多，共计33条。这些材料中，一部分是记述人物事迹而涉及职官名号，多半出自列传；另一部分则是专叙职官品秩和职掌，以及官府机构的职能，明显出自《百官志》。②以《太平御览·职官部》所引为例，记述职官品秩和职能的有：

《魏略》曰："帝游晏在内，选女子知书可付信者六人为女尚书，使典省外奏事，处当书可。"

《魏略》曰："散骑常侍比于侍中，貂珰插右，黄初中始置，四人。出入侍从，与上谈议，不典事。"

《魏略》曰："中领军，延康中置，故汉北军中候之官。"

《魏略》曰："积弩都尉，秩比二千石，后更为典弩都尉。又有典铠都尉，秩与弩同，皆属积弩。"又曰："抚军都尉，秩比二千石，本校事官。"

《魏略》曰："材官校尉，黄初中置，秩比二千石，主天下材官，属少府。"

《魏略》曰："典农校尉，太祖置，秩比二千石。"

《魏略》曰："司农度支校尉，黄初四年置，比二千石，掌诸军兵田。"

此外，记述官府机构职能的也有一例：鱼豢《魏略》曰："兰台，台也，而秘书署耳。"③

《魏略》的其他志目，今天已无法考见。《南齐书》卷九《礼志》称：

---

① 孙逢吉撰：《职官分纪》，中华书局1988年版；王应麟撰：《玉海》，广陵书社2003年版。

② 自班固《汉书》创置《百官公卿表》，后来相当长一段时间内，正史为职官作志，多以"百官"为名。侯康《补三国艺文志》卷三据《南齐书·百官志》所载"鱼豢《中外官》"，认为"'中外官'当亦志名，盖易'百官'为'中外'"，这个推断未注意到"中外官"有脱文，不成立；该文收于《二十五史补编》第三册，中华书局1955年版。

③ 分别见于《太平御览》卷二一二、卷二二四、卷二四〇、卷二四一、卷二四二、卷二三三。

"魏氏籍汉末大乱，旧章殄灭，侍中王粲、尚书卫觊集创朝仪，而鱼豢、王沈、陈寿、孙盛并未详也。"这说明作为志中一个大类别的礼志（或称礼仪志），鱼豢未曾措意而《魏略》付之阙如。

再次，列传是《魏略》中最富有特色的一个部分，在全书中占了相当大的篇幅。《魏略》列传的最大特色，就是设置了许多人物类传。这种以类相从并且标目鲜明的人物类传，首创于司马迁的《史记》，赵翼评论说："又于传之中分公卿将相为列传，其《儒林》《循吏》《酷吏》《刺客》《游侠》《佞幸》《滑稽》《日者》《龟策》《货殖》等又别立名目，以类相从。自后作史者，各就一朝所有人物传之，固不必尽拘迁《史》旧名也。"[①]《魏略》类传名目，正是在继承中有所创新，以下分别加以论述。

《佞幸传》。《三国志》卷三《明帝纪》裴注称："《魏略》以〔秦〕朗与孔桂俱在《佞幸篇》。"秦朗、孔桂二人，均以曲事帝王而得宠幸，其行迹与"佞幸"标目相符。裴注又引"鱼豢曰"，对"佞幸之徒"有所评骘。

《儒宗传》。《三国志》卷一三《王肃传》裴注称："《魏略》以〔董〕遇及贾洪、邯郸淳、薛夏、隗禧、苏林、乐详等七人为儒宗。"该传除了详载"儒宗"七人的事迹，还有序概述汉末至曹魏儒学曲折发展的状况，史料价值颇高；又有裴注所引"鱼豢曰"，表达对儒学教育的看法。

《苛吏传》。《三国志》卷一五《梁习传》裴注引《魏略·苛吏传》曰："〔王〕思与薛悌、郤嘉俱从微起，官位略等。三人中，悌差挟儒术，所在名为闲省。嘉与思事行相似。"该传以行事"烦碎""苛暴"及缺乏儒学素养界定"苛吏"，在汉晋之际官吏朝着"儒生"与"文吏"融合的方向演化的过程中，这类苛吏代表了一部分中高级官吏的形象。该传又说："时有丹阳施畏、鲁郡倪颙、南阳胡业亦为刺史、郡守，时人谓之苛暴。又有高阳刘类，历位宰守，苛慝尤甚。"这说明除了正传的王思、薛悌、郤嘉三人，鱼豢还采用附传体例，附载另外数人的事迹。

《纯固传》。《三国志》卷一一《王修传》裴注称："《魏略·纯固传》

---

① 赵翼著，王树民校证：《廿二史札记校证》卷一《各史例目异同》，中华书局1984年版。

以脂习、王修、庞淯、文聘、成公英、郭宪、单固七人为一传。"列入该传的七人，行事有一个共同特点，即在世局变乱之中，不肯背弃故主、旧交，蹈仁履义而秉持节操，鱼豢把这种节操标榜为"纯固"。七人中，王修、庞淯、文聘三人以名位显著，陈寿《三国志·魏书》分别立有专传，其余则未收录；相比之下，《魏略》突破了名位界限，强调人物的节操共性而扩充了收录对象。

《清介传》。《三国志》卷二三《常林传》裴注称："《魏略》以〔常〕林及吉茂、沐并、时苗四人为《清介传》。"这四人都以居家清贫节俭、为官正直不阿著称，因此鱼豢以"清介"标目，收载他们的事迹。

《勇侠传》。《三国志》卷一八《阎温传》裴注称："《魏略·勇侠传》载孙宾硕、祝公道、杨阿若、鲍出等四人，宾硕虽汉人，而鱼豢编之魏书，盖以其人接魏，事义相类故也。"列入该传的四人，行事以"游侠""报仇解怨"为特征。该传叙事颇能反映汉末乱世的一些社会状貌，传末亦有鱼豢的评论。

《游说传》。《三国志》卷四《三少帝纪》裴注称："〔东里〕衮后为于禁司马，见《魏略·游说传》。"该传名目虽然被裴注提及，但具体材料却未见引述。

《知足传》。《梁书》卷五二《止足传序》载："鱼豢《魏略·知足传》，方田、徐于管、胡。"文中提到的田、徐、管、胡，钱大昕认为就是田畴、徐庶、管宁、胡昭[1]，但据下文所引裴注材料，徐庶（又名徐福）与张既、梁习等十人共卷，那么《知足传》中的徐姓人物，只能是另有其人，因史失其名，已不可考。检核《三国志·魏书》，田畴、管宁及胡昭被列在一卷之中，且三人行事都有谦退乃至隐逸倾向，这三人都在《魏略·知足传》中，应无疑问。

《魏略》是否还有其他类传，已无从考知；仅从已知的八个类传看，数目是相当可观的。拿《魏略》与《史记》《汉书》作一比较，如下：

---

① 钱大昕：《廿二史考异》卷一五，上海古籍出版社2004年版，第283页。

　　《史记》：儒林、循吏、酷吏、货殖、游侠、佞幸、刺客、滑稽、
日者、龟策。

　　《汉书》：儒林、循吏、酷吏、货殖、游侠、佞幸、外戚。

　　《魏略》：儒宗、苛吏、纯固、清介、勇侠、佞幸、游说、知足。

　　对比可知，《汉书》的类传主体上因袭《史记》（共6个），余外删多
增少（删4增1），两书大体上属于同一格调。《魏略》的类传，相对于
《史记》《汉书》表现出较大的变化：仅《佞幸传》因袭旧目；《儒宗传》
《勇侠传》分别对应于《儒林传》《游侠传》，但名目有所变更；《苛吏传》
标目借鉴了《循吏传》《酷吏传》，但该传收载的官吏类型已非两汉循吏、
酷吏之旧貌，因而名目也随之变更；至于《纯固》《清介》《游说》《知足》
四传，完全是鱼豢根据曹魏时期的社会实际和他本人的修史主旨而创置。
就类传而言，它最根本的特性是突破普通纪、传"为帝王将相做家谱"的
局限[1]，不受名号、地位的限制，在以类相从的框架下，相对广泛地收载
社会各个层面的人物，从而增加了反映社会现实的广度与深度。从这个意
义上说，鱼豢设置较多的类传并依据时势变化创置新传目，体现了他审视
历史和现实的独到视野和强烈的平民意识。

　　上述类传之外，较多地采用合传，也是《魏略》的一个特色。《三国
志》卷一五《贾逵传》裴注云："《魏略·列传》以〔贾〕逵及李孚、杨
沛三人为一卷。"同书卷二三《裴潜传》裴注云："《魏略·列传》以徐
福、严幹、李义、张既、游楚、梁习、赵俨、裴潜、韩宣、黄朗十人共
卷。"这只是裴注明确提到的两个合传，实际上肯定不止此数。这种合传
虽无确定的名目，但同卷中人物的行迹也有某些共通之处，以合传的形式
集中加以收载，同样具有分类把握之功效。

　　最后，《魏略》遵循纪传体的常规，纪、传末尾有鱼豢的评论。《史

———————

[1]　鲁迅：《且介亭杂文·中国人失掉自信力了吗?》，人民文学出版社1973年版。

通》卷一六《杂说》载："鱼豢《魏略议》曰：当青龙、景初之际，有彗星出于箕而上彻，是为扫除辽东而更置也。苟其如此，人不能违，则德教不设而淫滥首施，以取族灭，殆天意也。"这段"议"很可能出自《魏略·公孙渊传》，说明鱼豢的纪、传评论均称为"议"。今检《三国志·魏书》，《乌丸鲜卑东夷传》注引《魏略·西戎传》，载有一段"鱼豢议曰"的文字，尚存鱼豢原书之旧貌；其余裴注所引鱼豢议，则均标以"鱼豢曰"，共有6段文字，分别见于《崔琰传》注、《任城陈萧王传》注、《裴潜传》注所附徐福等十人合传，以及上述《魏略·佞幸传》《儒宗传》《勇侠传》①。

《魏略》的史学特色，我们可以从三个方面加以阐述。第一，从历史编纂学的角度看，《魏略》纪、志、列传齐备，是典型的纪传体史书；它继承《史记》《汉书》的体例规范，同时在设置类传及合传方面具有自身的个性特色，这对其后史书的撰作产生了一定的影响。就纪、传评论而言，司马迁称"太史公"，班固称"赞"，鱼豢称"议"；后来王隐撰《晋书》，其评论亦称"议"②，直接采纳了鱼豢的做法。

第二，从史料来源方面看，《魏略》的特色相当明显。王沈等人所撰《魏书》和鱼豢的《魏略》，是陈寿撰作《三国志·魏书》的主要资料来源，裴松之为《三国志·魏书》作注，所引资料也以此二书居多。③然而，作为私撰魏史的《魏略》与作为官修魏史的《魏书》，在资料来源上是颇有差别的。《史通》卷一二《古今正史》载：

> 魏史，黄初、太和中始命尚书卫觊、缪袭草创纪传，累载不成。又命侍中韦诞、应璩，秘书监王沈，大将军从事中郎阮籍，司徒右长史孙该，司隶校尉傅玄等，复共撰定。其后王沈独就其业，勒成《魏

---

① 《三国志》卷二一《王粲传》裴注所引"鱼豢曰"，评议"王、繁、阮、陈、路诸人"，这段文字与前面的"《典略》曰"相连缀，应出自《典略》。
② 《史通·论赞》。
③ 参考高秀芳、杨济安编：《〈三国志〉裴注引书索引》，《三国志人名索引》，中华书局1980年版。

书》四十四卷。①

《魏书》的修撰一直由朝官负责，内府秘阁所藏诏令、奏记等文书档案是其直接的资料来源，这是史料中价值最高的部分，因此陈寿撰作魏史，实以《魏书》为蓝本。我们看到，在陈《志》和裴注所引《魏书》中，都载录了不少日期确切的诏令，大臣奏疏也多见载录，这体现了《魏书》的特殊史料价值。《魏略》则不然，尽管大臣奏疏也载录了不少，但诏令却相当少见；《魏略》所特有的史料价值，主要体现在对人物事迹及其赖以生存的社会环境的发掘、载录方面。由此可以推断：鱼豢私撰魏史，虽然能够接触到一定数量的官方文书档案，但终究不及官修《魏书》，他要使自己的魏史史实充分并具有个性，就必须扩大史料的搜集范围，把眼光投向民间的人物杂传、家谱、逸闻等材料，《魏略》较多地收载社会下层人物，是与其资料来源有直接关系的。正因如此，《魏书》与《魏略》载录史事，在很大程度上构成一种互补关系。

第三，鱼豢的历史观体现在《魏略》之中，也构成《魏略》史学特色的一个方面。前引《史通·杂说》载录"鱼豢《魏略议》"以天象论人事，评论辽东公孙氏的覆亡，又载刘知幾评议云：

> 夫推命而论兴灭，委运而忘褒贬，以之垂诫，不其惑乎？自兹以后，作者著述，往往而然。如鱼豢《魏略议》、虞世南《帝王论》，或叙辽东公孙之败，或述江左陈氏之亡，其理并以命而言，可谓与子长（司马迁）同病者也。②

司马迁标榜"究天人之际，通古今之变，成一家之言"③，这段话里蕴涵着他的修史指导思想，以及历史观和天道观，是《史记》这部史学巨

---

① 《史通·古今正史》。
② 《史通·杂说》。
③ 《汉书》卷六二《司马迁传》。

著的灵魂所在。对于司马迁"推命而论兴灭，委运而忘褒贬"的做法，刘知几有所揭露和批判。当代学者中，陈桐生先生从中国史官文化传统上追根溯源，对充斥在《史记》中的神学目的论、天人感应论、历史循环论和变通论等，都作了深刻的揭示。①由《史记》奠定基础的中国传统"正史"的主体历史观，在《汉书》中有进一步发展，比如创立《五行志》、神化王权和宣扬正统思想等，而踵继马、班的，则有鱼豢等魏晋以后的史家。

《魏略·五行志》中收录大量材料，以阴阳五行变化推论人事吉凶和皇朝兴衰，已如前揭。我们看到，该志既不厌其烦地载录曹氏受命嬗代的天象和祥瑞征兆，也收录有"曹爽将诛之征""司马氏得天下之应"，说明鱼豢只是依据其固有的天命史观撰述历史，他对于新、旧王朝并无政治立场上的偏向。

三　《魏略》的史料价值及影响

上面的论述，对《魏略》的史料价值已略有涉及。本节就《魏略》史料价值中较为显著之处，进一步作深入的探讨。

《魏略》最为突出的史料价值，表现为它对地方人物及社会组织的详细记载，这又是与鱼豢的出生地紧密相关的。鱼豢是京兆人，他对自己生活的关中地区，以及相邻的河东、河西陇右地区，自然倍加关注并十分熟悉，因此在《魏略》中，鱼豢对上述地区人物和社会状貌的记述相当详悉。兹以《三国志》裴注所引《魏略》材料为主，参以《太平御览·人事部》所引《魏略》材料，粗略统计上述三个地区的人物如下：

关中地区：王忠、霍性、孟达、刘雄鸣、李丰、脂习、扈累、贾洪、隗禧、张既、游楚、徐英、张缉、杨沛、杜畿、杜恕、鲍出、吉茂、严幹、李义，共20人；

河东地区：董寻、焦先、贾逵、乐详，共4人；

---

① 陈桐生：《中国史官文化与〈史记〉》，汕头大学出版社1993年版。

河西陇右地区：孔桂、贾诩、郭宪、寒贫、薛夏、成公英、阎行、苏则、皇甫隆、庞德、庞淯、杨阿若、杨阜、姜维，共14人。

以上所列都有确切的籍贯，并且在《魏略》中有专传或有集中的事迹记载，余外涉及者不在此数。在全部38人中，《三国志》列有专传或附传的仅11人，其余27人占到总数的71%，可见《魏略》对这三个地区人物的记载，密度大而史实充分，这种状况是其他地区无法比拟的。

《魏略》记述上述关中等地区的社会组织状况，是具体而深刻的，例如《三国志》卷二三《裴潜传》注引《魏略·严幹、李义传》云：

> 严幹字公仲，李义字孝懿，皆冯翊东县人也。冯翊东县旧无冠族，故二人并单家，其器性皆重厚。……逮建安初，关中始开。诏分冯翊西数县为左内史郡，治高陵；以东数县为本郡，治临晋。义于县分当西属，义谓幹曰："西县儿曹，不可与争坐席，今当共作方床耳。"遂相附结，皆仕东郡为右职。

这段传文揭示了汉末地方"冠族"垄断本郡"右职"，普通"单家"受到排挤的情况，说明"州郡大吏带有世袭性"[1]。值得注意的是，《魏略》不仅大量载录上述地区的本籍人士，对于政绩突出的非本籍地方守宰，亦有详悉的记述，《三国志》卷一六《仓慈传》注引《魏略·颜斐传》，记述济北颜斐任京兆太守，劝课农桑，兴办教育，使京兆郡"整顿开明，丰富常为雍州十郡最"，即是显著的一例。综合起来看，《魏略》是一部具有浓厚地方色彩的纪传体史书，这在传统"正史"中是比较特别的。

《魏略》记述魏末曹、马纷争时期的史事，也具有特殊价值，这牵涉到鱼豢撰作当代史所秉持的立场和态度。曹魏与西晋相连接，由于司马氏篡魏建晋，凭借的是暴力和权诈，"没有一个光明的理由可说"[2]，所以魏

---

[1] 参考唐长孺：《东汉末期的大族名士》，《魏晋南北朝史论拾遗》，中华书局1983年版。

[2] 钱穆：《国史大纲》（修订本），商务印书馆1996年版，第220页。

晋时期的人撰写魏史，必然牵涉到复杂的政治因素。由王沈最后完成的《魏书》，被刘知幾批评为"多为时讳，殊非实录"[①]，说明其修史态度受到政治立场的左右，进而影响到记录历史的真实性。与王沈形成明显反差的是，在对待魏末这段历史方面，鱼豢避开政治因素的干扰，秉持古代史家"秉笔直书"的精神，做了客观真实的记述。

如前所述，《魏略》完整地记载了齐王时期的史事，而这正是曹、马交构最为激烈、残酷的一个时段。作为司马氏的敌对方，正始年间的曹爽集团人物和嘉平年间的夏侯玄集团人物，《三国志·魏书》仅以附传的形式，载录了曹爽、夏侯玄二人的事迹，而裴注所引《魏书》，也仅有少量文字记录某些史实片段。只有《魏略》，对于曹爽党羽邓飏、丁谧、毕轨、李胜、桓范、何晏等，夏侯玄党羽张缉、李丰、许允等，都设立专传，完整地记载了他们的生平事迹。这些记载为后人保存了宝贵的资料，也是鱼豢修史态度的最好见证。

《魏略》对曹魏百官制度的记述，同样是全书中史料价值较高的部分。前述《魏略·百官志》记载职官品秩和职能，价值相当明显；此外一般纪、传叙述史事，也较多地留意于职官制度，其中不乏价值颇高者。例如曹魏创立的九品官人法，通行于整个魏晋南北朝时代，影响深巨。然而，《三国志》卷二二《陈群传》记陈群创设此法，仅有简略的一句话："徙为尚书。制九品官人之法，群所建也。"如此简略的记载，使后人探讨此法的名称源流和具体内容，面临着资料匮乏的窘境。《魏略》作为较早的魏史，对此提供了可信的原始材料，可补陈志之缺失。《北堂书钞》卷六〇引《魏略》云："陈群，字长文。延康元年，始建九品官人之法。拜吏部尚书。"[②]这个记载与陈《志》本传文字互相印证，对于确认"九品官人之法"为起始名称，具有决定性意义。[③]又如《三国志》卷二三《常林传》注引《魏略·清介·吉茂传》云：

---

① 《史通·古今正史》。
② 虞世南编纂：《北堂书钞》卷六〇引《魏略》，学苑出版社1998年版。
③ 参考阎步克：《品位与职位》，中华书局2002年版，第306页。

> 先时国家始制九品，各使诸郡选置中正，差叙自公卿以下，至于郎吏，功德材行所任。茂同郡护羌校尉王琰，前数为郡守，不名为清白。而琰子嘉仕历诸县，亦复为通人。嘉时还为散骑郎，冯翊郡移嘉为中正。嘉叙茂虽在上第，而状甚下，云："德优能少。"

这段记载涉及九品官人法实施过程中的若干具体环节，包括郡中正的遴选机制和任职资格、中正品评人才的范围和具体做法，是不可多得的实证材料。

最后，《魏略·西戎传》所具有的史料价值，也值得称道。《三国志·魏书》立有《乌丸鲜卑东夷传》，详载乌丸、鲜卑及东夷各部族、国家的史事，而对于西域诸国，仅以简短文字揭过。裴松之意识到陈《志》的偏失，不惜以较大篇幅注录《魏略·西戎传》[1]。该传内容，首先记述中原西陲的氐人及杂胡，接着记载魏晋时"从敦煌玉门关入西域"的三条道路：南道、中道和新道（又称北新道），同时记各道沿途诸国风土民情。所记三条道路，反映了魏晋时丝绸之路不同于汉代的新变化，极为重要。该传记"中道西行"诸国，远及今中东和地中海沿岸地区，其中价值较高的有两点。第一，记载各国的地理方位关系比较准确，纠正了前代认识的错误。传文称：

> 前世谬以为条支在大秦西，今其实在东。前世又谬以为强于安息，今更役属之，号为安息西界。前世又谬以为弱水在条支西，今弱水在大秦西。前世又谬以为从条支西行二百余日，近日所入，今从大秦西近日所入。[2]

《西戎传》所纠驳的前世谬见，未详所指。考《汉书》卷六六《西域

---

① 《太平御览》卷三七八引录为"《魏略·西域传》"，今从裴注。
② 《三国志》卷三〇《乌丸鲜卑东夷传》注引《魏略·西戎传》。

传》，有一段记述"条支"云："安息役属之，以为外国。善眩。安息长老传闻条支有弱水、西王母，亦未尝见也。自条支乘水西行，可百余日，近日所入云。"其中记条支（今伊拉克）役属于安息（今伊朗），与《西戎传》同，其余则《西戎传》多所纠补。第二，记载大秦国的地理方位、风土物产、城邑、官府等①，相当详悉。这些记载虽然有不少推测、想象的成分，但反映了当时中国人认识外部世界的新视野。从史源学的角度看，《魏略·西戎传》的材料，有不少被《后汉书·西域传》采用或摘编②，这说明在刘宋时期，它的史料价值已受到史家重视。

综上所论，《魏略》是一部断代分明、体例规范的纪传体史书，具有相当高的史料价值。唐代刘知幾在《史通》卷一一《史官建置》中评论说："按刘、曹二史，皆当代所撰，能成其事者，盖唯刘珍、蔡邕、王沈、鱼豢之徒耳。"这是说王沈《魏书》和鱼豢《魏略》都撰写于"当代"，它们分别是官修魏史和私撰魏史的代表，其地位值得肯定。按我们前面的讨论，《魏略》的材料与《魏书》在很大程度上是互补的，因此《魏略》所特有的那些材料，备受后人重视。刘宋时，裴松之大量引录《魏略》材料，补注《三国志》，范晔撰《后汉书》，亦有所采录。唐、宋人编纂类书，同样大量地引录了《魏略》材料。此书大约散佚于宋元之际，但其影响已留存在古代典籍之中。

---

① 大秦国又称黎轩（或黎靬），俗称海西。古大秦相当于何地，学界大致有三种说法：一谓指罗马帝国东部，一谓指罗马帝国，一谓指黎轩即亚历山大城。三者中以后一说较妥当。参考《中国大百科全书·中国历史》之《秦汉史》"大秦"条，中国大百科全书出版社1986年版。

② 参考余太山：《〈后汉书·西域传〉与〈魏略·西戎传〉的关系》，《西域研究》1996年第3期。

第四章　陆机《晋纪》与晋史的修撰起源

司马氏晋朝由司马炎以禅让方式代魏建立，其创业肇基，则要追溯到司马懿、司马师、司马昭父子在曹魏后期长时间的谋划和经营。西晋建立之后，遵循前代旧例，设史官以修撰本朝史，其间遇到不少棘手的问题，如何为司马懿等"三祖"书写传记？晋史的起始时间限断应该怎样设置？这两个互有关联的问题，则是其中最紧要者。我们注意到，陆机任史职期间所撰《晋纪》四卷，其中含有"三祖纪"，是为诸家成文晋史之发端，并对后来的晋史撰述产生了较大影响。借由探寻陆机《晋纪》撰述的始末因由，当可获得对于晋史修撰起源过程中某些问题的较为深入的认识。此即本文的撰写动机和主旨。

一　晋史的修撰缘起与陆机《晋纪》之首创地位

关于晋史撰述，《文心雕龙·史传篇》记述："至于晋代之书，繁（系）乎著作。陆机肇始而未备，王韶续末而不终。"①文中提到设置史官修史与陆机草创晋史二事。据《晋书·职官志》记载：著作郎本周左史之任，魏明帝太和中始置此官，隶属中书省；"及晋受命，武帝以缪徵为中书著作郎。元康二年，诏曰：'著作旧属中书，而秘书既典文籍，今改中书著作为秘书著作。'于是改隶秘书省。后别自置省而犹隶秘书。著作郎

---

① 刘勰著，周振甫注：《文心雕龙注释》，人民文学出版社1981年版。

一人，谓之大著作郎，专掌史任，又置佐著作郎八人。著作郎始到职，必撰名臣传一人。"著作郎是晋代专掌修史的史官，晋初承曹魏之旧以著作郎隶属中书省；至惠帝元康二年（292），改以著作郎隶属秘书省，秘书省兼掌文籍和修史，职能相近而协调；著作郎之下又有佐著作郎八人，修史班子有一定的规模和实力。《史传篇》所述陆机草创晋史事，即发生在陆机任著作郎、担当史职之后。

陆机就任著作郎，事在元康八年。陆机在太康末年入洛以后，因才识过人，颇受执政张华赏识及中朝士人钦慕，历任数职，其出任著作郎之前，职位为殿中郎。陆机《吊魏武帝文序》述其事云："元康八年，机始以台郎出补著作，游乎秘阁。"①《初学记》卷十二引王隐《晋书》亦载："陆士衡以文学为秘书监虞潙所请，为著作郎，议晋书限断。"②陆机所撰晋史，《隋书·经籍志》史部编年类著录为："《晋纪》四卷。陆机撰。"两《唐志》亦在史部编年类著录是书，题名稍有差异，《旧唐书·经籍志》称"《晋帝纪》四卷。陆机撰"，《新唐书·艺文志》记为"陆机《晋帝纪》四卷"。陆机《晋纪》是记述晋代史事最早的成文史书，与陆机同时修撰晋史而有所建树的，大约只有束皙一人。

束皙进入史局修史，与陆机同在元康八年而略晚于陆机。《初学记》卷十二引张隐《文士传》记载："束皙元康四年晚应司空府，入月余，亦除著作佐郎。著作西观，撰《晋书》，草创《三帝纪》及《十志》。"这段文字，"元康四年"后当有脱文。据俞士玲考证，束皙受任张华司空府贼曹属，是在元康六年正月以后，至元康八年五月，尚在贼曹属任上。此后不久，束皙为秘书监贾谧所请，就任佐著作郎（或称著作佐郎）。③陆机、束皙二人大致同时就任史职并草创晋史，但各人所撰晋史体裁却不同。如上文所显示，陆机《晋纪》属于编年体史书。而束皙本传记其撰史经过

---

① 《陆机集》卷九，中华书局1982年版。
② 《初学记》，中华书局1962年版。
③ 俞士玲：《陆机陆云年谱》，人民文学出版社2009年版，第152页。

曰："转佐著作郎，撰《晋书》《帝纪》《十志》，迁转博士，著作如故。"①
本传与上引《文士传》相照应，都表明束皙所撰《晋书》属于纪传体。纪
传与编年，渊源所自，各有原委，依照唐代史家刘知幾的见解，它们都是
历代王朝史撰述中的"正史"。就当时的情形看来，在晋史修撰的起始阶
段，编年、纪传二体俱备，难分轩轾。然而，由于偶然的际遇，陆机《晋
纪》、束皙《晋书》流布存世的情况却迥然有异，对当时及后世修史的影
响也相去甚远。束皙本传记载："皙才学博通，所著……《晋书》《纪》
《志》，遇乱亡失。"揆度文意，当是束皙在世之日，所撰《晋书》已"亡
失"不存，未及流布，则其影响自属微末。陆机《晋纪》，唐、宋官修史
志犹有著录，其亡佚可能在宋代以后②；作为西晋时撰成行世的唯一一部
晋史，其首创地位及影响，都是我们不能忽视的。

二　陆机《晋书限断议》与纪传体晋史撰述始末

四卷本的陆机《晋纪》，究竟包含着哪些具体内容呢？刘知幾在《史
通·本纪》中明确讲到"陆机《晋书》，列纪三祖"③，故而三祖纪是我们
能够首先予以确认的。陆书散佚之后，其内容为唐、宋类书等古文献所引
录而遗存者也极少，清代学者辑佚所得，只有两条。④其中一条是对"文
帝"司马昭的评价，当是《文帝纪》之序文或尾评。还有一条，讲的是王
濬梦四刀临益州事。这一条，《北堂书钞》一处引录，《艺文类聚》《太平
御览》各有两处引录；而同记一事，有"陆机《晋记》""陆机《晋书》"

---

① 《晋书》卷五一《束皙传》。
② 《史通·古今正史》也讲到晋史的修撰起源，将陆机书与束皙所著相提并论。据上海古籍
出版社标点本《史通通释》，其文为："晋史，洛京时，著作郎陆机始撰三祖纪，佐著作郎束皙又撰十
志。会中朝丧乱，其书不存。"这段文字易致迷惑，使人误以为陆书与束著俱亡于"中朝"之乱。其
实，依照《隋书·经籍志》著录书籍存佚情况之体例，陆机《晋纪》唐初尚存是没有问题的。又唐太
宗所下《修晋书诏》，讲到唐初尚存十八家晋史，其中提到陆书，亦为其证。或许上段文字标点有
误，若在"三祖纪"后标句号，"十志"后标逗号，将陆机事与束皙事分别叙述，则文义与史实相协。
③ 浦起龙释：《史通通释》，上海古籍出版社1978年版。
④ 参见乔治忠校注：《众家编年体晋史》，天津古籍出版社1989年版，第361页。

"陆机《晋武纪》"等不同书名。王濬任益州刺史，事在武帝平吴之前，结合"《晋武纪》"的书名看来，陆机《晋纪》含有《武帝纪》，应无疑问。综上所述，陆机《晋纪》四卷，包含三祖及武帝纪各一卷，应该是一个合理的推断。

关于三祖纪的编撰体例，刘知幾有专门的评论，陆机也在《晋书限断议》中申述了自己的意见。在西晋时代，修撰本朝史是一个极为敏感的政治问题，与王朝统治纠结颇深。司马氏代魏建晋，其夺机建国之路迥异于往代，种种杀戮、篡弑情形充斥其间，血腥味浓重。为了弥缝粉饰篡弑之迹，进而营造司马氏肇基建国的"王业之迹"，为王朝统治的合法性和正当性"正名"，西晋统治者亟需通过修史的途径达到目的。从武帝到惠帝统治的十余年间，朝廷先后两次发起议晋书限断，其时间跨度之大，参与议论者之众，反映了人们持久而广泛的关注。议晋书限断牵涉到晋史修撰体例的诸多问题，陆机也是当事人之一，故而欲寻讨三祖纪体例，必先廓清议晋书限断的相关史实。议晋书限断事载于《晋书·贾谧传》，为方便讨论，兹移录原文如下：

先是，朝廷议立晋书限断，中书监荀勖谓宜以魏正始起年，著作郎王瓒欲引嘉平已下朝臣尽入晋史，于时依违未有所决。惠帝立，更使议之。谧上议，请从泰始为断。于是事下三府，司徒王戎、司空张华、领军将军王衍、侍中乐广、黄门侍郎嵇绍、国子博士谢衡皆从谧议。骑都尉济北侯荀畯、侍中荀藩、黄门侍郎华混以为宜用正始开元。博士荀熙、刁协谓宜嘉平起年。谧重执奏戎、华之议，事遂施行。

对于晋书限断之议，前辈学者饶宗颐、周一良等很早就进行了有益的探索，其后学者论述滋多，议论所及渐趋于深广。①现参酌诸家，申以己见，对相关问题作进一步的探讨。

首先，关于两次议晋书限断的时间。中书监荀勖、著作郎王瓒是第一次"议断"史籍明确提到的当事人。据荀勖本传，荀勖任中书监时间甚长，从泰始元年（265）"武帝受禅"时起，直至晚年方转任尚书令，任职不久即于太康十年（289）去世，其居中书监职时间确切的最晚记事是在太康四年（283）秋。②王瓒，史籍中又作王赞，臧荣绪《晋书》、山涛《启事》均有其事迹记述。《晋书·李胤传》记载："〔司徒李胤〕太康三年薨……皇太子命舍人王赞诔之，文义甚美。"王瓒先前为司徒李胤掾，所以皇太子命其作诔，时在太康三年。晋人仕途，一般先由公府辟召，历东宫官而后转朝官，因此王瓒任著作郎，必定在太康三年以后。综上可知，第一次"议断"是在武帝太康年间，大约是在太康三年以后的某个时段。

第二次"议断"参与者更多，社会、政治背景复杂，主事人贾谧是开国功臣贾充嗣孙，受到贾后的强力支持。贾谧本传记述其主持"议断"前行迹曰："广城君薨，去职。丧未终，起为秘书监，掌国史。"《汉魏南北朝墓志汇编》收录《夫人宜城宣君郭氏之枢铭》，铭文称贾充妻郭槐"元康六年薨"③。据《晋书·惠贾皇后传》，"及〔后母〕广城君病笃，占术谓不宜封广城，乃改封宜城"，故铭文所称"宜城宣君郭氏"即广城君郭槐。按照晋制，作为承重孙的贾谧须为郭氏服丧三年，实为二十五月。贾谧丧未终起服，则其为秘书监必定在元康八年以前。结合前揭陆机、束皙

---

① 相关的成果主要有以下几种：饶宗颐：《中国史学上之正统论》，上海远东出版社1996年版。周一良：《魏晋南北朝史学与王朝禅代》，《魏晋南北朝史论集》，北京大学出版社1997年版。雷家骥：《中古史学观念史》，台北学生书局1990年版。阎步克：《西晋"清议"呼吁之简析及推论》，《乐师与史官——传统政治文化与政治制度论集》，生活·读书·新知三联书店2001年版。李传印：《魏晋南北朝时期史学与政治的关系》，华中科技大学出版社2004年版。俞士玲：《陆机〈晋书限断议〉考》，《陆机陆云年谱》，人民文学出版社2009年版。徐冲：《中古时代的历史书写与皇帝权力起源》，上海古籍出版社2012年版。

② 《晋书》卷三九《荀勖传》。

③ 赵超：《汉魏南北朝墓志汇编》，天津古籍出版社2008年版，第7—8页。

就任史职的情况来看，贾谧为秘书监，当在元康八年下半年，其发起第二次议晋书限断，亦当在此时。

其次，关于议晋书限断的具体内容。《贾谧传》的记载表明，前后两次"议断"的意见有三种：（1）以晋武帝泰始（265年）为断；（2）以魏正始（240年）开元；（3）以魏嘉平（249年）起年。三种主张明确易知，然而，议论者提出各自的主张背后，究竟出于何种动机，又有哪些支撑的理由，史籍却鲜有载录。故而后人评论，语多推测。这样的窘境，促使我们转换认识问题的思路：假如我们从前后晋史的构造和因革关系中寻绎其编制逻辑，进而与"议断"的相关意见互相印证，把着眼点放到"议断"对于晋史撰述的实际影响方面，是否就能够做到简化问题，抓住要害呢？依照这样的思路，笔者认为，"议断"所牵涉到的问题，主要有三点：第一，列传部分，"议断"的影响直接而显著，牵涉到对于司马氏夺权肇基有襄助之力的那些官僚，究竟哪些人可以列入晋史，这些人的生卒年及政治活动的主要时段是有先后差别的。所谓"引嘉平已下朝臣尽入晋史"，反映的就是划定为官僚立传的时间标准之一种。第二，本纪部分，晋朝人修撰的国史不为宣帝、景帝、文帝等三祖书写传记——这种情形是不可想象的；既立传记，便只能是以"本纪"命名。因此，"议断"的不同主张，对是否立三祖纪这一类的问题并无影响。然而，在"本纪"外衣的装饰之下，"议断"的不同主张，通过纪年、书法之类的体例因素仍然会有所体现。要之，"议断"对于本纪的影响，较之列传隐晦而幽邃。第三，本纪与列传如何协调配合，以及这种整体设计能够达到怎样的政治效果？针对如上三点，前后晋史实际处置的情况究竟如何，我们在考察陆机"议断"的意见和相关做法之后，再做综合研判。

陆机《晋书限断议》残存片段见于《初学记》卷二十一："三祖实终为臣，故书为臣之事，不可不如传，此实录之谓也。而名同帝王，故自帝王之籍，不可以不称纪，则追王之义。"文字虽然简短，却道出了撰述三祖纪的大原则即总体例。陆机的意思是：为三祖作传记，存在着命名与实际书法、体例之间的差别，从史书"实录"的原则来要求，应该按照

"传"的方式来书写；然而，三祖在晋武帝受禅后被追尊为宣皇帝、景皇帝和文皇帝，为体现"追王之义"，又只能以"纪"来命名。陆机的这个意见，在他撰述的三祖纪中是得到贯彻实施的。刘知幾《史通·本纪》称："陆机《晋书》，列纪三祖，直序其事，竟不编年。年既不编，何纪之有？"子玄特别看重史例，把史例比之为"国法"，陆机三祖纪"直序其事，竟不编年"的做法，与纪体乖离，当然受到他的指责。

北齐时，魏收与李德林讨论《齐书》纪元断限之事，往复数札，载于《隋书》卷四十二《李德林传》。李德林的议论多次提到陆机"议断"的意见，其中透露的信息，使我们对陆机的主张有更多的了解。通过梳理，可知陆机《晋书限断议》还包含以下内容：

第一，当时的《晋书限断议》涉及前代"代终之断"与当代"受命之元"两个方面。李德林与魏收书云："陆机称纪元立断，或以正始，或以嘉平。束晳《议》云，赤雀白鱼之事。恐晋朝之议，是并论受命之元，非止代终之断也。"所谓"受命之元"，指魏之正始、嘉平时，司马懿已有受命之兆，即创业而未有帝号；"代终之断"，指泰始司马炎正式改元，即位称帝号。[1]束晳《议》中所称"赤雀白鱼之事"，见于《史记·周本纪》，是讲武王受命克商的符瑞征兆。很明显，束晳是想援引周代成例，以为晋受魏禅亦有征祥符瑞，从而证成其议"受命之元"的观点。《北堂书钞》卷五十七引干宝《晋纪》载："秘书监贾谧请束晳为著作佐郎，难陆机《晋书限断》。"[2]可见陆机"议断"的意见与束晳相左，即以本节而论，他对束晳议"受命之元"的观点是不予认可的。

第二，陆机认为晋之三祖与尧时舜摄不同。李德林书云："陆机见舜肆类上帝，班瑞群后，便云舜有天下，须格于文祖也，欲使晋之三主异于舜摄。"陆机显然是引用《尚书》作为例证。《尚书·尧典》载，舜接受尧的禅让，代尧摄行天子事，"正月上日，受终于文祖"，于是舜"肆类于上

---

① 参考前揭饶宗颐：《中国史学上之正统论》，上海远东出版社1996年版，第26—27页。
② 虞世南编纂：《北堂书钞》，学苑出版社影印本2003年版。

帝"，"班瑞于群后"，三年后考绩，即天子位。①陆机认为，舜摄政三年，行王者之礼，从名实两方面都已有天下，而晋之三祖，行事异于舜摄。

第三，陆机批驳正始、嘉平之议。李德林书云："陆机以刊木著于《虞书》，黍黎见于商典，以蔽晋朝正始、嘉平之议，斯又谬矣。唯可二代相涉，两史并书，必不得以后朝创业之迹，断入前史。""刊木"为禹事，但禹为舜臣，故载入《虞书》。"黍黎"即"西伯戡黎"，为周文王事，但文王时为商臣，故载入《商书》。陆机以《尚书》为依据，批驳正始、嘉平二议，认为晋之三祖事迹，应当载入前代魏史。②

第四，陆机《晋书限断议》将晋史纪元的时间大大延后，至司马炎灭吴后始称帝号。李德林书云："汉献帝死，刘备自尊崇。陈寿蜀人，以魏为汉贼，宁肯蜀主未立，已云魏武受命乎？士衡自尊本国，诚如高议，欲使三方鼎峙，同为霸名。习氏《汉晋春秋》，意在是也。正司马炎兼并，许其帝号。魏之君臣，吴人并以为戮贼，亦宁肯当涂之世，云晋有受命之征？……公议云陆机不议元者，是所未喻，愿更思之。"李德林以陈寿作《三国志》的构思为比况，认为陈寿本是蜀人，其书于正统观上必然有党蜀抑魏的倾向。然后，依此推阐陆机议晋书限断的构思，认为陆机本是吴人，受其"自尊本国"意识的影响，"欲使三方鼎峙，同为霸名"，即魏、蜀、吴三国互不统属，同为偏霸国家，不以魏为正统，因而也不承认晋承魏统，如此一来，正统的归属，要到最后一个偏霸国家——吴的灭亡才尘埃落定；换言之，太康元年（280）武帝兼并以前的晋也仅被视为一个偏霸国家，其正统地位至此始获确立，帝号始获承认，此即所谓"正司马炎兼并，许其帝号"。依照以上陆机议定的构思，晋史纪元的时间被大大延后，甚至不及于公认的前代"代终之断"——泰始元年（265），因而使魏收产生"陆机不议元"的错觉。

李德林本段书信中所涉及的问题，尚有两点需作辨析、澄清。其一，

---

① 屈万里：《尚书集释》，中西书局2014年版。
② 参考俞士玲：《陆机〈晋书限断议〉考》，《陆机陆云年谱》，人民文学出版社2009年版，第159页。

李德林认为陈寿党蜀抑魏，并以此情节推论及陆机，实则不然。唐代刘知幾曾针对"德林著论，称陈寿蜀人，其撰《国志》，党蜀而抑魏"，而予以辩驳。①今人雷家骥认为："陆机的《晋元论》（案：即《晋书限断议》）、《辩亡论》等，有党吴之心非常明显，而陈寿则未必相同。"进而指出，"其论似有想当然耳之嫌"。②

其二，陆机"议断"的构思将晋史纪元的时间大大延后，这是否意味着他撰写《晋纪》，即据此构思书写纪年？俞士玲《陆机〈晋书限断议〉考》直言"陆机《三祖纪》不言元，至司马炎灭吴后始称帝号"③，显然是把"议断"构思与《晋纪》书写纪年画了等号。笔者以为此节颇有隐曲，值得商榷。以情理而论，陆机《晋纪》于三祖纪部分不纪元编年，本着史书的"实录"原则，顺而易行，然而在《武帝纪》部分，若要公然背离泰始元年司马炎受禅称帝的历史事实，执意伸张一己之史观史意，终不免要背负冒天下之大不韪的政治压力，实难遂行。因此笔者推断：陆机《晋纪》的《武帝纪》部分，极有可能按常规自泰始纪年，而于太康元年灭吴这一作者自认的大关节处做一特别的交代和说明，借以申述其史观微意。④

通观陆机《晋书限断议》，其思想内涵相当丰富，而其主旨趣向则是稽考司马氏王迹所兴的历史事实，援据经典予以裁正，在晋史纪元断限问题上别出心裁，党吴抑晋的倾向十分明显。陆机"议断"的构思，在其所撰《晋纪》的三祖纪部分是得到充分实施的，即三祖纪不纪元编年，采取纪名传实的书写方式，而这正是它富有特色而备受关注之处；至于《武帝纪》部分，则不能不有所变通和折中。陆机以"亡国之余"的身份而不忘故国，虽然厕身贾谧"二十四友"之列，但在晋史撰述这一敏感的政治问

---

① 《史通·探赜》。

② 雷家骥：《中古史学观念史》，台北学生书局1990年版，第312页。

③ 俞士玲：《陆机陆云年谱》，人民文学出版社2009年版，第159页。

④ 刘知幾《史通·断限》称："陆士衡有云：'虽有爱而必捐。'善哉斯言，可谓达作者之致矣。"这是借用陆机《文赋》中言，探究、揭示他"议断"的构思与书写《晋纪》的实际做法，当有所实指。

题上却能够力排众议，独抒己见，实属难得。俞士玲谓"由此可见陆机家国观念的浓厚、敢于立说的勇气以及不阿附权贵的品格"①，这是一个公允的评价。

下面，对于"议断"各种主张背后的动机和意涵，以及因应"议断"的不同主张，前后晋史实际处置的情况，我们试做一番总体检讨。周一良称："按理说，一个王朝的开端，当然应该从取得政权，建立新朝之日算起。"②就西晋当日议晋书限断的议题范畴来说，周氏所强调的"理"，实为前代"代终之断"。然而，当时"议断"众臣更为倾心注目的，显然并不是这显而易见、尽人皆知的"代终之断"，而是司马氏所以肇基受命的天命人事依据，即当代"受命之元"；相比于"代终之断"的唯一确定性，这个"受命之元"则具有较大的主观随意性，通常比"代终之断"来得要早。据此，"议断"的实质便可归结为或从"代终之断"，或取"受命之元"之争论。

《贾谧传》所列举的三种"议断"主张，从魏正始或嘉平起始，都是取"受命之元"为断限凭据的做法。周一良分析："按照荀勖的断限，齐王芳的废黜，高贵乡公的被害，都已经是大晋王朝至少在史书文字上矗立以后"，"这样就使两桩大事件在当时的非正义性多少有所减轻"，其目的是"以向上延伸晋朝历史的办法来掩饰冲淡禅代过程中的阴谋与暴力"③。这个意见堪称透辟，颇受学者认同。

西晋本朝史的修撰，除了接受"议断"意见的影响，还以陈寿所撰《三国志·魏书》作为体例参照和起始凭借。陈寿魏志出于政治方面的考虑或者迫于政治压力，留下两处明显的缺陷。其一，没有把终于人臣之位的司马懿、司马师、司马昭父子三人纳入魏臣而立传。其二，魏末自正始年间开始，在同司马氏的对抗中相继有一批忠于魏室的大臣被剪除，对这

---

① 俞士玲：《陆机陆云年谱》，人民文学出版社2009年版，第160页。

② 周一良：《魏晋南北朝史学与王朝禅代》，《魏晋南北朝史论集》，北京大学出版社1997年版，第427页。

③ 《魏晋南北朝史论集》，第427—428页。

些人的叙录，魏志采取了三种不同的处理手法：一是以曹爽附于《曹真传》，夏侯玄附于《夏侯尚传》；二是将王凌、毌丘俭、诸葛诞等举兵反叛朝廷（实为司马氏）者列入"叛臣"而立传；三是其余人众概不立传，仅在相关纪、传中约略叙及。这样处理的结果就是：正始年间的何晏等人、司马师当政时的李丰等人，尽管在历史上颇有影响，却在"正史"记载中缺位，并且在魏史与晋史的衔接处造成一个明显的人物、史事记述的"断裂带"。西晋国史的撰作，在上述两端承接魏志余绪，其本身的书写方式，则分别构成晋史本纪、列传起始阶段的特色。

徐冲考察中古时代"纪传体王朝史"的书写方式，揭示出在三国经两晋至于南朝前期所书写的纪传体王朝史中，有一种"开国群雄传"的结构性存在。[①]然而，就晋史的撰述而言，情况有些特殊，其实是不能以"三国经两晋至于南朝前期"一语涵括的。其原因在于，司马氏的夺权篡国活动始终是在曹魏王朝的一体秩序下进行的，魏末并未出现一个天下大乱、群雄并起的局面，就像前此的汉末、后此的晋末那样，自然也就不存在所谓"开国群雄"及为之立传的问题。在此情势之下，晋史的列传部分是在充分尊重陈寿魏志现状的基础上构思编纂的。

以今本唐修《晋书》为例，可以观察到如下两点：第一，上述曹爽、夏侯玄等司马氏政敌，既然不能以"开国群雄传"的形式在晋史中获得位置，则魏志记述相关人物、史事的明显遗漏，《晋书》也阙而不补。第二，正始年间的司马懿集团成员，除司马孚外，其余卢毓、孙礼、刘放、孙资、高柔、王肃、王观、傅嘏等人在魏志中均已有传，《晋书》便不再为他们立传。司马师、司马昭当政时的司马氏集团核心成员，除王肃魏志已有传、钟会已入魏志"叛臣传"外，其余司马孚、何曾、王沈、石苞、陈骞、贾充、羊祜、裴秀、荀颙、荀勖等人均在《晋书》中立传。[②]钟会的

---

①　按徐氏所论，"开国群雄传"的"书写对象是与王朝'创业之主'之间不存在原初性君臣关系的前代王朝之末世群雄；其在纪传体王朝史中的位置则通常被置于本纪之后、诸臣传之前"。见徐冲：《中古时代的历史书写与皇帝权力起源》，上海古籍出版社2012年版，第98页。

②　参见本书中篇第四章第二小节、第五章第三小节后半部分。

情况属于特例，可以不论。司马孚、王肃二人，同为正始年间的司马懿集团成员和此后的司马氏集团核心成员，以创业之功而论，两人都相当重要，但王肃在甘露元年（256）已经去世，未及入晋，司马孚则一直活到泰始八年（272），并且受宗室王重封。此二人一入魏志，一入《晋书》，颇能说明问题。综括而论，陈寿魏志无论是出于自觉还是不自觉，其立传断限是从泰始元年"代终之断"，对王肃、司马孚的不同处置即是明显例证。而《晋书》为诸功臣立传，与魏志绝不重复，亦即不存在所谓"二代相涉，两史并书"的情况，这就充分证明，《晋书》立传断限也是从泰始元年"代终之断"。进一步追本溯源，则诸家纪传体旧晋史中，王隐《晋书》成于东晋，资格最老且为后来者所祖述，臧荣绪《晋书》成于萧齐，是第一部完整地载录两晋史事的晋史，也是唐修《晋书》之蓝本，旧籍所存佚文，也以此二书最为丰富，故而足资比照。王书、臧书所载晋臣，其起始部分与唐修《晋书》事实上是完全重合的，[①]由此可以断言，纪传体晋史的撰述，自始至终都是从泰始元年"代终之断"。

我们再看晋史的本纪部分。刘知幾《史通·本纪》在批评陆机三祖纪自乱其例之前，有一段关于纪体的重要意见：

> 盖纪之为体，犹《春秋》之经，系日月以成岁时，书君上以显国统。曹武虽曰人臣，实同王者，以未登帝位，国不建元。陈《志》权假汉年，编作《魏纪》，亦犹《两汉书》首列秦、莽之正朔也。后来作者，宜准于斯。

对于王朝转换之际，新朝创业之主肇基而未有帝号这一时段的历史应该如何书写，刘知幾总结过往史作，认为假前代皇帝年号纪年是自《汉书》以下的通行做法，又举出陈寿魏志"权假汉年"纪魏武帝的典型例证，说明此法最善且最具可行性，后世宜遵奉为准则。刘氏博通群籍，深

---

① 参见汤球辑，杨朝明校补：《九家旧晋书辑本》，中州古籍出版社1991年版，王隐《晋书》目录，臧荣绪《晋书》目录。

谊史书因革之故，其意见是值得重视的。①前已述及，从是否立三祖纪是无法判断晋史的起始断限的；而在"假前代皇帝年号纪年"已成为纪传体王朝史书写通则的条件下，我们拿《晋书》三祖纪与魏志《武帝纪》的纪年、书法作比较，仍然可以看出某些端倪。《武帝纪》开篇叙曹操家世和早年行迹，并无确切纪年；至汉灵帝中平六年（189）董卓之乱后曹操起兵，始正式纪年，明确标示"是岁中平六年也"；其后，在汉献帝初平、兴平、建安先后三个年号之下，依次叙录史事。值得特别注意的是，对曹操的称呼，始则称其庙号太祖，继而称公、称王，而曹操权势之渐重、位望之愈隆，于此清晰可见；又在建安五年（200）曹操破袁绍之后，引出汉桓帝时的一则天文预言，点明"至是凡五十年，而公破绍，天下莫敌矣"，隐然有昭示王业肇基、天命有归之意味。②相比之下，《晋书》三祖纪的纪年大致效仿魏志《武帝纪》，而严整、繁密有所不及；推其本源，则王隐《晋书》于三祖纪并未编年③，仍是陆机"纪名传实"的做法，臧荣绪《晋书》已改用纪年，唐修《晋书》实承臧书而来。书法方面，《晋书》三祖纪较之魏志《武帝纪》也颇见差异。三祖纪记述司马懿父子，开篇均称其追谥之号，即宣皇帝、景皇帝和文皇帝，其后叙事，一概以"帝"称呼，是则三篇本纪行文纪事完全取"追王之义"，昭然可知④；这样的处置，与魏志《武帝纪》以对应的权位称公、称王，其"实录"效果是不可同日而语的。至于说昭示王业肇基、天命有归，像魏志《武帝纪》那样的点题之笔，《晋书》三祖纪也是缺乏的。

---

① 徐冲提出关于西晋国史书写的"起元"概念，认为："'为断''开元''起年'等等所谓'立《晋书》限断'，指的是在西晋王朝的国史书写之中，从何时开始废弃曹魏王朝纪年，而改用晋之纪年。"见徐冲：《中古时代的历史书写与皇帝权力起源》，上海古籍出版社2012年版，第10页。笔者以为，相对于假前代皇帝年号纪年，徐氏所揭示的是一种理想化的纪年设计，这种理想化的设计在议论层面不免有之，在操作层面其可行性却很成问题。实际上，研究者执此理想化设计以为通常准则，对魏晋南北朝"正史"撰述的解释多有与史实真相背离之处。

② 《三国志》卷一《武帝纪》。

③ 汤球辑王隐《晋书》，宣帝纪共10条，景帝纪共3条，文帝纪共4条，概无具体纪年，见汤球辑，杨朝明校补：《九家旧晋书辑本》，中州古籍出版社1991年版，第162—163页。

④ 王隐《晋书》三祖纪，分别采用了庙号、谥号、"上"三种称呼。臧荣绪《晋书》三祖纪，则采用了庙号、谥号两种称呼。称呼虽有差别，取"追王之义"却是一致的。

　　综上对纪传体晋史撰述始末的考察，我们可以获得如下认识：第一，当初西晋众臣议晋书限断，出于弥缝粉饰篡弑之迹的政治目的，明显有一股拔高"三祖"功业、前推其肇基历史的冲动，从魏正始或嘉平起始两种"议断"主张，即是这种政治冲动的体现。然而，经过一段时间的思想沉淀，尤其是经历史臣纂修国史的实际体验之后，相对客观理性的撰述思路渐居上风，以泰始为断的贾谧之议受到广泛支持，并最终获得朝廷认可。而在实际操作层面，前后几部有代表性的纪传体《晋书》，其列传部分载录人物，都遵从了以泰始为断这一标准。

　　第二，前后纪传体《晋书》的三祖纪部分，都是在取"追王之义"的撰述思路下完成的，即以"三祖"在晋朝所获得的尊崇地位为依托，追述其行迹。这种做法，虽说实录精神颇嫌不足，却与司马迁"王迹所兴，原始察终"的史学旨趣相契合。[1]在取"追王之义"的撰述框架下，司马氏肇基建国的"王业之迹"得以呈现；另一方面，司马氏杀戮、篡弑的种种劣迹事实上也得到相当程度上的揭露，与陈寿魏志《三少帝纪》中所采取的回避态度相比，前进了一大步。[2]由此我们认为，纪传体《晋书》三祖纪的撰述，充满了变通、折中的意味，这种相对平实的格调透露出客观理性的成分，与以泰始为断的贾谧之议在思想取径上是一致的；这种情形也说明，历史撰述中任何的人为设计，终究是以实录原则为依托和归宿的。

　　第三，总体上看，以泰始为断的纪传体《晋书》，代表着晋史撰述的主流。这一类的撰述，建立起一个关于晋朝开国史的大体上清晰有序的历史认知体系；当然，由于司马氏肇基建国，并无此前曹魏、此后刘宋那样的功业凭借，这个体系因"先天不足"而显得不够坚实牢固，在某些环节上不时会受到人们的质疑和诘难。

---

　　①　《史记》卷一三〇《太史公自序》。
　　②　此处的论断以唐修《晋书》为依据，但唐修《晋书》必有所本，王隐《晋书》、臧荣绪《晋书》是其主要源头；事实上，取"追王之义"及对司马氏"王业之迹"有所裁抑两种倾向，王隐《晋书》已经兼而有之。

三 陆机《晋纪》对晋史撰述的影响

陆机《晋纪》作为最早撰成行世的一部编年体晋史，对其后的晋史撰述产生了多重影响。如前文所论，其三祖纪部分不纪元编年，采取纪名传实的书写方式；这一做法直接启发了王隐，他在东晋前期撰成的纪传体《晋书》，于三祖纪亦不编年。这种情形，可以视为陆机《晋纪》给予晋史撰述的第一个影响。

陆机《晋纪》开编年体晋史撰述之先河，其后干宝《晋纪》、孙盛《晋阳秋》等多种编年体晋史相继问世。据考证，晋朝人撰著的本朝史共计有12种，纪传、编年各居其半；合两晋南朝而观之，则纪传体晋史有14种，编年体晋史有12种，亦呈分庭抗礼之势。[①]从史学史的视角来看，自司马迁开创纪传体通史、班固确立纪传体断代史之后，在相当长的一段时间里，纪传体一家独大，编年体颇受冷落；迄于汉末，荀悦受汉献帝之命，依班固《汉书》改撰为编年体《汉纪》三十卷，方始开启编年体王朝史撰述的新途径和新气象。不过，我们还是要指出，陆机创制编年体晋史，相对于荀悦改撰编年体汉史，仍然具有一定的创新意义；尤其是在带动编年体晋史撰述走向活跃方面，其首创之功和示范作用显得特别突出。这是陆机《晋纪》给予晋史撰述的第二个影响。

陆机《晋纪》给予晋史撰述的第三个影响，集中于与其"议断"主张相关联、又通过《晋纪》撰述表现出来的正统观。正统论原本是以"大一统"思想为基本内核，同时糅合了天命论、五德生胜说的一种政治思想意识和历史观，两汉至魏晋正是其萌动和发展时期，至宋代演变为高潮并形成较为完备的理论体系。魏晋时期正统观的分歧和争议，是围绕着史书编纂而展开的，国家政权分裂与统一的走向、王朝间禅代更替的历史转换，则是影响正统观和史书编纂的重要历史因素。其中引人注目的事件，先有

---

① 刘节：《中国史学史稿》，中州书画社1982年版，第85—87页。

陈寿撰《三国志》，曹操一家称为帝，入本纪，而刘备、孙权两家称为主，入列传；《蜀书》《吴书》中君主即位必记魏之年号，以明"正朔"所在。踵继陈寿而别有裁定的，当属陆机。如前文所论，陆机在尊崇故国的意识主导下，对于三国鼎峙这一段历史，把魏、蜀、吴同样视为偏霸国家而不给予任何一方正统地位，甚至统一之前的晋也做如此处理。陆机的做法，打破了魏受汉禅而晋受魏禅、尊晋必尊魏的认识常规，在更为广阔的历史视野上重新审视汉晋之际历史，从而为史书编纂开启了一种新的可能性，即依正统观的不同，历史可以在相当大的幅度上进行重编或改撰。陆机立论的依据，实际上还是传统的"大一统"思想，因而其正统观是与正统论原初意义相契合的，这一点也值得我们留意。

东晋时习凿齿撰《汉晋春秋》五十四卷，"起汉光武，终于晋愍帝。于三国之时，蜀以宗室为正，魏武虽受汉禅晋，尚为篡逆，至文帝平蜀，乃为汉亡而晋始兴焉"[①]；习氏还另撰《晋承汉统论》，系统地申述其"越魏继汉"的正统观。习凿齿所阐述的正统观及相关的史学创作活动，备受后世学者重视，然而探寻其初始动因，实是受到陆机的启发，北齐时李德林已指明这一点。从理论路径上说，习氏正统观除了沿袭"大一统"思想，还特别强调"道义"的历史价值，使之成为正统论的内核要素，[②]从而在正统论的阐发上比陆机走得更远；而习氏正统论明显地表现出历史价值判断上的主观倾向，其在史学史上产生的正面和负面影响都相当突出。[③]需要指出的是，当今学者讨论习凿齿的正统观，大都未曾留意陆机相关活动所给予的启示，这不能不说是一个疏漏。

---

① 《晋书》卷八二《习凿齿传》。

② 参考施建雄：《中国封建社会正统论的思想体系及时代特点》，《史学理论研究》2009年第3期。

③ 参考前揭雷家骥：《中古史学观念史》，台北学生书局1990年版，第355—356页。

第五章　历史专业中国古代史类论文指导

一　论文选题

毕业论文的写作，是从论文选题发端的。就中国古代史类论文而言，选题时需要考虑以下几个方面的问题。

1.选题范围

中国古代史类论文大体上包括断代史和历史文献学两大板块。断代史又可分为先秦秦汉史、魏晋南北朝隋唐史、宋辽金元史、明清史等几个大的段落；各类专门史，包括政治史、制度史、经济史、思想史、社会史、文化史一类的题目，基本上可以安排在对应的断代史里去做。历史文献学本身包含许多内容，诸如考证、校勘、辨伪、版本、辑佚之类，然而对于初涉史学研究的本科生来说，实际能做的内容却很有限，这方面的选题，往往着眼于重要史家的成就和思想，或者重要史籍的价值和创新之处。

2.选题的价值原则

本科生毕业论文虽说是习作，但也有它的价值追求，所以毕业论文选题首先要遵循价值原则。概括而言，有价值的中国古代史论文的论题一般表现为以下几类：

第一类，亟待解决的课题。社会发展进程中每前进一步，都会凸显出一些亟待解决的新课题。历史学作为经世致用、供人借鉴的一门学问，当然会首当其冲。例如，当今社会转型中，如何定位国家与社会群体之间的关系，转变政府职能，健康有序地发展民间社群组织，是一个较新的课题，那么，清理中国古代历史上的国家与社群关系，就是这个课题中应有的义项，相关的研究自然就是有价值的。

第二类，填补空白的课题。历史研究中的空白是很多的。从某种意义上说，"一切历史都是当代史"，随着新领域的开辟，新思想和新方法的运用，那些看似陈旧、呆板的历史事态总会在人们面前呈现出新的面目和特性。当今一批中青年史学工作者，由于接受了其他学科的思想和研究方法，以无比的勇气开辟出一块又一块研究的新天地。例如史学的人文关怀受到前所未有的重视，在这一学术理念的观照下，文化史研究长足发展而蔚为大观，社会史研究也方兴未艾；再如西方当代史学中微观史、日常史的理念引入之后，史学研究中多了一些向下审视和微观透视的新功夫，这些都给中国古代史学科带来了许多新、活的气息，也展示了广阔的课题前景。

第三类，补充性课题和匡正性课题。对于初学论文写作、刚刚涉及科学研究领域的大学生来说，要发现一个前人根本没有涉足的课题，是有困难的。因此，要善于发现已有研究成果的不足之处，找到一个补充性的课题，从不同的角度提出自己的新观点、新思路。再就是我们在学习过程中，往往能够发现前人研究成果存在明显的错误或偏颇之处，需要匡正，这时就可以选定一个匡正性的课题，提出自己的新见解。

第四类，跨学科的课题。随着时代的进步，学科之间的鸿沟分界逐步被打破，历史学与其他学科的结合产生了许多边缘学科和交叉学科，诸如科技史、自然环境史、人口历史学、地理历史学、生态史学、心态史学、政治文化史之类。历史学与其他学科的融合，为历史研究开拓了广阔的研究领域，在这些学科的综合交叉处，有许多很有学术价值的课题，只要悉心研究，就可以写出很有价值的毕业论文来。例如有一位同学看了消费经济学的理论，选择《汉代的精神消费略论》作为自己的论文选题，写出了一篇成功的毕业论文。

二 材料的搜集与整理

选好了论题以后，接下来就要搜集史料。对于初涉史学研究领域，并且要在很短时间内完成毕业论文的本科生来说，我们无法要求他们在选题前有多少史料积累，而只能寄望于他们掌握有效的史料搜集途径和方法，高效率地搜集到论文所需的充足史料。

1.搜集史料的重要方法

史料有多种多样的形式，主要包括文献资料、考古材料和口碑资料三种。在确定选题以后，搜集史料的针对性很强，往往通过目录学的知识来查找、搜集。再有一个引人注目的现象，就是随着互联网的普及和各类学术网站、学术数据库的建立，我们可以利用一些学术信息资源，借以了解与选题有关的情况，或者获取自己需要的资料。下面我们依次介绍几种常见的查找、搜集史料（包括今人论述材料）的方法。

第一，通过学术数据库、学术网站查找。中国知网是人们利用得最多的一个学术网站，它拥有世界上全文信息量规模最大的"CNKI数字图书馆"，里面包含"中文期刊全文数据库"等7个种类的信息资料，利用这个网站，可以比较便捷地了解到与选题有关的情况和资料。另外，"象牙塔—国史探微""简帛研究"等网站，可以提供中国古代史、简牍帛书研究一类的最新信息，也值得注意。不过，利用"中文期刊全文数据库"等信息资料进行检索时，由于系统存在缺陷，往往无法充分地显示被检索项，"挂一漏万"的情况很常见，所以不能过分依赖。

第二，通过人大《复印报刊资料》索引、《中国史研究动态》年度专题研究综述、《历史学年鉴》年度专题研究综述查询。中国人民大学书报资料中心与中国古代史有关的复印资料包括以下几种：历史学、经济史、先秦秦汉史、魏晋南北朝隋唐史、宋辽金元史、明清史。《中国史研究动态》《历史学年鉴》的年度专题研究综述，专题分类大体上与人大复印资料相同。利用这3种报刊资料索引，20世纪80年代以来的报刊文章，绝大部分可以查到；这条查询途径比上网检索显得笨拙一些，但要可靠得多。此外，还有一些文章散见于专刊和论文集，没有被上述3种索引录入，就只能依赖指导老师的见闻作特别提示了。

第三，书籍类资料，可以借助目录学方面的书查找。这一类的书很多，《四库全书总目提要》和《中国丛书综录》是其中最重要的两种。若想知道某书的内容、价值、版本及材料的真伪、作者简历等，可以查《四库全书总目提要》；若要了解某一位历史学家有哪些著作，收于何种丛书，重要史书现藏在哪家图书馆等，可以查阅《中国丛书综录》。同样，不少散见的近人研究性的著作，仍然有赖于指导老师的提示。

特别值得强调的是，我们在做毕业论文的过程中，要注意考古资料的运用，这是初学者最容易忽视，但确实很有必要的事情。另外，做历史地理、社会史等带有地域、民俗色彩的题目时，还需要做社会调查或者参考他人做社会调查的成果，注意搜集口碑资料，作为文献资料的补充和佐证。

2. 整理和鉴别史料的重要方法

搜集史料是为了运用。为了较好地运用史料，达到历史研究的目的，我们必须对已经搜集的材料进行整理。下面我们从两个方面来探讨史料的整理问题。

第一，史料的分类。这里所说的分类，特指对为撰写历史学毕业论文而搜集的史料进行分类。由于为毕业论文搜集的史料针对性强，是围绕论题的需要而搜集的，所以这类史料的分类不宜过细，主题分类法就是一种很适当的分类方法，是我们着力推荐的。

所谓主题分类法，就是按一定的观点（资料综合而成的观点或自己拟定的观点）把史料分系列编排起来。比如，有一位女生选定《阮籍与魏晋之际士风的演变》作为毕业论文题目，她搜集了大量的相关文章，掌握的材料可以说是比较丰富的，但她最初自拟的写作大纲却缺乏逻辑性，各种材料排列得很凌乱，无法清晰地说明问题。指导老师帮她重新拟订写作大纲，分为三个要点：一、阮籍的家世和竹林名士的分化；二、阮籍的治世主张和玄学思想；三、阮籍与魏晋"放达"士风的形成。这三个要点，第一个着眼于家世及政治背景给予阮籍的影响，第二个落脚于阮籍的思想由"济世"到"遁世"的转变，第三个则站在思想与行为方式的交界面上，说明阮籍如何开"放达"士风之先声。经提示后，这位女生把搜集来的史料按三个要点各自组成一个系列，共计三个系列；再经过酝酿写作，就成为论述清晰、结构坚实得体的论文了。我们认为，这种方法以一个观点为纲领，把与这个观点相关联的史料、论证方法等串连起来，可以使我们对史料的理解和认识条理化、系统化，激发我们对问题的积极思考。我们搜集、阅读和记录史料时，对史料的考察分析是分散的，不可避免地带有片面性和孤立性。经过这样的分类，零散的资料被人为地构成一个思想体系轮廓，对事物的单独考察变成综合考察，在事物的纵的和横的比较分析中，探求事物各方面之间的差异和内在联系，易于使我们由对史料的感性认识上升到理性认识。

第二，史料的优选。整理史料实质上是对史料所进行的初步研究，仅有归类、编组是不够的。把史料咀嚼消化，做到烂熟于心、灵活运用，才真正占有了它，才算变成了自己的东西，这就需要对史料进行优选。

史料的优选，就是从质上对史料进行严格的鉴别和审查，重点掌握其中价值较高的材料。历史学毕业论文不能凭作者的感受积累而构思，选题的确定、论证的角度、文章的宗旨等，都不能离开客观的史料。整理史料的目的，是采众人之长，成一己之见，过程中需要考虑几个方面的问题：其一，择其思想精华，增补自己的理解；其二，择其有争议之处，说明自己的见解；其三，择其问题未显明之处，开拓自己的思路；其四，择其独到之处，强化自己的创见。

三 论文的写作

要撰写一篇高质量的中国古代史毕业论文，必须经历一个艰苦的创造性的劳动过程。大体上说，中国古代史毕业论文在内容和形式上有如下一些要求：

1.立论要客观，要有独创性

这实际上是说，文章的基本观点必须从对具体史料分析研究中产生出来，而不能是主观臆想出来的。在研究中，可以对结果进行预测，大胆地假设；但在整理、分析史料时，一定要尽可能地占有全部的史料，在穷尽史料的基础上，经过科学的逻辑分析，得出自己的结论。历史材料是相当复杂的，极少数材料的"个性"往往不能被大多数材料的"共性"所包容，许多学者都主张在搜集史料时，要尽量做到"竭泽而渔"；那些具有"个性"的极少数材料尤其值得重视，有时它可以给论题的阐释带来新的突破，有时可以使论证更为周密，避免片面和偏失。历史资料汗牛充栋，任何一个问题，都可能存在偏差较大，甚至截断相反的材料，采取那种随手拿来，为我所用，不及其余的做法，是历史研究的大忌。在这方面，前辈史学名家给我们留下了不少有益的教示。举例来说，杨联陞先生为清华大学经济系出身，后来他对史学的兴趣超过了经济学。他是较早把西方现代社会科学理论与中国传统考据学结合起来、贯通汉学与西学的一位学者，其学术生涯的大部分时间是在美国度过的。20世纪60年代，欧美汉学界主张以社会科学代替汉学的人逐渐多起来，并在《亚洲学报》上展开热烈讨论。杨先生始终守住一条，"训诂治史"是治史的基本立场，如果解释与史料发生冲突，就必须尊重史料，放弃解释。他对美国汉学后起之秀往往富于想象力，抓住几条感兴趣的史料便急着运用，"误认天上的浮云为地平线上的树林"，妄发议论，提出了不客气的批评。

立论的独创性，是毕业论文的价值所在。我们通常讲做论文要有"新"东西，这个"新"东西便是它的独创性要求，要么是观点新，要么是材料新，要么是论证的角度新，或者是论证的领域新。如果一篇毕业论文只是综合人家的观点，没有自己独立的见解，那就没有什么价值。当然，我们所说的"新"，必须是站在历史客观性之上的真实的"新"，不能是故意标新立异，哗众取宠。

2.论据要翔实，具有确证性

中国古代史毕业论文对论据的具体要求，就是充分、翔实和可靠。充分的、翔实的论据材料是历史论文的血肉，是独创性的观点形成的基础和确立的支柱。作者每确立一个观点，都必须考虑：这个观点别人是用什么材料论证的，所持的论据自己持何看法？我用什么材料做主证，用什么材料做旁证？对自己的观点别人是否会有不同的意见？如果有，就需要提前作出解释。

但是，历史材料无穷无尽，我们不可能、实际上也没有必要把自己搜集到的史料全部堆砌在文章里。从这个角度说，论据既要充分，又须恰当，即取其必要者，舍弃可有可无者，淘汰重复者。那么，如何选择必要的论据呢？其原则是：除了注意论据的新颖性、典型性、代表性以外，更重要的是考虑它能否有力地阐释论点。

在选择必要的论据时，还须注意如下要领：要抓牢主证，概略地引述旁证；要选择具有确证性的材料，尽可能少用直至避免推论性的材料。论据的确证性，是指文中所引用的事实材料和理论材料准确可靠，经得起推敲和验证。中国古代史方面的材料，往往有一个年代先后的问题，一般的做法是，优先采用年代较早的材料；如果晚出的材料确实能纠正早出材料的错误或弥补其缺失，再以晚出材料加以纠正、补充。

3.论证要严密，富于逻辑性

中国古代史毕业论文的论证过程，就是作者运用适当的方法，按照一定的逻辑，从自己掌握的史料出发导引出对历史现象的规律性认识。要使论证严密，必须做到如下几点：第一，概念、判断准确，这是进行严密逻辑推理的前提；第二，要有层次、有条理地阐明对客观事物的认识过程；第三，要以论为纲，虚实结合，反映出从"实"（史实）到"虚"（历史规律），从"事"到"理"，即由感性认识到理性认识的飞跃过程。

在撰写毕业论文的过程中，经常会出现这样一些问题：其一，问题已经提出来了，也有新见，但对问题缺乏比较深入的分析，造成下结论过于仓促，没有说服力；其二，有材料，有一定的分析，但前面的问题是问题，中间摆的史料是史料，就是不能归结出一个鲜明的结论来；其三，论证的过程，不是从对材料的具体分析入手得出结论，只是借助他人的某一种奇异的说法来套用材料，结论不能令人信服。诸如此类的问题，都是论证不够严密。遇到这类问题，就必须大幅度地进行修改，使观点与材料有机地统一起来。

参考文献

一　历史文献

司马迁撰，裴骃集解，司马贞索隐，张守节正义：《史记》，中华书局1959年版

班固撰，颜师古注：《汉书》，中华书局1962年版

范晔撰，李贤注：《后汉书》，中华书局1965年版

司马彪撰，刘昭注：《续汉书志》，中华书局1965年版

陈寿撰，裴松之注：《三国志》，中华书局1982年版

陈寿撰，裴松之注，卢弼集解：《三国志集解》，中华书局1982年版

房玄龄等：《晋书》，中华书局1974年版

沈约：《宋书》，中华书局1974年版

萧子显：《南齐书》，中华书局1972年版

姚思廉：《梁书》，中华书局1973年版

魏徵等：《隋书》，中华书局1973年版

欧阳修、宋祁：《新唐书》，中华书局1975年版

脱脱等：《宋史》，中华书局1977年版

袁宏：《后汉纪》，中华书局2002年版

司马光撰，胡三省注：《资治通鉴》，中华书局1956年版

曹植撰，赵幼文校注：《曹植集校注》，人民文学出版社1984年版

陆机撰：《陆机集》，中华书局1982年版

皇甫谧：《高士传》，辽宁教育出版社1998年版。

葛洪撰，杨明照校笺：《抱朴子外篇校笺》，中华书局1991年版

刘义庆撰，刘孝标注，余嘉锡笺疏：《世说新语笺疏》，上海古籍出版社1993年版

刘义庆撰，刘孝标注：《世说新语》，中华书局1999年影印本

郦道元注，杨守敬、熊会贞疏：《水经注疏》，江苏古籍出版社1989年版

颜之推撰，王利器集解：《颜氏家训集解》，上海古籍出版社1980年版

刘勰撰，周振甫注：《文心雕龙注释》，人民文学出版社1981年版

萧统编，李善注：《文选》，上海古籍出版社1986年版

虞世南：《北堂书钞》，学苑出版社1998年版

欧阳询：《艺文类聚》，上海古籍出版社1999年版

徐坚等：《初学记》，中华书局1962年版

刘知幾撰，浦起龙释：《史通通释》，上海古籍出版社1978年版

马总：《意林》，丛书集成初编本，中华书局1991年版

杜佑：《通典》，中华书局1988年版

林宝：《元和姓纂》，中华书局1994年版

李德裕：《李卫公外集》，四库唐人文集丛刊本，上海古籍出版社1994年版

李昉等：《太平御览》，中华书局1960年版

王应麟撰：《玉海》，广陵书社2003年版

乐史：《太平寰宇记》，光绪八年（1882）金陵书局刻本

徐天麟：《东汉会要》，中华书局1955年版

孙逢吉撰：《职官分纪》，中华书局1988年版

洪迈：《容斋随笔》，上海古籍出版社1996年版

叶适：《习学记言》，四库笔记小说丛书本，上海古籍出版社1992年版

顾炎武撰，黄汝成集释：《日知录集释》，上海古籍出版社1985年版

王夫之：《读通鉴论》，中华书局1975年版

赵翼撰，王树民校证：《廿二史札记校证》（订补本），中华书局1984年版

王鸣盛：《十七史商榷》，上海书店出版社2005年版

何焯：《义门读书记》，四库笔记小说丛书本，上海古籍出版社1992年版

王懋竑：《白田杂著》，四库笔记小说丛书本，上海古籍出版社1992年版

杭世骏：《诸史然疑》，丛书集成初编本，中华书局1985年版

赵绍祖：《读书偶记》，中华书局1997年版

洪饴孙：《三国职官表》，《后汉书三国志补表三十种》，中华书局1984年版

万斯同：《晋将相大臣年表》，《二十五史补编》第三册，中华书局1955年版

姚振宗：《三国艺文志》，《二十五史补编》第三册，中华书局1955年版

侯康：《补三国艺文志》，《二十五史补编》第三册，中华书局1955年版

万斯同：《晋方镇年表》，《二十五史补编》第三册，中华书局1955年版

姚振宗：《隋书经籍志考证》，《二十五史补编》第四册，中华书局1955年版

章宗源：《隋书经籍志考证》，《二十五史补编》第四册，中华书局1955年版

沈家本：《三国志注所引书目》，《二十五史三编》第四分册，岳麓书社1994年版

孙星衍等辑，周天游点校：《汉官六种》，中华书局1990年版

周天游辑注：《八家后汉书辑注》，上海古籍出版社1986年版

乔治忠校注：《众家编年体晋史》，天津古籍出版社1989年版

汤球辑，杨朝明校补：《九家旧晋书辑本》，中州古籍出版社1991年版

永瑢等：《四库全书总目》，中华书局1965年版。

阮元校刻：《十三经注疏》，中华书局1980年版

屈万里：《尚书集释》，中西书局2014年版

许慎撰：《说文解字》，中华书局影印本2013年版

陈立：《白虎通疏证》，中华书局1994年版

李耳撰，王弼注：《老子道德经》，百子全书本，浙江古籍出版社1998年版

荀悦：《申鉴》，百子全书本，浙江古籍出版社1998年版

徐幹：《中论》，百子全书本，浙江古籍出版社1998年版

孙启治校注：《政论校注》，中华书局2012年版

赵蕤撰：《长短经》，上海古籍出版社1992年版

皮锡瑞撰，周予同注释：《经学历史》，中华书局2004年版

严可均辑，陈延嘉等校点：《全上古三代秦汉三国六朝文》，河北教育出版社1997年版

唐长孺主编：《中国通史参考资料》古代部分第三册，中华书局1965年版

杨翼骧编：《中国史学史资料编年》第一册，南开大学出版社1987年版

赵超：《汉魏南北朝墓志汇编》，天津古籍出版社2008年版

二　研究著作

程树德：《九朝律考》，中华书局2003年版

鲁迅：《新版鲁迅杂文集·华盖集、而已集》，浙江人民出版社2002年版

鲁迅：《且介亭杂文》，人民文学出版社1973年版

陈寅恪：《金明馆丛稿初编》，生活·读书·新知三联书店2001年版

万绳楠整理：《陈寅恪魏晋南北朝史讲演录》，黄山书社1987年版

吕思勉：《两晋南北朝史》，上海古籍出版社1983年版

钱穆：《国史大纲》（修订本），商务印书馆1996年版

余嘉锡：《余嘉锡文史论集》，岳麓书社1997年版

侯外庐等：《中国思想通史》，人民出版社1957年版

钱锺书：《管锥编》，中华书局1979年版

唐长孺：《魏晋南北朝史论丛》，河北教育出版社2000年版

唐长孺：《魏晋南北朝史论拾遗》，中华书局1983年版

唐长孺：《魏晋南北朝隋唐史三论》，武汉大学出版社1992年版

唐长孺：《唐长孺社会文化史论丛》，武汉大学出版社2001年版

周一良：《魏晋南北朝史札记》，中华书局1985年版

周一良：《魏晋南北朝史论集》，北京大学出版社1997年版

何兹全：《读史集》，上海人民出版社1982年版

贺昌群：《魏晋清谈思想初论》，商务印书馆1999年版

饶宗颐：《中国史学上之正统论》，上海远东出版社1996年版

严耕望：《中国地方行政制度史》甲部《秦汉地方行政制度》，台北"中央研究院"历史语言研究所1990年版

雷家骥：《中古史学观念史》，台北学生书局1990年版

刘节：《中国史学史稿》，中州书画社1982年版

余英时：《士与中国文化》，上海人民出版社2003年版

汤一介：《郭象与魏晋玄学》（增订本），北京大学出版社2000年版

田余庆：《秦汉魏晋史探微》，中华书局1993年版

田余庆：《东晋门阀政治》，北京大学出版社1996年版

万绳楠：《魏晋南北朝史论稿》，安徽教育出版社1983年版

熊德基：《六朝史考实》，中华书局2000年版

陈仲安、王素：《汉唐职官制度研究》，中华书局1993年版

祝总斌：《两汉魏晋南北朝宰相制度研究》，中国社会科学出版社1990年版

黄惠贤：《中国政治制度通史·魏晋南北朝卷》，人民出版社1996年版

黄惠贤、陈锋主编：《中国俸禄制度史》，武汉大学出版社1996年版

安作璋、熊铁基：《秦汉官制史稿》，齐鲁书社1984年版

熊铁基：《秦汉新道家略论稿》，上海人民出版社1984年版

陈启云：《中国古代思想文化的历史论析》，北京大学出版社2001年版

张可礼：《三曹年谱》，齐鲁书社1983年版

柳春藩：《三国史话》，北京出版社1981年版

陈长琦：《两晋南朝政治史稿》，河南大学出版社1992年版

阎步克：《察举制度变迁史稿》，辽宁大学出版社1997年版

阎步克：《士大夫政治演生史稿》，北京大学出版社1996年版

阎步克：《乐师与史官——传统政治文化与政治制度论集》，生活·读书·新知三联书店2001年版

阎步克：《品位与职位》，中华书局2002年版

杨光辉：《汉唐封爵制度》，学苑出版社2002年版

胡宝国：《汉唐间史学的发展》，商务印书馆2003年版

陈苏镇：《汉代政治与〈春秋〉学》，中国广播电视出版社2001年版

卫广来：《汉魏晋皇权嬗代》，书海出版社2002年版

葛兆光：《中国思想史》第一卷，复旦大学出版社1998年版

卢云：《汉晋文化地理》，陕西人民教育出版社1991年版

章权才：《魏晋南北朝隋唐经学史》，广东人民出版社1996年版

魏明安、赵以武：《傅玄评传》，南京大学出版社1996年版

高新民：《傅玄思想研究》，兰州大学出版社1996年版

陈桐生：《中国史官文化与〈史记〉》，汕头大学出版社1993年版

丁凌华：《中国丧服制度史》，上海人民出版社2000年版

薛瑞泽：《嬗变中的婚姻——魏晋南北朝婚姻形态研究》，三秦出版社2000年版

陶新华：《魏晋南朝中央对地方军政官的管理制度研究》，巴蜀书社2003年版

李传印：《魏晋南北朝时期史学与政治的关系》，华中科技大学出版社2004年版

马小虎：《魏晋以前个体"自我"的演变》，中国人民大学出版社2004年版

魏道明：《始于兵而终于礼——中国古代族刑研究》，中华书局2006年版

俞士玲：《陆机陆云年谱》，人民文学出版社2009年版

徐冲：《中古时代的历史书写与皇帝权力起源》，上海古籍出版社2012年版

范兆飞：《中古太原士族群体研究》，中华书局2014年版

三联书店编辑部编：《曹操论集》，生活·读书·新知三联书店1960年版

《中国儒学》第四册，东方出版中心1997年版

《辞源》（合订本），商务印书馆1988年版

《中国大百科全书·中国历史》，中国大百科全书出版社1986年版

高秀芳、杨济安编：《三国志人名索引》，中华书局1980年版

崔瑞德、鲁惟一编：《剑桥中国秦汉史》，中国社会科学出版社1992年版

川胜义雄：《六朝贵族制社会研究》，上海古籍出版社2007年版

三 研究论文

万绳楠：《曹魏政治派别的分野及其升降》，《历史教学》1964年第1期

徐高阮：《山涛论》，《"中央研究院"历史语言研究所集刊》第41本第1分册，1969年

亳县博物馆：《安徽亳县发现一批汉代字砖和石刻》，《文物资料丛刊》1978年第2辑

亳县博物馆：《曹操宗族墓葬》，《文物》1978年第8期

田昌五：《谈曹操宗族墓砖刻辞》，《文物》1978年第8期

杨德炳：《试论曹操政权的性质》，《中国古代史论丛》1982年第3辑，福建人民出版社1983年版

杨德炳：《刘弘与应詹——围绕刘弘为何葬在湖南安乡问题》，《魏晋南北朝隋唐史资料》第16辑，武汉大学出版社1998年版

曹道衡：《从魏国政权看曹丕曹植之争》，《辽宁大学学报》1984年第3期

胡守为：《曹操在立嗣问题上的德才观》，《中山大学史学集刊》第1辑，广东人民出版社1992年版

杨耀坤：《从傅嘏〈难刘劭考课论〉看曹魏为政的特点》，《中国古代史论丛》第9辑，福建人民出版社1985年版

杨耀坤：《有关司马懿政变的几个问题》，《四川大学学报》1985年第3期

祝总斌：《略论晋律的"宽简"和"周备"》，《北京大学学报》1983年第2期

祝总斌：《都督中外诸军事及其性质、作用》，《纪念陈寅恪先生诞辰百年学术论文集》，北京大学出版社1989年版

黄惠贤：《曹魏中军溯源》，《魏晋南北朝隋唐史资料》第14辑，武汉大学出版社1996年版

方诗铭：《曹操与"白波贼"对东汉政权的争夺》，《历史研究》1990年第4期

卢云：《中国知识阶层的地域性格与政治冲突》，《复旦学报》1990年第3期

胡宝国：《汉晋之际的汝颍名士》，《历史研究》1991年第5期

陈勇：《董卓进京述论》，《中国史研究》1995年第4期

陈勇：《董卓、曹操与汉魏皇权》，《魏晋南北朝史研究》，湖北人民出版社1996年版

王晓毅：《正始改制与高平陵政变》，《中国史研究》1990年第4期

王晓毅：《钟会——名法世家向玄学转化的典型》，《中国史研究》1997年第2期

王晓毅：《司马炎与西晋前期玄、儒的升降》，《史学月刊》1997年第3期

周国林：《魏晋南北朝禅让模式及其政治文化背景》，《社会科学家》

1993 年第 2 期

周国林：《西晋分封制度的演变》，《华中师范大学学报》1993 年第 3 期

余太山：《〈后汉书·西域传〉与〈魏略·西戎传〉的关系》，《西域研究》1996 年第 3 期

尚志迈：《晋武帝与太康之治》，《内蒙古大学学报》1996 年第 3 期

景有泉、李春祥：《西晋"八王之乱"爆发原因研究述要》，《中国史研究动态》1997 年第 5 期

李宜春：《略论曹魏政治中的"浮华"问题》，《聊城师范学院学报》1999 年第 1 期

林校生：《"八王之乱原因论"诸说述要及献疑》，《宁德师专学报》2000 年第 1 期

刘蓉：《析魏明帝禁浮华》，《北京师范大学学报》2004 年第 5 期

卫广来：《求才令与汉魏嬗代》，《历史研究》2001 年第 5 期

伍野春：《裴松之〈三国志注〉引书辨析》，《东方论坛》2005 年第 2 期

鲁力：《"八王之乱"成因新见》，《武汉大学学报》2005 年第 4 期

王永平：《汉末流寓辽东士人之遭遇及其影响考论》，《社会科学战线》2006 年第 3 期

吴有祥：《东汉人文三"北海"》，《潍坊学院学报》2008 年第 3 期

施建雄：《中国封建社会正统论的思想体系及时代特点》，《史学理论研究》2009 年第 3 期

董慧秀：《论晋武帝对异姓功臣的处置》，武汉大学 2003 年硕士学位论文

川胜义雄：《六朝贵族制社会的成立》，《日本学者研究中国史论著选译·六朝隋唐卷》，中华书局 1992 年版

上田早苗：《贵族官僚制度的形成》，《日本中青年学者论中国史·六朝隋唐卷》，上海古籍出版社 1995 年版

葭森健介：《魏晋时期的中央政界与地方社会——围绕西晋刘弘墓的发掘问题》，中国魏晋南北朝史学会编：《魏晋南北朝史研究》，湖北人民出版社1996年版

葭森健介：《"清简"与"威惠"》，《名古屋大学东洋史研究报告》第8号，1982年

初版前言

　　十年前，当我选定汉末晋初之际政治作为研究课题时，主要是出于如下两个想法：第一，汉末晋初之际是社会历史发生重大变革的时期，这是学术界已经形成的共识。关于这个时代社会变动的内容和实质，已经有不少深入的甚至系统的探讨，譬如唐长孺所撰《魏晋南北朝隋唐史三论》，就从社会经济的变化、门阀政治、兵士身份的卑微化、思想学术的变化等几个方面，对魏晋时期社会变化的内容和性质作了深刻的揭示。个人以为，政治作为社会整体构造的一个主要方面，是汉末晋初之际社会变革的重要环节，当时社会经济结构的变化及主要由此造成的阶级、阶层力量的变更，社会思潮，主要是政治思想的趋向，必然要通过政治斗争的形式表现出来，从而这个时期的政治具有丰富而深刻的内容；而揭示、把握这些内容，对于全面、准确地认识这个时代的整体特征，无疑是必要的。从研究现状看，汉末晋初之际政治向来号称研究热门，前人成果相当丰富，名家鸿篇也不鲜见，但实际上这些成果出自众人之手，相当零散，长时段的系统研究是比较缺乏的，于是乎相对于其他领域，这一时段政治史的研究反而是一个薄弱的环节。基于这种思考，以此期政治作为研究课题而补前人研究之缺憾的想法，也就产生了。

　　第二，从政治史的角度看，汉末晋初之际政治正处在一个嬗变转折的阶段。我们知道，两汉时期是典型的皇权政治阶段，专制主义中央集权的政治体制不断发展完善，儒学作为官方意识形态在维护君权方面发挥着重要作用，而东汉外戚、宦官擅权，虽然暴露了皇权的腐朽性，但那也是皇权发展到极盛而出现的皇权政治的变异形态。我们又看到，正如田余庆所撰《东晋门阀政治》精辟论证的那样，东晋时期是典型的门阀政治阶段，皇权衰落，几家门阀士族先后登场，与司马氏皇室分享政权。那么，从皇权政治过渡到门阀政治，这中间经历了怎样的嬗变历程？又有哪些因素在其中起着重要作用？这些都应当是汉末晋初之际政治所包含的内容，而对于这些，我是颇感兴趣而急于去探寻的。

以上两个想法，实际上是合二而一的，于是就有了汉末晋初之际政治研究的选题。由于本课题所涉及的内容前人论述较多，而相关资料又比较贫乏，我在开始做的时候，只是抓住一些重要的历史事件做个案研究，即对前人已涉及的题材作进一步的探讨，并发掘新的题材进行探究，目的是避免简单重复前人劳动成果，争取有新的发现。随着探索的逐步深入和展开，内容最终确定为以下几个方面：主要政治集团的构成及其兴衰存亡，统治者的治国方针及其利弊得失，统治集团内部不同派别或势力之间的复杂斗争。此外，在这些内容的基础上，还构想从空间和时间上扩展探索的范围，对相关问题作横向的和纵向的综合研究，以期对汉末晋初之际政治演变的轨迹和影响政治演变的主要因素，作出规律性的概括。遗憾的是，本书在这方面未能达到预期的目标，对此下文还有交代。以下对本书的内容安排和篇章结构，略作说明。

本书所说的"汉末晋初之际"，大体上是指从汉末王纲解纽到西晋重归统一这一历史时段，具体地说，上限起自董卓之乱发生的公元189年，下限止于晋武帝去世的公元290年，前后恰好一个世纪，跨越三个朝代。全书分作上、下两篇，每篇包含若干专题。上篇主要讲汉末曹操集团的构成及其内部的矛盾斗争，曹操的治国方略和他的政治经营；下篇涵盖曹魏和西晋两个王朝，主要包括曹魏文、明二帝的治国之道，曹魏后期曹氏、司马氏两大集团的斗争，以及晋武帝的治国方略。对于这样的安排，是需要作些解释的。

　　首先，本书没有具体涉及孙吴和蜀汉政治，而以北方的曹魏、西晋王朝为线索展开论述，其缘由有二：一是由东汉到曹魏，再到西晋，王朝更迭一脉相承，自成一体，由这条线索展开论述是很清晰、方便的。并且，当时北方地区集中了社会、政治生活中的各种矛盾，其政治运行具有代表性，比如曹操向曾寓居荆州的裴潜询问刘备才略如何，裴潜答称："使居中国，能乱人而不能为治也。若乘间守险，足以为一方主。"（《三国志》卷二三《裴潜传》）这就清楚地说明北方是各种矛盾集中之地。因此，集中讨论中原王朝的政治演变，就能够把握住这个时期政治的基本面貌和特征。二是本书并没有被赋予一个很大的任务，譬如说全面地探讨此期政治中的所有主要问题，因为那是根本做不到的。如此说来，撇开孙吴、蜀汉政治中的具体问题不谈，虽不免偏失之嫌，但未必就没有避免"节外生枝"之利。当然，作为汉末晋初之际政治整体运动进程的一部分，孙吴、蜀汉政治相对于中原王朝政治的某些"共性"或"个性"还是值得剖析的，本书预定的构想，是在综合论述部分，把孙吴、蜀汉的情况都列入考察范围，可惜现在没有做到这一步。

　　其次，本书下篇把曹魏、晋初政治合为一处，前后相因，而没有采取分朝代论述的通常做法，也有其不得不然的理由。单从篇幅上考虑，晋初政治只写了一个专题，是不能独立成篇的。更重要的还在于，西晋创业的历史即包含在曹魏后期的历史之中，曹魏的衰亡与西晋的创建实际上是一个过程的两个方面，两者是合而为一无法分割的。西晋时曾议晋书限断，有正始以下、嘉平以下及泰始以后三说，虽说不同的主张分别出于不同的政治考虑，但也说明曹魏、西晋的历史的确难以截断分割。另外，晋初政治只写了《论晋武帝的治国之策》一文，而没有深入到对西晋前期一些具体问题的探究之中，除了本书的宗旨主要在于揭示从汉末到晋初的政治变化，晋初的情况有此一文已足资讨论外，还由于晋初政治已有前贤时彦的众多成果，实在不容置喙而做重复工作，正应该当止则止。

　　再次，下篇末尾的《论汉晋之际的北地傅氏家族》一文，本来属于拟议中综合论述部分的一章，因这部分的研究仅此一文，只算开了个头，为避免结构零散，故而暂附于此，还盼读者诸君体察，勿以不相伦类为嫌。

在此也顺便作个交代：本书的写作虽然历经十年，但由于多种原因，仍然未能达到预定的目标，自属遗憾。好在我对余下问题的思考已经有了一些头绪，当再接再厉，以期来日续成完帙。

初版后记

终于写完书稿，感觉如释重负。本书是我求学探索历程的一个见证，当她即将问世之际，自然就想到了自己多年来走过的求学之路，以及与本书有关的一些人和事。

还在湖北大学读本科的时候，我就接触到唐长孺先生的论著，像《魏晋南北朝史论丛》《魏晋南北朝史论丛续编》《魏晋南北朝史论拾遗》之类，其中的不少篇章，我都囫囵吞枣地读过，当时只感到文中论证逻辑之严密，分析所得结论之精当，颇耐咀嚼回味；当然这些感受都是零碎的，因为读起来很费力，也就谈不上很深的和整体上的理解。1987年秋，我考入武汉大学历史系攻读魏晋南北朝隋唐史专业，有幸聆听唐先生授课，对唐先生的学问无形中多了一些理解。以后，随着自己逐渐涉足科研，唐先生的深厚学养所给予我的启示，也就更直接了。这里只是想说，唐先生是对我求学影响最大的一位前辈，尽管以我鲁钝之资，无法很好地领会唐先生学术的精髓。

我攻读硕士和博士学位时，黄惠贤教授都是我的指导老师。黄先生给予我的影响是多方面的，他治学严谨，孜孜不倦，崇尚朴素务实的学风，这种精神和作风潜移默化地感染着我；他为人谦和，淡泊名利，其立身处世之道也垂范于我。特别是在撰写博士论文的阶段，黄老师给了我无私的帮助，倾注了大量的心血。我最初写出的几篇文章，都经过他耳提面命的指导，并由他亲手修改，数易其稿；文章中的某些构思，包括创新之见，也来自他的传授。假如没有黄老师的悉心指导，我的学位论文要做到以较好的成绩通过评审和答辩，是不可能的。虽说学生对老师表示感谢有些俗套，但感激之情还是不能不表达出来的。

当初我以"汉末曹魏政治研究"为题撰写的博士论文，在选题时和定稿之后，得到了不少专家、学者的指教。何德章、牟发松老师帮我选定了这个题目，并提出了中肯的建议。张泽咸先生评审了论文并主持了论文答辩；祝总斌、熊铁基、朱雷、鲁才全、李文澜、夏日新、牟发松、冻国栋等诸位先生，或是评审了论文，或是参加了答辩，他们都从不同的角度提出了启发性的意见。在此，谨向各位老师表示由衷的感谢！

本书初步写就后，参加了湖南师范大学的社科出版基金评审，校外匿名评审专家给予了肯定的评价，这是对我的一种鼓励，也是我要感谢的。

就我个人而言，十年的求学探索，仅拿出这本小书，自是倍觉汗颜。这中间有一个情节，就是我很早就患有头痛的顽症，1997年做出博士学位论文时，因用功紧张的缘故，头脑陷入崩溃的状态，来湖南师大后的头三年，研究工作几乎陷于停顿，后来逐渐恢复，才得以完成本书的写作。讲出这些来，是想说明一种心境：从事史学科研实在需要投入很多的精力，当身体条件长时间无法满足这一要求时，人就会意志消沉涣散。好在这样的困厄已经成为过去，我现在身体转好，只有一个愿望：以本书作为新的探索的起点，在以后的岁月里，多一些耕耘，也多一点收获。

柳春新记于2006年4月5日

整理说明

　　先师柳春新先生（1965—2016），湖北黄陂人，先后毕业于湖北大学、武汉大学，1997年获历史学博士学位。先后任教于湖南师范大学、岭南师范学院（湛江师范学院）。先生的代表作《汉末晋初之际政治研究》，于2006年由岳麓书社出版。书中不少方法与观点，如以"家门"作为汉晋之际政治变迁的线索，首倡"霸府与霸府政治"研究等，都在学界影响深远。先生此书已经绝版多年，山西人民出版社准备再版，应能解决学界所需。在师母冷慧平老师的支持与帮助下，由我全面清理先生旧文，与先生的师友、弟子商议以后，决定改变原来直接再版原书的计划，作了较大幅度的增补，今在此略作说明。

　　原书的"前言"部分，拟改为《中古史求索——我的读书、治学经历》，这是先生生前留下的一份学术自传。从文字看似乎是份讲稿，最后改定时间在2016年走前不久，相当于是先生的绝笔。这份自传记述了先生的读书、治学、育人经历，也清晰呈现了先生的治学态度与学术理念。在这份自传中，先生所列"学术代表作"除了《汉末晋初之际政治研究》一书以外，尚有不在此书目录中的论文数篇。这些论文若此次不收入，以后也很难有机会再作整理。今将先生列入代表作的遗稿全部收入书中，并将这份学术自传作为代前言。

　　先生原有再版《汉末晋初之际政治研究》的计划，相关资料保存在电脑的一个文件夹中。其中有一份新拟定的目录，最后修改时间是2010年

11月。目录分上中下三篇，上篇与初版同，中篇增加《曹魏封爵制度与政策考论》一篇，《论汉晋之际的北地傅氏家族》移入下篇。下篇除《论汉晋之际的北地傅氏家族》以外均为新增，计有五篇，依次为《论汉魏之际的"北海派"士人》《论汉晋之际的北地傅氏家族》《论汉晋时期的"威惠"型官吏》《魏晋之际皇权的更新与蜕变》《汉晋之际皇权政治演变的若干特点》。目录中部分论文已经完成，也放在该文件夹中，已经发表的《论汉魏之际的"北海派"士人》《论汉晋时期的"威惠"型官吏》等篇皆在其中。该文件夹中另有一篇《魏晋易代之际的家族主义法和婚姻伦理》，有作者署名"柳春新"三字，最后改定时间是2016年7月，尚未发表，怀疑也是他想加进修订稿的一篇，只是目录未及修改。《魏晋之际皇权的更新与蜕变》《魏晋南北朝时期的霸府政治与门阀政治》等篇，要么只有空文档，要么里面有一些散乱不成体系的文字，应是未及完成的。2010年拟定目录中中篇原有《曹魏封爵制度与政策考论》，下篇原有《汉晋之际皇权政治演变的若干特点》两目，该文件夹中没有找到相关文档，应该也是没有完成的。此次整理将其全部收入，仍分为三篇，以保持先生原有思路。未完成章节只能付诸阙如。

除以上三篇以外，拟收录《东、西曹考述》《傅玄思想评议》《〈魏略〉考论》《陆机〈晋纪〉与晋史的修撰起源》《历史专业中国古代史类论文指导》五篇遗文，作为第四篇（附篇）。《东、西曹考述》是与汉晋政治的研究主题密切相关的制度史研究，《傅玄思想评议》涉及的主要人物傅玄，也是魏晋禅代之际的重要人物，更与《论汉晋之际的北地傅氏家族》直接相关。《〈魏略〉考论》《陆机〈晋纪〉与晋史的修撰起源》则与先生两部未及完成的遗著有密切关联。这两部遗著分别是《魏略辑本校注》和《晋书集注》。两部著作均未完成，只有若干片段或笔记分存于先生电脑的几个文件夹中。《历史专业中国古代史类论文指导》是一篇教学方面的文章，是先生在培养学生方面心得体会的成果，也体现了先生的学术理念。这样处理，或可将先生的文章基本收全，让读者更为了解先生的学术理念。

需要说明，书稿的注释规范，按照《汉末晋初之际政治研究》原书的格式进行了统一。引用的古籍，一般不注页码。今人著作，则尽量注明页码。均对引文进行核对，订正错讹。个别史料引文的句读与校勘，作者的处理与通行本不尽相同，有的属于别有心得，有的是参考唐长孺先生《中国通史参考资料》古代部分第三册的处理，则未作修改。所引今人论著，一般保持原貌，不引后来的新出版本。部分文章引《汉末晋初之际政治研究》原书内容，此次改为参见本书某章某节，不再用原版页码，便于读者翻阅。《汉末晋初之际政治研究》一书原有参考文献，此次保留，并将新收文章所征引的文献尽量增补进去。新收部分论文发表时是繁体字，此次全部统一为简体。

还需要说明，新收入的文章，大部分曾经在期刊发表。《论汉魏之际的"北海派"士人》发表于《魏晋南北朝隋唐史资料》第二十七辑，2011年，文末原有说明："本文撰写的过程中，研究生张娅妮做了不少工作。张娅妮，湖南师范大学历史文化学院2009届硕士研究生毕业。"《论汉晋时期的"威惠"型官吏》原系与张东华合著，发表于《中国古代社会经济史论：黄惠贤先生八十华诞纪念论文集》，湖北人民出版社2010年版。《东、西曹考述》发表于《史学月刊》2005年第9期。《傅玄思想评议》发表在《三峡大学学报（人文社会科学版）》2010年第4期。《〈魏略〉考论》发表于《中国典籍与文化论丛》第十一辑，2008年。《陆机〈晋纪〉与晋史的修撰起源》发表于《魏晋南北朝隋唐史资料》第三十二辑，2015年。《历史专业中国古代史类论文指导》刊于李育民主编：《大学生专业学习指南·历史学与文化产业管理卷》，湖南师范大学出版社2006年版，第165—171页。

最后还必须说明，本书沿用了初版黄惠贤先生所撰序言，但书的内容大有增补，因此序言有与正文实际情况不尽符合的情况。黄先生是柳先生的博士导师，对柳先生研究的解读更是非常深刻，这篇序言的价值不言自明。之所以未请黄先生对序言进行修改或者补充，是因为整理者着手整理时，考虑黄先生年事已高，多有不便。在本书正在进行出版前的校对工作时，黄先生竟也遽归道山。哲人其萎，学术长存。值此本书再版之际，希望能借此表达对黄、柳二位先生的仰止之情，缅怀之思。

此次整理，中山大学景蜀慧教授、天津师范大学何德章教授、陕西师范大学权家玉副教授、先生早年所指导的硕士张东华、李亮茹、周伟明、宋洁等，以及曾受教于先生的凌文超教授，都为本书的整理再版提供了宝贵的支持和帮助。岳麓书社的马美著、王文西先生，也为本书的再版提供了帮助。武汉大学中国三至九世纪研究所的博士生刘芳君，帮助复印了先生的博士论文。四川大学历史文化学院的硕士生唐靖杰、陈思伟、杨寓麟，曾协助进行史料校对工作。山西人民出版社的崔人杰编辑与张志杰编辑热心的帮助和高效率的工作，对此书出版至关重要。在此，谨向他们表示感谢。

由于整理者能力有限，错讹在所难免，责任均在整理者，祈请读者批评。

郭硕

2023 年 11 月初稿

2024 年 7 月修改定稿